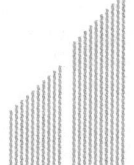

National Autonomy Research in the Process of Building Modern State
In the Case of China's Modern National Construction

上海市公共管理一流学科项目资助
上海市Ⅰ类高原学科公共管理学科资助

现代国家构建过程中的国家自主性研究

——以中国的现代国家建设为例

陈 毅 ◎ 著

目 录

绪论："国家自主性"的理论价值及研究我国的适用性 001

    第一节 研究的缘起、写作的意义和解决的问题 001

    第二节 国内外对"国家自主性"研究的文献综述 007

    第三节 核心概念的界定 020

    第四节 国家自主性理论对于中国国家建设的解释力 023

第一章 国家的谱系考察及对中国国家建设提出的思考 030

    第一节 国家演进的历史形态分析 030

    第二节 现代民族国家的界定和内涵 034

    第三节 关于国家作用的争论及对国家构建的模式总结 040

    第四节 现代国家理论与实践对中国国家建设的启示 055

第二章 中国现代国家发展的道路选择：模仿与自主 062

    第一节 清末民初模仿西方发展道路：失败及启示 063

    第二节 革命道路：探索一条不同于苏联的延安道路 068

    第三节 计划经济：模仿苏联模式及对国家建设的反思 073

    第四节 国家建设走上正道：从革命的逻辑走向现代化的逻辑 082

第三章 国族构建中的国家自主性：
塑造一个政治成熟的民族国家　　　　　　　　096

第一节　中国民族国家建构的心路历程　　　　097

第二节　国内民族国家演进中的难题：族群认同与国族整合　　110

第三节　国外民族国家治理民族问题的经验启示　　121

第四节　妥善处置民族与国家关系的路径选择　　126

第四章 党建国家中的国家自主性：使政党领导走向制度化　134

第一节　政党与现代国家：理论与模式　　134

第二节　现代国家的发展需要一个具有主导能力的政党　　143

第三节　政党制度化建设：纳入国家制度化建设的渠道中去　　152

第四节　通过党内民主制度化、学习型政党建设和
自我调适性改革来理顺政党与国家的关系　　160

第五章 民主参与中的国家自主性：人民民主完善国家行为　174

第一节　关于国家建构与民主选择之间的争论　　175

第二节　人民民主国体形成的历史梳理　　183

第三节　中国式民主的特征和路径选择　　194

第四节　"民主顺序说"对于中国式民主的解释效度与限度　　204

第六章 经济建设中的国家自主性：
国家主导发展模式的总结与反思　　　　　　　　211

第一节　国家建设重心调整到经济建设上来　　212

第二节　国家如何驾驭市场：国家与市场的永恒争论　　217

第三节　中国的国家与市场博弈过程分析　　229

　　第四节　如何进一步完善我国国家主导的经济发展模式　　250

第七章　社会建设中的国家自主性：国家对转型社会的有效治理　256

　　第一节　从国家与社会的关系角度对社会功能的审视和历史考察　　257

　　第二节　我国国家与社会关系的历史考察　　265

　　第三节　客观描述：社会转型给中国国家治理带来的风险与困境　　276

　　第四节　社会自主与国家整合：国家与社会互促关系的探索　　285

第八章　全球化进程中的国家自主性：正视和融入全球化　296

　　第一节　新时代的呼唤：民族国家如何迎接全球化时代的到来　　297

　　第二节　民族国家在全球化时代的演变与反思　　302

　　第三节　从我国国际关系的演变看国家与全球化的关系　　311

　　第四节　嵌入性自主：民族国家应有的姿态　　323

结语：强化中国国家自主性实现有效的国家治理　341

参考文献　354

绪论:"国家自主性"的理论价值及研究我国的适用性

第一节 研究的缘起、写作的意义和解决的问题

一、研究的缘起

中国从1911年辛亥革命迈入现代国家以来,面临着两个特别重要的任务:一是如何把现代民族国家构建起来;另一个是如何建设一个独立、富强、民主的民族国家。这就需要研究对于我们这样的后发展中国家到底需要何种国家自主性、如何确保国家自主性得到有效实施?围绕为什么构建现代国家、何为现代国家和如何建设现代国家三个核心问题,国人经历了漫长的探索历程:为了抵制资本主义列强的殖民侵略,拯救处于三千年未有之变局的王朝危机,梁启超传播公民民族主义和最先提出中华民族的概念,围绕以民族国家为目标的国族构建成为国人的共识,也即必须找到能够凝聚各族人民、团结起来共同抵御外辱的共识基础,作为政治屋顶的民族国家这一最大的政治共同体成为共同奋斗的目标。在多种政治力量角逐的历史进程中,中国共产党被历史所选择,成为领导中国革命和建设的主导性政治力量,通过政治动员和资源吸取把全国统一起来。尽管1949年新中国的成立在形式上已经走上民族国家的道路,但实际上一个政治成熟的民族国家还远没有构建起来。尽管经历60多年的国家建设,在经济建设上取得举世瞩目的成就,但也暴露出诸多问题,国家何去何从,国家到底该发挥何种作用,成为当今一个重大的时代课题,培养国家自我反思平衡的理性能力成为解决问题的关键。即我们需要一个强大自主的国家走出半殖民地半封建的被奴役的境地,同时也需要

规训国家，使国家这个利维坦怪物能够受到制约，而发挥其积极主动性，更为根本的是需要国家自我规约自身的行为，并使之制度化。当然，也有一种非常流行的观点：由于害怕国家，而尽可能少地保留国家，甚至要求国家退却，认为与其视国家作为道德的化身而依附它，不如从个人利益和个人自主性出发来形成秩序的竞合，国家只要保持道德中立，成为多元主体竞争的平台就行，相信市场通过自由竞争就可以增进财富的增长，社会通过自我管理就可以积累社会资本、培育社会秩序，通过市场的自发秩序和社会的自治就能赢得良善的政治秩序。如果能够通过这么简单的国家与市场二分、国家对社会的放手，甚至不需要国家就能把复杂的国家治理问题给解决了那是最好，而事实并非我们想象得那么美好，国家内部充满了矛盾纠纷，区域冲突杀戮不断，国际社会也不太平，等等。这也就必然引发我们思考一个问题：国家怎么可能与道德无涉，又怎么能与市场、与社会分割得开呢？我们不能在推论的假命题上思考问题，而是要正视当前问题的关键所在，无论是发达的资本主义国家，还是广大落后的发展中国家，国家权威和国家自主行动都是必不可少的。发达国家在迈向民族国家之初，也是以重商主义和贸易保护起家，即使在经济全球化的时代，也仍是以本国利益最大化实施双重标准，国家是国际社会最基本的竞争单元；就本国经济危机而言，国家救市的干预力度也越来越大；进入福利国家阶段，国家分配正义也喊出了时代最强音。而对于广大发展中国家而言，混乱的秩序面临着整合与重建，资源要素的重组和市场秩序的构建，人力资源的培育和社会的有机动员等等，都需要优先完成国家的构建。国家构建的失败是后发展中国家难以摆脱落后的关键所在。因此，我们赋予国家具有垄断一切暴力机关的权力和具有强大的自主行动的合法性，也是国际社会最基本的政治单元，是解决对外主权和对内治权的基石。这是因为国家代表整个社会的公共利益，能够从全局上考虑问题，尽管国家权力行使有趋恶的可能性，国家也是"一种必要的恶"，先赋权给国家，然后规约国家是一种科学的态度。也即是说，强调国家自主性并不一定就是国家主义者，并不一定就是盲目把国家权能无限放大，而是恰恰需要限制国家，更为根本的是国家要有自我反思和约束的能力。因为国家要想长治久安和赢得民众的深度心理认同和拥护，只有具备自我反思能力和自觉把权力的获得与行使纳入制度化约束的渠道中来，处在制度化装置中的国家才能约束和驾驭国家机器以及具有私利的官员。以此来观照我国，把中国一百多年来现代国家的构建和建设作为研究对象，如何客观公正地看待国家？何种国家自主性有助于促进中国国家建设的转型和持久的繁荣稳定？这构成本研究思考的出发点，也是展开本研究的主要目的。

二、写作的意义

我们以往对国家为恶的可能性保持高度警惕，对工具主义国家观的认识比较多，而对国家的自主性认识比较欠缺。随着现代国家干预社会生活的广度和深度都越来越大，"最小国家"和"国家退却"理论对于自由竞争的资本主义国家都难以站得住脚，更何况对于我国这样一个超大的、转型的、后发展中的国家，国家引导的政治发展是其显著特征。总结国家自主性经验，澄清国家自主性认识误区，探索国家自主性的内在规律，如何从国家自主性的视角来反思国家自身，现代国家如何完成自主性构建、如何有效地自我约束，达成现代国家的内在平衡，为国家自主性观念和行为的合法性依据提供理论证明，也为现代国家的自主构建提供理论依据。而且十八届三中全会提出国家治理体系和治理能力现代化，新一代领导集体把依法治国理念发扬光大，从法治国家、法治政府和法治社会三个方面对国家建设做了全面统筹规划，习近平总书记也重点谈了"统治"与"治理"的差别，不少学者认为"治理现代化"是我国国家建设的"第五个现代化"，也是正面回答"谁来治理治理者"的难题，这体现在如下几个方面：（1）正确处理好国家建设所取得成绩和不足。改革已经进入到深水区，一方面肯定我们在如何建设社会主义国家方面取得道路自信、理论自信和制度自信，另一方面也从党员干部和政府内部抓问题、治腐败和定规章，把对公共权力的行使纳入法律约束和民众监督之下，落实狠抓"八项规定"、"老虎"和"苍蝇"一起打，从严治党，打造廉洁公正的政府形象，敢于向掌权者自身发起挑战，国家越来越转型到法理型权威之上，依据现代化逻辑来探寻现代国家的执政规律。（2）正确处理中国与西方国家之间的关系。对于后发现代化国家如何搞现代化，新一代领导集体在继承前几代领导集体治国理政的经验之上，进一步完善和发扬光大,也没有完全照搬西方的路径,而是在吸纳人类政治文明的基础之上,寻找"华盛顿共识"与"北京共识"之间的共通性而不是对立,求同存异,在融入全球社会的进程中保持民族国家的自主性,探索和建构与中国国情相适应的国家发展模式,从而走出"依附式发展"的困境,同样又不孤立自我封闭,以更加开放自主的心态迎接全球化带来的挑战和机遇。(3)正确处理好集中与分权之间的关系。集中是分权的前提,如果在国家连基本的政治共识和国族认同都不能统一的情况下,去强调所谓地域的、族群的分权,结果只能是把国家推向更加水深火热的境况之中去。只有把国家基础性权力集中起来,才有谈分权的必要,只有国家通过分税制改革有能力把公共财政集中收支,才有再分配的可能。处理好集与分的关系也是化解"国家悖论"的关键,对于新一代领导集体而言,在社会主义核心价值和基本政治共识上越来越加强集中,增强国家在价值凝聚和政治整合方面的能力,而又积极推进行政分权和市场分权的改革,为行政国家瘦身,对市场的认识从基础性作用到决定性作用的转变,对社会组织的监管也越来越从原来的行政审批走向行业登记,从而使国家在该集中的地方更加集权,加强顶层设计,而在该分权的地方越来越让经济权力来整合,让社会权力得到回归,从而理顺政治权力、经济权力和社会权力三者之间的关系,而不是西方所鼓吹的"国家退却"。(4)正确处理国家自主性与社会自主性之间的关系。新一代领导集体更多的是通过社会建设和生态建设来凸现国家自主性,从社会民生出发做一个反应灵敏和回应及时的能动性国家,既高度重视广大民众积极参与民主的作用,又充分调动起共产党人群众路线的精神真谛,"下马观花"、主动采集民意,以保民生政策全面、科学。国家治理的主体也不仅仅是党和政府,而且包括民间社会组织和有能力的个人,协同治理和合作共治成为最流行的理论时尚,国家治理的工具也由原来的单一行政强制走向更加多元的金融财税和司法的宏观调控,选择组合拳,追求更好的治理绩效。等等。通过以上努力使国家自主性更加彰显,从而也使得新一代领导集体不仅赢取了民众广泛的政治认同,而且在国际社会也赢取了高度的赞誉和声望。

本研究主要立足于中国迈向现代民族国家这一百多年的历史资料,分析选择现代民族国家的必然性、国家主导发展模式的经验,以及如何进一步完善国家的自主性，从革命的逻辑走向建设的逻辑，基于现代化建设调整政策议程设置，国家能力建设经历从资源吸取能力到供给公共服务能力再到提升制度建设能力的变迁，即把国家权力行使纳入制度化的渠道中来，从而使现代国家的建设走出困境，走向更加稳健的未来。

三、要解决的主要问题

以中国迈向现代国家一百多年的国家建设作为考察的对象，探讨为什么中国必须构建政治成熟的现代民族国家？在后发展中国家构建成熟的民族国家为什么需要发挥国家自主性？国家在发挥自主性权力行使过程中又存在哪些问题？我们到底需要何种国家自主性？这些构成我们研究的主要内容。研究提纲主要从影响国家自主性的几对关系着手，也即是以推进和完善国家建设的几大要素作为考虑的基点：（1）国族构建与民族认同之间的关系；（2）国家自主性与政党自主性之间的关系；（3）国家自主性与人民民主之间的关系；（4）国家自主性与经济建设之间的关系；（5）国家自主性与社会建设之间的关系；（6）国家自主性与全球化之间的关系，以融入与自主的姿态处理好现代国家与国际关系。以中国现代国家百年来的建设历程作为史料依据把这六对关系串联起来，这六对关系也是按照一定的时间序列先后推进中国的现代国家转型和国家建设。因为其一，迈向现代国家的中国首当其冲是要完成对外的民族独立，对内的族群整合，如何完成国族构建走向政治成熟的民族国家，国家与民族的关系成为首要考虑的问题。其二，中国作为现代民族国家的地位是历史选择共产党建立起来的，共产党成为主导性的政治力量领导中国的革命和建设，政党与国家的关系也就必须纳入考察的视线之内。其三，国家的民主化建设是国家的合法性基础和目标所在，只有以人民民主来配合政党主导的党内民主，才能起到既约束政党又约束国家的目的。其四，自改革开放以来，中国现代民族国家的建设最突出的贡献是在经济成就上，所谓的"中国模式"的内涵也多是从经济方面进行的总结，国家建设与经济建设之间关系如何摆正也构成对我国改革开放进行反思的重要议题。其五，国家构建和国家建设的终极目标还是为了服务于社会，进入21世纪以来，这也越来越被国家领导高层所重视，国家建设的重心开始向社会建设和分配正义上转变，国家统治能否获得持久合法性的关键也在于安居乐业的社会建设上，处理好国家与社会的互促关系构成未来长期的政治议题。其六，现代民族国家的发展不是孤立于世界，尤其在一个全球化联系更加密切的时代，如何融入全球化，又如何保持国家的自主性，这也要求我们必须拓展视野，过去我们已经落后于世界发达国家，现在更应该在参与和学习的过程中，找到后发展中国家的比较优势，取得在世界政治格局中应有的地位。通过对这六个主题的研究正好把一百多年的现代中国的革命和建设历程串联起来，立足于历史的文本解读，找到国家构建和国家建设的逻辑，探究后发展中国家到底需要何种国家自主性。整个研究的内在逻辑如下图所示：

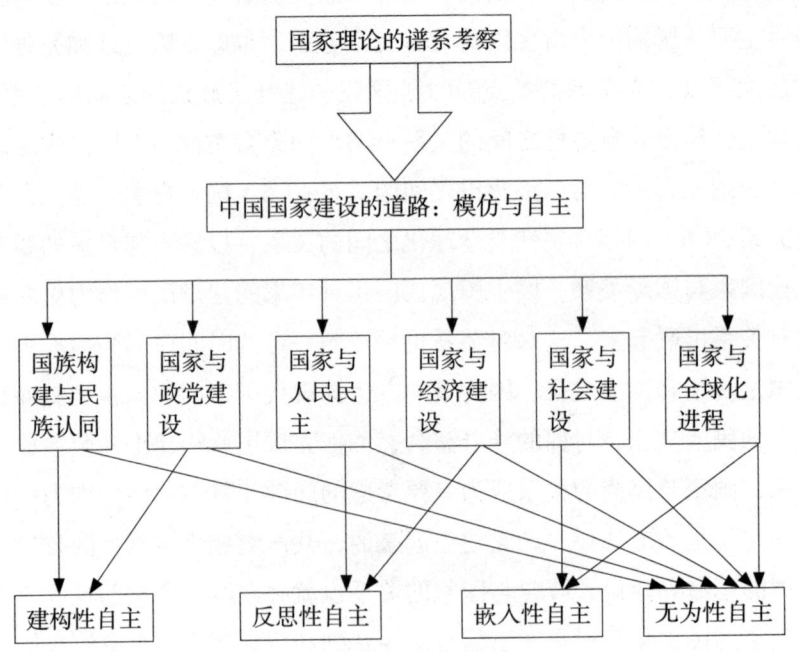

从上表也能够清晰看出本研究的核心结论：通过建构性自主、反思性自主、嵌入性自主和无为性自主四种路径来构建国家自主性。因为其一，对于国家基础性制度和结构而言，需要国家自上而下的政治屋顶的构建，主导性政治力量（政党）的观念创新和制度变迁也直接影响到国家建设的序列，在这两个方面，建构性自主的特色比较鲜明。其二，无论是主动接受人民民主的政治参与对国家权力运行的监督，还是被动地对国家经济建设积累弊端的

反思，只有把国家的行为纳入制度化规约的过程中来，把人民监督、经济分权和国家自我规约结合起来，才不仅不会削弱国家自主性，反而会增强国家自主性能力。也即是说，在这两个方面，反思性自主才能够更好地彰显国家自主性。其三，后发展中国家一方面需要国家自主性完成国家权威的积累和国家能力的建设，另一方面国家自主性不是凌驾于社会之上的强制力量，也不是孤立于世界来谋求自我发展，绝对封闭的国家自主性只会伤害到国家自身，因此，无论是国家对社会的治理与建设，还是国家融入外界的全球化进程，只有嵌入社会和融入全球，才能更好地取得治理的绩效，在这两个方面，嵌入性自主的特色比较鲜明。其四，强调国家自主性能力并不是把国家理性推向狂妄，对国家理性所不及和结构性无知的领域保持无为而治，一种敬畏与谨慎的心态有助于防范国家权力恶性扩张，也可以说无为性自主构成国家自主的最高智慧。

第二节 国内外对"国家自主性"研究的文献综述

在西方的政治思想传统中，关于国家的研究是一个经典的命题，也经历过正反合螺旋结构上升的过程，无数的思想巨擘都对它有过阐释，国家曾一直被赋予崇高性和积极能动性。然而，自启蒙运动对个人自主性的发现和赞美以来，国家也从神坛走向世俗化，更多是从功能和工具意义上来理解国家，国家作为一种"必要的恶"成为一种宣言，其最大的积极意义在于对国家权力为恶的警醒和监督制衡的制度设计。这一时期也是从绝对主义君主国家到王朝国家，再到民族国家的发展阶段，也是国家制度化程度最高的阶段，但受到批判的国家逐渐被遮蔽起来，尤其自近代西方社会科学中行为主义和政治系统理论盛行以来，对民主的多元主义解释以及自由主义对国家或政府的不信任方案一直支配着主流的学术话语，因此，国家议题的中心地位多多少少被有意或者无意地遮蔽起来。然而，对于资本主义世界结构危机的批判也随着现代性后果的暴露而越来越强烈，即随着多元主义民主陷入困境和自由主义政策方案在实践中所暴露出来的局限性，国家议题重新被社会所关注，尤其是21世纪以来爆发的经济危机，致使国家干预和救市越来越被纳入议程设置中来，这也是中国模式（"以国家主导的经济发展模式"）被不少西方学界和媒体推崇和赞美的原因。

一、国外对于国家自主性的研究大致经历的阶段

国家自主性是现代国家构建的一个重要变量，以此为视角有助于我们澄清和加深对现代国家的认识，既看到国家自主性理论对国家功能分析学派的完善和对政治发展及制度变迁理论的充实，也看到国家自主性内在的悖论，尤其在全球化时代它所受到的质疑。尽管"国家自主性"是20世纪80年代才流行的概念，但很快在"回归国家"的思潮的推动下，国外社会科学界很快发展出"以国家为中心"的研究路径来解释和救治西方社会面临的困境。对国家自主性理论的阐释可追溯到马克思、新马克思主义者、韦伯和国家回归学派，有必要重新找回和发现马克思对于国家自主性的理论贡献。尽管马克思和恩格斯关于国家自主性现象只不过是一种经验的描述，但开启了对国家除了工具主义之外的另一面的认识。后来的新马克思主义者拉尔夫·密利本德（Ralph Miliband）和尼科斯·普朗查斯（Nicos Poulantzas）系统地论证了"国家相对自主性"理论；深受马克斯·韦伯国家观影响的以斯考克波为领袖的"回归国家学派"进而认为，国家作为一个组织系统，本身就具有"潜在自主性"。这样，"国家自主性"理论的发展与壮大：完成了从一个概念到一个研究路径和一个学派的飞跃。

（一）马克思关于国家自主性的论述。尽管自主性国家只是马克思的一种经验观察，对国家的阐释也没有鸿篇巨制，但是在众多的国家理论流派中，马克思的国家理论具有不可替代性。尽管马克思主义延续的是以社会权利来制约国家权力的思维路径，带有鲜明的社会中心主义分析范式，从工具主义来认识国家和制衡国家，对国家的批判远多于对国家的赞美。事实上，马克思已经认识到国家的复杂性，诸如政治上层建筑对经济基础的巨大反作用力，还提出了国家自主性的概念，以分析国家凌驾于社会之上并控制社会的自主性行为。"国家是社会在一定发展阶段上的产物；国家是承认：这个社会陷入了不可解决的自我矛盾，分裂为不可调和的对立面而又无力摆脱这些对立面。

而为了使这些对立面,这些经济利益互相冲突的阶级,不致在无谓的斗争中把自己和社会消灭,就需要有一种表面上凌驾于社会之上的力量,这种力量应当缓和冲突,把冲突保持在'秩序'的范围之内;这种从社会中产生但又自居于社会之上并且日益同社会相异化的力量,就是国家"①。沿着马克思和恩格斯对国家自主性观察,新马克思主义者在历史唯物主义基础上发展出了较为系统的"国家相对自主性"理论,他们试图突破僵化的工具性国家理论,将"相对自主性"视为国家的固有特征和普遍现象,而不仅仅是特殊历史条件下的特殊现象。其中以拉尔夫·密利本德和尼科斯·普朗查斯的理论为重要代表。

(二)新马克思斯主义者关于"国家相对自主性"的论述。密利本德认为,"国家的相对自主性观念是马克思主义国家理论的一个重要组成部分"②。即使在资本主义国家,国家的相对自主性也是显而易见的,作为资产阶级管理委员会的国家是维护资产阶级整体利益集团的机器,当某个资本家的具体利益与整体利益、短期利益与长远利益出现冲突时,资本主义国家不会简单地服从某个资本家的要求,"在发达资本主义制度下甚至极其保守的政府,也经常会被迫采取反对某些财产权和资本主义特权的行动"③,这是国家要行使好资产阶级代理人的使命使然,另一层面国家对民众的反抗和国家合法性统治的考量也不能忽视,因此,国家会以整体统治阶级意志为出发点,甚至经常打着维护公共利益和人民意志的幌子,尽可能使自己的行为具有正当性。当然,在密利本德那里,"国家自主性和相对独立性并没有减少国家的阶级性质,国家在采取相对自主性行动的同时还维护统治阶级的利益,巩固资本主义秩序"④,因而,从国家维护统治阶级整体利益出发所展示的这种"相对自主性"与马克思主义对国家的阶级分析是一脉相承的。同时,密利本德认为马克思

---

① 《马克思恩格斯选集》第 4 卷,人民出版社 1995 年版,第 170 页。
② [英]拉尔夫·密利本德:《马克思主义与政治学》,黄子都译,商务印书馆 1984 年版,第 79 页。
③ [英]拉尔夫·密利本德:《马克思主义与政治学》,黄子都译,商务印书馆 1984 年版,第 83 页。
④ [英]拉尔夫·密利本德:《马克思主义与政治学》,黄子都译,商务印书馆 1984 年版,第 95 页。

主义国家理论主要关注的只是资本主义国家,因而他也重点研究了"第三世界"和共产党国家,专门考察了这些国家的自主性特征。密利本德认为在发展中国家,无论是存在经济上稳固的统治阶级还是尚未出现这样的统治阶级,国家的主导性作用都是显而易见的,国家权力高度渗入社会,国家的职能范围囊括社会生活的方方面面,政治权力在国家中占据主导地位,国家享有高度的自主性。

另一位新马克思主义者普朗查斯针对工具主义国家理论无法解释资本主义国家的制度与政策的现实,批评了以往的政治理论低估了政治作为相对独立的领域,即"政治丧失了其作为社会结构和社会实践相对自主水平的特性"[①]。为了说明这点,普朗查斯充分论证了资本主义国家相对于社会具有自主性的结构主义根源,认为"经济脱离政治且能够独立运行的结构决定了国家的相对自主性"[②],反过来,他也特别强调政治作为独立领域的特殊性地位,政治不同于经济更不是经济的附庸,应划定政治与经济之间严格的界限,才有助于看清楚处于上层建筑地位的政治领域所扮演的固有的相对自主性。当然,普朗查斯也很客观地指出,资本主义国家的相对自主性程度也是有差异的,他指出这取决于:"国家的这种相对自主可以根据下列情况而不同:其一,它对那些统治阶级的功能所采取的形式,其次,现有各种势力之间的具体关系"[③],这已经涉及对影响国家自主性的因素的讨论。尽管资本主义国家自主性不是绝对的,仍是为了满足统治阶级政治利益的需要,然而,普朗查斯指出"国家相对自主性"不是一种特殊形势下的暂时现象,而是资本主义国家的普遍特征。因此,普朗查斯的国家理论在美国引发了国家研究热潮。

密利本德和普朗查斯在理论与现实分析中,分别从实证主义和结构主义角度着力发展了马克思主义中关于国家自主性的论述,突出强调了国家相对

---

① [希腊]普朗查斯:《政治权力与社会阶级》,叶林等译,中国社会科学出版社1982年版,第295—296页。
② [希腊]普朗查斯:《政治权力与社会阶级》,叶林等译,中国社会科学出版社1982年版,第21页。
③ [希腊]普朗查斯:《政治权力与社会阶级》,叶林等译,中国社会科学出版社1982年版,第324页。

于经济和统治阶级的"相对自主性"，在一定程度上突破了对国家简单的经济决定论解释。但事实上，新马克思主义的"国家相对自主性"理论本质上仍然是社会中心主义基本范式下所作的补充和完善，后来的回归国家学派在新马克思主义国家理论的基础上，借助于韦伯国家观的传统，推动了"国家中心主义"的复兴，也突破了新马克思主义的"国家相对自主性"分析，将国家视为一个具有独立利益的自主行为主体、一个具有潜在的完全自主性而非相对自主性的主体。

（三）"回归国家"学派关于国家自主性的论述。20世纪国家力量的扩展又使得国家重新回归社会科学研究的中心，尤其在20世纪70、80年代，社会科学领域最重大的变革之一就是"国家中心主义"的复兴。"回归国家"学派是延续新马克思主义"国家相对自主性"理论的后马克思主义学派，同时又深受韦伯国家观的影响。作为德国著名学者的韦伯对自己的国家充满了担忧，认为它是一个政治上不成熟的国家，要么表现为政治浪漫主义，走向虚无，要么就是政治国家被淹没在经济帝国中，用经济取代政治。他从现实主义政治观强调国家运用强制力的必要性，认为国家就是对一块领土上的居民通过官僚科层制和法律制度行使具有强制性的司法权和对合法使用武力的垄断，即国家就是"垄断合法暴力和强制机构的统治团体"[①]。韦伯的这种国家观与洛克式国家理论和马克思主义国家理论迥然不同，这种现实主义国家观为国家自主行动提供了诸多可能性和合法性。

韦伯的国家观也大力推动了回归国家学派的蓬勃发展，该学派的领军人物哈佛大学历史学教授西达·斯考克波的"国家潜在自主性"理论就是深受马克斯·韦伯的国家观影响。她指出："作为一种对特定领土和人民主张其控制权的组织，国家可能会确立并追求一些并非仅仅是反映社会集团、阶级或社团之需求或利益的目标，这就是通常所说的'国家自主性'。只有国家确实能够提出这种独立目标时，才有必要将国家看作一个重要的行为主体。"[②] 可

[①] [德]马克斯·韦伯：《经济与社会》（下卷），林荣远译，商务印书馆1997年版，第730页。

[②] [美]埃文斯、鲁施迈耶、斯考克波编著：《找回国家》，方力维等译，生活·读书·新知三联书店2009年版，第10页。

见，国家是一个具有超越于集团、阶级以及社团之上的能够进行独立自主决策的组织行动者，而且是实际控制或企图控制领土和人民的独立自主性组织。正如斯考克波强调，"国家应该被看作是独立于（虽然受束缚于）社会经济利益和结构的自主性组织，而不是自由主义者所假设的社会争夺社会经济利益的平台"[①]。她指出："首先，国家不仅应该被看作各社会阶级为经济利益而斗争的舞台，更应该被当作国内主权所协调的行政、政策过程和军事过程，是一个自组织系统。其次，作为一套国家机关或国家组织，国家就有可能和统治阶级在经济和社会资源的分配上竞争，国家所得资源的目标有时和统治阶级一致，有时并不一致，而不一致的目标甚至威胁统治阶级的利益。因而，国家具有自主性，至少有脱离直接的统治阶级控制的潜在自主性，但其实际的自主性的程度和自主性的影响，要具体情况具体分析"[②]。可见，她对国家的理解继承了而且又超越了新马克思主义的国家相对自主性，也明显超越了自由主义国家观对国家中立性的理解，以自组织为特征赋予国家很强的自主能力，更加强调国家的独立利益主体地位是国家自主性的最根本原因。斯考克波又通过研究现代国家发挥的作用指出，"在发展中国家，国家要进行政治改革，推动经济发展，与跨国公司谈判；在发达国家，国家要处理经济问题，要推行社会福利项目。因此，国家是最为重要的政治角色，通过国家的政策以及国家与社会各团体的关系来影响政治和社会的进步。另外，国家不仅规定了公民社会与政府的关系，而且规定了公民社会内部的结构"[③]。这样，国家自主性作为一个重要分析概念很好展示了国家在政治社会生活中扮演的角色，也推动了在国内秩序与国际关系相结合这一更广阔视野内理解国家自主性的产生。诸如在"国家中心主义"兴起以后，著名国际关系理论家伊肯伯里（Ikenberry）进而提出了影响很大的"以国家为中心的研究方法"（state

---

① Theda Skocpol, *States and Social Revolutions: A Comparative Analysis of France, Russia, and China*. Cambridge University Press, 1979. pp. 35-38.

② Theda Skocpol, *States and Social Revolutions: A Comparative Analysis of France, Russia, and China*. Cambridge University Press, 1979. pp. 29-31.

③ Theda Skocpol, *Bringing the State back in: Social science research council*. Cambridge University Press, 1985. pp. 3-37.

centered approach），伊肯伯里认为，社会中心论和其他研究方法都是把国家当作"黑箱"对待，这对于政策到底是如何被决定的语焉不详。在对外政策中，国家既不是传递国际体系影响力的渠道，也不是忠诚地履行社会势力之要求的存在，而是在反映国内外诸多势力的利益关系并转化为政策时，国家作为自变量而发挥重要作用。

二、国内关于国家自主性研究的现状

国家自主性在国外社会科学领域已经从一个概念发展到一个分析路径，作为一种有效的分析工具来重新认识国家，发挥国家作为自组织系统的自主性作用，这也引起国内广泛关注。综述这方面的研究资料，对于更好地利用国家自主性、更深入地开拓这方面的研究意义重大，也有助于澄清一些人对国家自主性的褊狭认识，并期待以国家自主性视角来解释和寻找中国现代国家建设的规律，确保未来的国家发展朝更加积极稳健的态势前行。国内关于现代国家建设和国家自主性的研究可概括为如下方面：

研究范式之一：从大量译著和综述方面的研究，使关于国家的这一古老话题重新焕发青春，使马克思国家观再次发扬光大，也使得像亨廷顿、诺斯、蒂利、斯考克波、波齐、福山、吉登斯、哈贝马斯等大批思想家关于现代国家的思想不再陌生。

研究范式之二：从政治哲学的路径上，对于现代国家的特征、内涵、内在逻辑和重要意义等方面进行深刻的总结，代表人物有周光辉教授、林尚立教授、李强教授等。以周光辉教授为带头人的学术群体，从"理解代表"[①]，到"理解公民"[②]，再到"认真对待共和国"[③]一系列的学术成果展示了现代国家构成要素的权利、义务与责任，针对自由竞争的市场正义观，突出强调了政府

---

① 周光辉、彭斌：《理解代表——关于代表的正当性与代表方式合理性的分析》，载《吉林大学社会科学学报》，2004年第6期。

② 周光辉、彭斌：《理解公民——关于和谐社会成员身份的思考》，载《马克思主义与现实》，2006年第6期。

③ 周光辉、彭斌：《认真对待共和国——关于和谐社会的政治基础的思考》，载《吉林大学社会科学学报》，2005年第4期。

的再分配职能对于公正社会的必要性和正当性，认为"政府再分配职能的正当性，体现在它力图构建一个公正社会的良善意图与行动之中，它为公民有尊严地生活提供了可能性，也超越了市场形式正义与丛林法则，减少了政治不作为可能带来的改变社会结构的暴力行动"[①]，政府再分配职能是确保社会公正的必要补偿机制。林尚立教授认为构建现代国家需要发挥人们的想象力、基于现代化逻辑来进行建构，以程序性、中立性和至上性为特征的现代国家需要自主完成理性化的制度建设，以此来指导和规范现实的国家权力运行过程，以期待成就现代国家的目的。李强教授认为："从制度的角度言，国家结构的分殊是国家自主性的前提条件。只有当国家与社会分离，专门的人员掌握有限国家权力时，国家才可能具有'自主性'，才可能不受特殊利益的影响，代表公共利益与公共意志"[②]。

研究范式之三：从中国政治的路径上，探讨中国现代国家构建的路径，理顺现代国家与公民社会、与政党及统一战线、与全球化进程之间的关系。代表人物有徐勇教授、林尚立教授、郁建兴教授和杨雪冬教授等。徐勇教授特别强调现代国家构建对于完成现代国家使命的重要意义以及实现途径，他认为："在现代政治共同体中，国家无疑居于中心地位。这是由现代化造成的。以往，我们理解现代化仅仅是从时间上度量，很少考虑其空间因素。其实，现代化不仅是由传统农业社会向现代工业社会的转变过程，而且是由一个分散、互不联系的地方性社会走向现代整体国家的过程，这就是国家化，或者说国家的一体化，也即现代民族国家的建构"[③]。徐勇教授还特别强调现代国家建构在迈向现代化进程中的重要作用和如何实现自上而下的现代国家的有效治理，诸如通过"政权下乡"、"行政下乡"、"政策下乡"、"送法下乡"、"服务下乡"等一系列途径，实现从中央到地方的整体性统治。同时徐勇教授也

[①] 周光辉、殷冬水：《政府：一个公正社会不可或缺的角色——关于政府再分配职能正当性的思考》，载《吉林大学社会科学学报》，2006年第4期。

[②] 李强：《从现代国家构建的视角看行政管理体制改革》，载《中共中央党校学报》，2008年第3期。

[③] 徐勇：《现代国家建构中的非均衡性和自主性分析》，载《华中师范大学学报（人文社会科学版）》，2003年第5期。

指出现代"民族国家"建构与"民主国家"建设之间存在非均衡性，二者的均衡发展是现代国家稳健成长的关键。林尚立教授以"现代化逻辑"到"现代社会的培育"再到"现代国家的建构"这一思路对新中国成立六十年进行总结。他认为"在人类文明发展的历史序列中，现代化发展是社会主义社会的前提与基础，现代化发展的政治维度就是建设现代国家。然而，为了在中国实现社会主义，新中国成立后启动的国家建设是作为社会主义的政治维度展开的，其立场与在现代社会基础上进行的现代国家建设有内在的冲突，结果导致国家建设的扭曲。改革开放之后，中国的发展路径发生深刻变化，将社会主义的实践建筑在现代化发展基础之上，并创造了全新的中国进步与发展。中国的国家建设也因此回到现代化发展的逻辑中来，并得到有效的发展。这种发展是中国全面巩固社会主义制度的根本与保障"[①]。也即是说，新中国成立之后的前三十年国家建设缺少社会根基，国家大包大揽，过度挤压社会；而改革开放之后三十年，扭曲的国家自主性建设真正走上遵循现代化逻辑的发展快车道，并通过运用"有效政治"这一概念解释了我国现代国家建设取得的伟大成绩。郁建兴教授在其代表作《马克思主义国家理论与现时代》中详尽地阐明了马克思主义国家理论的丰富内涵和全球化时代国家建构的责任和方向："对中国当下的国家建构而言，如何通过国家的制度建设来完善国家的制度形式，以及加强国家的策略应变和调试能力，从而使国家的策略选择尽可能兼顾各阶层利益，这是我们应当努力的方向。而就作为社会整体化一部分的国家的建构而言，除了考虑国家计划、领导权计划以及国家策略，考虑相关的社会基础以及国家话语外，我们同样必须通过仔细考虑资本循环和资本国际化的支配形式，以及中国民族资本所面临的特殊国际形势；考虑中国社会、经济和政治力量在国内外的平衡；确立一个合理的积累策略，从而为国内层面以及国际层面的利益博弈提供一个合理平台"[②]。并且郁教授从更具体的层面来论述国家构建："在既定领土疆域内创造出一个处于中央政府统治权威下的主权民族国家，建立起国家对暴力和强制权的合法垄断，以及国家

---

① 林尚立：《社会主义与国家建设——基于中国的立场和实践》，载《社会科学战线》，2009年第6期。

② 郁建兴：《马克思国家理论与现时代》，东方出版中心2007年版，第295页。

在诸如维护领土主权、公共行政管理、税收管理、社会控制、宏观经济管理、保护公民权、创建法制、提供公共物品等方面的制度、组织和机构建设，以强化民族国家的政权强度和提高相关职能范围的国家能力"①。对于像我国这样的后发展中国家，郁教授特别强调通过国家建构来提高和增强国家的强制能力，巩固政治秩序，重建国家权威，为国家经济繁荣和民主转型提供坚实的政治保障。杨雪冬教授从全球化进程中来审视国家自主性，如何在维护国家主权的基础上有效发挥国家的自主性，他认为："在全球化的背景下，中国的发展道路实际上是一个有效发挥国家自主性，协调和利用国家—社会关系、国家—政党关系、中央—地方关系以及国家—国际体系的过程。目前改革的重点应该是通过国家自主的改革来推动其他方面的改革，进一步提升自主性和国家能力"②。并且他对国家自主性做了广义和狭义的区分，"广义的国家'自主性'是对狭义自主性的扩展。它认为国家在行使权力的过程中，不仅有可能相对摆脱包括统治阶级在内的国内各利益团体的影响和制约，也能够避免国际体系中其他国家的介入与干涉。"③因此，广义的国家自主性就是国家如何通过法律和规章制度实现对内的最高治权，如何在参与国际事务的过程中有效维护最大程度的主权。对于国家自主性的实现，也有学者从国家政权建设的角度总结："表现在三个基本的维度上，即国家建设的权限之维，即关涉国家或政府权力的大小范围问题；国家建设的能力之维，关涉国家或政府权力的执行力问题；国家建设的合法性之维，关涉权力运用的合理性和正当性问题"④。笔者认为国家自主性得以实现需要具备以下几个要素：其一，国家作为法人主体资格。即使没有社会力量的强大支持，甚至面对社会力量的强烈反对，国家也可以追求自己的目标，作为一种公共利益的化身获得独立的法人主体资格。其二，国家自主性的制度化保障。其三，国家能力给国家自主

---

① 郁建兴、何子英：《后社会主义国家转型的结构性危机与国家建构》，载《求是学刊》，2008年第3期。
② 杨雪冬：《国家自主与中国发展道路》，载《社会科学》，2006年第3期。
③ 杨雪冬：《国家自主与中国发展道路》，载《社会科学》，2006年第3期。
④ 曹海军：《国家能力建设的理论内涵与制度变迁》，载《中共福建省委党校学报》，2007年第4期。

性提供行动的能力。其四，国家职能要求国家自主性完成的历史任务，包括宏观和微观层面。这几大基本要素的满足，才使国家自主性不是仅仅停留在理论探讨的必要性上，而是真正转化成为国家自主性的可行性能力，对转型社会危机进行有效的国家治理，也同时预防和摆脱国家治理危机带来的严重后果。

研究的范式之四：从比较政治学和政治社会学的路径上，总结现代国家政治发展的多样化形态和基层政治社会的复杂性。代表人物有杨光斌教授、张静教授。以杨光斌教授为带头人的学术群体对国家所进行的类型学分析对于认清现代国家所呈现出的不同的形态具有重大价值。杨光斌认为："国家的相对自主性是国家成功的关键"、"关于国家自主性理论的研究，对于研究现代国家建设具有普适性"[1]，他并对国家形态进行了总结和分类，诸如工具主义国家的当代形态及其变体为：俘获型国家、勾结型国家；自主性国家及其变体为：统合主义国家、发展型国家、掠夺型国家。作为社会学家的张静教授在《基层政权建设：乡村制度诸问题》一书中对国家政权建设在乡村的治理效果提出反思，她认为传统习俗和利益博弈在乡村社会起主导性作用，当然，她也指明了国家政权建设的一些方向。

三、对国家自主性理论带来影响的评述

（一）对结构功能主义和系统分析的反思。重申国家作为独立变量的作用，进而修正和完善系统功能分析。在结构功能主义和系统分析中，系统功能分析的研究对象往往并不是"政治系统"，而是关注于包括文化系统、社会经济系统在内的"社会系统"给予政治系统的影响[2]。即将研究重点从"政治系统"转向"社会系统"，社会系统的概念取代了"国家"的概念，政治系统的存在和发展不过是社会系统的功能性需要的产物，国家逐步丧失了其相对于社会的独立性，在这个理论框架中，"国家"扮演了很微小的角色，政治系

---

[1] 杨光斌、郑伟铭、刘倩：《现代国家成长中的国家形态问题》，载《天津社会科学》，2009年第4期。

[2] David Easton, *A Systems Analysis of Political Life*. New York: John Wiley & Sons, Inc. 1967. p. 730.

统的输出往往被看成是"政治黑箱"的活动,具体如何运作并不清楚。因而,从系统功能分析出发,政治发展研究的焦点并不在于"政治系统"本身,而往往在于政治发展的"社会前提",比如经济发展、政治文化和政治合法性。

尽管结构功能主义和政治系统分析有较强的解释力,但是由于概念的外延不断拓宽,国家与社会的边界越来越模糊难辨,对政治现象的解释变得越来越复杂。要求回到对国家和政治制度本身进行分析的呼声也越来越突出,在对国家的逐步关注下,国家划界于社会的分殊性又一次得到越来越多的认同,受这种研究趋势所影响,功能系统研究者也开始修正了他们的观点。阿尔蒙德和鲍威尔1978年版的《比较政治学:系统、过程和政策》修正了1966年版的观点,承认一定政治制度下的政治选择对于社会经济现代化具有重要意义。阿尔蒙德认为,发展中国家的政治发展有两个主导性变量,即政府能力(或权力)和人民参政情况(或民主化)。不能维护基本的政府能力,也就丧失了政治变革的主导力量。伊斯顿也将他的研究转向国家的政治结构,并总结道:"在严格的意义上,'政治'而不是非政治的社会条件,是任何政治行为和结构的最直接的环境"[①]。

(二)"国家自主性"理论构成比较政治发展理论和制度变迁理论的理论内核。流行于20世纪50—70年代的政治发展理论及80年代开始流行的制度变迁理论均强调国家本身或政治因素在国家发展和国家成败中的决定性角色。我们可以从亨廷顿和诺斯的思想中找到佐证。比较政治学的代表人物亨廷顿集中大量精力研究了发展中国家的现代转型与民主巩固问题,得出的经典命题认为国家权威和政治秩序是发展中国家实现经济增长的前提,而被人们视为当代"新国家主义"的奠基人。亨廷顿对国家的理论研究尤其注重政治制度方面的建设,鲜明的结论是国家自主性需要通过政治制度化来实现,而政治制度的独立性又由国家自主性来供给,具体表现在:一方面,他从国家意志的自主角度来强调如何通过制度化设置、保证国家为人民谋利益的意志又是如何不被利益集团利用和俘获,诸如他告诫人们:"发展中国家必须拥有强

---

① David Easton, *The Analysis of Political Structure*. New York: Routledge, Chapman & Hall, Incorporated. 1990. p. 5.

大的制度化能力,才能有效整合社会的不同力量,保证现代化进程中的秩序和稳定"①,这些观念被广泛引用;另一方面,他又把自主性作为衡量政治制度化的标准之一,特别关注政治制度发展相对于社会力量和社会发展的独立性,在他看来,国家的自主性确保政治组织和政治程序独立于其他社会团体和行为方式而生存,也正是由于亨廷顿对于政治制度相对于社会力量独立性的分析使得他被作为功能系统分析的例外和以"国家为中心"的研究路径的开创者。因为尽管他同功能系统研究者一样认为政治制度和社会力量之间的分野并不是一清二楚,但是他与功能系统分析不同的地方在于:他注意到政治制度的发展可能滞后于社会的演进,有时社会力量是强大的,而国家是弱小的②,因此,国家自主性又是一个自变量而受到多种因素的作用,使对国家行为的研究走向更加真实和具体。

"新制度"学派关于国家的论述:在当代新制度学派的代表人物诺斯看来,制度变迁的核心是国家,已经产生的国家拥有合法地垄断并使用暴力的权力,自然要制定有利于国家存续的经济制度和其他制度安排,因此国家是根本性的③。他也从经济史的角度提出并论证了有名的"国家悖论":"国家的存在是经济增长的关键,然而国家又是人为经济衰退的根源"④。国家或政治制度是经济增长与国家兴衰的关键性环境,这是对西方国家制度变迁规律的一般性总结。在西方世界兴起过程中,英国的成功和西班牙与法国的失败主要在于一个国家的政治制度能否有效地保护产权。他的思想也对后世产生了深远影响,被广为传颂。

(三)从对"社会中心主义的回归"这一思潮的回击与竞争优势来看,国家依然发挥着重要的能动性作用,不是缺席而是"在场"。20世纪80年代,

---

① [美] 塞缪尔·P.亨廷顿:《变化社会中的政治秩序》,王冠华等译,上海人民出版社2008年版,第42页。

② Samuel P. Huntington, *Political Order in Changing Societies*. New Haven: Yale University Press, 1968. pp. 9–11.

③ [美] 道格拉斯·C.诺斯:《制度、制度变迁与经济绩效》,刘守英译,上海三联书店、上海人民出版社1994年版,第111页。

④ [美] 道格拉斯·C.诺思:《经济史中的结构和变迁》,陈郁等译,上海三联书店、上海人民出版社1994年版,第20页。

当学者们"重新发现"国家和呼唤"国家中心主义"的时候，西方国家盛行的却是以限制国家作用、鼓励自由市场为中心的里根主义和撒切尔主义，但是"社会中心主义的回归"及其所带来的问题恰恰强化着"国家中心主义"，并表明国家在整个改革进程中一直在场，并发挥着重要的作用。因为一方面，里根和撒切尔夫人的改革本身意味着国家有能力改变自己的航向，这恰恰是国家自主性的实现，再从他们的改革后果看，损益参半，到后来不得不加强国家的干预，走上"第三条道路"；另一方面，很多在民主"第三波"中威权政府的衰落带来的不是自由、民主和秩序下的公民社会和有效治理，而是国家失败。对于很多发展中国家而言，国家在同时释放和推进国家分权和自由民主的改革时，带来的是政府软弱、无能或者无政府状态，是贫困、腐败、艾滋病、毒品和恐怖主义等重大问题，因而"国家构建"依然是当今国际社会最重要的一个命题。正如福山所言，"当世界上发达国家的主流政治表现为抨击政府，并力图缩小国家的活动范围与影响的时候，大多数发展中国家所面临的任务却恰恰相反，它们需要的则是'国家构建'，即建立起强有力的制度，特别是制定并实施政策和执法的能力"[①]。从发达国家和发展国家的政治实践来看，"国家中心主义"再次成为理论研究和国家政策关注的重要对象。

第三节　核心概念的界定

一、现代民族国家的构建

现代民族国家是自威斯特伐利亚体系确立以来国际社会的基本的政治单位，也是各国努力构建的目标。现代民族国家非常不同于基于血缘、身份的传统国家的历史传承和文化认同，而是基于对领土疆界和法理型国家权威的

[①] [美]弗朗西斯·福山：《国家构建：21世纪的国家治理与世界秩序》，黄胜强、许铭原译，中国社会科学出版社2007年版，第7页。

认同，已经不仅仅是基于习俗惯例自然形成的社群共同体，而是基于国家理性和国家意志而组建起来的严密科层政治共同体，通过构建宪政主义框架来统一安排国家与公民之间的权利义务关系，通过提升国家的理性能力，促进政治成熟的现代民族国家变为现实，来整合有限的资源、动员被启蒙的多样化公民个体、遵循民族国家运行的一般性规律，从而赢取民众对国家的深度认同，确保现代民族国家的长治久安。

二、国家自主性

通过上文的文献综述，笔者比较赞同斯考克波对国家自主性的理解。即国家是一个独立的法人实体和组织机构，凌驾于一切社会集团、组织机构、个人甚至统治阶级的利益之上，国家具有国家意志和理性能力，是公意的化身，凝聚政治共识，提供政治合法性的权威基础，同时，国家又是唯一合法垄断暴力机关的执行机构，可以依法使用暴力和强制力，确保国家的自主意志得以有效贯彻实施。当然，国家的这种潜在的自主性需要借助统治阶级和政府机构来代理实施，很可能由于对国家代表的公共利益理解的偏差甚至刻意扭曲而导致对国家权力运用出现异化，这正是我们需要研究的如何监督规范国家权力运用这一难题。

三、建构性自主、反思性自主、嵌入性自主、无为性自主

这几个概念是为了分析中国在围绕现代民族国家构建过程中的国家自主性特征提炼出来的。

第一，建构性自主。中国要从对内而言的王朝政治和对外而言的殖民政治中建构起围绕中华民族概念而来的国族认同，走向成熟的民族国家构建，实现民族国家的独立。对于如何实现对资源整合和多元化民众的动员，也需要建构起多民族共同认同的基本政治共识和宪政主义的框架。中国共产党领导中国革命取得胜利获得历史合法性，如何实现从政党自主性走向国家自主性，需要共产党从领导向执政转变，通过政党领导建构起基本的政治制度，让政党服务于国家，并把对国家权力的行使纳入受制度监督和规约的渠道中来，建构起法理型国家权威。

第二，反思性自主。如果说确立起法理型国家权威赋予国家很强的建构性自主的权力，那么如何保持国家长治久安则需要国家永续的反思平衡能力的发挥。从中国式民主的进程看，需要把国家的自我约束和来自人民民主的外在监督有机结合起来，当然也需反思如何把民主转型的成本降低到最小，确保中国民主的制度化、有序化。从中国的经济建设而言，的确取得了举世瞩目的辉煌成就，也要反思这种发展型国家的发展观和唯物质主义倾向，如何建设可持续发展的生态型国家，这也是十八大以来新一届中央领导集体为之而努力的目标。

第三，嵌入性自主。如果说建构性自主和反思性自主有助于从国家自身内在属性来提升国家的自主能力，那么嵌入性自主更多是从国家需要治理的外部对象角度来研究如何增强国家治理的有效性。国家对内的社会建设尽管是它的治理对象，但良善的社会生活是国家治理的最终归宿，尽管也赋权国家凌驾于社会之上的治理能力，但也只有嵌入到社会之中，广泛地收集、反映和回应民意，处理好国家权威、社会自主和公民自治之间的关系，从而增强国家与社会之间的互构，提升国家治理能力。从国家所处的全球化的国际大背景而言，国家既独立于国际社会，但国家也不能脱离于国际社会，以融入性自主的姿态更好地发挥国家的自主性，提升国家在国际社会中的地位和话语权。

第四，无为性自主。尽管强调国家自主性更多是从国家积极有为的角度来研究为什么需要国家和国家又该何为，但国家治理的最高境界还是无为而治，实现"无为而无不为"这需要非常高的政治智慧。这需要理顺国家理想的至善性与国家权力运作的趋恶性、国家认同与民族认同、国家理性建构与国家民主治理、国家强盛与经济繁荣、国家自主与社会自主、国内秩序与国际秩序等之间的关系，使依靠强制力来实施的国家自主行为被它所治理的对象认同，使其感觉这种外在的统治好比是自我的统治，这尽管很艰难，但不妨碍我们对它孜孜以求。

第四节　国家自主性理论对于中国国家建设的解释力

国家的回流和国家自主性重塑是为了解决西方多元主义自由民主所陷入的困境，然而，适用于解释西方多元自由民主社会的国家自主性理论能否适用于解释中国的国家建设经验呢？尽管强调国家自主性的背景文化存在差异，但也有人担忧中国本来就有国家奴役民众几千年的历史，再度引入国家自主性是否更加恣意妄为？然而，全面客观地认识现代国家，正确理顺和探索国家自主性的内在规律，是为了更好地利用和驯服国家"利维坦"这个怪兽，在这层含义上，我们也就找到国家自主性解释中国经验的重要价值。另外，有一个参照系，也有助于我们区分开哪些国家自主行为是值得我们借鉴的，哪些又是我们中国自己的特色。

一、影响我国国家自主性的几个重要变量

西方现代国家是从无到有生成来的，而中国早就有国家观念，我们最主要考虑的是如何从传统的帝国转型为现代国家。这有几个重要变量是必须实现的：其一，需要有一个主导性的领导力量来盘活社会存量，实现传统向现代的创造性转换；其二，需要增强国家实力，才有能力对转型的超大社会实施有效的整合和治理，才有可能跻身世界强国之林，增强世界的影响力；其三，要实现对社会的长治久安，把日常的政治生活纳入制度化渠道才是长久之计；其四，面对复杂的国内外政治环境，与其被动地疲于应战，不如积极地开拓进取、迎接挑战，抢占环境的有利时机，引领时代潮流。

（1）强有力政党领导的现代国家。现代国家和现代化进程的启动始终依赖于是否有一个具有强烈的现代化取向和自主行动的统治集团，现代化的核心问题是"一个社会将固守于传统系统的政治领导转变为热心于彻底现代化的政治领导的过程"①。政党领导现代国家开展现代化建设是世界范围的普遍趋

---

① [美]C.E.布莱克：《现代化的动力》，段小光译，四川人民出版社1988年版，第87—89页。

势。由于西方社会先有现代国家形成，后来为了使国家机器运转起来，引入政党竞争，由民众选举和投票来决定政党的去留，所以无论是两党轮流执政，还是多党林立竞争，以席位换选票，处于被委托代理人地位的政党难以走出由党魁操纵政党的局面，难以避免政党的欺骗性和短视性，这也是政党间"政策趋同"以及"百年老党"宣告死亡的原因所在。然而，中国共产党的领导地位是历史选择的产物，鲜明的人民性使其永葆青春，无论是在革命战争年代，还是在和平建设年代都起到了作为主导性政党的作用，尤其是如何把一盘散沙的民众整合起来形成一个有机的整体，林尚立教授认为是"政党创造来了有机的人民"，盘活存量，调动起民众的积极性，使中国这条巨龙再次腾飞。"党建国家"的逻辑是中国现代国家构建的一个鲜明特征，在21世纪的国家间竞争中，把中国建设成一个什么样的国家，未来何去何从，仍然需要依靠中国共产党的领导和与时俱进。对于处在社会主义初级阶段的中国而言，国家自主性很多地方通过政党自主性体现出来，这也导致不少学者简单以西方的两党制和多党制来类比和批评中国的共产党领导的一党制。但他们忽视了一个事实，西方是先有国家后有政党，而中国是先有政党后成立国家。另外，国家权力的执掌形式也不是检验执政合法性的标准，而是主要看行使国家权力的目的是否增进公共利益的增长。一个主导性的政党对于后发展中国家的领导和建设发挥着巨大的作用，而且共产党也随着时代发展不断调整工作重心，实现从"革命党"向"执政党"的转变，也不断增强执政能力建设以满足提升执政水平的需要。非常注重政党自身建设的共产党还能够很好地发挥"三个代表"的作用，很好地代表国家意志，发挥率先垂范作用，以"党内民主"带动"人民民主"，有序推进中国的民主进程。也即是说，坚持共产党的领导，符合全国各族人民的根本利益。当然，这种"党建国家"的体制也存在一些问题，诸如"党政不分"、"以党代政"和"党权高于法权"等难题，也使少数领导干部认识出现偏差甚至错误，诸如质问你是"为党服务"还是"为人民服务"这样的谬论。

（2）国家能力的强弱决定着国家自主性的水平。所谓国家能力，就是国家采取行动并达到行动目标的能力。强大的国家能力是国家自主性的基础。法律秩序、官僚制、强制性司法权和对合法使用武力的垄断，这些是现代国家的基本特征，即国家的基本特征就是强制力。韦伯认为，国家就是"垄断合法暴力和强制机构的统治团体"①，这种现实主义国家观强调了国家的强制力，国家的强制力本身就意味着国家独立于社会的可能性，强制力使国家在任何地方都至少是潜在地独立于社会阶级的直接控制力量，尽管这种自主性程度因具体情况而千差万别。这种国家观深刻影响了斯考克波的国家潜在自主性理论。斯考克波将国家定义为"以行政权威为首的并由该行政权威在某种程度上妥善协调的一套行政、治安和军事组织。任何国家都是首先和主要从社会索取资源，利用这些资源来创立和维持的强制组织和行政组织"②。值得注意的是：国家能力不仅仅指刚性可视化的物质或物理力量的增强，行政汲取社会资源，而且应该通过强调国家提供公共服务的能力来积累民众对国家的认同和支持，并重视国家的制度化能力提升，从而塑造国家软实力，包括制度化的程度和文化的影响力等，这才能使国家的强制力具有更加深厚的道德基础，也得到制度化保障。经过新中国成立六十多年以来的积累，我国GDP经济总量已跃居世界第二位，成为世界重要的经济体，分税制的改革也使中央的财政汲取和资源再分配能力越来越强，维护完整独立的国家主权的能力越来越增强；当然，也正在从行政汲取型国家走出来，强调和实施国家公共服务的供给能力，突出社会分配正义；以宪法至上的社会主义法律体系逐步健全完善，从而使国家治理的行政——军事的控制也越来越有法律依据；国家公务员法的颁布，以及更加健全和完善的国家公务员考试制度有助于选拔培养忠诚精练的公务员队伍，这都说明从人财物和法律制度保障方面已经构成一个整体性国家治理能力，使国家的综合能力得到大大提升。另外，国家在发展整体性能力的同时，也在积极积累发展在具体政策领域的能力。实际上，由于国家对于具体政策领域进行优先排序，各个政策领域的国家能力具有极大的不平衡性，由此导致不同政策领域国家自主性程度的不同。

（3）国家的制度化程度确保国家自主性稳健前行。比较政治学的代表人物亨廷顿很早就告诫人们：权威和秩序是发展中国家实现经济增长的前提，

---

① [德]马克斯·韦伯：《经济与社会》（下卷），林荣远译，商务印书馆1997年版，第730页。

② [美]斯考克波：《国家与社会革命》，台北：桂冠图书股份有限公司2003年版，第33页。

这也被广大的亚非拉等后发展中国家的经验所证实。然而，如何确保国家的权威和秩序获得持久的合法性呢？亨廷顿特别注意到"发展中国家必须拥有强大的制度化能力，才能有效整合社会的不同力量，保证现代化进程中的秩序和稳定"[①]。关于国家自主性与政治制度之间的关系：政治制度的构建和确立是发挥国家自主性的产物，国家赋予制度自主性和独特性的发挥，政治制度又以程序正义来确保和巩固国家自主性权威和秩序。这样，才能确保所设计制度的中立性，起到防御与惩治的作用。这是从国家意志的自主角度来说明如何通过制度化的设置，既保证国家为人民谋利益的意志如何不被利益集团利用和俘获，也确保把国家自身的行为纳入受制度所约束的范围之内，这也是制度的真正的魅力之所在。1994年社会主义市场经济体制的确立，1995年国家经济宏观调控有效地实现经济"软着陆"，很好地解决了经济高速增长与通货膨胀之间的关系，随后中国也认识到社会主义市场经济必须是有"法治"保障的经济，在十五大正式提出"依法治国"建设，中国走上了"依法治国"的制度化建设的道路。这样，通过国家自主性的政策议程的变迁，把转型社会的大国治理过渡到有章可循、有法可依的制度化治理的渠道中来，也使得执政党"治国理政"的经验更加科学稳健，这些都是面对中国的实际国情摸索出来的一条自主发展的道路。

（4）国内外政治环境需要国家变"刺激回应"的被动模式为"自主迎战"的积极模式。无论国家愿意不愿意，在信息化的时代，每个国家都被带入到全球化的浪潮中来，全球化是把双刃剑，利用得好可以很好地发挥"后发优势"加速度地发展，处理不好就被卷入更加深重的依附关系而使主权沦丧。自奉行改革开放的基本国策以来，中国的发展越来越离不开世界，世界也越来越分不开中国，中国印象一次次被刷新，以更加鲜活全面的面孔为世人所瞩目，以孔子形象为表征的汉文化也越来越多地影响着世界各地。国家自主性发挥引领人民当家做主的作用，作为全体人民意志代表的国家不断提升认识和判断水平。鲜明的几次调整是：以邓小平为领导核心的第二代领导集体

---

① [美]塞缪尔·P.亨廷顿：《变化社会中的政治秩序》，王冠华等译，上海人民出版社2008年版，第42页。

坚持改革开放的国策是基于这样的国际判断,即国际社会的主题是和平与发展,扭转毛泽东时代"备战"、"备荒"准备打第三次世界大战的战争思维;进入新世纪以来,以胡锦涛为领导的党中央第四代领导集体更具国际眼光,积极推进政治文明建设,吸纳人类一切优秀的文明成果,与世界对话和接轨的能力更加增强。全球化时代,国家自主性不仅表现在治理国内事务方面,也表现在国际事务方面,处理好融入与自主之间的关系,才不至于在国际竞争中损伤国家利益。关于国家发展战略的"国家议程"任何一次认识的突破,都会带来整个社会翻天覆地的变化。国家自主性带来的价值观念和思维方式的变革不亚于任何一次科技创新带来的巨变。"中国模式"或更准确地说"中国经验"正在越来越鲜明地呈现在世人面前,"国家引导政治发展"的特征非常凸现:依法治国的制度化建设、经济的市场化运行、文化的儒家文明的再造、政治民主的有序化推进。中华民族是一个非常善于学习的民族,既学英美的沉着稳健、也学法国的激情变革、还学德日的开拓创新,学习而不是简单地模仿,既保持紧密接触而又不丧失自主性,才能在全球化、一体化的大熔炉中独显自己的特色,为增进政治文明做出应有的贡献。

二、展望与评估:国家自主性能够走多远

国家自主性也是一把双刃剑,诺斯很早就从经济史的角度论证了"国家既可能导致经济增长,也可能导致经济衰退"①。从实践方面来看,"东亚模式"与"拉美模式"也从正反两方面的经验教训表明了国家在推进现代化进程中负有重要作用。

(一)谨防国家被俘获而丧失国家自主性。我们一方面强调国家作为一个自组织系统拥有自己的目标和利益,另一方面,我们也要谨防国家这个自组织系统被某种社会力量所控制而偏离自己的目标和利益,进而丧失公共性,这就是常说的"国家被俘获了"。国家不仅可能被利益集团所俘获,也可能被其他社会力量所俘获,民粹主义盛行的国家其实也就是这样的俘获型国

---

① [美]道格拉斯·诺思:《经济史中的结构与变迁》,陈郁等译,上海三联书店、上海人民出版社1994年版,第20页。

家。从国家自主性的程度看：当国家自主性不足时，国家处于被利用、被奴役的地位，无法发挥作为公共利益"仲裁者"、"协调者"的作用；当国家自主性不断增强时，国家可能主动勾结利益集团，成为勾结型或掠夺型国家；当"不受限制的官僚机构只对自己负责，就可以任意推行一种自我扩张的政策"①，"如果国家自主性强大到足以对市场进行任意干预，强大到对社会生活进行全面管制的程度，经济、社会发展的活力就可能被完全窒息，政治体系的发展也将走上专制的轨道，形成国家完全吞噬社会的局面"②。如何既赋予国家足够的行动能力，又确保国家不走向人民的对立面，构成国家理论思考的一个永恒主题。

（二）正视国家自主性中存在的问题。目前，我国正处在社会大转型时期，各种经济力量、社会力量之间的不均衡发展有些是我们难以克服的，短期内也可能构成对国家权力的多方掣肘，干预和影响到国家的自主性决策。同时，我们的官员与公务员队伍中也可能有少数人员难以抵制享乐私欲的膨胀，而导致体制内部对国家权力的腐蚀、交易和分割。这就要求我们把体制外的尖锐冲突和体制内的分化瓦解纳入国家能够有效控制的秩序范围之内。一方面，发展所引发的新问题没什么可恐慌的，可以以更加公正的制度设计确保发展所带来的社会收益均衡化，减少社会冲突；另一方面，深化体制内改革，净化公务员队伍，要发挥国家作为一个公正自主的"仲裁者"的作用，必须从自身做起，增强和巩固自己政治统治的合法性基础。堡垒往往是从内部瓦解的警语告诫我们在国家自主性方面哪些可为，哪些不可为。

（三）以分权化和制度化走出国家自主性的困境。我们期望国家能够具有自我反思平衡的能力，这难免有一种理想化和终极化处理问题的情结使然，而真正落到现实层面还得找到制约国家权力的制度化机制才比较切实可行。"为了防止权力被用来谋取个人私利或被滥用，从理论上讲，可以有两条途径：一种是将权力高度集中，并希望和相信执掌权力的人通过内在道德的培养能够为权力的正确行使提供保障；另一种则是分散权力，追求制度上的有

---

① 孙立平：《向市场经济过渡过程中的国家自主性问题》，载《战略与管理》，1996年第4期。

② 何显明：《市场化进程中的地方政府行为逻辑》，人民出版社2008年版，第81页。

效防范。对于管理型社会治理模式来说，只能够选择后一条道路。"① 这也是笔者一贯的主张：强调国家自主性并不是要回到全能主义国家老路上去，恰恰需要国家能够有效和合理地分配权力。而对于分化出来的权力又不能靠传统武力政治的力量博弈，而是转换成更为文明的制度制衡或政策平衡。"用权力制约权力，永远只是一种随意性的制约，只有用制度来制约权力，才是相对稳定的制约。"②

---

① 张康之：《论伦理精神》，江苏人民出版社 2012 年版，第 182 页。
② 张康之：《论伦理精神》，江苏人民出版社 2012 年版，第 181 页。

第一章
国家的谱系考察及对中国国家建设提出的思考

通过对国家演进的纵向考察和对国家类型模式的横向比较，总结出现代民族国家的特征、功能以及不同历史阶段和不同类型国家所存在的问题，这些对于我们国家的国家建设有哪些启示和借鉴意义。从国家演进的纵向考察看，经历了从城邦国家、帝国、统一的基督教世界到王朝国家、民族国家的演进历程。当然，当下也出现对超民族国家政治结构的探究。从国家类型模式的横向比较看，有"盎格鲁－萨克逊"国家模式、莱茵社会市场经济模式、西北欧福利国家模式、苏联社会主义国家模式、东亚国家主导经济模式、拉美依附发展模式。通过这些研究给我们的国家建设的启示是：民族国家是我国的必经阶段，我国民族国家的构建还没有完成，作为后发的发展中国家，国家权威和秩序稳定是其前提，国家主导的发展模式有其必要性，但国家也要学会通过分权制度安排和自我反思平衡的自主姿态，确保国家自主行为的合法性基础。

第一节 国家演进的历史形态分析

一、从城邦国家到帝国阶段

人们通常把氏族部落之后的城邦社会视为最早的国家形态，围绕着一个城市为中心及其周围农村腹地，宣称进行自治的最小政治单位。由于城邦体系频繁性的战争和经常性的内部仇杀导致城邦国家衰落,取而代之的普遍性国家形态即帝国,诸如罗马帝国。不管是农业帝国、部落帝国还是游牧帝国,主要依靠武力扩张形成的大帝国看似强大,其实内部权力结构重叠松散,诸如欧洲,不只是罗马教会和罗马帝国声称拥有权力,还有诸多其他政治行为体(国王、贵族、城市公民、贸易行会和主教)也声称拥有权力,历史形成了重叠复合的封建国家制度。这也即是说:帝国体制的内在张力也埋下帝国危机的隐患,宣称拥有神圣性的统治者与完全处于臣服地位的民众之间的矛盾是根源之一,帝国最高机构的高度集权与地方永恒斗争的官僚行政机构之间的矛盾是根源之二,这些构成帝国瓦解的内部根源。美国学者艾森斯塔德称之为"统治者的目标取向和主要社会阶层的目标取向之间的矛盾,当两者矛盾不那么激烈的时候,帝国体系发生调适性变迁;但当矛盾十分激烈以至于动摇帝国存在的两个条件的时候,帝国体系就会崩溃"[①]。肯尼迪"将衰落归结为帝国治理的成本,即罗马帝国的基本逻辑是理性主义和功利主义的,所以它在不断扩张。但是,它不能持久,而且必然导致走向军国主义。在扩张过程中,他们压迫其他民族,也必然遭到其他民族的反抗,导致帝国成本上升,极端的情况下导致帝国瓦解"[②]。《布莱克维尔政治学百科全书》将肯尼迪的解释进一步扩展,认为所有帝国都存在无法解决的问题,即"在其居民与中央关系为从属关系,而他们似乎并不情愿接受帝国权威的领土上,如何保持政治控制"[③]。

二、从统一的基督教世界到王朝国家阶段

罗马帝国崩溃之后,各种权力主体便纷纷形成邦国林立的封建割据局面,好在欧洲有宗教信仰的传统,"罗马教皇成为整个西欧社会的无上权威。教皇

[①] [美]艾森斯塔德:《帝国的政治体系》,阎步克译,贵州人民出版社1992年版,第28—29页。

[②] [美]保罗·肯尼迪:《大国的兴衰》,蒋葆英等译,中国经济出版社1989年版,转引自赵可金:《全球公民社会与民族国家》,上海三联书店2008年版,第236—237页。

[③] [英]戴维·米勒、韦农·波格丹诺主编:《布莱克维尔政治学百科全书》,邓正来等译,中国政法大学出版社2002年版,第240页。

把这些大小邦国联结而成为一统的基督教世界。"① 在基督教 "把整个封建的西欧联合为一个大的政治体系"② 的情况下，以普世价值引导的国家成为中世纪占统治地位的国家形态。中世纪晚期以来，在欧洲商品经济和商业资本主义的推动下，封建主义国家分封割据以及教派林立导致市场闭锁和战乱频繁，形式上统一的基督教统治的世界面临国家瓦解，封建邦国纷纷进入王朝国家时代。王朝国家将国家共同体内的居民凝聚为民族共同体的力量，开启了一个重新塑造民族的历史进程。随着王权的不断加强，统一的国家形成以后，统一的国内市场在封建割据的壁垒被冲破后迅速发展，逐步形成了统一的国内市场和国家经济。在文艺复兴运动影响下，民族的语言和民族文化也逐步形成，从而完成了民族共同体心理认同的文化整合。"当时的人文主义作家在自己的作品中拥护中央集权，反对封建割据，揭露教会的腐败，歌颂人民的智慧。他们一改过去上层知识分子以拉丁文为文学语言的积习，开始用本民族的语言写作。从此，西欧各国才有了以本民族的语言文字作为载体的文学、戏剧等等。"③

三、从民族国家到超民族国家阶段

尽管王朝国家通过构建新的民族来促进新的国家统一，但是王朝利益与民族利益之间矛盾并没有得到很好的解决。因为国家权力维护的是国王和王朝的利益，而不是维护整个民族的利益，王朝国家自身的狭隘性质阻碍了民族对它的认同。随着民族的成熟和民族主义的兴起，这一矛盾变得更加尖锐。在当时代表先进生产力的资产阶级就将自己装扮成民族利益的代表，"举起全民族利益的旗帜向王朝利益发起了冲击，资产阶级要用民族利益消灭王朝利益，把整个国家的政治、经济等一切权力转移到'全民族'手中，并且，整个国家的一切行动和所追求的目标自然均要服务和维护着'全民族'的利

---

① 李宏图：《西欧近代民族主义思潮研究——从启蒙运动到拿破仑时代》，上海社会科学出版社1997年版，第249页。
② 《马克思恩格斯选集》第3卷，人民出版社1995年版，第705页。
③ 穆立立：《欧洲民族概论》，中国社会科学出版社1998年版，第76页。

益"①。资产阶级也经历了漫长的斗争，从16世纪遍布整个欧洲的宗教派别斗争而引发的三十年战争的洗礼，到1648年确立起威斯特伐利亚近代国家体系，随后各国的资产阶级纷纷走上民族建国的革命或变革道路。"资本主义和工业主义的不断冲击，使处于现代国家核心的资本与强制力量结合的范围不断扩展，结果是民族国家的发展发生于绝对主义国家提供的领土躯壳之内"②。即现代民族国家脱胎于欧洲17世纪晚期的绝对主义国家及其培育的国家间体系，最终形成了"一种非人格化的而且是法治的或宪政的秩序，它规定了权力的一般结构，明确了对于一定社会实行控制与管理的性质和形式"③。尤其是对国家政权进行了宪政化改造以后，就基本上解决了民族与国家之间的矛盾，实现了民族认同与国家认同的统一，将国家建立在民族认同的基础之上，建立了民族国家。从此，民族国家成为近代国际社会基本政治单元，现代化也是以民族国家为单位展开的，英、法、美、德、意、日、俄等通过完成民族国家的构建纷纷走上发达国家道路。"对于亚洲、非洲以及美洲南部的广大地区来说，则是在20世纪中期的民族解放运动中才真正获得了国家主义观念。这是一个不争的事实，在此之前，我们很难断定这些地区已经有着成熟的国家主义观念。"④

不过，民族国家也不是国家形态演进的最终形式，民族国家的出现并没有终结国家形态演进的进程。国家形态的演进还将继续下去，民族国家也会被新的国家形态所取代⑤。今天在欧洲以及世界的其他地方，都出现了超越民族国家的苗头。但不管民族国家未来发展趋势走向何方，目前民族国家仍然是国际社会的基本政治单元的地位不会动摇。

---

① 李宏图：《西欧近代民族主义思潮研究——从启蒙运动到拿破仑时代》，上海社会科学出版社1997年版，第257页。
② [英] 巴里·布赞等：《世界历史中的国际体系——国际关系研究的再构建》，刘德斌主译，高等教育出版社2004年版，第224页。
③ Q. Skinner, *the Foundations of Modern Political Thought*, Cambridge: Cambridge University Press, 1978, Vol.2, p.353.
④ 张康之：《论伦理精神》，江苏人民出版社2012年版，第52页。
⑤ 目前就有学者认为，民族国家"现在已经过时，正在被人们废弃，并且将被废止"。引自 [美] 莱斯利·里普森：《政治学的重大问题》，刘晓等译，华夏出版社2001年版，第290页。

第二节 现代民族国家的界定和内涵

一、对现代民族国家的界定

现代国家与传统国家的显著区别在于：现代国家要求统治阶级服务于国家，而不是国家服务于统治阶级。也即是按照国家自身的逻辑来选择公共权力的执掌者、来规约执政者的权力运行行为，使现实的国家按照国家的应然状态来完善。现代国家是从部落联盟、城邦国家发展而来，但与其说现代国家以物质化的实体而存在，不如更确切地说是以独立的精神、作为想象的共同体而存在。越来越从可视性国家抽象成为至上的国家，也才更具有自足性和包容性。分殊性也就构成现代国家的显著特征，国家与社会的分开，公共领域与私人领域的分开，政治与道德的分开，使现代国家的统治地盘越来越清晰，统治也越来越依赖于程序和机制，统治的权威不再是建立在统治者的道德或宗教神性的基础上，而是建立在公共机构和公共管理职能所赖以产生的法理型权威之上，追求在有限领域的中立性、至上性和程序性。

根据《布莱克维尔政治学百科全书》，民族国家是由两种不同的结构和原则融合而成，"一种是政治的领土的现代理性国家；另一种是历史的和文化的民族"[1]。也有四要素说，比如《奥本海国际法》认为国家的存在必须有四个要素：人民，土地（领土），政府，主权。也有五要素说，比如美国学者亚历山大·温特认为，"民族国家有五个基本要素，即制度——法律秩序，唯一可以合法使用的有组织的暴力组织，具有主权的组织，社会，领土"[2]。英国学者赫尔德则从制度层面认为，"一个现代民族国家，包括领土，暴力手段的控

---

[1] [英]戴维·米勒、韦农·波格丹诺主编：《布莱克维尔政治学百科全书》，邓正来等译，中国政法大学出版社2002年版，第528页。

[2] [美]亚历山大·温特：《国际政治的社会理论》，秦亚青译，上海世纪出版集团2000年版，第247—312页。

制，非人格化的权力结构，合法性"①。民族国家，从根本上来说，就是一种相互隔离的主权体系，在特定的疆域内，任何其他来自外部的行为体都不得侵犯其治理权利，任何来自疆域内部的行为体都必须服从这一主权，而不是简单地反应集团、阶级的社会需求和利益。

二、现代国家的特征及内在张力

（一）现代国家的特征之一：分享性与公共性。从近代绝对主义的君主国家开始就把国家的合法性建立在精英阶层内部的妥协与分享上，"无代表不纳税"，纳税权是使"私有化的君主权力"走向"共同分享"的突破口，作为"私器"的王室主权开始走向"公共化"的趋势，权力越来越由君主和贵族、特权阶层所共同分享，新的贵族和官僚越来越控制国家的政治权力，君主与"国家"实际上也越来越走向分离，最后越来越成为一种"象征性的权力"，走向"虚君共和"。君主立宪制的真实涵义是王室的财政权力被转移到议会手中，受到宪法的约束，王权被一种更高的概念化的"国家权力"所取代。与君主制国家相比，现代民族国家的合法性不再仅仅是对武力的垄断和上层精英的内部妥协，而是提供更为广泛的公民对政治参与的机会和对公民基本权利的保障，寻求通过公民相互作用的重复博弈达成深度心理认同的政治共识。在民族国家时期，国家成为一种目的和理想，国家成为"公意"的化身。正如思想家卢梭的理想图景所构想：为了使所有社会成员获得永久和彻底的安全与秩序，个人需将所有自然权利置于以国家为化身的"公意"之下；公意是公民社会中所有人的共同意志，国家就是主权公共性的集中体现，公共性也赋予国家无比神圣的光环和使命。

（二）现代国家的特征之二：对权利与义务原则的重塑。新型的国家与公民之间的关系是，公民从国家那里诉求到权利保护，国家也从平等的公民那里获得支持和统治的合法性，国家与公民的结盟，抵制负面使用公共权力的机构或个人，保证公共权力的正当行使。"现代国家的政治结构反映的是一种

---

① [英]戴维·赫尔德：《民主与全球秩序：从现代国家到世界主义治理》，胡伟等译，上海世纪出版集团2003年版，第51—57页。

新的权威和社会关系：逐渐掌握了强制性手段的君主开始改变力量联盟，他们与普通人民结合，充当后者基本权利的界定和保护者。这种做法，有效地破坏了传统的、地方分割式权威依赖的支持基础，后者无法阻止社会成员归属中心的向上移动……这一过程实际上创造了一种新的社会身份——公民。"[1] 现代国家再基于公民身份赋予公民权利，公民的这些权利从前不曾在任何其他政治单位中得到过确认，公民由诉求局部性、地方性权威的保护走向诉求整体性的至上的国家权威来保护。正是由于公民身份的确立和国家强大的保护出现，公民也赋权现代国家通过增强国家权力来实施直接统治和整合社会成员，国家政权的集中化获得公民的认同和支持，现代国家也才能成功排除来自旧权威的抵抗。即国家与公民之间的新型权利义务关系都构建起来，从而实现国家与公民关系的直接对接，公民主体性地位得以真正的回归，过去被压迫、被忽视的对象现在转变为国家依靠的根基。"从这个意义上，国家政权建设，并非只涉及权力扩张，它必定涉及权力本身性质的变化，国家——公共（政府）组织角色的变化，与此相关的各种制度——法律、税收、授权和治理方式的变化，以及公共权威与公民关系的变化。这些方面预示着，国家政权建设之所以能够最终成功取代其他政治单位或共同体，成为版图内公民归属中心的关键，在于伴随这个过程出现的不同于以往的治理原则，一系列新的社会身份分类，不同成员权利和相互关系的界定，以及公共组织自己成为捍卫并扩散这些基本原则、权利和关系的政治实体。"[2] 可见，国家权威依赖公民的支持得到强化和巩固，从而改变着传统的权力结构、授权模式和权力运行的方式和原则，带来革命性治理方式的变革，并用一系列制度建制来支撑、规范和贯彻它。即是说，现代国家政权建设不仅包括自上而下的政权下渗和整合能力，而且包括深层次的公共权力性质的根本变革，接受公民权利的监督、捍卫公民权利的实现。

（三）现代国家的特征之三：集中性与分殊性。以现代国家组织为中心的权威结构确立了新的政治单位：民族国家建制。"民族国家建制——它成为新

---

[1] 张静：《基层政权：乡村制度诸问题》，上海人民出版社 2006 年版，第 302—303 页。
[2] 张静：《基层政权：乡村制度诸问题》，上海人民出版社 2006 年版，第 304—305 页。

的权威中心,将原来分割式的权威结构取而代之。工业化和现代化浪潮摧毁了从前小而紧密的政治单位,它们被逐渐地统合到一个新的国家共同体中去了。"① 随着工业化的推动、市场化的冲击、印刷术和教育的普及、信息的传播和交通更加便捷,人们更容易冲破原来狭小的地理空间,君主也更试图扩大其权力,以新的国家共同体来凝聚权威、汲取资源,来实现其领土扩张和民族国家整合的梦想。现代国家的集中性突出表现在主权的独立与完整,对内最高的统治权,对外最高的外交主权,凭借对强制手段的垄断,建立起军队、警察、监狱等一整套暴力机关,以及规模庞大的、整齐划一的职业官僚机构;依靠强大的国家机器和发达的通讯系统,国家权力开始向基层社会渗透,生老病死、就业、温饱这些传统上属于老百姓个人的事务,都统统被纳入国家职能范围。

然而,现代民族国家本来想减少纷争、明确主权疆界,但由于国家利益被利益集团所绑架,不断扩张的国家行为也加剧了国家间的战争,在国内层面,国家集权化程度与国家民主化建设不均衡发展,也加剧了国内矛盾冲突。这意味着人们一方面依赖于一个具有共识凝聚力和行动迅速果敢的国家,另一方面,人们又在考虑如何保证它得以实施而又不滥用权力,这就要求现代国家建立在社会分殊(differentiation)的基础上,在社会分殊过程中产生了专门垄断暴力的组织机构,"这个组织履行所有的政治职能,而且仅仅履行政治职能"②,也只有认识到"国家的有限性"也才能更好地实现"国家的自主性"。现代国家的分殊性还表现在:从政治体制改革看,把国家作为道德化身的崇高品格与作为行使暴力机器的工具的功能分割开来,从过去集于一身和大权在握的状态中释放出经济权力,让社会权力得以回归,三权界限明晰,相互支撑,相互补充,从而使各个权力领域得以充分施展其权力的功能,这种分殊性看似削弱了国家的权力,实际上,政治权力的复位恰恰更能展示其国家的魅力和国家的品格。从深化行政体制改革看,"把许多不属于履行国家基本功能所需要的机构和职能剥离出去,建立一个结构合理、功能完善的真

---

① 张静:《基层政权:乡村制度诸问题》,上海人民出版社2006年版,第302—303页。

② Gianfranco Poggi, *The State: Its Nature, Development and Prospects*. Cambridge: Polity Press, 1990. p. 20.

正意义上的服务型政府"①。分殊性还表现为迈克尔·曼对国家权力进行的两分："专制权力和基础性权力。专制权力指的是国家精英可以在不必与市民社会各集团进行例行化、制度化讨价还价的前提下自行行动的范围。国家的基础性权力，即国家能力，指的就是国家事实上渗透进市民社会，在其统治的领域内有效贯彻其政治决策的能力"②，迈克尔·曼认为应该赋予国家基础性权力，约束的是国家的专制权力。可见，分殊性有助于国家的自我反思性平衡的养成，而不是一味地扩权侵权，走向国家的自我奴役。基于分殊性特征的现代国家构建，考虑的是如何把现代国家的权威建立在公共机构和中立的制度形式之上，逻辑建构起一套非人称化的制度来普遍适用于现代国家的所有人，期望通过对所有人普遍适用的制度设计来集中国家权威的同时又加强对国家权力行使的制度化制约，以此来规约国家的行为，以使现代国家的权力建基于法理型权威基础之上。

三、民族国家面临的新的历史问题

（一）政治现实主义指出，民族国家难以走出追求保存与强大的"安全困境"。赫尔德总结民族国家的国际合法性困境为，"在民族国家自身疆域内对责任和民主合法性的确立以及在民族国家疆域外对国家利益（和最大化政治特权）的追求"③。因为在政治现实主义者看来，几乎所有的民族国家都是在国家利己主义的现实政治逻辑的支配下，追求国家利益的最大化和疆域内所有民众的权利得到最有力的保障，如果以一种狭隘的国家利益和尖锐对立的"敌我划界"作为国家行动的依据，也就极容易形成国际政治生态中的丛林法则，每个民族国家都成为威胁其他国家安全的"利维坦"，这也是国际政治充满了矛盾与冲突的根源。正如汉斯·摩根索一针见血地指出，国际政治就是赤裸裸的强权政治，"'国家利己主义'的阴影如同'人性本恶'一样挥之不

---

① 戴辉礼：《现代国家构建与民主化中的欧洲经验及其启示》，载《国际关系学院学报》，2010年第1期。

② Michael Mann, *States, War, and Capitalism*, Oxford: Blackwell, 1988, pp.5-9.

③ [美]戴维·赫尔德：《全球大变革：全球化时代的政治、经济与文化》，杨雪冬等译，社会科学文献出版社2000年版，第68页。

去"①。如何走出国家利己主义的阴霾,构建合作与共赢的国际政治经济新秩序,是人们孜孜以求的目标。

(二)否定主权和国家退去的浪潮。贬低和否定主权的思潮渊源已久,"早在20世纪初,曾经缔造主权基础的西方国家的诸多思想家就开始越来越积极地发动贬低和否定国家主权的论争。有学者将西方否定主权的思潮划分为三次浪潮:第一次浪潮是在两次世界大战期间,以法国的莱翁·狄骥、英国的拉斯基为代表的一批思想家所掀起的否定主权的思潮;第二次浪潮是冷战期间,以法国的雅克·马里旦、美国规范法学派代表人物汉斯·凯尔逊、英国著名的哲学家罗素等为代表的一批思想家所掀起的否定主权的思潮;第三次浪潮是冷战结束之后,全球化理论、相互依存理论、科技决定论以及国际法学界充斥的否定主权和削弱主权的主张"②。俞可平对于西方思想家否定和削弱主权的思潮进行了概括,认为包括"国家终结论、国家主权过时论、国家主权弱化论、国家主权多元论、世界政府论、新帝国主义论、新帝国论、全球治理论等"③。这些否定和削弱主权的思想有一个共同点:认为国家主权的确立隐含着战争和冲突的巨大隐患。的确,这些理论从对国家的消极作用的批判的视角看,具有很大的启发意义。"从马克斯·韦伯对理性主义困境的烦恼、尼采对上帝消退后诸神纷争格局的批判,以及齐格蒙特·鲍曼和卡尔·施密特等人对现代性导致的大屠杀之反思,等等。在学术探索中的人们不难发现,围绕国家主权及其引发的一系列问题,思想家们产生了削弱或者否定主权的想法非常正常,"④这也与马克思对现代国家的认识有一致性。马克思曾经将现代国家看作是一条缠绕在现代社会身上并将其置于自己控制之下的"大蟒蛇",包括政府机构、警察、监狱、司法等一系列国家制度设施。伦敦经济学院著名教授苏珊·斯特兰奇提出"国家退去论",认为"面对世界全球化和一体化的浪潮,主权国家已经无法招架如此众多的挑战,国家在发生着退去的趋势。在经济全球化时代,保卫领土、维持货币稳定、制订和实施国家发展

---

① 赵可金:《全球公民社会与民族国家》,上海三联书店2008年版,第159页。
② 肖佳灵:《国家主权论》,时事出版社2003年版,第132—170页。
③ 俞可平:《全球化与国家主权》,社会科学文献出版社2004年版,第11—22页。
④ 赵可金:《全球公民社会与民族国家》,上海三联书店2008年版,第229页。

战略、治理经济周期、提供福利保障、征收税收、主导对外贸易以及其他国家权力和权威都遭受了威胁和挑战。"①

（三）另一个不得不引人思考的问题是：将主权砸烂之后，又如何弥补主权引退之后的权力真空呢？在人们没有找到更好替代国家主权来凝聚民族国家的合力之前，任何对于民族主权的批判在完善和创新主权观念上都有重要意义，而不是走向砸烂和否弃国家主权的极端境地。这也是若干次否定主权浪潮无功而返的一个重要原因，"任凭否定主权的声音如何高涨，国家主权作为国际法基础的地位没有根本动摇。不过，如果真正将注意力集中于主权的制度变迁上，人们又不得不承认作为现代社会制度维持的一个'稳定器'，对主权只能采取制度创新，而不能对之采取完全摈弃的态度。"② 即便是在全球化交往日益密切的当今，尽管也出现了超国家之上的欧盟这样的国际组织，尽管主权的部分让度有很大的合理性，但是维护相对独立的国家主权地位毫不动摇仍是民族国家的基本外交原则。

第三节 关于国家作用的争论及对国家构建的模式总结

关于国家作用一直没有停止过争论，尤其在代表民族国家最高成就的西方资本主义国家开始出现危机之后，各种关于国家的理论纷纷呈现。"20世纪70年代资本主义民族福利国家的危机促使西方马克思主义对国家、资本、阶级、权利、社会主义之间的关系进行持续而广泛的争论，并由此而形成了以普兰查斯为代表的结构主义或阿尔都塞主义国家理论、以密里本德为代表的工具国家理论、以伊恩·高夫为代表的新李嘉图主义理论、以布洛克为代表的基础主义国家理论、以阿芬那昔为代表的'国家垄断资本主义'国家理论、以赫施为代表的资本逻辑国家理论、以奥菲和哈贝马斯为代表的福利国家理

---

① Susan Strange, *The Retreat of the State: the Diffusion of Power in the Word Economy*, Cambridge University Press, 1996. 转引自赵可金：《全球公民社会与民族国家》，上海三联书店2008年版，第227页。

② 赵可金：《全球公民社会与民族国家》，上海三联书店2008年版，第229—230页。

论、以斯考克波为代表的国家自主论或制度主义国家理论、以拉克劳和墨菲为代表的后马克思主义领导权国家理论等"[①]。

从国家的实践来看，也是时代要求催生着国家职能的变迁。在19世纪末20世纪初流行的传统自由主义的"小政府"理论不再适应时代的发展，20世纪五六十年代，是福利国家和国家干预畅行天下的时代。进人20世纪70年代，国家垄断的上升与福利国家的困境，使坚持消极国家观的保守自由主义的"弱政府"理论迅速复兴。不到10年，"弱政府"理论在20世纪80年代再度陷入危机。随后，社群主义与新共和主义的"强政府"理论登上历史舞台。当代西方不断更迭的国家观念发展历程有力地证明：国家观念没有终极理论。只有适应现实政治和社会发展需要、符合客观规律的国家观才是最好的国家观。从历史中挖掘关于国家的作用，更有助于比较全面地了解到国家的功能。

一、关于国家作用争锋的历史考察

（一）国家自足论

柏拉图的国家话语是针对城邦国家展开的，城邦具有"至高而广涵"的伦理意蕴，其本身就是至高无上的道德共同体，他认为自己解决了所有国家建构的问题。只是在希腊城邦制度瓦解以后，柏拉图针对城邦建构的规范化论述才具有了普遍性赋值。

博丹系统地提出了近代意义上的主权理论，主张主权是国家的本质，具有绝对性与永久性，它至高无上、不受限制、不可分割、不可转让；主权者的生命有限，而主权的存在却是永恒的。他用"私有"和"公有"划分家庭和国家，并将国家与其他社会团体区分开来，指出社会个体要服从国家主权，从而赋予国家以现代形象和意义。"雨果·格劳修斯则在博丹的基础上，将主权法律化，明确主权是民族国家的一种能力，奠定了主权国家作为国际法主体的地位。作为一种标志，1648年的《威斯特伐利亚和约》将博丹和格劳修斯等倡导的主权原则法理化，将主权原则赋予国家，解决了困扰欧洲中世纪

[①] 郁建兴：《马克思国家理论与现时代》，东方出版中心2007年版，第11页。

的神与神的战争问题。"① 促成了从上帝权威向世俗权威的转化。

作为近代物理奠基人的霍布斯也把国家比喻成组装起来的机器装置，国家不再神圣，甚至把它比喻成"利维坦"（一种面目可憎的怪兽），只不过国家是一种"必要的恶"，人们不能不接受国家的统治。他也第一次从公共权力的角度来理解民族国家的主权，主权者只有以国家公共人格的名义来行动才具有国家统治的合法性，巧妙地把主权概念的重心从君主个人转移给抽象的国家。正是由于这个拥有抽象的公共权力的强大的"利维坦"的存在，国家才能真正保护人们的和平与安全。为了充分保障社会的安全，国家拥有国内外和平所必须的垄断权，这个权力不可分割，也不能转移，"因为只要国家权力分立或分散，那么该市民社会就终将不能逃脱那种必然导致暴力内战的原始性情和野蛮争斗的支配厄运"②。按霍布斯的理论，社会确实能够受到国家的保护，但事实上除了那些国家承诺的、几乎不可能实现的"消极自由"外，社会更多受到的是国家权力的支配、侵扰和渗透。霍布斯使国家拥有了保护与支配社会的角色与使命，同时也拥有了相对于社会的绝对优势，安全国家与无限国家仅一步之遥。尽管他极力维护主权者的统治权威，但也为个人的政治反抗预留了空间、撕开了一条口子。

出于对国家利益或民族大义的考虑，马基雅维利认为这些大利益是政府行为合法性的源泉，君主甚至可以为了国家利益不惜任何手段，因此，他提出"国家理由"（reason of state）以试图说明：手段要为目的服务，目的可以说明手段正当。他的思想是为了帮助意大利国王完成走向统一的民族国家的愿望。

赋予国家以绝对伦理体性质的黑格尔，他谈论的国家理性，其方法是直接从柏拉图那里借用过来的。他所论述的国家理性纯然是就规范论规范，是校正现实国家弊端的必需。黑格尔的国家观以更加理论化的言语表达了对国家的崇拜：国家本身是目的，个人和社会是为国家而存在的；个人的自由与权利，只有符合实现国家这一最高目的时才有意义。此时，国家已不仅是中

---

① 赵可金：《全球公民社会与民族国家》，上海三联书店2008年版，第312页。
② John Keane, *Democracy and Civil Society*, London, New York: Verso, 1988, p. 103.

心，而且是个人乃至整个社会的本质与意义之所在。他将积极国家的形象发挥到了极致。黑格尔承认社会的自治权利，但他也指出，"市民社会是个人私利的战场，是一切人反对一切人的战场"①，它往往以私利为目标，易受盲目导向和因果支配，从而与国家普遍利益相悖。因此，国家在逻辑上高于社会，国家是社会的基础。黑格尔的这种普遍主义国家观将国家笼罩在神圣光环之下，国家权力可以无所不在，而社会则完全被国家化了。作为绝对的伦理共同体的国家，它代表了神的意志，它绝对合乎理性。国家引导社会，国家提供给市民社会以道德旨意和睿智领导。这样，国家的绝对理性就成为国家自身的天赋秉性，国家就是一种目的性概念，绝对不是英式国家那样被限定的理性产物了。

韦伯的国家观在西方很有影响：一方面，国家就是对既定的领土成功地"垄断合法暴力和强制机构的统治团体"②，另一方面，韦伯又将民族国家视作为"政治命运共同体"，或"能够最终构成民族意识成分的记忆共同体"③。因此，在他看来，现代国家的内在正当性理由是对法律规章的效力和对建立在创造出来的规则基础上的职责权威的信任，但是，现代国家仍然是一种强制性的联合，它对统治起着组织和整合作用。

（二）约束国家论

另一流派的思想家们从人性是有缺陷的这一逻辑起点出发，对国家权力充满警惕，也试图通过制度设计来约束国家的为恶行为。诸如洛克不信任国家权力，主张基于契约所委托的立法权与司法权，必须极力保护公民的财产、生命和自由，也给出了国家活动的边界限制。在公共领域，公民臣服自己让渡出来且形成的国家权力；在私人领域，国家不能将国家意志随意强加给自主的个人，个人享有自治权。这一主张既体现出对限制国家权力、维护个人权利的倡导，也表达了对社会摆脱国家干预而自治的自信，对近代国家观具

---

① [德]黑格尔：《法哲学原理》，范扬等译，商务印书馆1982年版，第309页。

② [德]马克斯·韦伯：《经济与社会》（下卷），林荣远译，商务印书馆1997年版，第730页。

③ Max Weber, *Economy and Society: an Outline of Interpretive Sociology*, Berkeley: University of California Press, 1978, p.903.

有"思想导向"的作用，也是国家理性最为经典的解释方式。

卢梭继承了洛克的议会主权思想，并通过与众意的区分来突出论证公意这一核心概念，公意不同于个人偏好和个人要求聚合的众意，而是通过公众的讨论、协商并达成一致才能确立。并基于公意完整地阐明了人民主权思想，"卢梭的人民主权将国家权力象征性地从政府转移给生活在民族国家之中的人民共同体手中，在主权实践形态上主张政府只是主权的代理人，政府代理行使主权的时候，必须遵循定期集会达成的公意行事。"① 即以公意的满足作为检验国家与政府委托代理关系的标准。

孟德斯鸠假设了一个不可或缺的君主制政府，但他也对国家心怀戒备，提出三权分立与制衡思想确保如何使政府受制于法律、受制于社会。在他看来，社会的重要性并不在于它构成一个非政治的领域，而在于它构成了权力分立与多样化的社会基础。

托克维尔一方面认为，无论是对国家领域还是对公民社会领域，积极而强大的政治机构都是民主、自由和平等的必要条件，另一方面，也看到了由选举产生的国家专制主义对现代社会构成的威胁和冲击，他担心在民主的名义下，社会沦为国家权力的支配物。在反思法国大革命中的暴政时他注意到：一个由各种独立、自主的社团组成的多元社会具有"一只独立的眼，监督着国家，使之不沦为专制"②，没有社会制约的国家权力总是危险的，是对专制主义的放纵。因此，他主张将政治权力分配给多元的社会部门，突出公民行动的民主意义，拥有多元的且独立于国家之外的自组织的公民社会是民主的一个不可或缺的条件。这一理念经过西方近现代的民主实践已形成了包括公民社会组织、新闻媒体、多元政党和压力集团等在内的一整套外部制约机制，它能够从体制外通过选民的选举、政党的竞争、利益集团的压力、传媒的介入等形式对当权者施压从而防止权力的专断和滥用。

洪堡也承认国家是一种"必要的痛苦"，个人自由的实现离不开国家，"我们不是要通过摆脱国家享有自由，而是要在国家中享有自由"③，但国家的目的

---

① 赵可金：《全球公民社会与民族国家》，上海三联书店2008年版，第313—314页。
② John Keane, *Democracy and Civil Society*, London, New York: Verso, 1988, pp. 49-51.
③ [德] 洪堡：《论国家的作用》，中国社会科学出版社1998年版，第19页。

只限于保障安全，除此之外的任何国家行为都应禁止，即便是国家对公民正面的、积极的物质和福利的关心也"妨碍着人的个性和特长的发展；它增加国家行政管理本身的困难，增加为此所需要的手段，因而成为种种弊端的渊源"①。可见，洪堡对国家的理解更多是警惕和防范。

潘恩走得更远，直接将社会定位为绝对的良善，国家不过是为维护其公共利益而进行的权力委托的载体而已，没有国家的干预，社会以及生活于其中的个体足以自生自发，克服冲突与动荡，建立发达而平稳的社会秩序。他赞同洛克限制国家干预以抵御专制主义的主张，坚信政府"即使在其最好的情况下，也不过是一件免不了的祸害；在其最坏的情况下，就成了不可容忍的祸害"②，国家的宗旨是以恶制恶，社会的目的是保障幸福。

美国联邦党人对于约束政府的制度所做的辩护堪称经典。首先源于他们对政府作为"必要恶"思想的继承，"政府本身若不是对人性的最大耻辱，又是什么呢？如果人都是天使，就不需要任何政府了"③，人性的弱点使我们选择了政府，但马上联邦党人又继承了混合政体思想构建起复合联邦制来限制主权被乱用。"在吸取马基雅维利的共和主义传统、波利比乌斯的混合政体理论以及联邦党人的政治思想后，美国的主权构造集中了君主、贵族和民众的力量，建立起了一套内在性、有限性、制衡性、开放性的混合体网络结构。此种结构将主权区分为联邦独有的'最高的主权'（仅仅包含战争和外交权）、联邦和地方共享的'混合的主权'和一些只能归地方管辖的'最低的主权'，并且在每一级主权构造中将主权交给不同的部门行使，相互牵制、合作行使。"④ 美国的这种复合联邦制有助于不同国家权力机构共享主权，相互牵制和保持动态平衡，使得没有任何一种机构能够垄断主权而走向专权。

公共选择学派的国家观认为，由于人是自利的、理性的且追求效用最大化的个体，就没有必要将国家视为超凡至圣的机器，也没有理由认为政府总

---

① [德]洪堡：《论国家的作用》，中国社会科学出版社1998年版，第36页。
② 《潘恩选集》，商务印书馆1981年版，第3页。
③ [美]汉密尔顿、杰伊·麦迪逊：《联邦党人文集》，商务印书馆1997年版，第264页。
④ 赵可金：《全球公民社会与民族国家》，上海三联书店2008年版，第314—315页。

是集体利益的反应与代表，政府往往会不顾公共利益而反过来追求自身的利益。因此，在公共决策或者集体决策中，实际上并不存在根据公共利益进行选择的过程，真实存在的只有各种特殊利益之间"缔约"过程，也是各种利益主体"博弈"的结果。

（三）融合论

在马克思主义创始人看来，国家具有以下基本特征：第一，从社会中产生。国家是个历史现象，是社会发展到一定阶段的产物，是社会分工的结果，是社会发展的必然之物，"决不是从外部强加于社会的一种力量"[①]。第二，"自居于社会之上"。国家具有相对独立性，作为阶级矛盾不可调和的产物，国家为缓解利益的冲突与对立，必须以第三者的身份超脱于（哪怕只是在形式上）各种社会利益之上，代表社会的普遍利益，体现社会的普遍意志，为社会服务。第三，"同社会相异化"。这要求对国家加以监督防范。因为国家在脱离社会的母体后，往往成为社会的负担、威胁和压迫力量，国家又往往代表统治阶级的意志，是维护统治阶级利益的工具。这些重要论断在西方政治思想发展史上，第一次阐明了国家产生的真正原因，揭示了国家的阶级本质，从而创立了科学的、系统的马克思主义国家理论。也即是说，国家权力产生于社会，也必将回归和服务于社会。但如何实现这一完美目的，也赋予国家潜在的国家自主性，国家仍将发挥其应有的功能和作用，这也要求从组织上和制度上保证国家成为全社会普遍利益的真正代理人，从而逐步使国家权力回归社会，尊重和维护社会的自主性。

二、现代国家展示给我们的多重面相

（一）作为"想象的共同体"的现代国家。现代国家的自主性，卢梭的"公意"和黑格尔的"绝对精神"使人们在其思想的基础上进一步逻辑抽象，在思维内构建出国家行动的逻辑前提，这在传统"城邦精神"、"共和国美德"、"公民的奉献"等思想传统中都可以找到原点，藤尼斯也完整地论述过"想象的共同体"，它尤其在民族危亡、大灾大难面前体现得最为突出，"大难显大

[①]《马克思恩格斯文集》第4卷，人民出版社2009年版，第189页。

爱"，不管是作为一种符号、一种象征、一种精神、一种传统，还是一种文化的心理认同，大爱在每个人内心深处都是可以调动和激发起来的原动力，构成"想象的共同体"的逻辑起点。注入"想象的共同体"以新的现代元素就是塑造全新的国家与公民的关系，像风筝一样具有自主性的国家，但放飞风筝的线却牢牢地控制在人民的手中，国家存在的合法性就在于提供和保障公民权利的实现，人们也赋予国家拓展人民意志方面的自主权，必须考虑的是国家如何能够反观自身、如何把作为精神的国家培养起来而不是走向人民的反面。

（二）作为疆域界分的现代国家。作为传统的"文化帝国"以"中心与边陲"的文化影响力作为界分，"有国无疆"、边界模糊。而现代国家以公共权力对疆域的有效控制为标志，疆界明晰，主权完整成为现代国家一大标志。以维护最高的国内治权和最大的对外主权来保护公民合法权益不受侵犯，作为公共意志来行使的国家行动就具有了合法性。蒂利通过对现代国家形成的考察发现，战争是推动民族国家形成的重要原因之一，因为主权和国家是为了解决"战争的自然状态"（霍布斯）和"不和谐的自然状态"（洛克）。但民族国家也发动了战争，尤其是两次人造灾难的世界大战，这在启蒙思想家那里是始料未及的，以界分产权和保障公民权的现代国家不能以"国家"的名义发动侵略战争，无论是直接地以枪炮来强占领土还是间接地以资本来掠夺资源，都是违背现代国家初衷的、非正义的。随着全球化的浪潮深入，明晰的地理疆界和完整的主权都在面临新的挑战，部分主权的分享与让渡是现代国家面对的新的时代课题，如何维护自己的主权尊严和做一个负责任的国家都是每一个国家面临的新任务。

（三）作为垄断暴力机关的现代国家。具有了强制性征税和强制性推行裁决的权力，这是国家区别于其他组织的最显著的特征。过去"庙堂之上"和"江湖社会"并存，国家的整合社会的能力也不如现在强大，而现在全国统一的税收制度和统一的法治，使国家具有强大的社会资源的汲取、资源再分配和裁决纠纷的能力，这有利于避免资源的浪费和形成统一公正的社会裁决，合法而高效地行使高度集揽于手中的公共权力就成为人们对国家的强力诉求，也是国家要依法行使、规约自身的内在要求。

然而，良善的初衷并不能保证事态发展完全如愿，现代国家渴望的"非人称化"的中立治理，也在发生变异，作为政治认同和精神共识凝聚力量的国家随着功利主义思想的现代转换，开始从结构和功能上来评价现代国家，消费政治和交易政治使现代国家更加"祛魅"，商业化政府的出现，官商勾结和权力腐败，使公共权力为谋求公共利益而行使成为一种教条化的欺骗。官僚化政治也使得公共机构的权威被技术官僚和现实的机构所操纵，官僚制成为被广泛抨击的对象。期望国家与社会的分离，然而，个人从出生、结婚、生育到死亡的全过程都成为国家的重要公共政策议题，私人性问题与公共性的问题越来越难解难分，现实的国家控制社会生活的深度和广度是空前的，这些都是现代国家在发展的过程中走向"管制型国家"所出现的新问题。

（四）"世俗化"的现代国家。在世俗化浪潮的冲击下，人们欲望的合理性也被无限地放大，合理利益的合法性也很快沦为无限追求个人利益最大化的理据。公民不再是具有个人权利的拥有者，而是被国家机制降低成为消费者，国家成为公共产品的生产者，商业化政府普遍出现，国家也不再是一个政治体，而是一个具有独立利益主张的最大的利益集团，政治权力走向与经济权力的共谋，国家也被大的利益集团所"俘获"，国家所代表的公共性又一次被资本的力量所"异化"。即便在政治参与中，因政治信息控制权被媒体工业从政党手中夺过来，成为一种商业化产业，公民成为被动的政治消费者，从而失去了真实的参与。媒体与专家组成新的精英集团，垄断政治以及参与政治的知情权。在面临媒体权力垄断的时代，舆论自由不仅难以成为民声民意得以实现的有力保障，反而沦为误导、煽动、塑造民意的工具。19 世纪自由主义者所崇尚的"言论自由"和"公民社会"在这种新的国家建制面前成为一种过时的神话。媒体应承担何种责任？政府如何规范媒体、保证媒体责任的实现？沦为消费者地位的人们，"公民美德"和"公民责任"在充满诱惑的物欲世界的冲击下正在蜕化变质、走向沦丧，在利益与欲望面前很容易被收买利用，商业化的所谓的民主社会难再有"英雄"，而是有大量的"跳蚤小丑"在躁动不安，言论自由的公民社会又如何养成？如何在一个被物欲腐化的社会建立起负责任的理念是一个重大的时代难题。

（五）"官僚化"的现代国家。基于功能的管制型国家，需要组建一支专业技术化的官僚队伍，然而，随着国家官僚机制对社会管理的范围越来越大，管理体制的专业化和复杂化使官僚机器本身成为巨大的利益集团，国家官僚队伍（公务员队伍）的利益（就职、薪金和提升）既是国家建设的内容，又是国家建设的前提，并影响国家建设的结果。因为官僚集团本身对国家建设起到了牵制作用，成为一个事实上的治外法权群体，官僚队伍在决策过程中，更多利用自己的专业知识、对程序的控制、对信息的垄断和掌握，以及与具有强大金融和组织能力的游说集团的密切联系，来限制公共政策的选择，变相垄断了公共决策的决定权，无视民众利益，民主参与形同虚设，政治为精英集团所垄断，形成稳固的权钱交易的联盟。

（六）"结构功能化"的现代国家。"结构主义"国家论是以20世纪60年代在法国兴起的结构主义为分析工具的，代表人物是法国学者阿尔都塞和希腊学者普朗查斯。他们认为理解资本主义国家应该把研究的重点放在社会结构而不是个人上，结构的存在和变化决定了个人的选择和历史的方向，可以区分出政治、经济和意识形态三种结构，虽然经济结构有最终决定性，但是其他两种结构在一定时期也能成为特定生产方式的支配结构。有什么样的结构也就要决定承担什么样的功能。由于资本主义国家结构是以市场和商品为基石追求资本利润的最大化，对国家功能没有过多的期望，原本想通过满足世俗化需要的管理活动来整合社会，以可量化、可考评的指标来打造一个功用的国家、物化的国家，却导致越来越难以平衡和控制各方的需要，使"弱肉强食"的"丛林法则"难以避免。通过各种不同利益在一定的公共领域中的竞争和调整来使政治最大限度地反映民意、做出决定。然而，实践中却出现了这样的悖论："一方面，政治被组织化了的既得利益集团束缚住手脚，而分散的大众却游离在政治之外；另一方面，当政治试图更广泛地包容各种不同的利益时，少数派利益集团也就获得了缠讼式的否决权以及决定性投票权。其结果，触动利益结构的任何改革都变得极其困难，一种'现状的专制'则不断地对立宪主义思想发出嘲笑"[1]。即一方面，国家作为公共利益代表的公共性越来越弱化，而沦为享有"治外法权"的特殊利益集团，丧失公共性就意

---

[1] 季卫东：《宪政新论》（政治与法律思想论丛），北京大学出版社2005年版，第11—12页。

味着政府失去了存在的根基；另一方面，在一个过度世俗化、商业化的消费社会，国家整合社会、经济的能力也越来越弱化，媒体可以操纵社会、大的利益集团可以操纵政府，沦为消费者地位的人们的公民主体性人格和地位也都在蜕化变质，公民社会变成一个物欲横流、失去精神家园的伤心之地。

问题的症结出在哪里呢？有人提出瓦解官僚制，进一步推进私有化、市场化改革，现代国家进一步"祛魅"，以企业来类比政府，等等。这些提法的问题是：人类物欲加剧后的社会秩序又该如何维系？公共精神和公共责任的载体应该由谁来承担？沦为世俗化、功能化的国家如何整合其社会资源？靠交换的权力有多大的合法性？能持续多久？对于有效性作为合法性如何思考？所以，笔者认为，现代国家作为"想象的共同体"存在，作为中立的制度框架来建构逻辑，在逻辑的基点上是没有错的，因为"哲学王"、君主、上帝承载的使命已经被宣告终结，那还有谁能承载起担当整合秩序生活的使命呢？目前看来，只有现代国家和中立性的公共机构。问题是不能把现代国家逻辑建构的脱俗性与现实政治的务实性相混淆，不是用现实政治的弊病去检阅现代国家建构的问题，而是运用现代国家建构所体现的理念来监督和完善现实政治的不足。但是人们恰恰颠倒了这一逻辑顺序，导致对现代国家的质疑，进而提出"现代国家应退场"的观点。

三、关于国家构建的类型学分析

（一）英法美等自由主义传统模式。英法等首批资本主义国家的建立具有原创内生性特点，英国主要是通过新型资产阶级的持久斗争，尤其是借助议会的机构平台与封建君主展开博弈。法国等级森严的传统使法国的大革命比较激进，而英国的光荣革命就温和得多，尽管形式有别，但他们都在封建社会的母腹中诞生资本主义民族国家。美国尽管是摆脱英法的殖民统治走上现代国家的，但由于几乎没有本国的历史传统的阻碍、再加上与英国同根同源，也成为自由主义国家的典范，即"盎格鲁－萨克逊模式"。这些国家没有出现很大的社会断裂，传统与现代实现了较好的对接，诸如韦伯论述的新教伦理与资本主义精神的契合，使传统向现代的转型比较成功。由于这些首批资本主义民族国家发展的主要动力源泉来自民间社会、商品经济和自由贸易，尤其进入19世纪以来的全球殖民扩张时期，这些现代国家通过积极开拓殖民地，也通过全球范围推广自由竞争的市场机制，推行商品经济，以便掠夺全球殖民地的资源财富，也使国内的政治矛盾被海外丰厚利润所稀释缓解，民族国家内部公民的民主权利、经济权利和社会权利得到循序渐进的推进。但是这种依靠市场的自由竞争模式在进入20世纪以后，伴随着德意日等后起资本主义国家的崛起并纷纷加入海外殖民地市场的瓜分中来，一方面引发了资本主义世界相互之间的矛盾，另一方面残酷的殖民掠夺也激发了广大殖民地半殖民地人们的反抗，20世纪上半叶两次世界大战的爆发，也引发人们对资本市场全球扩张的反思，资本主义国家开始出现以美国率先推动的强调国家干预的"凯恩斯主义"，欧陆出现强调社会市场经济的"莱茵模式"和西北欧以高福利为特征的"福利国家模式"，而广大的后发展中国家则兴起马克思主义，对资本主义展开了深刻的批判，也积极探索新的国家发展模式。

（二）德、日、俄的国家主义模式。德日俄在迈入现代国家之前也都是落后的欠发达国家，诸如德国小邦林立、四分五裂；俄国的农奴制严重阻碍资本主义大生产；日本也是为了摆脱殖民统治而发动明治维新变革，但出现了像德国的铁血宰相俾斯麦、俄国的沙皇彼得一世和日本的明治天皇这样的人物领导的精英集团，迫切需要向西方学习以改变落后的面貌，因此，由一个强有力的积极进行变革的政府来动员落后的社会、行政高效的官僚精英集团和善于向发达国家学习的积极心态是它们的共同特征。

以德国为例来看：铁血宰相俾斯麦依靠普鲁士强权统一了松散的德意志，积极向英法等当时先进的国家学习，但为了保护脆弱的国内市场和民族产业，又没有照搬斯密的完全自由竞争的市场经济模式，而是产生了由德国自己的理论家李斯特提出并推广的国家主义经济学理论。再加上德国既重视哲学思辨又重视科学技术的双重传统，这些就为德国的现代化崛起提供了思想的源泉和科技的支撑。但是德国没有像英国、法国那样，成功地在建构国家的同时控制国家。一方面由于德意志国家主义与反启蒙的浪漫主义、历史主义结缘，最终演变为反民主的极权主义，由中央集权的极权国家主导和推进工业化；另一方面，由于它是在容克贵族的封建旧势力基础上形成的精英集团，成熟理性的现代社会还没来得及成长起来，强大的军事势力在统一建国时期发挥极其重要的推动作用，但也埋下了军国主义和法西斯主义的隐患，以扼杀民主转型为代价，成为两次世界大战的发动者，这在日本也面临同样的困境。俄国也一直有沙皇专制的传统，也就比较好理解后来的苏联为什么比较容易推行高度计划的经济体制。这些国家在迈向现代国家进程中的成功与挫折给我国的现代国家的道路选择提供了很好的经验和教训。军国主义的强权政治的侵略性不仅给国民带来深重的灾难，也给世界的国际秩序和和平带来威胁。当然，德、日、俄在反思和重构的国家建设进程中，国家建设模式也发生分流，德国融入莱茵社会市场经济模式、日本引领国家主导的东亚模式、俄罗斯转型为苏联社会主义模式。

（三）社会市场经济的莱茵模式。主要指欧洲大陆沿莱茵河两岸的国家，正如布兰尼在《大转折》所表达的观点：市场与社会的双向运动，当看到市场撕裂社会、以追求效率最大化的非人格化的理性计算给社会带来负面后果时，为了规范和弥补市场的不足，重新找回社会的底限正义和最低社会保障就具备了必要性。既是对英法美自由主义市场国家模式的反思，也是对国家主义模式的继承和超越，以社会市场加上国家的社会保障为特征，显示出国家治理的功效。"该模式是经济自由主义与民主社会主义等多种经济社会理论和政策主张的综合体，强调建立一种以市场经济为基础的经济社会秩序，认为需要国家来维护竞争秩序。"[①]把社会市场的自由竞争与国家的有限干预结合起来，突出社会组织和国家力量对无序市场的管制，并为平等竞争的市场秩序提供公正保障，体现的是一种社会型的市场经济，为保证经济秩序，政府进行管制，强调社会保障和社会管理，促进经济社会的协调发展。"莱茵模式国家无疑比其他国家更善于把社会正义、集体负担费用和管理效率结合在一起，因此可以说莱茵模式是西方发达国家经济模式中被普遍看好的模式"[②]。

（四）西北欧的高福利国家模式。主要指瑞典、挪威、芬兰等西北欧特别富有的国家，人们享有"从摇篮到坟墓"的福利保障。以瑞典为例，确立了以"人民之家"为组织形式的世界上最为优越的福利保障制度，通过社会福

[①] 吕薇洲：《发达资本主义国家的模式：共同特征、主要区别与矛盾对立》，载《当代世界与社会主义》，2005年第4期。

[②] 严书翰、胡振良：《当代资本主义研究》，中央党校出版社2004年版，第261页。

利政策缓解比较敏感的政治性的阶级对立和冲突，主张以自由、平等、团结、民主和劳动为基础促进社会全面进步，通过高税收使社会资源和财富分配相对均等，使高社会福利成为可能，也使阶级合作和社会团结成为可能，降低政治斗争的残酷性，舒缓人们的心情，在相对均等的社会分配中享受生活本身的愉悦，使平等、关心、合作、共享贯穿于整个社会。

（五）苏联模式（社会主义模式）。这种体制在苏联建国的前几十年发挥了重要的积极作用，但到后期，这种模式走向僵化，对自由主义国家模式的批判走向了另一个极端，把市场与计划作为衡量姓资还是姓社的标准，排斥市场，走向高度计划的社会主义，甚至到了斯大林模式，走上了高压强制的国家主义道路，国家通过高度经济计划的手段几乎垄断所有重要的物质资源的生产和分配，不仅在经济生活领域，甚至在精神生活领域国家的行政干预程度越来越高，社会国家化的程度非常高，国家在社会生活中处于支配地位并享有充分的行动自由。这也使苏联后期的经济停滞、政治腐败、社会危机等各种问题叠加，最后导致庞大的苏联社会主义国家一夜之间走向崩塌。这也更主要是体制内部的弊端长期积累所导致的恶果。然而，从苏联时期的高度计划经济到俄罗斯时期的自由市场经济的完全转型，又从一个极端走向另一个极端，1992年俄罗斯接受哈佛经济学家杰弗里·萨克斯所提出的"哈佛方案"，开始自由化、私有化和稳定化"三位一体"的"休克疗法"，他们非常想当然地以为抛弃了计划经济就自然进入了市场经济，并被市场经济的神话所蛊惑。事实上，"西方对俄罗斯和东欧国家施加了很大的压力，西方对它们是既拉又压：拉是提供思路，进行经济援助；压是要按照西方的意图来进行改革和接轨，要求俄罗斯建立西方式的民主体制，进行全盘西化，特别是与美国接轨……但俄罗斯只学到一些市场经济的皮毛，事实上引进了一种'坏的市场经济'，市场经济到俄罗斯那里已经扭曲和变质了。"[1] 这种自由化政策直到2000年普京上台以后才得以扭转，从休克疗法中渐渐复苏起来，找回国家自主性，加强了国家对经济的管制，也强调走出一条适合俄罗斯国情

---

[1] 漆思：《中国共识：中华复兴的和谐发展道路》，中国社会科学出版社2008年版，第101—102页。

的发展道路。一些俄罗斯的理论家也提出："俄罗斯在建立市场经济时，不应该盲目地抄袭现有模式（盎格鲁-萨克逊模式、德国模式、瑞典模式等），而是应该依据市场经济的一般原理，探索自己的、考虑到俄罗斯特点和历史传统的道路。"①

（六）东亚政府主导的模式。二战以后，在日本经济迅速崛起的示范作用下，出现了亚洲四小龙（韩国、中国台湾、中国香港和新加坡）和亚洲四小虎（泰国、印尼、马来西亚和菲律宾），还有近30多年中国大陆所创造的经济奇迹，这些国家和地区的一个显著的共同特征是政府在经济发展过程中发挥着重要的推动作用。被称之为"政府主导的市场经济模式"。从具体内容而言，漆思教授总结了如下五点："第一，实行政府主导的现代化，使权威政治与市场经济相结合。第二，依靠国内高储蓄和大量利用外资来发展经济。第三，从进口替代型工业化转向出口导向型模式。第四，注重文化传统，重视对教育和科技的投入，发挥人力资本优势。第五，政治与社会环境比较稳定，为现代化提供良好的国内环境。"②也有人认为这种模式有些类似社会市场经济的莱茵模式。另一角度，从对与东亚形成鲜明对比的拉美模式的失败总结中可以看出：拉美由于过度依赖美国的借债来发展经济，容易卷入高度的经济依附的恶性循环之中，难以自主。再加上拉美得天独厚的资源使拉美人不那么勤劳也能过得很优越，这种养尊处优的心态一旦形成就容易滋生傲慢，使得拉美的国家间合作往往难以兑现，也难以形成区域一体化的合力。而东亚崛起的国家都有一个强有力的政府来主导经济，非常强调国家的自主性，另一方面，由于东亚人口密集，资源相对有限，这样就使得各国既练内功，非常重视人力资本的开发和教育，为实现资本密集与技术密集的经济转型提供可能，又注重搞出口贸易和区域化合作，越来越认识到东亚一体化的合作必要性，尤其在经济领域，越来越频繁密切，因此，东亚成为世界的重要一极而不容忽视。

---

① 维佳平、茹拉夫列娃主编：《理论经济学（政治经济学）》，经济社会科学出版社2005年版，第172页。

② 漆思：《中国共识：中华复兴的和谐发展道路》，中国社会科学出版社2008年版，第84—85页。

第四节　现代国家理论与实践对中国国家建设的启示

一、国家主导秩序的必要性

（一）无论对于亚非拉发展中国家，还是对于欧美发达国家，国家自主性建构和必要干预都是促进国家发展的前提条件。对于广大发展中国家，"首要的问题不是自由，而是建立一个合法的公共秩序。人当然可以有秩序而无自由，但不能有自由而无秩序。必须先存在权威，而后才谈得上限制权威。在那些处于现代化之中的国家里，恰恰缺少了权威，那里的政府不得不听任离心离德的知识分子、刚愎自用的军官和闹事的学生的摆布。"[①] 不能以为宣称自由、民主占据了道德高地就能解决问题，殊不知在国家的基本规章制度没有确立或巩固的情况下就简单照搬西方的市场化和民主化，结果往往是政治的动荡、经济的衰退、社会矛盾的激化。福山指出，第三波民主化进程中的许多国家当务之急是加强"国家构建"，"国家构建是当今国际社会最重要的命题之一，因为软弱无能的国家或失败的国家已成为当今世界许多严重问题（从贫困、艾滋病、毒品到恐怖主义）的根源。"[②] 诸如"拉美现象"和"非洲危机"很大程度就是由于"国家构建"的失败，或者"国家构建"没有得到执政精英足够多的重视，在国家缺乏基本的政治制度框架作保障的情况下，盲目照搬发达国家的自由市场的经济改革，或者由于接受了发达国家附带严苛政治条件的经济援建，实行经济自由化所带来的后果是使经济社会生活状况更为恶化，导致国内秩序的失序和对发达国家的高度依附。因此，"对于大多数发展中国家来说，强化它们的国家制度的基础力量应是当务之急，只有

[①] [美] 塞缪尔·P.亨廷顿：《变化社会中的政治秩序》，王冠华等译，生活·读书·新知三联书店1989年版，第7页。

[②] [美] 弗朗西斯·福山：《国家构建：21世纪的国家治理与世界秩序》，黄胜强、许铭原译，中国社会科学出版社2007年版，第1页。

这样才能提供只能由政府来承担的那些核心职能。"① 而东亚很多国家和地区自摆脱殖民统治以来，选择威权统治和强化现代国家的秩序建设，以"后发优势"摆脱"发展依附陷阱"，走上国强民富的新兴民族国家道路。即便是从发达国家改革来看，诸如"撒切尔夫人改革"和"里根改革"也是喜忧参半，到布莱尔和克林顿时代都选择"第三条道路"，加强国家干预的力度。

（二）对于中国的国家建设，国家发挥着极其重要的主导作用。当我们追问：是谁改变中国人"一盘散沙"的局面？改变"东亚病夫"的形象？树立起"中华民族"的伟大形象呢？又是谁在改变传统中国的面貌，走向现代政治文明呢？无论是从"救亡图存"的革命还是从实现中华民族伟大复兴的建设来看，一个独立、富强和民主的现代国家召唤着全国各族人民前赴后继、开拓进取，也是现代国家整合着利益冲突、凝聚民心、为实现中华民族这条巨龙的再次腾飞而努力。中国不同于西方的鲜明之处在于：国家不是一个被遮蔽的对象，而是作为一种重要的推动力量发挥着国家的自主性。对于西方而言，尤其自近代国家出现以来，一部公民权利的增长史也是一部反抗国家权力的抗争史，国家作为一种"必要恶"的观念根深蒂固，国家总是处在被诅咒的尴尬境地，监督和限制国家成为西方基本政治制度设计的出发点和归宿。国家自主性是被严重遏制的，国家更大程度上沦落为仅从工具性上或者从结构功能上来理解，仅仅把国家当作是利益集团之间相互竞争博弈的一个平台，对于国家的轻视和敌视使国家成长和发挥国家作用受阻，尤其随着多元主义对国家的冲击和瓦解，整合民主冲突的共识很难达成，再加上资本主义国家发展到福利国家阶段，过去那种对于小政府的赞美在当今却是难以满足人们需要的。因此，人们的需求呼唤着一个强有力的政府出现，一个集权程度越来越高的国家干预也就成为世界范围内普遍趋势，这也是国家作为重要的"自变量"重新回到人们的视线、进入政策议程的重要原因，"国家主义"和"回归国家"成为一股强大思潮在西方国家兴起并深刻影响着人们对于国家的认识。

---

① [美]弗朗西斯·福山：《国家构建：21世纪的国家治理与世界秩序》，黄胜强、许铭原译，中国社会科学出版社2007年版，第40页。

二、监督制约国家与国家的反思平衡

作为现代政治知识史的国家理性,一方面致力建构现代国家,另一方面努力控制国家权力。赋权给现代国家的同时限制国家权力,这就是基于现代逻辑的国家理性命题所呈现出的悖论性内涵。后发展中国家往往对于权力集中的国家构建相对来说比较容易,而对于如何控制全能国家难以成功或正在进行制度化改革。诸如新中国成立之后,相当长一段时间走向全能国家,在经济上学习苏联优先发展重工业的高度集权的计划经济模式,集中资源优先发展重工业也导致产业结构严重失衡,第一产业停滞不前,第三产业发展滞后,甚至受到打压,民营经济被当作"资本主义尾巴"被割掉。另外,中国是一个超大型国家,仅靠计划根本难以满足人们日益增长的物质文化生活需要,用于满足生活需要的物质极其匮乏,什么都靠"凭票购物"的年代现在人们依然记忆犹新,老百姓的生活状况难有较大的改善。从政治上看,尤其是20世纪50—70年代,以"阶级斗争为纲"和中西意识形态尖锐对立,试图通过运用国家权力进行政治动员的方式来解决人们的思想和心理认知问题,把主要精力放在政治运动上去,导致法律虚无、社会失序,也使国家错过经济发展的"黄金时期"。由于国家核心决策层思想认识的偏差、策略选择的失当,使得国家发展战略跑偏,走到不得不改革的境地。难能可贵的是我国的国家建设通过学习型政党不断调适自己的行为,适应变化着的外部环境。在模仿中寻求自主,在自主中不断进行自我调适和反思平衡,对不足进行修补完善,在一个永续的进程中探寻中国现代国家构建的内在机理。自上而下的国家建设有一条清晰可辨的自我反思和调适的线索,治国理政的很多观念也发生了翻天覆地的变化,诸如对非公有制经济、市场、权力分享、多中心治理等治理理念的变革是非常巨大的。从治理模式的转型而言,也越来越趋于合理,符合人性,满足人们日益增长的物质文化生活的需要,诸如从全能型国家走向后全能主义国家再逐渐过渡到法理型国家,从发展型国家走向后市场主义国家再逐渐过渡到生态型国家。对国际社会而言,也经历了从招商引资"迎进来"到加入WTO"与世界接轨"再到参入国际竞争的"走出去"。

在这种国家主导的社会变迁过程中,"在现代化政治发展的早期,当权力的分散实现了摧毁传统政治秩序的使命之后,国家会不失时机地使权力重新凝聚化,建立具有现代导向的、高效有力的中央政府。然而,权力的集中并非政治发展的终极目标。"[①]因为国家治理的效度并不完全取决于行政性的"命令—服从"模式如何有效,而主要应该建立起一种"法制—遵守"模式,尤其把权力的执掌者纳入法律的制约中去,从而通过驯服的行政权力更好地实现人们对美好生活和正当权利的需求。一方面,要把社会权力从国家权力中分离出来,"随着社会革命的成功和社会经济结构的变迁,国家权力必然逐步退出社会领域,缩小政治控制的力量和范围,同时扩大政治参与,将被社会发展动员起来的各种利益群体容纳进制度化的政治体系之内。"[②]另一方面,也需要在国家的管理过程中尽可能发挥市场化的基础性作用,"分权松绑式"改革带来了市场生机和社会活力,市场繁荣、社会财富急剧增长、人民生活水准极大改善和社会自治程度也越来越高。当然,市场化改革也并不是就要求"国家退却"和搞"私有化"。即使我们充分看到市场的巨大潜力和功效,市场有助于"把蛋糕做大",但把"蛋糕分均"却需要国家"权威性的再分配",减少贫富差距、减少利益集团的操纵都需要国家的干预。也可以说,只有在国家提供的法治秩序下,保持市场公平有序的竞争,才是行之有效的市场经济。当我们放大市场化和社会自治的功效时,我们是否又看到"市场失灵"和"社会失效"所带来的社会急剧不平等和社会失序呢。经济危机和无政府状态都是人们不愿意看到但又常常不得不面对的生活境地。"经济救市"和"对社会的治理"就是人们渴望国家这方面的具体职能得以实现。因此,国家在与社会和市场的博弈过程中,逐渐摸索出一些基本的共识:国家在坚持改革开放的前提下,巩固和完善国家的基本制度建设,调整和完善国家的职能,诸如注重加强社会市场经济体制建设、推动和完善分税制改革、推进"依法治国"的进程和促进社会的和谐均衡发展等,从而使经济建设软

[①] 于建嵘:《岳村政治:转型期中国乡村政治结构的变迁》,湖南文艺出版社2013年版,第415页。

[②] 许纪霖、陈达凯:《中国现代化史》第1卷,生活·读书·新知三联书店1997年版,第13页。

着陆、中央与地方的集分关系保持平衡、公民的民主权利也越来越多地得到法律的保障，从而确保社会主义道路在更加稳健的制度化渠道内有序前行，使国家职能归位到它最应该发挥作用的职能上来。尽管现代国家的集权程度可能要比王朝国家还要强大，例如，过去"皇权不下县"，九品芝麻官的县官就是官僚体系中最小的官；而现在国家权力下渗，权力延伸到乡、甚至到村，统一的法律体系、统一的税收制度和统一的官僚制度，使现代国家的组织严密、机构庞大和能力强大，这种集权程度的加深不仅仅是我们国家的特例，而且是世界范围几乎所有民族国家选择的共同趋势。但是现代国家为什么更具有统治的合法性呢？从获得主体法人资格的国家本身来看，具备反思性自我平衡能力就显得非常重要，肆无忌惮、恣意妄为的国家行为必然是"自掘坟墓"，走向短命。

国家的自我反思平衡，从理论层面上来说就是指把国家看作是一个具有法人主体资格的权利主体，国家能够像个人那样自我反思，"自我的反思性投射：由自我叙述的反思性秩序来构成自我认同的过程"①。在吉登斯看来，"现实的主权本身……应该被视做某种不断自反性地加以监测的东西"②。从个人自主性而言，一种特殊的自我发展经历的形成，靠的是通过反思性组织起来的内在参照型体系。只有具有内在自我反思的机制和习惯才能更好地规约自我的行为、做好自查和调适，同理，一个具有理性的批判和反思能力的国家也需要对国家构建的秩序不断进行反思和重构，超越狭隘的统治阶级和部门集团利益，以公共利益来规范公共权力的运行，这是寻找内在机制来塑造国家的品格，构建自主型国家，从而使秩序的构建更加合理。如何构建现代国家的自主性反思平衡机制，这要求现代国家具有很强的道义支撑来规约自身，如何发挥国家主体性，如何通过国家主体间性（公共理性或交往理性）来发挥主体性，如何通过主体的移情能力和内心的独白来发挥主体性，从主体性这一现代化逻辑的内核上来思考构成解决问题的出路。国家的自我反思平衡，

---

① ［英］安东尼·吉登斯：《现代性与自我认同》，赵旭东、方文译，上海三联书店1998年版，第274页。
② ［英］安东尼·吉登斯：《现代性的后果》，田禾译，黄平校，译林出版社2003年版，第64页。

从实践层面就是指不能偏执于集权或分权、国家或市场、国家或社会其中的一端，毕其功于一役。并且只有把国家的自我反思落实到制度化反思的安排中去，才能更好地贯彻国家的自我监督，"包括例行化地把新的知识和信息纳入环境当中并予以重构或重组"①，这样，才能不断地更新和调试国家的行为，符合新的时代特征。

三、处在十字路口的中国何去何从

中华文明曾经以独特的朝贡体制建立过辉煌的大帝国，直到 18 世纪中叶还是世界上经济最发达的国家。但自那以后，封闭自大的大清帝国面对西方工业文明和民族国家的冲击而迅速衰落下来。从鸦片战争到新中国成立近百年的中华民族的屈辱历史中，面临着如何从一个泱泱帝国转化为民族国家的建立问题，面临着不再是依赖帝国列强或地方军阀而是考虑如何完成党建国家的问题，也面临着如何改变落后挨打、积贫积弱的四分五裂的局面而走向独立自主的现代国家发展的道路的问题。也即是说，被西方列强拽入现代国家的中国，对于"为何要有国家"、"如何才有国家"以及"国家应当何为"这三大根本性问题的回答成为革命家和建设者思考的主题。诸如维新改革派试图学习英国的君主立宪制，孙中山建立的中华民国、以总统制效仿美国，共产党人成立新中国初期效仿苏联的计划经济体制，等等，一次次以失败而告终，也说明中国的现代国家建设不可能有现成的模式可以照搬，任何一个大国的崛起都是找到适合本国国情的独特的发展模式。尽管中国模式的称谓已经沸沸扬扬，但笔者认为中国模式还远远没有成型，也只是在经济建设上取得了较为显著的成绩，中国的经验有待进一步总结，所谓的"中国道路"也依然在路上。中国未来的何去何从也正处在十字路口，一方面，国家权威和国家能力在中国政治中扮演着非常重要的角色，另一方面，国家构建中所涉及的自由与权威、个人与国家、市场与国家、社会与国家的关系，突出地呈现在人们的面前，也是我国现代国家建设无法回避的任务。对于国家的认

---

① [英] 安东尼·吉登斯：《现代性与自我认同》，赵旭东、方文译，上海三联书店 1998 年版，第 273 页。

识和国家职能国内也一直存在两种截然不同的看法:"一方面,国家权力的掌控者和国家主义者试图赋予国家一种道德性和优先性,这给了现实的国家以超验理性的特质;另一方面,致力于限制国家权力……尝试将国家从神坛上拉下来,使其匍匐在社会之下,成为保护公民权利的政治结构。前者难以成为主流力量,后者难以获得主导机会,这使得国家行为的理性性质大为下降,现代国家建构的前景令人担忧"①。也许不是在这两种方向上抉择其一,而是把国家的道德性和对国家权力的制约二者结合起来,也正因为这二者的平衡非常难以实现,国家问题也才构成政治生活永恒的政治难题。

---

① 任剑涛:《国家理性:国家禀赋的,或是社会限定的?》,见许章润主编:《国家理性》,法律出版社2010年版,第55页。

第二章
中国现代国家发展的道路选择：模仿与自主

从 20 世纪初，传统中国自迈向现代国家的道路伊始，就在传统与现代之间徘徊，对于"为何要有国家"、"如何才有国家"以及"国家应当何为"这三大根本性问题的回答成为革命家和建设者思考的主题。目前，对于中国发展道路何去何从的问题也有三种代表性的观点：其一是遵循西方的线性进步史观，崇尚工具理性和科技理性，学习西方的现代化道路。其二是追溯传统的回归史观，尤其以新儒学的主张为代表，这就存在一个如何看待传统和选择何种现代化的问题。笔者赞同第三种发展路径：由于现代民族国家是目前国际社会的基本政治单元，必须遵循现代国家的逻辑和现代化的逻辑进行现代国家的构建，但是基于现代化的逻辑进行的中国民族国家的构建与西方民族国家的构建有一致性的地方也更有其独特性，选择现代民族国家道路、遵循现代国家的基本特征和运行逻辑等方面是一致的，但从世界史考查看，任何大国崛起都是根据民情、国情和世情，找到适合本国独特性的发展道路，才能闯出一条强国富民之路。就中国而言，自清末民初以来各种尝试（模仿英国的君主立宪和美国的民主共和）都以失败告终，后来共产党领导的中国革命和建设又以苏联为师，也出现水土不服和诸多弊端，但可以说这些是中国从传统国家迈向现代国家必须交的学费，现代国家的构建对于任何国家来说都是一个复杂的全新难题，探索一条符合中国国情的发展道路是一个漫长的历史过程，不可能一蹴而就，国人也一直没有停止对其追求和制度化完善。诸如中国革命中总结出来的延安道路的精髓奠定了共产党革命和执政的合法性基础，只有依靠群众、发动基层、接地气才能向现代国家提供源源不断的动力源泉。新中国成立伊始，尽管以苏联的高度集权的计划经济为参照，但国家在加强权力集中的同时也不断进行分权化改革（即使在计划经济时代也没有完全照搬苏联的高度计划的体制）。在改革开放之后执政党更是通过不断调适以保持其先进性来探寻现代政党的执政规律，中央政府也积极打造一个中性政府以确保对各方面利益处置的公正性，只有保持中性才可能保持中立和更加自主的选择发展道路，国家在硬性约束方面通过大力推进法治建设以确保权力的行使都在制度的约束下进行，在软性约束方面越来越重视传统文化的现代化转换以便提供精神秩序的基础（诸如新儒学的复兴）。笔者也正是基于这些认识来审视百年以来中国迈向现代国家的发展道路，在模仿中寻求自主，在自主中不断进行自我调适和反思平衡，对不足进行修补完善，探寻中国现代国家构建的内在机理。

当今对于中国模式的总结成为一种时髦，最早是国外学者为了抵御和遏制中国的发展而提出的，国内也意识到总结中国道路的必要性，既有高歌赞美者，也有审慎担忧者，形成一种蔚然壮观研究潮流。诸如对于中国模式呈现出的物质主义倾向持批评态度的学者有不少，也有从精神文化根基缺失的视角对中国道路进行反思，等等，这其中不少批评意见也都是富有建设性的。这些都对于中国道路的总结和国家自主性的反思提供了不少理论和实践的支撑。

第一节　清末民初模仿西方发展道路：失败及启示

一、清末民初的变革诉求及努力

清末民初的大变革被不少人称之为"三千年未有之大变局"，面对时局的变幻，各路精英纷纷表达不同的看法，晚清内部政治精英首先是洋务派主张的"中学为体、西学为用"的观点，以为通过学习西方技术就能拯救清政府内部危机。然而，由于清政府的腐败无能，面对外部列强的坚船利炮不堪一击，除了积累个人的军事实力和派系政治，与国家并无补益。维新派已经意识到政治制度不如人，开明的君主在认识上也开始从"天朝帝国"的唯我独尊的地位走向"万国之一国"的忧患意识,积极推动君主立宪的改革,开始要求学习西方的政治制度。尤其是 20 世纪初,清廷内部不论是主动还是被动开始实施清末新政以挽救残局,派重臣出洋考察、学习西方的君主立宪制、重组内阁、修订清末法律。尽管有不少学者认为"清末新政"是一场政治骗局,但也有不少学者给予其较高的评价,认为其已经把现代民族国家的构建作为目标,如"清末新政对于边疆民族地区的治理在理念上已发生了革命性的变化,即不再固守用传统的宗藩关系实现秩序和谐,而是试图建立一个将边疆与本土融为一体,更具凝聚力、竞争力的现代民族国家"[1]。芮玛丽(Mary Wright)、杜赞奇(Prasenjit Duara)等也曾指出,清末新政是在"民族主义"以及"现代化"的招牌下进行的"民族国家建设"[2],期间推行的如建立新式学校、实行财政改革、创建警察和新军、划分行政区域、建立各级"自治"组织等活动,与此前的洋务运动、戊戌变法等在封建王朝体制下救亡图存努力的重要区别:在于它突破了"中西体用"之辨,寻求建立"民族的国家",这是一个具有时代特色的全新命题。简单而言,就是清廷在最后时光已经认识到从传统国家走向民族国家的转变是时局的必然。而目前比较通行的认识是中国迈向现代民族国家从 1911 年辛亥革命开始的,可见,这种认识把中国民族国家的构建提前了,其中也不乏合理性。因为清末也进行了非常具有现代性的"预备立宪"和颁布《宪法大纲》,试图改变传统国家形态并构建近代国家形态的首次尝试,"清政府以《宪法大纲》为依托,并依靠《宪法十九条》来提升议院地位,抑制军权,推动中国新的政治中心的构建,对国家和社会基层的整合,对于近代社会的成长及传统社会向近代社会的转变,发挥了重要作用"[3]。但是清政府的改革并没有改变走向衰败灭亡的命运,以构建民族国家为目标的清末统治者由于难以提供整合国家的实力、中央政府也越来越难

---

[1] 扎洛:《清末民族国家建设与张荫棠西藏新政》,载《民族研究》,2011 年第 3 期。

[2] 参见 Mary Wright, *China in revolution: the first phase 1900-1913*, New Haven: Yale University Press, 1968, pp. 3-4;[美] 杜赞奇:《文化、权力与国家——1900—1942 年的华北农村》,王福明译,江苏人民出版社 2003 年版,第 1—2 页。

[3] 冯建勇:《辛亥革命与近代中国边疆政治变迁研究》,黑龙江教育出版社 2011 年版,第 9 页。

以控制地方的分化和抵制,因而清末新政难以推进。因此,有人评价"清末新政是对单一认同的追求,既非中国的历史传统,也未成为未来中国的发展方向,它只是特定时代对欧洲国家的简单模仿"[①]。

1911年辛亥革命期间,内地各省也纷纷宣布独立,庞大的帝国也就坍塌了。1912年,孙中山领导的革命派建立了中华民国,学习美国的总统制和民主共和制,但由于列强的瓜分、帝制的复辟和军阀的混战,内忧外患的动荡时局,使假民主、假共和当道,民众处在水深火热之中,也使孙中山认识到靠借助外国列强的力量搞均势、借助军阀打军阀都是权宜之计,没有国家基本政治制度的确立和巩固,没有自己的军队,没有坚强缜密的政党都不足以建立起强大的现代国家。

二、清末民初国家构建失败的原因分析

(一)如何看待传统?清廷内部的改革派坚持在传统框架内进行改良,甚至在复古守旧的道路上越陷越深,使"新政"流于形式,而激进的革命派要求彻底与传统决裂,又使现代国家构建缺乏文化根基。的确,关于"体"与"用"的争论或明或暗在近代中国一直存在。尤其五四新文化运动之后,国人对传统文化极其不自信,这种文化的不自信影响是深远的,直到当今,如何对待传统文化也构成现代国家建设的重要组成部分。我们对待传统要有自信,但也不能固守,更不能盲目自信,寻找虚假的优越性,因为传统也是演进中的传统。诸如在民族国家构建的近代中国,有人认为在西方民族国家产生之前,中国已经有国家观念,不需要像欧洲那样改变国家结构也能从帝国内部生长出现代民族国家。殊不知,传统中国的国家观念与现代民族国家的国家概念尽管称谓相同,但实质内涵已经发生了本质区别,传统国家与臣民的臣服关系与现代国家与公民的契约关系不能同日而语。清廷内部的改良派就是对传统文化过于自信,没有意识到这次"三千年未有之大变局"所蕴含的现代转型的伟大意义,仍以为还仅仅是传统封建社会内部的一次波动。到清帝国已经注定失败的最后时刻,尽管中央朝廷也开始尝试民族国家的新政,准

---

① 扎洛:《清末民族国家建设与张荫棠西藏新政》,载《民族研究》,2011年第3期。

备以现代民族国家来实施变革,但还没来得及通过地方的自治、议会的运转和法律的实施来塑造现代国民,皇权秩序就土崩瓦解了。然而,代表革命反抗的新兴力量决意要对中国社会全面改造,也的确加速了传统中国的解体,推进了现代国家的进程,但由于民族资产阶级势单力薄,广大民众的理解和认同度非常有限,再加上最后走向激进的民族主义(反帝排满)和激进的反传统主义相结合,使得在革新和革命的道德高地下摧毁了人们文化和精神的根基,奋斗的目标和价值的共识都比较模糊,这也使时局更加混乱。

(二)当时国内政治力量的博弈既没能形成均势,也没有形成新的具有主导地位的阶级力量。在亡国灭种巨大的危机面前,封建朝廷内部一些锐意革新的少数派为了拯救没落衰败的大清帝国,尽管我们不能简单地推断清末新政仅是掩人耳目的骗局,但也不能不对其为何昙花一现深刻反思:尽管大清帝国摇摇欲坠,但守旧的势力远远超过变革的力量,更何况又容易犯政治幼稚的错误,在"中体西用"的支配观下,以为通过对西方的制度移植就能立竿见影、解救危局,事实上,席卷世界的西方殖民扩张的狂潮是想彻底把大清帝国挤垮,作为奴役的对象,在内外夹击的夹缝中生存的变革力量难以持久就是必然的结局了。而革命派带来的影响并没有深入到民众,仅是少数先知先觉者意识到变革的必要性,缺少绝大多数国民的觉醒和造势,孙中山领导的革命派没法利用民众的力量,民族资产阶级的力量又极其薄弱,难担重任,只能利用外国的均势和国内军阀的平衡来艰难维系革命的成果,而外国列强又以尽可能掠夺和瓜分中国为目标,不可能期望中国的变革成功,军阀也都为了划地为王、扩大自己的地盘,实际上,根本没法依赖他们来帮助构建起稳定的政治秩序。只能是一次次被旧势力和强权攫取革命果实,上演一幕幕假民主、假共和的闹剧。

三、清末民初国家构建留给我们的启示

(一)寻求现代的治理变革没有错,但也不能缺少文化传承延续下来的固有根基。经历清末民初传统与现代的激烈碰撞,作为舶来品的现代民族国家的理念和治理结构战胜了传统相对松散的国家结构,固守传统,甚至复古肯定是不行的,作为维系变法先驱的康有为广游世界各地,很早就已经意识

到现代民族国家是世界的大趋势，但面对汹涌的革命势力，他的思想越来越保守复古，也导致学生梁启超与其思想的分裂。但一个令人吊诡的地方在于，对现代国家的构建又必须根基于本国的国情和传统，不能完全照搬西方民族国家建国的经验，必须在现代民族国家构建的大框架之下，探索传统文化的现代化改造的可能性，找到现代民族国家构建的中国文化的根基，成为中国道路能否以鲜明的特征长存于世界民族国家之林的重要的努力方向。目前，这一问题越来越突出其重要性，因为经历了 30 多年的改革开放和 100 多年的现代国家构建历程，中国的确在经济增长速度和整体国家实力上令世界所瞩目，国家治理的有效性部分地支持着现代国家体制的正当性。然而，另一个令人担忧的问题是：传统文化在很多国民那里出现断层，物质国家的建设又必然依赖于牢固的精神文化提供持久凝聚力和国家认同的基础，而当前大多数人精神空虚、内心信仰出现危机。这也是越来越多的人重新意识到传统中国文化的价值并积极推进儒学现代化转换的原因所在。因为尽管有形的国家疆域和经济财富的增长构成现代国家的重要要件，但仅有这些还难以持久凝聚人们的政治认同，就必然诉诸人们深度的心理文化认同。而文化秩序又是一个自然演进的秩序，不能任意打断或创设。"以理性的民族主义也即国民主义、宪政主义与文化保守主义的恰当平衡，追求建立一套具有内在稳定性、自恰性的优良治理秩序，这就是现代中国的正统。"①

（二）构建起一个政治成熟的现代政党或国家民族，依靠的是理性而不是暴力强制。革命可以立国，但不能建国。"马背上可以打天下但不能治天下"的道理很好懂。以夺取国家政权为目的政党，在革命战争年代，各自的意识形态必然是针锋相对的，都想通过鲜明的全整型的意识形态来取得革命的胜利，但更多是诉诸暴力去迫使对方服从，几乎不大可能展开理性的辩论，寻找共同遵守的游戏规则。这也是中国现代国家构建之初的几十年一直持续的政党竞争和军阀混战的原因所在，国共两党尽管也尝试了两次合作，但都以失败告终。而在一个和平的国家建设时期，如何形成一个政治成熟的国家民

---

① 姚中秋：《中国变革之道：当代中国的治理秩序及其变革方略》，法律出版社 2011 年版，第 47 页。

族和现代政党就显得尤为重要。政治成熟的显著标志就是：能够熟练驾驭理性政治谈判的武器，达成合作共赢的制度化框架，以通过和平的方式来规范矛盾双方的行为模式。民族国家在国际社会中应学会有理、有力、有据地同其他民族国家相竞争，赢得国家社会正义的道德支持，不卑不亢、也不搞霸权，积极推进国际政治经济秩序向更加公正合理的方向转化。对于国内而言，能否成为一个持久和民众所信赖的现代政党，也需要运用政治协商和妥协等手段。因为随着权利意识的觉醒，合理的利益诉求必然催生不同的利益主体，如何积极调动各种国家建设主体的活力和积极性，吸纳他们的良善建议和合理利益诉求，学会驾驭分权与制衡，这是对治国理政的主导性政党提出的必须正视的问题。把经济权利和社会权利还原给市场和社会也是中国改革开放的重大举措，重大的建设成就也得益于这些分权化和市场化的改革。因为，事实上，在权力分享的同时也在承担义务和责任，看似分割了政治权力，而结果在这种权力共享机制的作用下恰恰提升了国家治理能力。

第二节 革命道路：探索一条不同于苏联的延安道路

一、农村包围城市的道路，而不是城市包围农村

尽管西方民族国家都是通过工业化、城市化走向现代国家的，苏联也是通过城市包围农村取得革命的胜利，孙中山领导的民族资产阶级革命也是模仿西方的道路，后来其继承者蒋介石更是依赖城市和大买办大官僚而没有抓住问题的关键。农民问题是中国的根本性问题，这是中国共产党从成立之初就立足的基点，也是中国共产党对中国道路做出的自主判断。中国共产党早在1922年7月党的二大宣言就提出："中国三万万的农民，乃是革命运动中的最大要素……如果贫苦农民要除去贫困和痛苦的环境，那就非起来革命不可。而且那大量的贫苦农民能和工人握手革命，那时可以保证中国革命的成

功。"① 找准了中国革命可以依赖的阶级基础。1923年6月12—20日在广州召开的中国共产党三大通过了《农民问题决议案》，即"结合小农佃户及雇工以反抗牵制中国的帝国主义者，打倒军阀及贪官污吏，反抗地痞劣绅，以保护农民之利益而促进国民革命运动之必要"②。1925年1月，中国共产党第四次全国代表大会通过《关于农民运动之决议案》，对国民党不重视团结农民进行革命进行批评。1925年12月1日，毛泽东写了《中国各阶级的分析》，指出："谁是我们的敌人？谁是我们的朋友？这个问题是革命的首要问题。中国过去一切革命斗争成效甚少，其根本原因就是因为不能团结真正的朋友，以攻击真正的敌人。"③1927年1月4日到2月5日毛泽东对湖南农民运动进行考察，撰写了《湖南农民运动考察报告》，指出："一切革命同志须知：国民革命需要一个大的农村变动。辛亥革命没有这个变动，所以失败了。现在有了这个变动，乃是革命完成重要因素。一切革命同志都要拥护这个变动，否则他就站到反革命立场上去了。"④这部著名的考察报告也验证了中国共产党对基本国情的判断。1927年4月27日至5月9日，在武汉召开的中国共产党第五次全国代表大会，肯定了工农革命对中国革命的必要性及他们的反封建性质，制定了在农村开展土地革命计划，五大通过了《土地问题议决案》。1928年6月至7月召开的六大，指出建立工农民主专政的可能性，1928年至1930年，毛泽东又先后写了《中国的红色政权为什么能够存在》《井冈山的斗争》《星星之火，可以燎原》等文章，论证了城市包围农村道路在中国的不可行，并提出了"工农武装割据"的思想。中国革命的第一阶段实际上是无产阶级知识分子与工人阶级领导的，以农民为主体和紧密联盟的民主革命道路。它为党领导的革命奠定了深厚的群众基础，密切联系群众也成为中国革命和建设的宝贵经验。

---

① 《中共中央文件选集》第1册，中共中央党校出版社1989年版，第76页。
② 《中共中央文件选集》第1册，中共中央党校出版社1989年版，第118页。
③ 《毛泽东选集》第一卷，人民出版社1991年版，第3页。
④ 《毛泽东选集》第一卷，人民出版社1991年版，第15—16页。

二、走单一制与民族区域自治结合的道路，而不是联邦制

当然，中国共产党的纲领和政策在早期也明显地受到苏维埃俄国的影响。早期的"联邦制"和"民族自决权"明显是照搬苏联模式，从1922年二大至1945年七大，甚至直到1947年10月10日《中国人民解放军宣言》，一直提出实行联邦制。如在《二大宣言》中提出："蒙古、西藏、回疆三部实行自治，成为民主自治邦"；"用自由联邦制，统一中国本部、蒙古、西藏、回疆，建立中华联邦共和国"[①]，可见，采用民族自决和联邦制度来解决中国的民族问题是其解决中国民族问题的基本构想。1923年6月，中国共产党第三次全国代表大会通过的《中国共产党党纲草案》第八条提出："西藏、蒙古、新疆、青海等地和中国本部的关系由各族自决"，明确提出了民族自决主张。甚至在1931年中华苏维埃第一次全国代表大会上通过的《中华苏维埃共和国宪法大纲》中明确规定："中国苏维埃政权承认中国境内少数民族的自决权，一直承认各弱小民族有同中国脱离，自己成立独立的国家的权利。"[②] 后来随着中国共产党的逐渐壮大成熟，以及由于抗日战争的爆发，其民族自决理论开始否定民族独立，强调民族统一，1946年以后，中国共产党基本放弃了民族自决的提法，逐渐过渡到"统一国家内的民族区域自治"模式，即单一制与民族区域自治相结合的制度模式。这些制度和针对民族地区的政策也赢得当地民众的深切认同，具有重要的理论和实践意义。事实上，中国共产党也很早就开始探索民族自治区域的实践经验，在红军长征和抗日战争时期就在一些地区建立了民族自治地方，中国共产党在1940—1945年陆续建立了一些回族和蒙古族自治政权，到1947年5月1日建立了内蒙古自治区。通过对少数民族聚居地区建立自治区的方式，实现各少数民族的自决权利并建立统一国家的目标，成为中国共产党解决民族问题的基本原则。"1949年人民政协筹备期间，毛泽东主席就是否实行联邦制问题征求一些同志的意见，李维汉作了研

[①]《中国共产党第二次全国代表大会宣言》，见中央统战部编：《民族问题文献汇编》，中共中央党校出版社1991年版，第18页。

[②]《中华苏维埃宪法大纲》，见中央统战部编：《民族问题文献汇编》，中共中央党校出版社1991年版，第166页。

究，认为我国同苏联国情不同，不宜实行联邦制。主要的理由是，十月革命后苏联少数民族约占全国总人口的47%，与俄罗斯民族相差不远。我国少数民族只占全国人口的6%，并且呈现大分散、小聚居、各民族相互交错聚居的状态，汉族和少数民族之间以及几个少数民族之间往往相互杂居或交错聚居。根据这种情况，李维汉建议实行民族区域自治。毛泽东主席同意这个建议。"[1] 因此，在《中国人民政治协商会议政治纲领》中明确规定："各少数民族聚居的地区，应实行民族的区域自治，按照民族聚居的人口多少和区域大小，分别建立各民族自治机关"。新中国成立后，1952年8月8日《中华人民共和国民族区域自治实施纲要》，通过民族区域自治制度，以及在其后历次宪法修订、《民族区域自治法》等各种法律明确规定了各民族的权利，各少数民族聚居的地方实行区域自治，设立民族自治区、自治州和自治县（旗），行使自治权，各民族自治地方是中华人民共和国不可分离的部分。值得注意的是民族乡不是自治地方，"全国建立的民族自治地方共有155个，其中自治区5个，自治州30个，自治县（旗）120个，实行民族区域自治的民族达到了45个，除了人口很少、居住区域很小或很分散的赫哲族、乌孜别克族、塔塔尔族、俄罗斯族、门巴族、珞巴族、阿昌族、基诺族、德昂族、高山族等10个少数民族外，其他少数民族在自己的居住地区，只要具备条件的，都建立了不同行政级别的民族自治地方"[2]，并给予其高度自治权，诸如管理本地方的财政、组织本地方的公安部队、制定自治条例和单性条例以及使用本民族语言文字等四项自治权。尊重民族地区的风俗传统，民族习俗惯例法优先于国家颁布的法律条文。因此，少数民族的地位空前提升，各民族之间平等、相互尊重，特别是各民族平等地参与国家共同治理和当家做主的政治权利，构建起现代民族国家。新中国开启的民族区域自治制度，是尊重历史、合乎国情、顺应民心的正确选择。并在1997年中共十五大上把民族区域自治制度与全国人民代表大会制度和共产党领导的多党合作政治协商制度并列为三大基本政治制度。我国民族区域自治制度是少数民族实现人权重要的、有效的途径，是少

---

[1] 黄铸：《构建中国民族理论的叙述话语体系》，华文出版社2008年版，第64页。
[2] 浦兴祖主编：《中华人民共和国政治制度》，上海人民出版社2005年版，第418页。

数民族人权事业发展的制度保障。另外，中国政府也加入25项人权公约，其中包括与少数民族的特殊保护有关的公约，如《消除一切形式种族歧视国家公约》、《经济社会文化权利公约》等。

三、延安道路留给我们的启示

（一）只有符合本国国情的道路，才能不断发展壮大，走向成功。尽管1921年共产党刚成立时仅有十多人，但建党之初就设定以工农联盟为基础的无产阶级政权为奋斗目标，没有盲目照搬西方通过城市化工业化来完成民族国家建构的道路，而是立足于农民问题是中国的根本问题，把广大农民动员起来，不断扩大共产党的阶级基础，也逐渐改变国共两党力量对比悬殊的格局。哪怕是在革命走向最低谷时，毛泽东等共产党人也深信革命之火可以燎原，通过两万五千里红军长征路，坚信一定能到达革命的圣地延安，在长征的过程中，尽管条件极其恶劣艰苦，但把革命的火种传遍大半个中国，与少数民族地区兄弟结下了深厚的民族情谊，奠定民族平等的思想和尝试建立民族区域自治地方，不断扩大共产党领导的革命的影响范围和群众基础。红军达到延安之后，更是发扬艰苦奋斗、自力更生的精神，通过生产自救、建章立制、整风运动等，增强共产党的凝聚力和人们对其的认同度，为领导广大敌后抗日根据地建设做出了巨大贡献，在领导广大人民抗日的过程中不断通过统一战线政策扩大革命的群众基础，"得道多助、失道寡助"，"得民心者得天下"，这些都是经得起历史考验的至理名言。发动群众、发动基层、联系群众和利用基层，这不仅是中国共产党28年浴血奋战总结出来的思想精髓，在和平的建设年代依然是中国共产党长期执政的阶级基础和群众基础。眼睛向下看、掌握民情、接地气是中国共产党从革命到建设一直贯彻的指导原则，也是中国革命和建设取得成功的重要保证。

（二）延安道路的精髓。中国共产党领导的革命道路被总结为延安道路，"延安道路"就是一条贯彻实施发动群众和依赖群众的道路，也是根据中国国情自主选择的区别于苏联的道路。苏联道路就是在革命时期走城市包围农村，在建设时期贯彻中央高度计划经济指令，依赖技术专家，重视知识分子的决策，而走"延安道路"则要首先强调人民群众，要重视所谓"人民群众的首创精神"。如何处理好精英和大众之间的关系，既是主政者道路选择的根源，也决定着所选择的道路到底能走多远。诸如蒋介石领导的南京国民政府，就主要依靠大资产阶级、大买办、大官僚，搞独裁专制，走精英化路线，失道寡助，不仅不断丧失群众基础，而且内部派系斗争激烈，导致力量不断削弱，逐渐丧失民心，政治统治的合法性基础出现重大危机。苏联失败的重要原因也在于过于相信技术精英、政治精英的理性计划的能力，期望通过缜密的高度计划来配置资源、优先发展军事和重工业，搞军备竞赛和国际霸权，而对于民用轻工业的忽视，相对来说对老百姓日益增长的物质文化生活水平的需求缺少关注，而是走向一种对自己取得的成绩盲目自信的地步，导致内部加盟共和国的分离倾向和大国的崩溃。而延安道路更多是依靠共产党人自力更生、生产自救、发动群众，以根据地建设为据点，通过"三项注意八大纪律"来规范约束共产党人的言行举止，赢取贫苦老百姓的深度心理认同，逐渐壮大自己的实力，这也构成中国道路的基点。坚持从群众中来、到群众中去的"群众路线"也是指导革命和建设走向成功的法宝，工农群众是新政权牢靠的阶级基础，民意的真实满足构成共产党长久执政的合法性基础，对于领导干部的选拔和培养一直以来都坚持这条基本原则：注重基层工作的经历和民众对领导干部的口碑作为政审的重要条件，以确保新政权的人民性。

第三节　计划经济：模仿苏联模式及对国家建设的反思

一、新中国成立初期权力集中与国家计划的成就

模仿苏联搞中央集权和计划经济体制，这在新中国成立初期为了迅速改变内忧外患的局面而具有其必然性。因为从当时的国际环境方面看，在新中国成立之初，意识形态斗争白热化，资本主义国家对其实施外交封锁、物质禁运和军事遏制，而苏联愿意与我们建交，并提供援建项目和专家支持，它在中国第一个五年计划中援助的156个成套项目对建立中国自己的工业基础和技术人才的培养起到了至关重要的作用，再加上苏联计划经济体制优越性

的示范作用也构成了国家实施计划经济体制的直接动力。事实上,在当时的时代背景下,无论是苏联的高度计划经济体制,还是西方的凯恩斯主义都突出强调计划在经济中的统筹和管制作用,更何况对于一个新生的后发展中国家的政权巩固更是需要中央的集权和计划。因为,从国内政权稳定的角度看,尽管1949年10月1日起,毛泽东在天安门城楼上庄严宣告:"中华人民共和国中央人民政府成立了",标志着中国主权国家的诞生,也预示着中国将以独立自主的面貌参与国际社会的一切维护国家利益的活动,但国内敌对社会主义政权的残余势力也时刻不忘反攻新政权。根据《中国人民政治协商会议政治纲领》的规定,为了保证政权和平过渡,也为了彻底完成大陆的统一,中央人民政府成立临时军事管制委员会,将全国划分为东北、华东、中南、西南、西北五大行政区。在当时那种情势下,通过军事管制的手段确保新中国稳定的政治秩序是非常必要的。从经济秩序的构建方面看,1950年2月13日至25日,中央财政经济委员会召开全国财经会,做出了《关于统一国家财政经济工作的决定》,决定规定了1950年财政工作的总方针:集中一切财力、物力做目前必须做的事。即统一全国财政收支,使国家财政收入的主要部分集中到中央,除批准征收的地方税之外,所有的农业税、关税、盐税、货物税、工商税的一切收入,均归中央人民政府财政部统一调度使用。统一全国的物资调度,成立全国仓库物资清理调配委员会,规定所有仓库物资由政务院财经委员会统一调度,合理使用,使所有的重要物资,从分散状态集中起来,各地国营贸易机关的物资均由中央人民政府贸易部统一指挥。统一全国现金管理,制定中国人民银行为国家现金调度的总机构,规定一切军政机关和公营企业的现金除留若干近期使用外,一律存入国家银行,外汇牌价、外汇调度也由人民银行统一管理。在保证大部分资金集中在中央的前提下,中央统一领导,分级管理,层层负责,有效地保证了中央财政收入的稳定。正是由于国家通过这一系列行政手段和经济调控手段的运用,通过这些强有力的中央集权,沉重打击了新中国成立之初的投机倒把活动,使新中国成立初物价飞涨、通货膨胀的局面得到较好地改观,既稳定了民心,也使国家财政收支接近平衡,国营经济得到了巩固和发展,也正是基于此,毛泽东才指出这些措施的重大意义"不下于淮海战役",正式奠定了中央集权型的财政体制,"统收统支"是其典型特征。另外,城市通过对民营企业的收购和赎买等方式,奠定了国营经济的基础性地位,农村通过农业合作社和人民公社的方式把松散的农民组织起来。也通过优先发展重工业、军事工业的战略,奠定了中国未来的工业基础和军事基础。诸如重要的钢铁企业(鞍钢、宝钢、首钢、武钢等)、石化企业(扬子石化、齐鲁石化等)、汽车制造企业(长春一汽和十堰二汽等)和重型军工企业,都是在新中国成立之后的前三十年为工业化国家的建设打下的坚实基础。

总之,通过国家的集权和计划统筹,有助于把有限的资源高效地利用起来,建立起重要设施、基本工业体系和国有经济的基础;也有助于迅速动员起社会,巩固新生的社会主义政权。当然,随着这一体制的延续,其弊端日益呈现,也受到不少学者的批判,认为这种全能主义国家发展把自己封闭于外部世界之外,错过了20世纪五六十年代世界经济发展的黄金期,日本和韩国就是这个时期迅速崛起的国家,事实上,我们的经济在这一时期也取得较快速度的发展,只不过是一方面发展的波动比较大,另一方面经济建设被更为突出的政治运动所遮蔽。"从开放前的统计数字看,国民经济还是获得了较快的增长。人均 GDP 年平均增长 4.5%。国民收入总量年均增长达到了 7.95%,30 年的时间翻了两番(1978 年是 1952 年的 4.53 倍)。农业在国民经济中的比重下降了 40 个百分点,第二产业增加了 35 个百分点,初步实现了工业化。"① 另一个不容忽视的成就是:中央在教育、公共卫生、医疗保健等方面都使公共产品得到较为均衡的分配,"政府开展了广泛的识字运动,大量投资中小学教育,大大降低了我国的文盲率。目前,我国的文盲率为 10%,而印度的文盲率为 39%(UNDP,2008)。我们在医疗卫生领域采取了'低成本、高覆盖'的政策,大大改善了人民的基本健康水平。以反映健康水平的婴儿死亡率为例,新中国成立初期(1950—1954 年),我国的婴儿死亡率男性和女性分别为 146‰ 和 130‰,到 1978 年,两者分别下降为 44‰ 和 38‰(李

---

① 陆德明:《新中国前后的 60 年经济发展》,见史正富主编:《30 年与 60 年:中国经济改革与发展》,上海格致出版社、上海人民出版社 2009 年版,第 94—96 页。

树庄、费尔德曼，1996），而印度到 2000 之后才达到这个水平。"① 在新中国成立前三十年广大农村基层社会乡村卫生所、文化室遍布各个村庄，赤脚医生遍天下，大大确保了农村的基础医疗和基础文化教育得到较为广泛的普及。因此，姚洋教授也指出这种较为平等的社会结构为中性政府的出现提供可能，他也有著名的论断：正是中性政府为改革开放之后 30 多年的高速经济增长提供了可能。

因此，对于新中国成立之后的前三十年的成就，李强教授总结为："1949 年以后，特别是当我们国家社会主义公有制改造完成以后，从理论的角度，可以概括为全能主义。国家通过意识形态、组织结构和干部队伍三个要素，对社会生活的所有方面实现了全面的渗透与组织……经过这种政治动员过程，中华民族第一次以一种具有现代主权国家统一意志的姿态出现在世界舞台。国家有能力将分散的意志、分散的资源凝聚为统一的意志和资源，彻底改变了近代以来长期积弱的局面。"② 以现代民族国家的姿态站立在世界民族之林这一点非常重要，另外这一时期，我们也取得了较快的经济增长，国家在分配资源方面也比较平均。当然，这样的认识不是为了延续苏联的高度集权的计划经济体制，事实上，我们在模仿的过程中也在不断进行自主性调适，也在反思全能型国家的弊端。

二、没有完全效仿苏联高度计划的经济体制

尽管我们模仿苏联的计划经济体制，但是我国的计划经济又是与苏联的高度计划形成鲜明的差别。的确，第一个五年计划（1953—1958）完全以政府投资为主体，其中 79% 的投资资金来源于中央政府，依赖苏联的援建项目和技术专家的支持，模仿苏联的程度是比较高的，形成一个高度集中的管理体制，诸如在财政金融上形成统收统支的集权型体制，在商品要素市场上几乎都是统购统销，并对所有重要物资和生产资料进行统一分配，资源要素

---

① 姚洋：《社会平等与新中国 60 年经济增长》，见史正富主编：《30 年与 60 年：中国经济改革与发展》，上海格致出版社、上海人民出版社 2009 年版，第 64 页。

② 李强：《行政体制改革的政治学解读》，见唐晋主编：《大国模式》，华文出版社 2009 年版，第 23 页。

的市场作用非常有限。另一方面我们也应该看到，中国即使在新中国成立初的计划经济时代也不是高度计划，也没有完全照搬苏联，计划的程度也不是那么高，诸如中国的中央政府计划控制的产品种类数只有 600 个，而苏联是 5500 个。到了 1971 年，国家计委提出，实行物资分配大包干，减少国家集中管理的物资种类，统配物资由 1966 年的 326 种，减少到 49 种，部管物资由 253 种减少到 168 种。这也源于从 1956 年就开始反思苏联模式的弊端和探索中国工业化的独特道路，国家领导人一直强调调动地方政府的积极性，对地方分权情有独钟，只要条件允许，就要求对地方放权。也经历了"分权—集权—再分权—再集权"这样的循环怪圈，有两次比较明显的分权举措：第一次是 1958 年中央保留重工业中的大企业和军工企业，把各部委直接管理的大部分企业、轻工业、食品工业等下放给地方政府管理，并适度扩大地方政府的计划管理权限、物资分配权限和企业利润分成权限。第二次分权从 1966 年开始，1969 年 5 月，全国最大的企业鞍山钢铁公司，下放给辽宁省鞍山市管理。1970 年国务院要求把各部的直属企业的绝大部分下放，诸如机械部属企业 310 个，下放 277 个，包括一汽、二汽等重点企业。冶金部原有 70 个大型企业基本全部下放。煤炭部 72 个部属企业全部下放。因此到 1970 年中央部属企事业单位只剩 500 家，比 1965 年减少了 86.5%，中央的工业产值只占全部国营工业产值的 8%，全国有近 300 个县市兴建了小钢铁厂，还有大量的小化肥厂、小机械厂、小水泥厂、小煤窑等，麻雀虽小，五脏俱全，形成了地方小而全的工业体系。在改革开放之初，中国 2000 多个县几乎都拥有生产农机的国有企业，20 多个省的国有企业生产汽车或拖拉机的整机或配件，各地小型国有企业生产的化肥和水泥分别占全国化肥和水泥总产量的 69% 和 59%。因此，与苏联纯粹的中央计划不同，中国的经济计划具有中央计划与地方计划相结合的特征。苏联高度计划的中央强制与实行联邦制的加盟共和国之间很容易面临分裂的张力，而对中国而言有学者总结为政治上的单一制和经济上的联邦制，中央的主动分权有助于赢得地方的认同和支持，同时，地方的经济发展也依赖中央集权提供的秩序保障，有助于提高中央和地方的积极性。"根据 Blanchard 和 Shleifer（2001）的观点，中国和苏联的一个重大区别在于，中国的财政联邦主义有行政上的集权作为保证，使得地方官员在推动当地经济发展的同时还必须服从中央政策的指挥棒。而苏联的联邦制缺乏政治上的集权，经常面临加盟共和国的分裂倾向，导致了联邦制的不稳定和离心倾向。"①

这也说明中央分权的改革并不是在改革开放以后才出现的，学界有些观点把1978年作为界分，但对立起来比较是有些问题的，我们应该看到政策内在的延续性。事实上，1978年以来的市场化、民营化改革与新中国成立之后的前三十年中央主动分权形成了地方小而全的工业体系具有内在紧密的、一脉相承的联系。因为民间的家庭小作坊在改革开放之前也一直在暗地发展，诸如江浙一带以"鸡毛换糖运动"进行商品交换以及由此带来的小生产作坊暗潮涌动，大量分散的地方工业有相当一部分早已在国家计划之外滋生，依靠灰色市场运行，一旦有正式和合法发展的时机，民营经济和地方企业就如雨后春笋般蓬勃发展，市场化改革对它们的冲击很小，大量中小企业的存在也更有助于激发经济主体之间的激烈竞争和经济活力，也更适应市场化的改革，推动中国经济的蓬勃发展和高速增长，赢得令世界瞩目的中国经济奇迹。因此，中国计划经济时期的这些特征也为后来的改革开放提供了很多便利条件，减少了改革开放的阻力。

三、高度计划和全能国家引发的问题

尽管前30年国家的军事工业、重工业基础得以奠定，国民经济也取得较快增长，争取到联合国的合法席位，在国际上的地位也大大提升，但是"前30年的经济增长大起大落，最高的时候增长超过23%，最低的时候年增长为 -29.7%。国民经济很不稳定，且结构比例严重失调，发展道路艰难曲折"②。这固然有外部原因：帝国列强对我们的封锁，不愿意看到一个强大的中国，但主要还是我们内部出现问题：对苏联实行一边倒的外交政策，尽管

---

① 周黎安：《官员激励、政府治理与中国经济增长：60年回顾与展望》，见史正富主编：《30年与60年：中国经济改革与发展》，上海格致出版社、上海人民出版社2009年版，第305—306页。

② 陆德明：《新中国前后的60年经济发展》，见史正富主编：《30年与60年：中国经济改革与发展》，上海格致出版社、上海人民出版社2009年版，第94—96页。

没有完全照搬苏联的高度计划经济体制，但也主要是以计划经济为主导，市场机制几乎是缺失的。再加上过于依赖苏联的援助，而苏联的援助也有它自己国家利益的考虑，后来苏联釜底抽薪撤走其专家，导致内忧外困的局面格外加重，也使我国在国家重大决策上更是倾向于闭关锁国、自力更生，甚至面临东西两条线作战，"深挖地、广积粮"准备打第三次世界大战。可见新中国成立之后的前三十年更多还是以革命的逻辑和意识形态的逻辑为主导，在政治建设上的成就远远大于经济上的成绩。

（一）而从政治建设层面引发的问题看，主要是如何看待全能国家的弊端。新中国成立以后，通过一系列措施实现了对中国社会的重新整合，尤其是在"三大改造"结束后，国家通过农村的人民公社体制和城市的单位制，实现了对整个中国社会的高度控制。"党领导国家、国家主导社会，党通过国家或自身组织主导社会。在这样的关系格局下，只要党加强控制，党就能迅速积聚权力，从而拥有绝对的权力。这样的党、国家和社会关系，为权力高度集中提供了政治、经济和社会基础。"①也导致社会被国家化的程度很高，即按照国家的逻辑来安排社会的逻辑，通过城市的单位制和农村的人民公社制把人们高度组织起来，几乎所有的单位都被赋予了行政等级，国家直接配置社会资源，控制几乎全部的社会机会，人们几乎所有的生产和生活资料来源也都高度依赖于单位组织。以阶级斗争为纲，强化意识形态，整个社会变得高度政治化，"事实上，从 1956 年开始，所谓政治与非政治的界限已经不大清楚了……到 60 年代，特别是到'文化大革命'，政治与非政治的分野已经不存在了，此前残存的民间社会因素终于被彻底剪除，从而也彻底消除了政治与非政治的边界。在'无产阶级专政下继续革命'理论的指引下，所有'非无产阶级'的东西——制度、组织、价值、关系、行为都纳入'全面专政'的范围"②。继续革命的逻辑在新中国成立后相当长时期内得以延续，难以及时转到国家建设的逻辑上来，陈明明教授对于一切以政治挂帅的全能国家的这些认识是深刻的，许多著名学者也都赞同以这种"全能国家"模式来

---

① 林尚立：《当代中国政治形态研究》，天津人民出版社 2000 年版，第 322 页。
② 陈明明：《党治国家的理由、形态与限度——关于中国现代国家建设的一个讨论》，见陈明明主编：《共和国制度成长的政治基础》，上海人民出版社 2009 年版，第 239 页。

分析新中国建立之后到改革开放前这段时间的国家与社会关系。诸如邹谠的"全能主义"解释模式就是典型代表，他认为新中国成立后形成的体制，树立了"政治结构的权力可以随时随地无限制地侵入社会每一个阶层和每一个领域的指导思想"①。由于当时法治意识淡薄，政治权力可以无孔不入地侵入社会生活的私人领域，社会中的个人或集体的自由和权利没有受到宪法、法律和各种制度的保障。整个社会的资源和人们的自由空间都被纳入政治之内，由政治结构决定。这样国家从社会中夺走了全部权力，实现了国家对整个社会的高度控制，整个社会生活领域高度政治化和国家化，国家与社会合二为一。这种国家社会一体化格局"实际上是党通过自身的领导体系和组织体系对国家、对社会实行集中统一领导，从而把国家和社会全面整合进党的领导体系和组织体系之中"②。受全能主义支配的国家是"全能国家"，或称"全权国家"，"全权国家具有三个基本特征：即权力使用的任意性，权力行使空间范围的模糊性，权力行使具有绝对性，对行使权力的结果可以不负责任"③。全能国家带来的弊端简言之：由于计划经济体制所带来的国家权力对社会权利的吞噬，主要依靠党的革命权威与意识形态教化所形成的超常动力机制来运行国家权力，以政治挂帅、阶级斗争为纲、外行领导内行，这种超常动力机制因缺乏恒久性而必然最终导致国家制度运行的低效率甚至难以为继。再加上对公检法等机构和法律制度权威的轻视，导致"文革"期间公民的基本权利都得不到保障，广场政治引发社会的失序和民心的惶恐。

（二）从经济建设层面看，主要是缺少市场机制的改革。由于对中央计划的依赖，国内市场的发育非常有限，国际市场更是由于闭关锁国而对之知悉甚少，而相邻的东亚其他国家或地区，则由于利用了国际和国内两个市场的优势，赢取了后发优势，获得快速经济发展，中国与之相比较，发展缓慢了、落后了，错过了应有的发展速度。从东亚经济发展模式给我们的启示看，在国家主导的经济增长过程中，充分开发和利用市场机制的资源配置作用显

---

① 邹谠：《中国革命再阐释》，香港：牛津大学出版社 2002 年版，第 69 页。
② 林尚立：《领导与执政：党、国家与社会关系转型的政治学分析》，载《毛泽东邓小平理论研究》，2001 年第 6 期。
③ 周光辉：《论宪政的基本精神及其思想蕴涵》，载《社会科学战线》，1994 年第 6 期。

得尤为重要，这也是实施改革开放的主要依据。从在经济体制上也学习苏联的东欧国家的改革看，也能得出同样的结论。尽管南斯拉夫、波兰、匈牙利、捷克斯洛伐克等东欧社会主义国家自20世纪50年代就开始告别斯大林式的社会主义计划经济模式，但由于缺乏健全的市场机制，依然在计划经济框架范围内尝试改革，因此，"国家总是以低效的公有制作为自己控制经济命脉的先在条件。处在激活市场机制与遏制市场效用的矛盾状态之中，苏联东欧国家无法寻找到为斯大林式的计划经济解困的出路"①，也不能解决斯大林式的计划经济引发的效率衰变甚至长期停滞。中国企业也在计划经济框架内，尽管也不断尝试着权力下放和地方分权，但常常出现的是地方的恶性竞争和各地"乱放卫星"的浮夸风，直接导致1959—1961年的严重经济困难和国民经济的混乱，使得中央不得不再次权力上收，走不出"分权—集权—再分权—再集权"恶性循环的怪圈。周黎安教授对于计划经济下的这一现象的追问是："为什么计划经济时期的经济分权和地方官员的晋升竞争无法达到促进经济发展的效果，反而带来经济的失控和混乱呢？最关键的原因在于，计划经济时期的地方分权思路是在维护计划体制、不允许市场发挥作用的大背景下提出和实施的。计划体制下的经济分权由于缺乏市场自动均衡的调节机制，实施后反而造成了地区分割、各自为政和宏观经济失衡的局面。"②简言之，与东欧社会主义国家由于缺乏健全的市场机制而难以走出苏联计划经济困境的原因是一致的。

---

① 任剑涛：《社会的兴起：社会管理创新的核心问题》，新华出版社2013年版，第132页。
② 周黎安：《官员激励、政府治理与中国经济增长：60年回顾与展望》，见史正富主编：《30年与60年：中国经济改革与发展》，上海格致出版社、上海人民出版社2009年版，第300页。

第四节　国家建设走上正道：
从革命的逻辑走向现代化的逻辑

一、以革命的逻辑来指导国家建设带来的后果

从新中国成立初期到改革开放前三十年依然坚守革命的逻辑。对于以革命的逻辑来搞国家建设的做法引发很多学者的反思，其中姚中秋教授的观点非常具有代表性。他认为："20世纪50年代后，最为激进的革命的意识形态在大陆获得支配地位。它与强大的国家结合，掀起了广泛的反传统的社会、文化、政治运动。既有的社会结构被摧毁，私人文化生活不复存在。国家剥离了所有人的其他属性，而使之仅以国民的身份存在；国家直接管理每个人，把每个人编入军队化的组织体系中，由国家统一安排其身体和心灵，为国家的繁荣做贡献。这样的国家形态具有最强大的行动能力，无论是对外、对内。但它也在很大程度上无法长期维系：它的财富、文化生产力都极其低下，这从根本上侵蚀着其存在的正当性。"[①] 可见他的批评是非常尖锐的，但有一点是与上文对全能国家的反思相一致的，就是对于和平建设时期如何搞国家建设当时是没有经验的，仅把革命时期的经验照搬到建设时期是难以行得通的。尽管革命有助于推翻旧秩序，革命有助于把权力集中于国家，但是革命是手段而不是目的，为了革命而革命就会充满暴力和血腥。我们在通过革命推翻一个旧秩序以后，还要考虑到如何构建一个新秩序，即优良的现代治理秩序。这里就必然存在一个从革命的逻辑向建设的逻辑转向的问题。因为革命的敌我划分、适用于革命紧急状态的动员与管制、还有革命的暴力性和破坏性等等特点，既不适应处理与外部国际社会之间的关系，更不适宜处理和平建设时期的人民内部矛盾的问题。诸如有不少学者把新中国推行的现代化称之为

---

① 姚中秋：《中国变革之道：当代中国的治理秩序及其变革方略》，法律出版社2011年版，第46页。

"革命的现代化",非要以完全对立的现代化路径区别于西方的现代化不可,这是革命的意识形态的延续。不但难以缓和解决国内外社会矛盾,反而加剧恶化了国家建设的生长环境。"对西方现代性的批评和抵制构成了新中国第一个时期中国主流意识形态的基本特征。其表现是:在价值—信仰层面,反对财产私有制度、阶级不平等及作为其法权基础的个人主义,鼓励消灭三大差别的共产主义运动以及作为道德基础的集体主义;反对官僚主义、专家治国论、市场、技术和利润挂帅的思想路线,强调群众路线、群众首创性、群众参与和革命务实奉献精神,如此等等。在认知—阐释层面,坚持辩证唯物论和历史唯物论的世界观和方法论,运用阶级分析的观点阐述中国革命的性质、主体、目标和任务以及中国社会发展前后阶段(新民主主义和社会主义)的逻辑关系,提出社会主义形态相对于资本主义形态的体系对立论、历史方位论、辩证超越论和制度优越论,并据此阐明党治国家(党的领导和无产阶级专政)对于完成向共产主义社会过渡的必要性和必然性。在行动—策略层面,通过官方传媒、党团组织和社会机构,广泛传播和灌输阶级斗争、群众运动、思想革命化等政治信息和象征符号,以配合中央集权、赶超战略、社会重建、国民训练、理想过渡等国家目标的施行。其中,阶级斗争和群众运动式意识形态行动—策略层面的最鲜明的特征是,他们通过排除一般的公民权所隐含的抽象的法律权利平等观念,以阶级身份的归属和由此承载的具体的经济社会权利的享有,实现了国家与社会的联系,形成一种与西方国家建设迥异有别的政治、社会和经济发展模式及国家重构模式。"① 陈明明教授从多维视角深刻揭示了新中国成立初期我们以革命式现代化来建设现代国家的特征,并指出了其中诸多弊病。的确,我们选择革命的现代化路径在新中国成立之初有其历史的必然性和合理性(前文已经有论证,这里就不再赘述),现代化的趋势是一致的,但如何搞现代化建设也是具体多样的,我们不能照搬西方的现代化路径。但倘若在国家建设还没有取得与西方相竞争的优势的前提下,完全凭借意识形态的偏好而感情用事的话,完全把西方现代化道路作为批判

---

① 陈明明:《政治话语的转换——改革开放以来主流意识形态的调控性变迁》,见景跃进等主编:《理解中国政治:关键词的方法》,中国社会科学版社 2012 年版,第 11 页。

的靶子而抛弃它,事实上,这是非常不理性的,也只能把自己推向与世界经济发展主航道的对立面,闭关锁国,错失国家发展的机遇期,而停留在处处树敌、时刻准备着打第三次世界大战的战争紧张状态。我们的确也自食其果,遭遇了"革命式现代化"带给我们的惨痛教训,即"革命式现代化在成功实现它的某些目标的同时,也导致了现代化过程充满了不确定性和振荡性,反过来使现代化陷入一系列悖论之中:它越是依赖政治权力来推动经济增长,甚至不计成本地'拼能源、拼能耗',经济增长的资源和动力越是难以持续积累(如'大跃进运动'),而为了克服这种状况,政治权力不得不成为新一轮经济起飞的杠杆,结果把现代化引入更深的危机,最终导致'文化大革命'的发生"[①]。十年"文化大革命"在经济上延缓了中国现代化的进程,在政治上对于党治国家的统治体系以及阶级为纲的意识形态话语权体系暴露出其存在的突出问题。也即是说,革命的现代化逻辑不仅把自己弃之于国际社会之外,也非常不利于国内经济秩序和社会秩序的重建,一切以政治挂帅、一切以阶级斗争为纲,敌我对立的火药味非常不利于解决人民内部矛盾。我们靠革命的方式所解决的经济和社会问题与它所带来的问题一样多。因此,自改革开放以来,中央开始自觉调整战略部署,对内不再把市场看作是资本主义所专有的,引入市场机制,越来越深刻地认识到市场作为资源配置的决定性作用,对外把和平与发展确立为世界的两大主题,认识到只有积极主动地融入国际社会,才能不被国际社会所抛弃,也从作为国际政治经济旧秩序的反对者身份逐渐调整为积极推进国际政治经济旧秩序向更加公正合理的方向转变,国家的自主发展也只有在接受世界一切政治文明成果的前提下所搞的自主发展模式才更具有持久的生命力,也更具有世界的影响力。这也是新中国成立六十多年来正反经验教训留给我们的启示:必须遵循现代化的逻辑来搞国家建设。

二、回归到现代化建设的道路上

(一)对于现代化的认识澄清。对于现代化的理解存在过于简单化的倾

[①] 陈明明:《政治话语的转换——改革开放以来主流意识形态的调控性变迁》,见景跃进等主编:《理解中国政治:关键词的方法》,中国社会科学版社 2012 年版,第 17—18 页。

向，诸如上文所述，把现代化简化为革命化，革命式现代化也被冠之以简单的反西方化，意识形态色彩非常浓厚。要么把现代化简化为物质化，仅仅以经济增长、商品的丰沛程度作为标准，物质式现代化也被冠之以盲目跟随西方化，也容易被物欲所奴役。而没有看到现代化是一股浪潮，也是一种趋势，既具有一致性的精神实质，又具有发展道路的多样化模式，既是物质的现代化，更是人的现代化，需要我们以一种复杂审慎的态度来看待它。对于中国该如何进行现代国家建设，长期以来坚持革命战争年代的做法，也由于不少人一直赞同对西方现代化所带来弊病的揭露和批判，导致要么主张延续革命的逻辑，要么主张跨越现代化阶段而直接进入后现代阶段，也有主张从前现代中寻找资源，回到传统、强调国别差异性。这些争论一直都有存在的空间。尽管不少迹象表明西方现代过程的自我破产和后发国家盲目照搬和追随西方现代化道路也难以摆脱依附命运，对于现代性的反思是非常必要的，但是不能因为现代化的瑕疵就抛弃它。尽管我们常常批判现代化理论基于理性主义、线性思维和市场化路径，但是我们现在倡导的绝大多数政府改革又都是以这些为目标，诸如绩效量化考评、追求进步、分权自治等。"多元主义、非线性逻辑、反西方中心论、后发优势、本土经验、地方知识、独特道路等，这些是现代社会理论中非常时髦而且在西方学院派和后发国家的社会理论中占据主流的观点和主张，尽管这些观点的具体内容相互之间差之千里，但反现代化模式把它们联系在一起。抽象地看，这些理论非常有道理，没有什么不对，甚至是相当精辟的，任何一个有现代意识的人似乎都没有理由反驳这些观点，尤其对于后发国家的理论家们来说，这些说辞还占据了道德的制高点。但问题在于，明明是一个处身于现代社会的社会体，由于尚没有享受现代社会的福祉，并且会面临现代社会的风险，就因此要逃避现代社会吗？"[1]我国的国家建设已经由于延续革命战争年代的斗争思维错过国家发展的黄金机遇期，经历"文革"的巨大挫折后好不容易通过改革开放回到现代化建设的逻辑上来，不能因为发展中带来的问题就全盘否定现代化建设，或是说就谨小

---

[1] 高全喜：《30年法制变革之何种"中国经验"》，见罗卫东、姚中秋主编：《中国转型的理论分析：奥地利学派的视角》，浙江大学出版社2009年版，第199页。

慎微不敢越雷池一步；也不能拿西方现代化发展阶段来否定我们的现代化建设，或是说不能因为西方现代化模式已经到了改弦易辙地步就否定我们的现代化建设。只有直面现代化带来的弊端，以积极心态和行动去改变和完善它，使之更加趋于健康和良善。对于后现代性的思想笔者认为它不是对现代精神实质的反叛，而是对现代性弊端的修补和完善，应该称之为"现代性之后"比较恰当。对于要求现代回归到传统中去的认识，笔者认为我们应该从传统中创造性地实现现代化改造才是正道，而不是缩回传统的故纸堆中去。现代化是现代国家的必经阶段和共同目标，需要澄清的认识是：现代化的模式不是单一化、模式化，更不能简单把西方化就等同于现代化，每个国家现代化道路是多样性的，"中国作为一个后发国家，在探索我们的发展道路时，不能自绝于现代化进程，而是应该融入进去，在现代化模式的普世主义机制中造就自己的独特制度，在现代化模式的平台上开展多元主义，塑造自己的主体性"[①]。处理好中国的现代化道路选择与人类整体的现代化趋势之间的关系应该是：一方面是建立在现代化基础之上的多样性，另一方面又通过多样性来修补和完善现代化，这样，既丰富了对现代化内涵的理解，也为现代化的实践预留开放的空间。

（二）对中国现代化建设经验的总结。首先，中国的现代化建设必须立足于后发现代化国家，西方的现代化建设必然影响我们，这也就必然存在现代、前现代甚至后现代各种观念并存杂糅的问题，走出一条中国特色的现代化道路必然具有复杂性和长期性。中国是一个后发现代化国家，源于外部异质文明的输入，倒逼传统王朝政治的变迁，以现代国家的逻辑来顺应时代的变迁。"它是被'早发'国家强行'拽进'现代化的，它原先的发展逻辑（例如罗荣渠先生所说的'王朝循环'的逻辑）被突然中断，猝不及防地落入了一个和中国历史上的战国时代决然不同的'新多国时代'（帝国主义时代的国际关系）。在这个'新多国时代'里，外部商品和资本凭借着坚船利炮长驱直入彻底'摧毁了万里长城'（马克思语），异邦的价值、制度和话语潮汐般地占领

[①] 高全喜：《30年法制变革之何种"中国经验"》，见罗卫东、姚中秋主编：《中国转型的理论分析：奥地利学派的视角》，浙江大学出版社2009年版，第200页。

沿海口岸逼向内地侵蚀着直至颠覆了传统的生活方式，传统专制主义的溃败连同中央集权行政体制的解体引发了严重的政治乱象，这真正是'三千年未有之变局'。"①对于中国迈向现代国家的这种客观环境没办法逃避，只能积极面对，既要从传统的王朝政治的逻辑中实现向现代政治的转型，又不能完全照搬西方发达国家所走的道路，而且必须要用尽可能短的时间在达尔文式残酷竞争的国际社会中赢取民族国家的一席之地，这就必然在国家构建的序列上优先建设一个强大的国家，并由国家来推动经济和工业进程。这也必然比第一波发达国家更多地通过强有力的政府主导和政治介入的手段来动员社会资源，并进行社会资源在各个社会集团之间的公平分配。对于广大的后发展中国家来讲，靠强有力的国家来启动现代化是一个必然的选择。其次，中国的工业化背景与西方殖民主义时期最大的不同就在于：我们不能转嫁国内矛盾，通过世界殖民掠夺的方式获取国家发展的原始资本积累，中国只能是在资源严重短缺、人口众多的条件下，利用强大的国家能力维持稳定的改革环境，为实现内向型资本积累和外向型的经济发展提供可能。因此，我们不管对全能国家多么的不满意，但也要看到它对于国家基本制度的构建和对国家的现代化建设不可否认的历史贡献。"中国现代化的成功之处，应该归功于共产党和国家为特定的目标而对技能和资源所进行的审慎而有计划的动员。"②即比较地好处理了中央计划与地方计划、精英与大众之间的平衡关系。这在20世纪90年代以来中央政府推行的政策中非常明显，也被人们称之为新权威主义模式，即始终强调改革、发展与稳定的协调发展，才使得没有因为强调中央的权威而阻碍发展的进程，并且执政者也学会以开放的心态不断调适政策，以探寻现代化政党的一般性执政规律。也即是说，后发展中国家搞现代化建设必须以国家的权威来提供秩序和制度保障，但是国家也必须保持开放包容的心态，具有自我反思平衡的能力，才能不被天生具有侵权倾向的国家从内部撕裂。也正是从这一角度，姚洋教授从中性政府构建的角度论证了中国取得现代化建设的原因。政府只有尽可能做到中性政府才有可能对不同的利益

---

① 陈明明：《党治国家的理由、形态与限度——关于中国现代国家建设的一个讨论》，见陈明明主编：《共和国制度成长的政治基础》，上海人民出版社 2009 年版，第 214—215 页。

② [美] 吉尔伯特·罗兹曼主编：《中国的现代化》，江苏人民出版社 2005 年版，第 458 页。

群体不偏不倚，也不被任何一方利益所绑架，行使好作为公正的第三方来实施权威裁决，维护公共意志和公共利益。姚洋对中性政府给予了全面辩证的界定，"所谓中性政府，就是不代表任何社会集团的利益，也不被任何社会集团所挟持的政府……具体地，中性政府具有以下两个重要性质。第一，中性政府具有很强的自主性。尽管这种自主性不能保证中性政府的决策以社会整体利益为目标，但是，由于不受利益争斗的左右，而决定利益争夺成败的往往不是社会集团的生产力水平，而是它们的政治动员能力。因此，中性政府的决策就少了一些非效率因素的约束，因此更有利于经济增长。第二，中性政府的政策不受社会分配结果的左右。这个性质是第一个性质的推论。因为具有自主性，中性政府就可以放开手脚，采取有利于其本身利益的经济政策，而不必顾及这些政策在社会集团之间的分配效果。在现实中，任何经济政策都不是分配中性的，而是具有分配功能，哪怕是那些增进社会总产出的政策，也不能保证每个社会成员的得益都以相同的比例增加"[1]。可见，姚洋教授选择"中性政府"这个核心概念是一个规范性的分析概念，是对理想政府的一种期待，我们不能以现实中政府偏私的案例来否定中性政府提出的价值，我们也不能因为某一短时段的政府有倾向性的偏好而否定中性政府构建的意义。从一个长时段的历史考察看，中性政府是中国改革所追求的目标，也是在以公共利益的整体目标来规划国家或政府的行为，尽可能对不同的阶层、不同的利益群体都有所兼顾、不偏不倚，"'双轨制'的取消说明中国共产党可以抵御精英集团的利益诉求，哪怕这个集团的成员来自党内；国有企业民营改制则说明中国共产党没有因为民粹主义的呼声而停止改革。事实上，在从一个革命党向一个执政党的转变过程中，中国共产党没有停止过对自己的革新，包括对目标的修正、组织的更新以及政治基础的完善。正是因为勇于自我革新，中国共产党才在过去30年中保持了相对于中国社会的中性态度，带领中国取得了辉煌的经济成就"[2]。中性政府不仅是过去我们现代化建设取得成就

---

[1] 姚洋：《社会平等与新中国60年经济增长》，见史正富主编：《30年与60年：中国经济改革与发展》，上海格致出版社、上海人民出版社2009年版，第68—69页。

[2] 姚洋：《社会平等与新中国60年经济增长》，见史正富主编：《30年与60年：中国经济改革与发展》，上海格致出版社、上海人民出版社2009年版，第73页。

的保证，也是未来国家继续高速发展和国家治理善治的必然要求，而确保真正做到中性政府，姚洋教授的落脚点回到了作为国家的执政党能否不断调适革新、达成自我反思性平衡的机制建设上，找到了持久推动国家现代化建设问题的关键。而不是西方观察家仅从外部视角，仅从中国物质主义国家的构建的角度来总结中国模式，他们仅看到中国现代化建设中取得的经济增长总量和GDP增长速度，而很难对正在进行中的社会内部结构有清晰而深刻的认知。导致他们一方面寄希望于中国的经济奇迹带动全球走出金融危机和经济衰退的困境，另一方面又对中国充满质疑和敌意，大事渲染"中国威胁论"，而对于中国和平崛起的事实视而不见，对中国政府的改革和民主政治的建设视而不见，对中国政府和作为执政的共产党强大的自我调适和反思平衡能力视而不见，甚至把中国还划归于前现代化的专制国家、罪恶的轴心国家之范畴。可见，外国观察家们在最早提出的中国模式中既充满了爱慕，也充满了偏见，也必然遭到不少的反驳和修正。再次，中国现代化建设所做的对社会公平与正义的诉求也越来越被国外著名的学者所关注和赞誉。诸如斯蒂格利茨指出："中国经验最令人瞩目的一方面是，一直存在着一种努力，保持对发展和转型之终极目的的关注；不仅仅是国内生产总值的增长，而且还没有忘记社会正义和休戚与共的重要性。"[1] 还有如雷默指出的，"中国模式是一种适合中国国情和社会需要、寻求公正与高质量增长的发展路径，它被定义为：艰苦努力、主动创新和大胆试验；坚决捍卫国家主权和权益；循序渐进，聚集能量，创新和试验是其灵魂，既务实又理想，解决问题灵活应对，因事而异，不强求划一。它不仅关注经济发展，也同样注重社会变化，通过发展经济与完善管理改革社会"[2]。最后，也有学者认为所谓的北京共识与华盛顿共识之间的差别也并没有人们通常认识的那么大，尤其是北京共识中在国家主导的框架下，已经吸纳融合了市场化机制。这种观点是寻求共识、增进沟通和理解、缓解矛盾和对立，寻求相互影响和共赢。正如赵穗生教授提出的："其

---

[1] [美]约瑟夫·E.斯蒂格利茨：《全球化及其不满者》中文版序言，李杨等译，机械工业出版社2004年版，第Ⅳ—Ⅵ页。

[2] Joshua Cooper Ramo, *the Beijing Consensus*, London: the Foreign Policy Centre, 2004. 转引自门洪华：《修远集：门洪华调研录》，社会科学文献出版社2013年版，第56页。

实中国的国家机器已经在国内经济方面采用了华盛顿共识中绝大多数宏观经济的基本原则，特别是对于市场、企业家精神、全球化和国际贸易的强调。"①当然，仍然对一些关键部门、新兴产业提供保护和资助，也致力于降低贫困和提供最低的物质生活保障，维护社会的公平正义。因此，随着中国改革开放的深入和全球化进程的影响，中国走出了以往闭关锁国的革命式现代化道路，在吸纳东亚国家主导的经济发展模式的过程中，也吸纳了华盛顿共识中对市场化机制的重视，具有很强的自主性和甄别能力，又区别于撒哈拉非洲、拉丁美洲、东南亚许多地区的发展中国家或自发或被动选择的那种依附式现代化模式。它们以为市场化和民主化的彻底改革能造就西方式的发达，却没有想到在国家社会保障尚未建立之前强加自由化，在规章制度架构尚未树立前就促进私有化，在宽容信任文化和法制尚未形成前就要求民主化，结果是政治的动荡、经济的衰退、社会矛盾的激化。因此，正是因为中国在基本政治制度巩固和政治秩序稳定的前提下，确保了市场化和民主化改革能在相对稳定制度化国家框架下进行，可以说中国具有相对强大的自主性是中国奇迹的根源。

当然，我们对改革开放后三十多年现代化建设的肯定并不是说不存在问题，甚至发展所带来的问题日益突出，诸如经济增长的唯 GDP 主义现象普遍且严重，付出了环境污染、发展不平衡、社会不稳定等严重代价；过度的政府干预也带来资源要素市场的人为扭曲，带来官员腐败和政府的公司化倾向，政府被利益集团绑架等现象也时有发生，偏离政府公共利益的目标，离中性政府的目标日趋遥远；随着市场化程度的纵深发展，市场主体的力量也在逐步上升，如何继续保持和完善国家主导的经济增长模式，给我们国人提出了重大的难题和考验。也即是说，国家与市场博弈的永恒难题一直摆在我们面前，如何去动态平衡二者的关系，促进二者的良序演化考验着人们的政治智慧。因此，伴随着经济体制向纵深方向的发展，必然导致社会领域的问题增多，也提出对政治体制改革的迫切需求，这种连锁反应表明：我们正在进行的现代化建设绝不是单一唯独的现代化，不管是对物质的现代化，还是对人

---

① 赵穗生：《中国模式探索：能否取代西方的现代化模式》，载《绿叶》，2009 年第 3 期。

的现代化的诉求，最终都必然落实到制度的现代化的建设上面来，促使各种诉求能够在制度化的渠道中得以规约，即使合理的诉求得到满足，也使无理的要求在制度化表达中得以摒弃，使人们逐渐习惯于通过理性、协商的制度化方式解决争端，寻求各自利益最大化的实现。

三、我们需要何种现代化：从单维走向多维视角

（一）从物质的现代化到人的现代化。1954 年第一届全国人大提出四个现代化的目标，即工业、农业、交通运输业和国防四个现代化。20 世纪 50 年代中期，毛泽东提出现代化目标就是"赶英超美"。1964 年第三届全国人大政府工作报告，用科技现代化取代交通运输业，成为当时对现代化最为明确具体的目标。60 年代中期又提出了 20 世纪末实现"四个现代化"的战略设想，但由于实行"高积累、低消费"的政策，优先发展重工业，实行高度保护的进口替代方针，导致城乡二元结构矛盾日益突出。1978 年改革开放以后，邓小平认为贫穷不是社会主义，用先富带动后富的方式，探索转轨经济发展之道，提出"三步走"战略设想，才把工作重心调整到社会现代化建设上来，一心一意搞四个现代化。但在经济建设是最大的政治的指引下，人们习惯于从经济总量和增长速度来理解现代化，如 2000 年底北京市提出要在 2010 年实现人均 GDP6000 美元以上，也就认为率先实现了现代化。2010 年 5 月国务院批准实施《长江三角洲地区区域规划》，提出这一地区的发展目标：到 2015 年率先实现全面建设小康社会的目标，到 2020 年力争率先基本实现现代化。十八大提出到 2020 年全国实现小康社会的目标。可见，对于现代化的理解非常数字化、非常明确具体，但是越具体，对现代化精髓的裁剪使得现代化越来越背离其原意。

事实上，20 世纪 90 年代中后期人们已经开始反思唯 GDP 主义（以经济总量和增长速度为核心）带来的弊端：诸如付出了资本高投入、资源高消耗、污染高排放的代价，加大了城乡差距、地区差距、居民收入分配差距。以胡锦涛为总书记的第四代领导集体，承袭改革开放形成的发展效应，也意识到以单一经济指标理解现代化所导致的诸多弊端亟待解决，综合权衡提出了以科学发展观为核心的新发展战略，强调以人为本的可持续发展。2003 年 8 月

28 日至 9 月 1 日,胡锦涛在江西考察工作时明确使用了"科学发展观"的概念,随后,党的十六届三中全会通过的《中共中央关于完善社会主义市场经济体制若干重大问题的决定》中,第一次明确了科学发展观的基本概念,即坚持以人为本,全面、协调、可持续发展,促进经济社会和人的全面发展,也即越来越从经济的现代化转向到人的现代化目标上来。我们也要看到西方对物质主义现代化的反思和批判也是伴随其始终的,对人与自然关系以及人的"异化"的反思,提出人的现代化,诸如不能把现代化简单化等同于工业化、城市化和物质利益的最大化,工业化水平、城市化的数量和物质财富的增长只不过是为了实现人的现代化的手段,而不是目的,如果把手段替代为目的,就难免使人们陷入物欲横流、精神空虚的生存状态而难以自拔。因此,正是从这一层意义上,对于那些仅以经济总量世界第二为由就炫耀"中国模式"的自信者需要当头棒喝。殊不知,历史上名居第二的位置一直不好过,"'老大'总是要不断地打压'老二'。步入曾经的世界第二的苏联、英国、德国和日本,美国分别通过建立布雷顿森林体系、苏伊士运河事件、'星球大战'和经济联系,不遗余力地打压这些曾经是第二大经济体的国家"[①]。

(二)制度的现代化。尽管经济的现代化为现代化提供经济基础和物质保障,但不能以唯 GDP 主义或物质主义的狭隘观念作为构建现代国家的根基或全部努力方向,否则,必然使现代化走向畸形,甚至被消费至上或物欲主义所击垮,诸如围绕物质利益的恶性竞争带来社会贫富差距的扩大,对于斤斤计较利益分配的人们,不论是利益的获得者还是失去者,获得者不满足,失去者不满意,精神均陷入高度不安的惶惑之中。事实上,对于现代化的理解也的确很容易流于物质主义的俗套之中,因为现代化的浪潮是以更直观的工业化、城市化和世俗化浪潮来驱动的,工具理性和科技理性在其中发挥极其重要的作用,实用主义也比较兴盛,这就很容易使人们产生一种错觉:以为完全集中于物质、经济、技术方面的改进就找到了实现现代化的根源。即把人们的理性完全运用到改造自然和创造物质财富的增长等方面,也认为只

---

① 《问政中国:变革世界中的中国策》编写组编:《问政中国:变革世界中的中国策》,国家行政学院出版社 2011 年版,第 76 页。

要经济增长速度和经济增长总量搞上去了,其他问题都会迎刃而解。这种错觉蒙蔽了很多人的视线,也使国家建设停滞在粗放型的追求数量的畸形发展之中。另一方面,随着人们物质财富的增长,人们发现自己的幸福指数并没有得到实质性的提升,甚至还可能降低,这有可能就是我们过于被外界物化的世界所诱惑,在盲目的物质财富的追求过程中,丧失了对意义世界的追求,也使自己的身心困倦于不断攀升的物质指标满足上。这也即是人们常说的"人的异化",物质财富本来是实现现代化的必备条件或工具,而现在错位为现代化追求的最大目标了,被异化的物质追求也必然扭曲我们的现代化进程。这也是为什么国家的战略目标要转向到人的现代化上来,"人的现代化"说得更直白点就是"过上人之为人"的生活,不被外界过多地左右,选择过自主和自足的生活,回归现代性的本质,即主体性的回归,这也是现代化进程所追求的目标或归宿,无论是现代国家的经济建设还是国家治理的绩效,都是为了最大化个人充分自主的发展,使个人的潜能能够得到最大程度的激发,实现国家是自由人的联合体的总目标。但是"人的现代化"这一美好夙愿的实现也必须依赖于切实可行的制度来确保被贯彻执行,也即是说,实质正义的实现必须通过程序正义的现实转化才能变为真实。这种从"价值共识"到"程序主义共识"转变的认识观也代表了西方近代主流制度主义政治学对制度的理解。正如哈贝马斯所言:"法律对于内在伦理的分化保持中立,这充分表明在复杂的社会中,公民的总体性不再是由某种实体性的价值共识来加以维持,而只是由有关合法的立法程序和行政程序的共识来加以保证。"[1]因此,不管是为了再度扳回被物质主义扭曲的现代化进程,还是真正实现"人的现代化"的价值目标,都必须依托精心的制度设计来修正和贯彻落实。因为"那些看得见的现代高度发达的产业体系与相对丰裕的物质财富的底下,乃是一整套现代国家制度。如果没有这些制度,产业提升和物质进步就不可能发生……现代国家是一套覆盖社会生活方方面面的特别的制度组合,这才是'现代'的本质所在。这些制度有助于产业发展,财富积累。更为重要的是,唯有这些制度,可以构建一个自由、平等而休戚与共的国民共同体,这

---

[1] [德]尤尔根·哈贝马斯:《包容他者》,曹卫东译,上海人民出版社2002年版,第260页。

是现代性之本"①。因此，发达的产业体系、丰裕的物质财富乃至精密的技术革新仍都是现代化的表层现象，真正支撑现代化乃是种种制度的构建，尤其是现代国家制度化建设的健全完善。令人欣喜的是：越来越多的人已经意识到制度对于构建现代国家的重要性，走出片面追求物质主义国家的困境。

对于中国的现代化的建设也是如此，最终也必须落实到制度的现代化这一维度上来，最高决策层也越来越重视法治建设，更多依托法理型制度权威提供政治统治的合法性基础。人们也在利益表达和民主参与的过程中，培养起规则意识和对制度的遵从。"制度是社会的基本构成要素，制度的变迁和成长在很大程度上决定着社会的发展。制度选择与制度设计，成为中国现代化发展的首要前提；而制度的有效成长，则成为中国现代化的重要保证。"②林尚立教授对于制度为什么构成现代化的重要保证做出进一步的阐释："现代化的过程，不仅要实现新旧制度的替代，而且要实现新制度对新社会的塑造，从而使新制度作为一种价值、原则和规范渗透到社会机体内部，成为实现经济与社会发展的内在精神与制度规范。"③可见，他对制度的理解不仅仅是一套程序化的规则体系，已经包含了实体性价值意蕴，实体正义被吸纳到程序正义的研判中去，以防止过于僵化地理解制度，也只有这样的制度才是更持久的制度规范。

当然，人们也许会追问一个国家到底需要具备哪些基础性制度才是现代的呢？姚中秋教授给出了他的理解，他从文化、社会、政治和经济四个面相强调这些基本性制度对于现代国家构建的基础性意义。即"考察一下那些已经完成了现代化过程而进入现代状态的国家就会发现，一个稳定的、完整的现代国家，至少包括四个面相：相对健全的国民精神秩序，抗议支持大社会和大市场的法律制度，构造一个强政府同时又有效约束这个政府权力的宪

---

① 姚中秋：《中国变革之道：当代中国的治理秩序及其变革方略》，法律出版社 2011 年版，第 431—433 页。

② 林尚立：《长江三角洲：国际大都市圈与中国现代制度成长》，见上海证大研究所：《长江边的中国：大上海国际都市圈建设与国家发展战略》，学林出版社 2003 年版，第 345—346 页。

③ 林尚立：《长江三角洲：国际大都市圈与中国现代制度成长》，见上海证大研究所：《长江边的中国：大上海国际都市圈建设与国家发展战略》，学林出版社 2003 年版，第 348 页。

政制度，以及高效率地生产并相对公平地配置财富的商业秩序。当然还可以列出其他方面的制度，但这些是最低限度，也是最重要的制度。这些就是现代国家的'构成'，他们相互嵌套，彼此支持，构成了亚里士多德在《政治学》中所说的'宪制'"①。的确，需要构建的制度可能会很多，但从这些基础性制度构建做起的视角是值得我们学习的，也被很多著名的政治学家（诸如亨廷顿等）所推崇，只有这些基础性制度确保了国民基本政治共识的达成，在相对稳定的政治秩序下进行利益竞争、民主选择和制度创新才不至于混乱无序，参与政治的目的也才变得有意义，相对安宁、可预期又可控制的政治生活才会成为可能。这构成了我们摒弃革命的现代化思维的原因，也解析了为什么要把"经济的现代化"和"人的现代化"转化和落实到"制度的现代化"目标上的原因，这才真正使现代化的国家建设纳入正轨。

---

① 姚中秋：《中国变革之道：当代中国的治理秩序及其变革方略》，法律出版社 2011 年版，第 433 页。

第三章
国族构建中的国家自主性：塑造一个政治成熟的民族国家

中国从迈入现代国家那刻起，就面临着民族国家建构的重大历史使命，如何通过国族的构建走向一个统一的政治成熟的民族国家是迈向现代国家的中国一直以来努力追求的目标。不仅在动荡战乱的年代国族构建非常重要，而且在和平建设甚至取得辉煌成就的时刻，一个不骄不躁的成熟的政治民族也显得尤为重要。因为就中国而言，尽管通过辛亥革命推翻了腐朽的清帝国，中国迈向现代国家的征程，但是国内的军阀混战、派系斗争异常激烈，处在动荡不安的中国亟须建构统一的政治秩序，把国内多民族凝聚团结起来，作为中华民族的国族构建问题显得尤为突出。而且民族国家的构建不可能一蹴而就，尽管我国经历一百多年的民族国家的建设，经济建设也取得了辉煌的成就，但一个政治成熟的民族国家依然在建设的路上，族群认同与国家认同之间的紧张，民族分裂的危机也没完全解决。一方面，对于那些主张"中国可以说不"的国人，他们迫切希望走出被西方遏制的命运，尽管我们能够理解他们的心情，但是这种情绪化的民族表达相对于政治成熟的要求而言，就显得感性多于理性，证明国家的强盛不能靠较劲，而应靠踏踏实实的国家建构和国家建设。另一方面，当我们国家强大起来之后，也要避免国家自主性走向任性和妄为，我们要想走出"大国悲剧"的困境，就要避免重蹈西方民族国家的霸权路径。我们不能在革命动荡时期对中华民族丧失信心，也不能在经济辉煌时期就骄奢自负，一个充满自信的、负责任的大国心态也是当前和未来国家形象塑造的重心，构建政治成熟的国家品格伴随现代民族国家建设的全过程。

第一节 中国民族国家建构的心路历程

一、中国选择民族国家道路的必然性

正如哈贝马斯所说:"民族国家为资本主义经济体系确保了在全世界扩展的疆域条件,为一种受法治国限制的行政建立了基础性条件,为个体行动和集体行动的不受国家干预的空间提供了保障,为文化和种族的同质性创造了基础。"① 尽管笔者并不赞同哈贝马斯对于民族国家在文化和种族同质化方面的理解,但他在其他几个方面对于民族国家的认识还是很深刻的。民族国家是现代国际社会基本政治单元和法律单元,也是确保和维护国内各族群利益的最高"政治屋顶"。甚至部落纷争的非洲各国也喊出"杀死部落、建立国家"的时代最强音,像彼得·奥科所提到的那样,这一直是殖民统治结束之后"几乎所有非洲统治者和知识分子的信条"②。民族国家也作为一个想象的政治共同体,包含诸多小共同体之善的"至善共同体",代表着一种"元乌托邦的道德框架",提供道德共识的源泉,整合诸多小社群的利益诉求和意志表达。

中国自晚清以来面临从天下体系到"民族国家"的主题转换,传统的天下共同体到晚清时在西方的冲击下逐渐发生瓦解,帝国的朝贡体系崩溃了,从"唯我独尊"的地位转变为仅代表国际社会中的一员,不仅以天下为中心的"华夷秩序"被打破,而且面临着亡国灭种的重大危机,被称为三千年之未有大变局。中国与世界的关系被迫纳入新的等级性的现代国家主权体系之中。一种新的共同体意识随之诞生,这就是以全球竞争为背景的现代民族国家共同体。如果不能很好地完成民族国家的构建,完整独立的国家地位也

---

① [德] 哈贝马斯:《在事实与规范之间》,童世骏译,生活·读书·新知三联书店2003年版,第656页。

② Peter Okoh, "The Nation state and Ethnopolitical Conflict in Nigeria", in Gunther Bachler (ed.), *Federalism Against Ethnicity*, Zurich: Verlag Ruegger 1997, p. 150.

就保不住,以民族国家的形态赢得独立是确保国家建设的前提,这也广泛激起了"救亡图存"的民族主义运动。到清末民初之际,统治者和越来越多的先进知识分子都接受了民族国家的观念来推进天朝帝国向近代民族国家的转型。"与传统不同乃至对立的'国家'这一近代概念开始逐渐被知识分子所接受。用新的观念,新的制度,新的国民,追求民族国家主义,缔造一个新的'国家',这一历史使命,吸引了千万知识分子。"① 即中国从传统的文化至上主义走向民族国家主义,从对文化的忠诚转向对国家的忠诚,与其他民族国家的成员相区别。从历史上看来,民族国家的产生是人类政治生活发展的一次质的飞跃,为民族的凝聚力、发展壮大创造了一种全新的社会组织形式。近代民族国家以清晰的国境线和完整的主权对外作以严格的界分,对内国家权力垄断一切暴力机关,延伸到每一个领域,以国家与公民的法律关系构造宪政秩序和法治国家。当传统的国家对于分裂社会的碎片化不满,并表示出对统一的渴望,当这种对国家的认同达到一定的程度,从而满足国家借助行政资源甚至军事力量来重组社会,赋权给民族国家通过政治动员整合资源的权力,形成高度集中的国家权力,通过国家权力的运用构建统一的民族国家。因此,"这样的国家权力运用是极富有效率性的。同时,这样的国家由于将民族的生存、独立和发展以及基本社会制度的维护与国家利益联系了起来,因而使人们把对国家的忠诚置于家庭、村落、社区、等级、阶级、宗教等的忠诚之上"②。这也有助于提供精神共识和满足国家内外政治诉求的实现,从而为民族国家凝聚各族人民的团结、挤入世界强大民族国家之林提供合法性基础和动力源泉,也使民族国家能够更好地代表全民族的意志、利益和尊严,从传统的血缘共同体或地域性共同体走向统一的国族共同体。于是,民族国家成为国家演变和国家建设的典型。如果不能适应向民族国家演化的历史潮流,就可能继续维持原先的国家形态而徘徊于由民族国家组成的世界体系之外,甚至沦为民族国家的殖民地。事实上,为了避免在激烈的国家竞争中被淘汰,其他国家都把建立民族国家作为自己国家建设和发展的目标。这也注定中国

---

① 冯建勇:《辛亥革命与近代中国边疆政治变迁研究》,黑龙江教育出版社 2011 年版,第 5 页。

② 贾英健:《全球化背景下的民族国家研究》,中国社会科学出版社 2005 年版,第 56 页。

别无选择地走向民族国家的发展道路。而如何构建一个政治成熟的民族国家又成为国人孜孜以求的奋斗目标。

二、政治成熟的诉求：一个自信、理性和注重协商的国家主体

（一）何谓政治成熟？

政治成熟意味着，首先由一个独立自主和强大的民族国家作为保障，提供解决内忧外患的能力和自信。其次，自足成熟的政治既是理性政治又是有限政治，只有从政治的角度考虑立国事业，不把与政治无关的事业牵扯进理性设计的范畴。再次，成熟政治的心态不是唯我独尊，而是与其他政治共同体平等尊重和相互依存。具体来讲，需要澄清的认识如下：

其一，既需要理性设计但又不能走向理性狂妄。因为"立国乃是一项需要人们从政治上努力的事业，而不是其他社会因素或结构的变化可以自动带来的。经济增长不可能自动带来法律、宪政制度的良性变迁，与外部的接触同样不能自动带来内部制度的改进，国民性改造、心灵深处的革命同样不能直接带来现代国家架构的树立。"[①]这些意味着政治成熟不是靠自发演进形成的，而是深思熟虑和理性设计的结果。但由于人们理性认知的有限性和理性不及的客观局限性，我们又不能无限放大政治理性设计的能力。这也存在着如何处理好人为秩序与演进秩序二者之间的关系，这也是构建政治秩序的永恒难题。一方面我们不能把所有领域的问题都纳入政治范畴中进行理性考量，全能主义政治带来低效和失败，时刻都在给我们敲响警钟，事实上，人们只能在比较抽象的原则上进行设计，而不能把政治设计流向过于僵化和具体；另一方面把属于文化、社会、经济和精神领域的问题，留给他们去按照各自领域的逻辑来自行选择，无为而治带来的自然演化秩序为政治秩序的构建提供坚实的社会基础。这也是哈耶克等人一直坚守的自生自发秩序的原因所在，因而，我们也不得不放弃不自量力的对文化、社会、经济和精神领域进行革命的念头，超越理性限度的强制行为必然被自我设定的理性计划所奴役，这

[①] 姚中秋：《中国变革之道：当代中国的治理秩序及其变革方略》，法律出版社2011年版，第51页。

也是人们对现代理性政治深刻反思的深刻教训。这点表明，政治成熟也意味着政治制度的设计者要对理性不能和理性所不及的领域保持敬畏和宽容，是一种具备自我反思能力的理性政治。

其二，既需要坚定维护国家的核心利益但又要学会相互依存。从现代国际秩序来看，是基于民族国家为单位对世界进行的划分，主权和边界的划分是其显著特征。如果不能有效地整合国内秩序，完成民族国家的统一，不仅在国际社会的竞争中不堪一击，而且国家的完整和生存都会时刻面临着危机。国家安全和生存的逻辑一直以来构成现实主义政治流派思考问题的着重点，这也为国家的整体构建提供了依据。但如何走出国际社会无政府状态的安全困境，建立起相互承认和相互依存的国际政治框架应是各国共同努力奋斗的目标。因为国际社会现有通行的法则是不能以任何手段消灭现有的国家，"不管使用什么理由，任何国家也不应该试图通过任何手段（外交、军事、颠覆现有政权）来改变现有的主权国家的正式边界。对于现有边界的任何修改都将是十分危险的先例，可能会引起'多米诺骨牌'效应而导致世界各地连续不断的边境冲突和战争。"① 任意践踏别国的强权暴行也越来越在国际社会失道寡助，也会受到诸多力量的牵制。因为任何国家的行为也都要受制于其他国家的承认，这种相互制衡的依赖关系使国家不能轻举妄动，"任何个别国家恰好不是产生于自己的主权，而是产生于所有其他国家对领土国家的世界秩序的确认以及在此范围内对该国的承认"②。后发展国家一定要学会和运用好民族国家这一合法性武器，"每个国家对别的国家来说都是独立自主的，独立自主是一个民族最基本的自由和最高的荣誉"③。民族国家被赋予在其主权国家疆域内具有排他性的至上权威，主权原则和领土原则优先受到保护，把对外的主权和对内的治权牢牢把握住，同时，学会运用国家社会相互依赖和制衡关系，通过有理有力的方式，争取国际正义舆论的支持，维护其在国际社会

---

① 马戎：《民族社会学：社会学的族群关系研究》，北京大学出版社2004年版，第625—626页。

② [德]乌·贝克、尤尔根·哈贝马斯：《全球化与政治》，王学东、柴方国等译，中央编译出版社2000年版，第12页。

③ [德]黑格尔：《法哲学原理》，范扬、张企泰译，商务印书馆1961年版，第339页。

中应有的国家权益，按照主权平等的原则处理国际争端，也在维护本民族特色的前提下，积极汲取各种文明的优秀成果，共同推进人类政治文明向前进，并为国际政治经济秩序向更加公正合理的方向演变贡献自己的力量。

（二）中国的民族国家构建还在路上，有待进一步完善。

高全喜和任剑涛总结"中国人的近现代历史认知大致由三个要素组成——悲愤心态、仇恨意识、你死我活的民族心境"[1]。这一总结比较符合事实，悲愤意识是对腐败政府和没落文化的悲天悯人，面对帝国列强坚船利炮的侵略，清政府腐败无能，处在亡国灭种边缘的国人表现出极大的悲愤，以救亡图存为目标的新文化运动对传统文化竭尽全力地批判，"打倒孔家店"与传统文化彻底决裂，被欺凌的耻辱历史记忆一方面容易激起民族团结，另一方面也表现出对传统文化的不自信，丧失国家建设和民情的文化根基。仇恨意识是对资本主义帝国列强的敌我二元划分，由于意识形态的革命话语主导世界格局的划分，尽管对帝国列强的侵略行径的革命反击是非常必要的，但把资本和市场等一并划归于资本主义范畴并加以拒斥，就表现出政治上的幼稚。对国家间既竞争又合作的关系缺乏认识，也耽搁了国家建设的进程。你死我活的民族意识是把政治现实主义奉为圭臬的产物，认为国际社会没有永远的朋友，只有永远的利益，一国的崛起必然以一国的衰落为代价，在这样的思维定势下，国际社会只能是弱肉强食的丛林法则，难以达成真实有效的合作，这是革命思维逻辑的延续，"大国崛起的悲剧"是你死我活的民族意识的必然宿命。如果说这种防御性政治现实主义的心态是民族国家构建所必需的，那么在中国走向大国建设的时期，合作型国家政治观也必然成为历史的选择。

"对于今天的中国而言，现代国家建构的任务远远没有完成，国家认同的问题还遭遇到内部政治统一的难题、外部恶性竞争的困扰。同时，中华民族从文化民族转变成政治民族的任务也还没有完成。"[2] 如果围绕国族构建的民族国家不能在国际社会获得强有力的独立地位，国家内部的不同族群的权益

---

[1] 高全喜、任剑涛等著：《国家决断：中国崛起进程中的战略抉择》，中国友谊出版社 2010 年版，第 172 页。

[2] 张军：《全球化视域下的国家认同及其建构》，载《青海社会科学》，2012 年第 2 期。

也就得不到有效的保护；如果过分追求各自族群的利益，势必会耗散国家的能力、加剧国家的分离。当建国的历史使命完成之后，民族建国的理念也同样会激起国内族群的族群意识增强，诉求增多，甚至也要求民族独立，搞民族分裂活动。因此，只有在差异性共存的人群中形成有高度凝聚力的"国家认同"，才能构建出"民族"这个近代以来出现的政治概念。然而，构建起来的"民族"这一概念在发挥积极作用的同时，也难以预料地带来另一层面的负激励，民族主义也会变得面目狰狞，成为国家分裂的帮凶，西方发达国家也常常借助于这一点，在民族问题上大做文章，来对后发展中国家进行干预。通过培养民族分化势力，制造民族分裂，扰乱国内秩序，引发国家内部的斗争，从混乱中渔利。这里面存在如何理解"民族自决权"的问题、"族群"如何向"民族"转化的问题，以及如何处理民族国家内部不同族群关系的问题。

三、中国不同历史时期有代表性的民族思想的比较研究

（一）传统中国两条线索处理民族关系。

即一是"华夏中心观"，华夏把自己视为天下之中心，并深信不疑，对自己的文化充满自信和自主；另一是"华夷之辨"，"诸侯用夷礼则夷之，进入中国则中国之"，对于周边蛮夷狄戎之地，充满轻蔑和区隔，当然，如果愿意接受华夏文明也吸纳之，也表示出"虚怀若谷"的文化优越感。在传统国家下对边疆的治理没有主权概念，更多是加强对边疆的控制、维持朝廷的政治统治，拓展边疆与防范边疆并存。而在现代国家疆界越来越清晰的前提下，对边疆的治理发生了本质转变。"由于近代国际公法的输入，国家、社会等概念的稗贩，人们对边疆问题的认识开始由一种自发意识转变为一种自觉，开始以一种整体的观念看待边疆，在强调边疆的屏障作用的同时也认可其在国家政府中的主权地位，以一种'边防'而不是'防边'的认识去积极经营边疆，加强对边疆地方的控制"①。也即说，传统中国没有主权概念，中央与边陲的关系主要靠文化传播和吸附，比较松散，往往是防备与对抗的关系，而进

---

① 冯建勇：《辛亥革命与近代中国边疆政治变迁研究》，黑龙江教育出版社2011年版，第325页。

入现代国家，边界明晰的整体主权观主要靠政治实施控制和管理，边防建设构成主权国家的重要组成部分，是整体与局部的关系。

（二）清末思想家的民族思想。

"清末，虽然清廷处理民族关系的传统机制仍然在运行，但天朝大国已被置于世界万国之中，传统的'夷狄'观念与西方的'民族国家'已发生了碰撞，成为世人认识天朝大国危局的又一视角"[①]。近代民族主义和近代国家建构也成为知识分子争论的基点，诸如康有为主张中国应由共同文化组成"大同主义"思想，"只有所谓中国，无所谓满汉"。梁启超进一步发挥"大同主义"思想，提倡各民族为一体的"大民族主义"，后来他从文化民族主义走向公民民族主义，承认国家为最高政治实体，大声疾呼建立一个强大的政府来拯救危机中国，即建立"中华民族"的国家。"吾爱吾师，但吾更爱真理"这句名言在梁启超身上体现得尤为突出。在戊戌变法时期，以康梁为代表的"改良派"主张在"大民族主义"的号召下建立多民族的近代民族国家，然而，在辛亥革命时期的保皇派直接继承康有为更多仍是从文化民族主义的视角论述的"天下大同"思想，而先知先觉的思想大师梁启超最早在中国传播近代公民民族主义思想，尽管他的民族思想也曾徘徊于保守改良的"文化民族主义"和激进革命"种族民族主义"之间，但后来"公民民族主义"和"中华民族"国族构建的思想非常具有前瞻性。

通过对内忧外患的分析和欧美政治制度的考察，公民民族主义成为梁启超民族思想的核心，不仅直接影响了国父孙中山的民族思想，也深远影响到新中国民族国家构建的基调和前进的方向。以文化为主划分民族，基于公民对国族的认同来建立多民族国家，他的大民族主义既有西方近代民族国家构建理论因素，又吸收了中国传统文化至上主义的合理成分，相得益彰。"梁启超新民说的要旨是建构民族认同，以现代的民族国家代替传统的'天下'秩序和宗法社会，形成公民的民族政治认同，使民族国家成为中国人效忠的新政治共同体。如果说英法民族意识的形成经历了一个从宗教认同、封建认同

[①] 周竞红：《从汉族主义到中华民族主义——清末民初国民党及其前身组织的边疆民族观转型》，载《民族研究》，2006年第4期。

到民族认同的认同转型过程,那么,中国民族认同的兴起则有待于从宗法认同、伦理认同到民族认同的转型。所谓'新民',即现代民族国家的公民,它意味着由臣民而公民的人格转型"①。为此,梁启超也撰写了堪称中国第一部公民教科书的《新民说》,阐释和传播他的公民观和"公民之道",梁启超看到公民观念的短缺是制约中国现代民族国家建设的症结所在,公民身份是民族主义的关键要素,旨在民族认同的建构与公民精神的启蒙,公民资格的培养构成他公民民族主义的核心,他以公民的政治认同来建构中国的民族主义,因而具有鲜明的公民民族主义的色彩。"他所倡言的公德、国家意识、权利、义务、自由、自治、合群、政治能力等,皆为现代公民身份之必备元素,而这些都是中国文明中所匮缺的……正是这些民主共同体的公民精神和公民美德,可以成为凝聚亿万中国国民而强化民族国家的有效的政治认同"②。可见,一百多年前的梁启超的先见之明依然指导着中国未尽的公民国家的建设,也为解决我国民族问题指明了方向。梁启超也是"中华民族"一词的首先使用者与发明者③,认为中国的民族国家构建是将中国境内的所有民族都包括在内,创建一个中华民族。"'中华民族'符号的提出和认同,以及对现代民族国家理论的探讨和追求,是其最基本的思维取向和生成机制"④。梁启超的民族共同体认同也经历了一个由"合满"、"排满"最后到联合国内五大民族组成一大民族即"五族共和"的历史演进历程,梁启超是"五族共和"的建言人,后被南京临时政府采纳,构成晚年孙中山的民族主义思想的重要组成部分。

(三)孙中山的民族思想:从排满、五族共和到各民族平等。

20世纪初,以孙中山、章炳麟为代表的革命派的主要目标是推翻帝制,缔造共和。清朝因集少数民族与专制于一身,因而革命派首先提出"驱逐鞑虏,恢复中华"的口号,以排满来整合国内各民族,实质是剔除东北、

---

① 高力克:《梁启超的公民民族主义及其困境》,载《政治思想史》,2011年第3期。
② 高力克:《梁启超的公民民族主义及其困境》,载《政治思想史》,2011年第3期。
③ 黄兴涛:《现代中华民族观念形成的历史考察——兼论辛亥革命与中华民族认同关系》,载《浙江社会科学》,2002年第1期。
④ 李喜所:《中国现代民族观念初步确立的历史考察——以梁启超为中心的文本梳理》,载《学术月刊》,2006年第2期。

内外蒙古、新疆与西藏,建立以汉族为主的民族国家,进而提出"十八省汉族建国"口号。这种种族民族主义尽管遭到很多人的批评,但在当时为了推翻清朝的腐朽统治作为一种工具性选择又是符合时代的需要,对于宣传革命、动员广大民众具有积极意义。革命取得胜利之后,这种种族民族主义的口号已不合时宜。再加上英俄两国以"宗主权"的名义支持藏蒙建立"自治国",他们认同大清帝国,而不认同南京临时政府,这冲击了刚刚建立的脆弱的南京临时政府,认识到种族民族主义恰恰助长了国家分裂的倾向,这种境况也促使革命派的理论家对其种族主义理论进行不断的修订,其中一个重要的方向就是将其种族民族主义的重心开始向政治民族主义转移,种族符号因内在的局限被剥离出去,政治上的主权在民的共和观念成为新的认同基础,并最终上升到法理的高度。1911年辛亥革命推翻了清朝的统治,建立中华民国,为了整合国内的民族关系,提出汉、满、蒙、回、藏"五族共和"的主张。孙中山于1912年元旦在大总统就职典礼上发表的《中华民国临时大总统宣言书》中明确提出:"国家之本,在于人民。合汉、满、蒙、回、藏诸地为一国,合汉、满、蒙、回、藏诸族为一人——是曰民族统一。"①"五族共和"思想的提出,革命派的理论家开始由传统的种族认同、文化认同实现了向政治认同的过渡,以政治认同来整合国内各民族成为其重要的政治目标。"五族共和"的观念代表了对于一个多民族构成的国家如何进行近代民族国家构建的尝试,尽管政策效果还不明显,但是代表着未来中国民族国家构建的一种可取的方向。象征着"五族共和"的"五色旗"取代了象征十八省的"十八星旗"成为中华民国的国旗②,标志着五族共和代替了狭隘的汉族立场,使国家转危为安,具有近代意义上的民族国家构建成为奋斗的目标,也开始使用"中华民族"的概念来凝聚民族认同的差异。在一个帝国主义时代,中华民族的生存必须要将中国各民族连成一体,中华民族与帝国主义之间的矛盾才是社会最主要的矛盾。到1920年,孙中山"声明放弃'五族共和'观念。因为第一,

---

① 孙中山:《中华民国临时大总统宣言书》,见《孙中山选集》,广东人民出版社1996年版,第155页。

② 张永:《从"十八星旗"到"五色旗"——辛亥革命时期从汉族国家到五族共和国家的建国模式转变》,载《北京大学学报》,2002年第2期。

中国境内居民不只有汉满蒙回藏五族,所以'五族'名词不恰当。第二,五族的区别不应该存在,而应使汉满蒙回藏同化而构成一个大民族"①。事实上,民族平等早在 1912 年 3 月 10 日的《中华民国临时约法》中已被首次提及,其中规定,"中华民国人民,一律平等,无种族、阶级、宗教之区别"②。1923 年 1 月发表的《国民党宣言》中宣称:"吾党持之民族主义,消极的为除去民族间之不平等,积极的为团结国内各民族,完成一大中华民族,欧战以还,民族自决之义日愈昌明,吾人当仍本此精神,内以促成全国民族之进化,外以谋世界民族之平等"。民族平等原则得以明确确立,在中国国民党 1924 年 1 月 20 日至 30 日第一次代表大会上,首次完整地提出了在国内实现民族平等、在国际反对强权和争取国家独立的民族主义主张。孙中山大会宣言指出:"故知革命之目的,非仅在于颠覆满洲而已。乃在于满洲颠覆以后,得从事于改造中国。依当时之趋向,民族方面,由一民族之专横宰制,过渡于诸民族之平等结合"③,此次会议,孙中山拟定《国民政府建国大纲》也指出:"对于国内之弱小民族,政府当扶植之,使之能自决自治,对于国外之侵略强权,政府当抵御之,并同时修改各国条约,以恢复我国际平等、国家独立。"孙中山对国家独立思想的宣传和对民族平等观念的提倡,在一定程度上推动了现代民族观念与统一的民族意识的形成,对于协调民族关系、消弭民族冲突、稳定边疆局势、抵制外国势力的侵略和民族分离活动,无疑具有十分重要的意义。

  孙中山由单纯的"排满"到反帝,由"异族"、"外国人"到"五族共和"、"中华民族"及"民族平等、民族自决自治",努力超越族群的血缘地域认同和文化认同等基本要素,把认同感和归属感融入一个新的政治法律范畴中,即在民族国家建构中对国家民族的构建。不仅把民族主义同民主、民生紧密地联系起来,而且突出地强调民族平等的观念,既不容许其他民族压迫和奴役本民族,也不容许本民族反过来去压迫和奴役其他民族,而是提倡各民族之间的相互尊重、相互合作,最后形成具有深远影响的近代民族主义观念。

---

① 吴相湘:《孙逸仙先生传》,台湾:远东图书公司 1982 年版,第 1653 页。
② 《中华民国史档案资料汇编》(第二辑),江苏人民出版社 1981 年版,第 106 页。
③ 邹鲁:《中华民国党史稿》,商务印书馆 1938 年版,第 332 页。

随着中国近代民族主义的发展和现代民族国家的逐步构建，最终确立了民主共和国成为中华民族共同的政治认同符号。

（四）共产党的民族政策：民族平等与民族区域自治。

中国共产党成立以后，一方面继承了马克思主义经典作家关于民族问题的理论，另一方面又在领导中国革命的过程中把马克思主义原理与中国民族问题的实际结合起来，形成了具有中国特色的民族纲领和民族政策体系。诸如提出"对外'推翻国际帝国主义的压迫，达到中华民族完全独立'，对内'消除内乱，打倒军阀，建设国内和平'，'中国境内各民族一律平等'"[①]，改变中华民族被奴役被殖民的地位，国内各民族不论大小，平等相待，也是解决民族内部矛盾的根本出发点，正是在1922年党的二大文献中，第一次明确提出了有关民族问题的纲领，提出了基于民族平等原则解决中国民族问题的政治主张。1928年中共六大则专门通过了关于民族问题的决议案，认为国内少数民族问题对于中国革命有重大意义。1931年和1934年的《中华苏维埃共和国宪法大纲》已经提出了较为完备的民族政策体系。在1931年中华苏维埃第一次全国代表大会上通过的《中华苏维埃共和国宪法大纲》中明确规定："不分男女、种族、宗教，在苏维埃法律面前一律平等"[②]。早在陕甘宁边区政府时期就将民族平等、保障各民族的权利写入施政纲领。在中共长征时期，中国共产党第一次深入边疆民族地区，尽管这一时期在理论上仍一般性地坚持苏维埃宪法提出的民族自决权和联邦制原则，但在实践中更多通过制定民族自治政策，检验和逐步完善民族政策，这对于制定符合中国国情的民族政策具有特殊意义，如1936年在四川藏区建立的多个博巴政府，在宁夏南部建立的豫海县回民自治政府等，已经具有民族区域自治的萌芽。抗日战争和解放战争时期是中国共产党民族纲领和民族区域自治政策逐渐成形的时期，也只有联合各民族共同抗日，才能取得中华民族全面胜利。1938年9月至10月，中国共产党召开了扩大的六届六中全会，毛泽东在会上作了《论新阶段》

---

① 《中国共产党第二次全国代表大会宣言》，见《民族问题文献汇编》，中共中央党校出版社1991年版，第18页。

② 《中华苏维埃宪法大纲》，见中央统战部编：《民族问题文献汇编》，中共中央党校出版社1991年版，第166页。

的报告，提出了"允许蒙、回、藏、苗、瑶、夷、番各民族与汉族有平等权利，在共同对日原则之下，有自己管理自己事务之权。同时与汉族联合建立统一的国家。"①毛泽东1939年在他的《中国革命和中国共产党》一文中写道："我们中国……共有数十种少数民族，虽然文化发展的程度不同，但是都已有长久的历史。中国是一个由多民族结合而成的拥有广大人口的国家"②。"1939年成立了中共中央西北工作委员会（西工委），开始系统地研究国内少数民族问题并开展少数民族工作。1940年西工委拟定《关于回回民族问题的提纲》和《关于抗战中蒙古民族问题提纲》，对中国共产党制定抗战时期的民族政策起到了十分重大的作用"③。一致对外的抗日民族使命把各民族紧密团结起来，也结下了各民族之间平等尊重的深厚友谊，奠定了民族区域自治的基础。1941年《陕甘宁边区施政纲领》等文件规定："依据民族平等原则，实行蒙回民族与汉族在政治、经济、文化上的平等权利，建立蒙回民族的自治区"④，随后在陕甘宁边区等革命根据地和内蒙古为蒙、回等民族建立了一些民族自治区域，并且取得了宝贵的经验。1945年，毛泽东在中共七大报告中提出："要求改善国内少数民族的待遇，允许各少数民族有民族自治的权利"⑤，并尊重少数民族的宗教信仰与风俗习惯。1947年，明确"承认中国境内各少数民族有平等自治的权利"⑥，1947年5月1日正式成立了内蒙古自治政府，这也是第一个省级民族自治区。因此，中国共产党在红军长征和抗日战争时期，由于自身力量薄弱，需要各民族的帮助，再加上共产党所代表的人民性，与各族人民一起浴血奋战的共同革命历程，使得与广大民族地区的民族兄弟结下深厚情谊，这也加深了中共对民族地区的了解和认识，建立起与少数民族密切联系，进一步贯彻民族平等政策和探索、民族区域自治的可能性。在新中

---

① 中央统战部编：《民族问题文献汇编》，中共中央党校出版社1991年版，第595页。
② 毛泽东：《中国革命和中国共产党》，见中央统战部编：《民族问题文献汇编》，中共中央党校出版社1991年版。
③ 金炳镐：《代前言：马克思主义民族理论与中国民族理论学科》，见周传斌：《概念与范式：中国民族理论》，民族出版社2008年版，第11页。
④ 中央统战部编：《民族问题文献汇编》，中共中央党校出版社1991年版，第678页。
⑤ 中央统战部编：《民族问题文献汇编》，中共中央党校出版社1991年版，第742页。
⑥ 中央统战部编：《民族问题文献汇编》，中共中央党校出版社1991年版，第1133页。

国建立前夕的1949年9月30日，中国人民政治协商会议通过的《共同纲领》规定了新中国的民族政策和解决国内民族问题的总原则，提出中华人民共和国境内各民族一律平等，各民族团结协助，发展各民族的政治、经济、文化、教育事业，实行民族区域自治，各民族均有发展其语言文字、保持或改革其风俗习惯及宗教信仰的自由等。这些重要文献都反映了中国民族构成的实际，对各民族在国家中的地位给予了科学肯定，共产党领导的革命胜利也是全国各族人民共同浴血奋战的结果。"与国民党化'民族'为'宗族'的同化主义论调不同，中国共产党开始关注国内的少数民族。国民党的取向是熔国内诸族为唯一的'国族'，因而是一个归纳式的思维模式；共产党的取向是挖掘各少数民族在中国革命中的地位和作用，因而是一个演绎式的思维模式。"①

新中国成立之后，党和国家做出了很多关于民族问题方面的决定，如，1951年5月16日《中央人民政府政务院关于处理带有歧视或侮辱少数民族性质的称谓、地名、碑碣、匾联的指示》，有助于消除民族歧视的有形痕迹。1952年2月22日《中央人民政府关于保障一切散居的少数民族成分享有民族平等权利的决定》，可见党的民族政策之深入细致，也表明要真正解决民族平等的决心。1953年，毛泽东主持中央政治局会议讨论过渡时期中国共产党在民族问题上的任务时指出："逐步地发展各民族的政治、经济、文化（其中包含稳步的和必要的社会改革在内），消灭历史上遗留下来的各民族间事实上的不平等，使落后的民族得以跻入先进民族的行列。"②这也是从根本上解决民族不平等的途径，诚心诚意地帮助少数民族地区发展经济文化建设。针对民族区域自治政策，1952年颁布了《中华人民共和国民族区域自治实施纲要》，在全国推行民族区域自治，45个少数民族和少数民族总人口的80%，已经实现了区域自治的愿望。1954年《中华人民共和国宪法》又对民族区域自治做出了比较详尽的规定。此外，党和国家从20世纪50年代初开始进行民族识别、少数民族社会历史调查和少数民族社会形态调查研究。1982年颁布的《中华人民共和国宪法》，不仅保留了1954年宪法关于民族区域自治的规定，

---

① 周传斌：《概念与范式：中国民族理论》，民族出版社2008年版，第152页。
② 黄光学主编：《当代中国的民族工作》（下），当代中国出版社1993年版，第505页。

而且还增添了一些具有时代精神的新内容。1984 年颁布了《中华人民共和国民族区域自治法》。1997 年，在中国共产党的十五大报告中，民族区域自治制度与人民代表大会制度、中国共产党领导的多党合作与政治协商制度一同被表述为我国的三项基本政治制度，进一步确立了民族区域自治制度在国家政治体制中的重要地位。关于中国共产党的民族区域自治政策将在接下来的第二节重点阐释，这里就不再赘述。

第二节　国内民族国家演进中的难题：族群认同与国族整合

一、问题的争锋与聚焦

中共十八大一个鲜明的口号是成就中国梦，何谓"中国梦"？这里首先有一个对于中国的共同认同作为基础，笔者认为一个整体的现代国家的强国梦是各族人们共同的目标，形成民族国家凝聚的合力而不是分化瓦解、各自为政。在市场化、分权化改革的世界潮流影响下，在调动个人、组织和地方的主动性的前提下如何实现有效的国家整合与民族治理也构成当今的一个核心问题。这就要求培养更多具有超越狭隘地域、血缘、种族、集团等利益之上的国民素质。正如奥巴马的上台并不是代表黑人利益而是代表全体美利坚民族的利益一样，对国家概念、国家利益和国族有强烈的认同才是现代国家领导人应具备的素养，才能超越狭隘的地域、血缘、种族、集团等身份局限，去代表整体的国家来运用和行使好手中的公共权力。基于这些认识来反观百年来迈入民族国家进程的中国，关于民族问题的争论突出体现在如下几方面：

（一）争论的问题之一：民族是客观演进的还是人为构建的产物？诸如黄铸有专著对马戎的观点进行反驳，姜义华和金炳镐等著名的学者与黄铸的观点相似，还有陈建樾①、王希恩②等，也非常具有代表性。对于民族的认识目前争论比较激烈的这两方，笔者把它归纳为结构主义和建构主义的差异。持结构主义的学者坚持认同：民族是历史演进的产物，基本赞同民族的四要素划分（共同的语言、共同的地域、共同的生活传统和共同的心理基础），更多从物质主义的视角来看待民族，具有相对客观和可视的结构要素。而建构主义的学者，也多是接受西方著名民族学家的观点则认为：民族是一个"想象的政治共同体"③、民族是近代为了催生现代国家应运而生的产物、民族与国家有很大程度的相同内涵（"民族就是或应该是与某个主权国家或类似主权国家的政治形式联系在一起的"④）、民族是为了共同的国家利益而把人们有力地凝聚起来的一种观念、一种符号、一种象征。可见，这些对民族的理解与国族的建构非常相似，是对具体族群的抽象和综合，因而，关于到底应该称之为"多民族国家"还是"民族国家"，也成为争论的论题。事实上，世界范围没有几个国家是由单一民族所构成的民族国家，多族群在一个国度共存是一个普遍的政治现象。民族国家是国家社会基本政治单元，确保一个国家整体的利益和主权疆域的完整，承认民族国家的整体构建其实并不是以抹灭族群之间的差异性为前提，而是要求形成统一的国族认同以便跻身世界上其他民族国家之林，形成强有力的国际竞争力和安全自保的能力。民族问题的复杂性体现在：常常是国际层面的问题与国内层面的问题交织在一起，如果国内各个族群之间互相强化本族群的利益，势必分化瓦解整个国家的实力，在弱肉强食的国际社会就会面临竞争的劣势。正是从这一层意义上，统一民族国家的构建具有重大意义。

（二）多元化与一元化的争论：对基于族群身份的多样化权利的维护与主张统一的公民权之间的张力。回到民族问题的国内层面，最主要的就是身

---

① 陈建樾：《多民族国家和谐社会的构建与民族问题的解决——评民族问题的"去政治化"与"文化化"》，载《世界民族》，2005年第5期。

② 王希恩：《也谈在我国民族问题上的"反思"和"实事求是"——与马戎教授的几点商榷》，载《西南民族大学学报》，2009年第1期。

③ Anderson, Benedict, *Imagined Communities: Reflections on the Origins and Spread of Nationalism*, London: Verso, 1991, p.6.

④ [英]斯蒂夫·芬顿：《族性》，劳焕强等译，中央民族大学出版社2009年版，第27页。

份认同的问题。在一个权利高涨的时代,少数族群的维权扩张,以及对他们权利的尊重、维护和保障都获得了很高的合法性支持。对于民族国家构建批判最多的地方就是担心以同质化来牺牲少数族群的多样性,正如威尔·金里卡对这种"国家式民族国家建构方略"的正当性所坚持的观点是:"除非对少数民族权利加以补充,否则国家式民族国家建构就可能是压迫性的、不公正的"①。另一个批评的地方就是统一的标准往往是以维护国内主体民族的利益为准则,出现以大欺小的现象。笔者认为:生活在一个政治共同体的人们具有多重身份角色的扮演,既有与生俱来的族属身份、地域身份等,也有基于法律规则之上的公民身份,公民身份是在多样性族属身份基础之上而抽象出来的一种政治身份,从而把形色各异的多元主体统一整合起来,值得强调的是,也只有基于多样性族属身份的公民身份整合才能获得不同族群的心理认同。

(三)民族主义与国家主义的争论:直接可能导致国家分离的严重后果。民族主义甚至"民族国家"受到一些学者的诟病,认为这些概念的构建在解释上具有很强的人为性、在实践中具有很强的进攻性和侵略性,原因在于在欧洲近代率先走上民族国家的资本主义国家在民族主义运用上的双重标准,在自己通过民族主义走上民族国家之后,又以"一族一国"和"民族自决"来千方百计阻挠后发国家的民族建构进程。在后发民族国家中的复杂性在于具有纠缠在一起的双重身份,它可以成为抵御外敌入侵、摆脱殖民统治完成民族建国的旗帜,也可能反过来又被外国势力利用成为瓦解分化主权国家的棋子,真可谓"成亦萧何败亦萧何"。笔者认为:从建构主义的视角看,民族与国家有很大程度的同源性,克服民族主义过多受到非理智、情绪化的传染,走向民族主义理性的制度化建设层面上来是化解矛盾的关键。

基于这些理论和政策层面的纷争来探求进一步完善民族国家建设的路径,澄清一些模糊认识,真正实现中华民族伟大复兴的中国梦。

---

① [加拿大]威尔·金里卡:《少数的权利:民族主义、多元文化主义和公民》,邓红风译,上海世界出版集团2005年版,第1—3页。

二、相关概念的澄清

（一）族群与民族。笔者赞同不少学者把族群和民族作以界分的认识，族群更多是历史演进和社会传承所形成的具有相同社会和心理基础的人员组织结构，安东尼·史密斯对族群的界定为："与领土有关，拥有名称的人类共同体，拥有共同的神话和祖先，共享记忆并有某种或更多的共享文化，且至少在精英中有某种程度的团结"[①]。民族更多具有构建的成分，是资产阶级为了完成民族国家的建立而伴生的和构建的产物，同时，也推动现代国家的形成，正如莱斯利·里普森所说的那样："国家在努力的构建民族，民族亦在努力地整合国家"[②]，民族与国家具有相互建构的特点。这里也想澄清一个认识：强调国家民族的构建，并不是要搞民族同化或民族压迫。也不赞同这种观念："'民族国家'观在本质上是一种排斥民族多样性的政治民族主义，与之相适应的是民族同化政策"[③]。强调民族的构建，不是抹灭族群的客观存在，事实上，族群也可以转化为民族的，诸如苏联加盟共和国解体之后，一些族群就构成新的国族，构筑成新的民族共同体。很多学者认为，政治化的族群就成了民族。笔者也比较赞同安东尼·史密斯对民族的界定："具有名称、占有领土的人类共同体，拥有共同的神话、共享的历史和普通的公共文化，所有成员生活在单一经济之中并且有着同样的权利和义务"[④]，既坚持了民族的历史文化性，又强调了民族的政治法律性特征。即人们对于"民族"的理解两种路径：其一，从观念史的角度来理解民族，民族是构建的产物，是想象的政治共同体，也是近代资产阶级为了完成近代国家的独立，创造出来的概念，凭借高涨的民族主义情结，在西欧建立起第一批独立的民族国家。通过把不同族群的人们

[①] [英]安东尼·史密斯：《民族主义——理论、意识形态、历史》，叶江译，上海人民出版社2006年版，第12—14页。

[②] [美]莱斯利·里普森：《政治学的重大问题》，刘晓等译，华夏出版社2001年版，第290页。

[③] 严庆：《冲突与整合：民族政治关系模式研究》，社会科学文献出版社2011年版，第272页。

[④] [英]安东尼·史密斯：《民族主义——理论、意识形态、历史》，叶江译，上海人民出版社2006年版，第14页。

凝聚在构建出来的"国族"概念之下，从而基于对"国族"的认同完成对现代国家的构建，在这一层次上，民族与国家有很大的一致性，代表国家性的民族具有鲜明的政治属性。从观念上界定民族的学者往往建议把民族与族群加以区分，更进一步的区分是民族突出其政治属性，族群突出其文化属性。其二，从人类演进和社会变迁的角度，民族是一个历史的产物，非常强调遵循民族的历史传承和民族的演进。认为族群就是民族，国家是多民族共同努力争取的产物，诸如新中国的独立就是多民族并肩作战，通过艰苦卓绝的战争换来的，多民族联合执政、共享公共权力就是必然的要求。所以，从这一角度来理解民族的学者就非常不能赞同"族群的去政治化"这一说法，认为"去政治化"就抹杀了少数民族的政治权利、也是为了实施"民族同化"。笔者认为没有必要把这二者对立起来，恰恰需要把这二者有机地统一起来，把对民族的国际层面的理解和国内层面的理解统一起来。笔者对族群和民族的界分最重要的是为了避免语意使用和适用阶梯上的混淆，而没有意识形态的色彩，也是为了分析问题的方便，族群是民族国家之内的子集，而民族强调超越族群利益之上的国家民族的重要性。

（二）民族主义。对于民族主义的定义也是众说纷纭，在民族主义前面加了很多的限定语，诸如公民、族裔、政治、经济、文化、宗教等，根据路易斯·斯奈德的统计，至少存在 200 种以上的对民族主义的定义。"民族主义"最早由一个流亡英国的法国传教士奥古斯丁·巴洛大约在 1789 年提出，全盛于 19 世纪，主要随着资本主义的蓬勃发展，社会精英们借助"民族主义"理念，兴起"民族主义"思潮，强调本民族的文化特征和传统领地，纷纷建立"民族国家"。尼尔森的概括比较精致，认为民族主义主要围绕两个中心问题："一是民族群体成员对待民族集体认同的态度；二是民族成员在争取和维持政治主权时所采取的行动。"[①] 笔者想从情感和理性上强调以下两点，一是作为意识形态的民族主义，民族主义构成爱国主义重要组成部分，尤其在"亡国灭种"的危急时刻显得更为突出。当然，民族主义也可以被国内的民族分裂

---

① Nielsen, K., "Cosmopolitanism, Universalism and Particularism in the age of Nationalism and Multiculturalism", *Philosophical Exchange*, 1998-1999, 29: 3-24.

分子和国际的民族干涉分子所利用，成为分离民族主权的破坏势力。二是作为制度建设的民族主义，只有从暴风骤雨式的情绪化民族主义走向制度化的民族主义，民族主义才能发挥出更多的正激励。对于民族主义这个复杂的概念有极力赞美者，也有极力嘲讽者。为什么会出现决然相反的两种判断，这主要源于民族主义可以分为民族解放主义和民族扩张主义两种类型。民族解放主义促进了"原生型的民族国家"构建和"解放型的民族国家"产生。民族主义是近代以来，"民族主义的意识形态自法国大革命后得到广泛传播，这种意识形态狂热的最辉煌的胜利就是民族自决权被奉为国际法中的组成原则"①。民族主义是民族国家建国的利器，与政治诉求强烈相关的一种观念构造、也是一种轰轰烈烈的社会运动，民族构建就是国族构建，不少学者把这种主要依据法律、政治和文化意识形态构建的民族国家的原创型模式称之为"原生型"的"民族国家"。然而，当原生型的民族国家独立构建之后，纷纷走上民族扩张的血腥殖民统治，以反抗压迫为主要目标的新兴资本主义民族国家很快又走上压迫和奴役殖民地人民的统治。但同时，处在亚非拉的殖民地和半殖民地国家接受西方民族建国思想的精英分子，也出现了现代的"民族意识"，纷纷推动本地"民族主义运动"，反抗帝国主义和殖民主义的压迫剥削，也建立起自己的多族群的"民族国家"，有学者把这称之为解放型的"民族国家"。因此，在反抗封建贵族的压迫和外来殖民统治的意义上，"民族主义"和"民族自决权"在新国家的创建中具有非常积极的价值，也具有很高的合法性基础。另一方面，民族主义的负面效应也不容忽视，在解放型民族国家，也往往由于民族主义和民族自决权的滥用，再加上外国势力的干预，引发地区纷争和动荡，使后发展中国家的民族统一面临重重阻碍。因为"'民族情绪远远超过对自由的热爱，人们都愿意怂恿（本族）统治者去粉碎那些非我族类、语言有差异的任何民族的自由和独立'（Kohn，1962：12）"②，不仅把外国殖民地视为"异类"，而且对于民族国家内部不属于主体民族的族群，也会实施极端的民族主义，诸如希特勒对德国犹太族群的大屠杀、法国

---

① 马戎：《民族社会学：社会学的族群关系研究》，北京大学出版社2004年版，第570页。
② 转引自马戎：《民族社会学：社会学的族群关系研究》，北京大学出版社2004年版，第577页。

对外来移民的驱逐出境。要么被同化,要么被排斥,非友即敌的敌我划分是民族主义走向极端扭曲的一种突出表现。由于对本民族利益评判标准的差异而必然导致民族主义适用的复杂性。

(三)民族自决权与民族区域自治。民族自决权最初的正当性和合法性基础来自于殖民地和半殖民地人民反抗和摆脱被殖民的奴役地位,建立独立主权国家。尽管亚非拉不少殖民地和半殖民地国家纷纷独立,然而,由于领土疆界的人为划分,为后来民族国家内部的分离运动埋下隐患,诸如非洲国家版图好似被直尺切割的样子,就是国际的民族干预势力为了利用民族自决权来挑起和扰乱民族国家内部的民族主权而有意为之,导致族群认同与国家认同的冲突,构成地区战乱和杀戮不断,从而达到在干预和调停的局势下依然控制着这些后发展国家的命运。民族区域自治是非常好的制度构想,也是积累历史经验的产物,尊重民族地区的传统和习俗,在享有高度自治权的前提下,把民族地区的地方自治与国家治理有机地结合起来。当然,民族区域自治制度如何更好地落实完善还须进一步探讨。

(四)国族构建。所谓国族构建指的是"引导一国内部走向一体化,并使其居民结为同一民族成员的过程"①。"国族建构作为一种官方推进的政策发端于法国大革命时期,包括两个方面的内涵:一是政治统一的建设,通过一系列制度和政策的实施,建立国民对民族国家的忠诚;另一方面是文化的统一性建设,即通过制度、政策和教育宣传等促进国内文化的同一化和以国家为中心的统一民族认同,一个国家一种文化,从而实现民族的'同质化'。"②这里想强调的同质化不是唯一化,而是尊重多样性为前提的一体化,这种"重叠共识"是对国家认同的重要心理基础。无论是对于像中国这样几千年没有间断的文明国度,还是对于像美国那样只有两百多年历史的移民国家,都面临国族不断重构的问题。李强教授认为尽管中国从秦汉就注重国家的建构,在近代国家出现以前,中国的国家制度构建显示很强的优越性,但和欧洲15、16世纪开始的近代国家比较起来,优势就不存在了,缺乏强有力的国家

---

① [美]米勒等主编:《布莱克维尔政治学百科全书》(修订版),邓正来等译,中国政法大学出版社2002年版,第527页。

② 王希恩:《论"民族建设"》,载《中国社会科学院研究生院学报》,2004年第3期。

建构和中央集权，统而不治，中央政权管理社会、渗透社会、控制社会、约束社会的能力相当弱，比较松散，民众也多一盘散沙，动员能力比较弱，这也是传统中华帝国面临资本主义民族国家的世界范围冲击而迅速衰败的原因所在①。甘阳教授认为，传统中国有天下观而少国家观，有中心观而少疆域观，因此他也呼吁，在世界民族国家作为基本政治单元的世界政治格局中，中国完成民族国家的构建是第一要务，也即以主权观念和疆域意识来强化对国家的认同，也只有国家具有强大的吸纳和动员能力才能具备强有力的国家能力，才能在世界民族国家之林中具有竞争力。这就要求从历史记忆和时代精神中挖掘新的元素构建和凝聚作为国族概念的中华民族。

三、当前中国民族问题面临的突出难题

（一）形成国家认同所面临的内在张力。白鲁恂指出，一个后发展的现代化国家在政治发展过程中可能会在它发展的每个不同阶段遭遇到六种危机，而这其中"最首要和最基本的"，就是民族国家的认同危机②。民族国家认同的构筑可分为三个层面：第一层面是"族群认同"，指的是一个人由于客观的血缘纽带或主观认定的族裔身份而对特定族群产生的一体感；第二层面是"文化认同"，指的是一群人由于分享了共同的历史传统、习俗规范以及无数的集体记忆，从而形成对某一共同体的归属感；第三层面是"制度认同"，指的是一个人基于对特定的政治、经济、社会制度有所肯定所产生的政治性认同。不仅这三个层面的认同差异会带来矛盾冲突，而且正如上文所言，民族主义内在的双面性，这把双刃剑运用得好坏，取决于我们对民族主义所持的立场。一方面制度化的国家民族构建与国家构建具有相同的内涵，另一方面，情绪化的狭隘民族主义也容易蜕变为单纯的种族民族主义，引发民族分裂主义倾向。"辛亥革命以来，边疆民族地区的社会政治力量——如蒙藏地区的王公贵族、上层喇嘛们，都曾以维护本民族之'民族利益'为借口竞争权力，并且以此而激发本民族成员的民族主义情绪。对此，民初中央政府做出了重大努

---

① 李强：《行政体制改革的政治学解读》，见腾讯网编：《理解中国：燕山大讲堂中国问题思辨录》，中国言实出版社 2010 年版，第 26—27 页。

② Lucian Pye, *Aspects of Political Development*, Little, Brown & Co.1966, p. 63.

力,从民族国家构建的角度,采取各种手段,以实现国民之统合,维护民族国家完整的政治疆域和版图,获得独立完整的主权"①。因此,民族国家本身,就是新的民族共同体出现之后如何构建为了协调民族与国家之间的二元关系而创造的制度模式。也即是说,面临着如何整合各种政治力量和社会力量之间的冲突与博弈、如何巩固民族国家、如何释放新的民族共同体所蕴涵的创造性力量、如何在与其他民族国家的竞争中有效地维护新兴的民族共同体的利益等一系列重大的现实问题。而这些问题中的任何一个,都不是轻而易举就能解决的,必须通过一个长期的过程。只有在民族认同国家,民族将国家视为自己的国家,当作自己的政治屋顶的时候,即民族共同体将民族的认同与对国家的认同统一起来的时候,才能实现民族与国家的协调一致。因此,民族国家解决好这些历史性问题的过程,就是民族国家的构建过程,正是从这一层意义上,国家认同与民族认同具有很大的同一性,而国家建设是民族国家建立起来以后必须完成的历史性任务。

(二)基于行政的民族区隔强化族群认同而弱化了国家认同。每个国家普遍的民族问题就是族群认同与国家认同之间的矛盾,除了在革命和其他特殊时期,由于国家离人们相对遥远和抽象,对国家的认同往往被悬置甚至被忽视。而对于族群的认同则与生俱来、并常常伴随许多的民族仪式和节日,再加上相同的生活习惯和相似的心理基础,更容易形成族群认同。随着中国整体国家实力的增强,中央与民族地区总体上还是处在稳定可控状态,但也不乏"疆独"、"藏独"和"蒙独"等分离破坏活动,制造民族矛盾、扰乱政治秩序。从世界范围其他民族治理经验来看,无论是苏联具有民族等级的民族区域自治制度(用阶级斗争的方式来处理民族问题实际上背离了民族平等和自治的原则),还是南斯拉夫推行各民族完全平等的民族区域自治制度(绝对的平等、相同的选票、轮任制等一刀切的行政化安排,而没有考虑到民族之间的差异),它们都没有很好地处理国内的民族之间的关系,而导致国家的解体。笔者认为,解体的一个重要原因是行政权力过度介入民族关系之中,

---

① 冯建勇:《辛亥革命与近代中国边疆政治变迁研究》,黑龙江教育出版社2011年版,第335页。

由于民族问题更多属于心理认同层面的问题，而行政权力的过于刚性的"一刀切"特点，政策制定的初衷可能是好的，但是在实施过程中就会走样，或出现预料不到的坏结果。从我国传统的民族治理经验来看，一方面靠在民族地区设置行政机构，另一方面更多靠儒家文化的软实力影响，也以生番和熟番加以区别对待，尽可能把生番变成熟番，淡化族群差异，也通过民族之间贸易往来、交流，甚至和亲等多种途径来加强族群之间了解和融合。从历史上看，基于文化认同基础之上的传统中国的民族关系处理还是比较好的，这需要我们重新审视过去一些比较好的文化主义民族政策，这有助于为中国现阶段和未来民族关系的完善奠定较好的基础。由于民族问题有较为强烈的文化属性，能通过文化来化解的问题优先适用文化手段。各族群之间相互交往过程也是形成他们相互吸纳和相互融合的自然历史进程，对于自然形成的民族融合我们应该尊重，而不要过多地人为行政干预去保留所谓的"民族差异性"。在这一层面意义上，有不少学者对照搬苏联的民族识别和民族区域自治制度的做法提出有益的质疑是值得肯定的，民族识别和民族区域自治制度的初衷是非常好的，是为了确保各民族的地位平等和权益得到制度的保护。然而，把通过民族融合已经很少差别的族群还去贴"行政标签"，或已经按照行省制度运转比较好的区域也划为民族自治区域地方，这些行政化措施也许无意识地会带来的结果是：强化了族群的认同意识，族群又通过各种途径来界分"他者"与"我类"；加剧民族地区纷纷也要求被授予民族自治区，诸如在访谈中，青海省的呼声就比较大。这些好的政策初衷在制度运行中产生的越来越严重的后果给我们的启示是：对于民族问题，行政权力的介入尤其要谨慎，但在我国的现代民族国家构建的相当长一段时间里，由于民族国家的政治治理还不够成熟，文化治理又被过度否弃，更多或大量地选择对民族问题的行政治理这种相对武断的方式，积累了不少问题亟待解决。我们应该尊重历史传统，以柔克刚，探寻族群认同的深度心理基础，找到适当的对接方式；也在尊重族群认同的基础上，提升和培养对国家的认同，学会民族问题的政治解决，以润物细无声的方式调和族群认同与国家认同之间的矛盾，才是未来的着力方向。

（三）基于族群身份的福利政策加剧了各族群之间的利益纷争。我国民地区多是偏远落后地区，国家给予政策福利的扶持对于减少地区差距和困难户的救助有很大的必要性和正当性。然而，中央从国家层面对于民族地区的关注和物资援建可谓不少，青藏公路和青藏铁路等基础设施的建设可以说是解放军用生命和鲜血铸就；为了改变民族地区缺医少药险恶的生存环境，国家花费大力气从改善人们的居住条件做起；每次自然灾害之后，社会各界情系灾区、募集善款，纷纷奔赴灾区，等等。为什么出现越扶贫越贫、越给予越等待给予的恶性循环现象呢，甚至把这种给予看作是应得。另一种现象是：对于国家民族福利政策并不认同，甚至有把民族地区的国家资源据为己有的产权私有化倾向，作为与国家谈判的筹码，认为越是闹事国家会给予越多的物资和关注。物资援建不是不搞，但不能期望仅靠物资援建就能够换取民族地区老百姓对于国家的理解和认同，因为这有一条几乎对于所有人都普遍适用的真理：每个人的物质欲望是难以满足的，而且物质满足是一个刚性需求，能升不能降，再加上不同群体之间的物质攀比，想通过物资的给予换取民众的心理认同的道路是走不通的，即使取得成效也是暂时的。因为一方面增加了国家的财政压力，另一方面在财政再分配过程中也会引发和加剧族群之间的利益纷争。基于族群身份差别对待的福利政策不仅在不同族群之间，甚至在同一族群之间也会导致分配不公的问题，在相互比较中总有人感受到某种身份受到歧视，一种相对剥夺感很容易就产生。本想通过福利政策解决问题，然而又引发新的更为严重的身份歧视问题，如何做到公平正义的分配是一个永恒的政治难题。从实践上看，也不能把民族问题简单化为货币金钱问题，试图以经济的福利政策去换取民族地区的政治安定、靠人民币去换取民族地区的政治稳定，这些被实践所证明的结果是：维稳经费逐年攀升而危机事件此起彼伏。尽管笔者也赞同对民族地区的优惠政策在目前来说是一项可调整而不可撤销的战略性政策，但是"单纯强调和固化任何一方的政策都必然引致多民族国家内部族际整合的破坏和地区发展的失衡，进而导致多民族国家经济的动荡、社会的撕裂、文化的歧视，苏联和南斯拉夫的解体都是典型的例证"[①]。美国在福利政策方面的补贴和扶持做法值得我们借鉴，"国家的财政

---

① 陈建樾：《多民族国家和谐社会的构建与民族问题的解决——评民族问题的"去政治化"与"文化化"》，见陈建樾、周竞红主编：《族际政治在多民族国家的理论和实践》，社会科学文献出版社 2010 年版，第 261 页。

救助和帮扶政策更多是基于公民身份而获得政治权益，而不是因为族群身份而获得差别待遇，即使是针对族群的政策也更多选择通过发达的民间组织来实施这些慈善帮扶，而不是行政的再分配"①，在他们的人事档案中也不像我们国家专门有一栏要注明族群身份，对于自然灾害、生理疾病或失业等也会享受到政府福利，主张因事而不是因人而受到福利补偿，而且是每个公民享受同等的待遇。因此，笔者并不是反对对我国民族地区进行福利政策的帮扶，而是主张不要以族群身份为标准，而是以公民身份给予平等待遇，以事件或项目的方式来进行财政拨付，以非政府组织的方式去推进慈善帮扶，避免因身份认同的问题而引发新的民族矛盾。

第三节 国外民族国家治理民族问题的经验启示

一、苏联模式

"十月革命"的胜利为苏联赢取了社会主义新政权，在帝国主义链条最薄弱环节取得伟大胜利给人们极大鼓舞，但过于迅速的胜利也使苏联共和国的统一有不少权宜之计的制度设计。诸如尽管采取了以民族国家为单位的联邦制来统一前沙皇俄国统治下的各民族，说是联邦制事实上更有点像邦联制，因为苏联的联邦制在成立之初就相对松散，各加盟共和国可以选择加入或退出苏联共和国。其次，苏联在处理民族问题上过多的行政治理也为后来的分裂埋下隐患，"在宏观层面上，苏联实行'加盟共和国'、'自治共和国'、'自治州'等地域的族群分立和自治制度，把族群与地域明确联系起来，使族群在一定程度上'疆域化'并带有'民族'的色彩；在微观层面，在20世纪30年代进行了'民族识别'并实行注明公民'民族身份'的内部护照制度"②。

---

① 马戎：《中国社会的另一类"二元结构"》，载《北京大学学报（哲学社会科学版）》，2010年第5期。

② [美]R.康奎斯特：《最后的帝国——民族问题与苏联的前途》，刘靖北、刘振前等译，华东师范大学出版社1993年版，第59页。

把少数民族与疆域的结合的行政区划，甚至通过民族迁移的方式把相同少数民族固定在同一区域，这就很容易把对族群的认同与对疆域的认同联系起来，在苏联国力比较强大时还能保持对加盟共和国的吸引力，而当族群意识甚至分裂主义强化之后，这种体制安排很容易加剧分裂倾向。正如马戎所强调"各个族群拥有自己的自治地域和其他各项政治权利，正是这样的制度安排后来为各族群脱离苏联、独立建国在法律上提供了可能"[1]。另外，斯大林及其后继的领导人，从赫鲁晓夫到戈尔巴乔夫都一再声称国内民族问题已经解决，对存在的民族问题隐患缺乏足够的认识，过于自信地以为国家认同已经具有牢不可破的共同基础。诸如赫鲁晓夫认为"苏联已经形成了具有共同特征的不同民族人们的新的历史共同体——苏联人民"。如果是在文化多样性和强烈的心理认同基础之上所形成的"苏联认同"，的确能在不同的民族群体（如俄罗斯人、其他斯拉夫民族、波罗的海民族、中亚穆斯林民族等）之间形成一种民族的凝聚力。然而，苏联的国家认同实践，主要强调了共产主义意识形态共性，而忽视了各民族人民在历史发展中形成的共同文化方面的认同要素，行政治理远远超过了文化治理，尤其当意识形态越来越走向僵化，对意识形态出现认同危机的时候，这种基于行政强制而形成的认同感就迅速淡化甚至消失。由于本来就相对松散的民族联盟，当面临共产主义意识形态整合链条出现断裂时，各民族成员很容易诉诸本民族文化为基础的"民族认同"来界定自我身份，这种强化的各民族意识很容易走上以建立独立国家为目的的民族分离主义。苏联对民族问题的处理给我们的启示：过于刚性、集权的行政治理模式成就了苏联的辉煌，也导致了苏联政权的一夜坍塌。正如有学者认为：把国家认同高度意识形态化和制度化反倒成了造成民族分裂、国家解体的重要原因。

---

[1] 马戎：《理解民族关系的新思路——少数族群问题的"去政治化"》，载《北京大学学报（哲学社会科学版）》，2004年第6期。

二、美利坚模式

（1）"政治一体化"下的"文化多元主义"。美利坚民族，经历三次大的国族构建的锻造，"第一阶段可以称作是'盎格鲁－萨克逊化'阶段，它的文化导向明确以盎格鲁－萨克逊民族的传统文化为中心；第二阶段叫'熔炉'阶段，主张群族之间彻底相互融合；第三阶段叫'文化多元主义'阶段，主张承认并容忍'亚文化群体'的存在"①。正是经历了自然演进的三次美利坚民族的锻造，既超越了以盎格鲁－萨克逊民族为中心的大民族主义倾向，又形成了基于融合基础上的国族共识，而且又在统一的国族认识的基础上，很好地处理多元与统一之间的关系问题，即逐渐使美国形成不以任何一个族群的文化为中心、而是多元文化共存的国家，也使一个族群、种族、宗教和语言等都极其多元的国家从而具有强大的内聚力，成为世界民族国家中的头号种子，不仅对远离大陆的夏威夷和阿拉斯加具有很强的吸附能力，其他国家的民众也趋之若鹜，心神向往。但值得注意的是："美国在讨论与处理种族、族群关系时十分强调'文化多元主义'。同时，'文化多元'首先并不意味着各族群在政治、地域上实行任何形式的'割据'而危害国家的统一，美国的'文化多元'之上有十分强大的'政治一体'，各州和联邦都是很强的政治实体。美国虽然允许成立以某个族群为基础的、不具有排他性的文化团体，但绝不允许建立在种族、族群方面具有排他性并具有'自治倾向'的政治组织和经济组织。"②因此，美国民族政策给我们的启示之一是：建构"文化多元、政治一体"的模式有助于整合族群矛盾和差异，偏执于任何一端都会引发民族危机。

（2）在关于民族问题的行政操作层面有意淡化族群意识，强化公民意识。美国通过构建"一种种族混合的行政体系、军队体系、学校体系和司法体系使各种族——族群成员在其运行过程中较少感到不同种族之间在公共事务中

---

① 马戎：《民族社会学：社会学的族群关系研究》，北京大学出版社 2004 年版，第 181—182 页。

② 马戎：《理解民族关系的新思路——少数族群问题的"去政治化"》，载《北京大学学报（哲学社会科学版）》，2004 年第 6 期。

的'区隔',使当事人在处理事务时主要考虑自己的具体职责而不是是否需要维护'本种族—族群'的权利和利益"①。制度权威和职位权威胜于"族群身份"的优越感,而且美国通过大众传媒等多种手段淡化"族群"的政治色彩、模糊族群身份边界、户籍档案中也没有民族成分这一栏目,而又从文化上突出美国是一个"多族裔"的国家,鼓励族群之间相互交流、相互通婚、相互影响、多元共存。国家的财政救助和帮扶政策更多是基于公民身份而获得政治权益,而不是因为族群身份而获得差别待遇,即使是针对族群的政策也更多选择通过发达的民间组织来实施这些慈善帮扶,而不是行政的再分配,以避免"族群问题"的政治化。因此,美国民族政策给我们的启示之二是:以塑造新型的国家与公民之间的关系来超越地域和族群的身份属性,减少人为歧视引发的纷争甚至分离倾向。

三、加拿大、澳大利亚模式

加拿大在世界上第一个宣布推行多元文化主义政策,澳大利亚是紧随其后第二个宣布推行多元文化主义的国家。加拿大、澳大利亚两国都是国土面积广阔、资源丰富的移民国家,实施多元文化政策,它不突出任何一个民族,也不贬低任何一个民族,让不同文化之间相互理解和融合,这既有助于推动不同民族属性的文化发展,也有助于不同族群在政治平等基础上共同参与、合作共建一个崭新的民族国家,实现各民族共同繁荣。诸如加拿大制定了《加拿大人权法》、《权利和自由宪章》等来保障各民族的平等,并在联邦政府和各省、市建立了多元文化委员会和人权委员会。在相互理解和融合的进程中,他们也喊出了做一个"加拿大人"、"澳大利亚人"的口号,这种呼吁非常有助于国族共识的达成和国家认同的形成,表达出一个移民国家多族裔的共同心声。而且随着这些国家整合凝聚能力的增强以及在国际事务和区域角色中扮演越来越重要的作用,共同的国族认同感必然越来越增强。当然,加拿大魁北克省的分离运动也一直困扰着加拿大的国家整合。从澳大利亚来

---

① 马戎:《中国社会的另一类"二元结构"》,载《北京大学学报(哲学社会科学版)》,2010年第5期。

看,在 20 世纪 70 年代以前,澳大利亚被认为是固有的种族主义国家,是英国的前哨和对付土著人的国家,现在已发生了很大变化,多元文化政策已经使澳大利亚形象在国际上产生影响,特别是对亚太地区,也对我国从民族认同到国家认同的实践有一定的借鉴作用。

四、印度模式

印度国情特别复杂,是一个多宗教(印度教、伊斯兰教、锡克教、耆那教、基督教等)、多族群(孟加拉人、泰米尔人、旁遮普人、比哈尔人等)国家,也是一个族群文化差异、语言差异、地方利益差异以及意识形态差异突出的国家,再加上根深蒂固的种姓制度形成的等级差别,必然带来各种意识形态冲突和政治派别的相互牵制。但随着南亚大陆的觉醒,这只美丽孔雀愈发展示出其魅力,在经济上成为金砖五国之一,增长速度显著,并成为计算机软件设计王国,极大鼓舞了印度人民的士气;在文化上宝莱坞影视与美国的好莱坞相媲美,对于向世界传播印度文化和提升印度共同的文化认同功不可没;在政治上,被西方资本主义国家认为是民主转型最为成功的国家,也有非暴力不合作运动的传统,各种政治力量之间相互宽容的政治文化逐渐达成,一个相对稳定的秩序共识被越来越多的人所认同,这为印度的崛起积累了政治资本和提供了制度化保障。"印度在沦为英国殖民地之前存在无数个大小不同、彼此独立的土邦,是英国殖民政府把这些土邦组合到了一个政治架构之中。基于这样的历史背景,印度政府自独立后就积极致力于在全体国民中发展'印度人'的共同认同,从历史文献和文化传统中努力缔造一个可以凝聚各个族群、各个宗教群体的'印度的共同文化'"[①]。可见,对于一个多民族、多种性、多语言、多宗教的印度,很重要的也是在各民族平等的基础上,通过竭力建构"印度共同文化"和"印度人"的共同认同,来淡化族群和宗教群体的族群意识,打造共同的政治共同体感觉。这些被各民族国家所认可并积极贯彻落实的举措也为印度的崛起带来良好的治理绩效。可见,作为后

---

① 马戎:《理解民族关系的新思路——少数族群问题的"去政治化"》,载《北京大学学报(哲学社会科学版)》,2004 年第 6 期。

发展中的大国，印度也在积极探寻共同的印度文化和作为"印度人"的国族认同来整合国内的多种矛盾差异，正在迅速崛起的印度得益于相对宽容理性的民族政策。

五、后发展国家模式

对于不少的后发展中国家，还存在从传统国家向现代国家转型的问题，对于民族问题的处理多通过强制和单一的方式进行，容易形成相互对立的反抗性少数民族主义倾向，往往诉诸暴力甚至国内战争而使冲突升级，而不是宽容和尊重不同民族的差异性和自治诉求，这不仅难以缓和民族冲突，反而加剧民族分离倾向，当然，后发展中国家的民族复杂性也在于：往往有外国势力的干预。再加上民族地区民众绝大多数都信仰宗教，宗教领袖的魅力权威在其心目中根深蒂固，这使民族问题更加复杂，深度的心理认同问题企图通过武力达到同化民族差异的做法往往难以奏效。我国在这方面过去也曾犯过错误，诸如破坏寺庙建筑，驱逐僧侣，试图改变其宗教信仰，处理民族问题也比较单一僵化，民族隔阂与民族纠纷成为国家统治的严重内患，好在我们及时调整了错误的处理民族问题的做法，尊重民族地区的宗教信仰自由和贯彻落实各民族之间的平等共处。历史教训证明简单粗暴的处事行为，是不能在民族地区奏效的。

第四节 妥善处置民族与国家关系的路径选择

一、政治上的国族构建

正像莱斯利·里普森所说的那样："国家在努力地构建民族，民族亦在努力地整合国家。"[①] 现代民族以其鲜明的政治性区别于基于传统文化联系的传统民族，现代民族是经由国家整合而具有国家形式的民族。现代民族内部具

---

① [美] 莱斯利·里普森：《政治学的重大问题》，刘晓等译，华夏出版社 2001 年版，第 290 页。

有一种内在的张力：既要有"同一性"为现代民族的国家构建提供共识基础，又要避免"同质化"所引发的政治权力的异化，因而现代民族又具有动态的开放性。这也即是说，民族又反过来重塑国家，一方面，对于国家的民族建构需要取得族群的认同，另一方面，各族群也为了监督反控国家又给国家的健康发展提供源源不竭的动力。基于国族的对民族国家的认同，只有建立在尊重和保护不同族群的权益的基础之上，才能有牢不可破的坚实后盾。尽管作为"国族"的民族概念是通过想象力构建出来的，但也不是凭空构建的，而恰恰是基于对族群主体的尊重，在族群交往与碰撞的过程中形成相互之间的认同，以及对超越各自族群之上的政治共同体认同的形成。也只有基于达成的"重叠共识"进行的"国族"构建才具有心理和文化认同根基。可见，对于国家民族的构建不是磨灭差异性的同化构建，而是"多元一体"的智慧构建，既秉承"文化多元主义"的原理，又坚持"政治的一体化"的保证，在文化自愿的基础上，进行族群之间的融合，而反对行政上族群同化的强制。

当今的世界格局是以享有法律主体资格的民族国家为基本单元所形成的政治体系，每个民族国家的国族构建也都是在国家的推动下多重因素交互作用的产物，在民族国家的建设过程中扮演着极其重要的角色。诸如铁托时期的南斯拉夫由于人们对于南斯拉夫民族的认同感比较高，国力昌盛，国内族群间关系也非常融洽，而目前由于国族认同的危机导致南斯拉夫出现四分五裂的局面，族群矛盾尖锐，纷纷走上独立建国的道路。联合国开发计划署 2004 年基于对西班牙、比利时的个案研究也得出："建设'国家民族'的成功战略能够且确实通过周密制定文化承认的回应性政策而建设性地容纳多样性。它们是能够确保政治稳定、社会和谐的长远目标的有效解决办法"[①]。现代国家和国族形成之间也是相互建构的关系，到底是先有民族还是先有国家的争论意义并不大。从早期英法的国家与民族的关系看，是先建构现代国家，然后通过现代国家的权力机构和制度装置来构建一个现代的英吉利民族和法兰西民族。而对于德国而言，却是先形成民族意识，然后以民族主义推动和努力创

[①] 联合国开发计划署：《2004 年人类发展报告》（中文版），中国财政经济出版社 2004 年版，第 49 页。

造现代国家，迅速改变落后局面，进入发达资本主义国家行列。尽管形式上自辛亥革命以来中国迈向现代国家的道路，但具有强大动员和整合社会的现代民族国家依然是当前中国的国家建构的首要任务，国族的构建也是民族国家发展的前提。民族国家必须进行政治整合，把各种社会政治力量整合在统一的政治共同体之中，把多样性的传统民族整合为一个统一的国家民族，从而从根本上为民族国家的统一、稳定和发展创造坚实的基础。人们也可以从民族国家的实力增强中获得实惠和尊严，从而提升对国家认同的物质基础和心理基础。作为国族概念的中华民族之表述越来越获得全国各族人民的认同，国族构建也推动整体国家意识形成和推进现代国家的建设。

然而，民族自豪感不能仅仅停留在激情燃烧阶段，更何况在利益世俗化的年代维护自己本族群这样的狭隘利益也在上升，这使民族认同与国家认同之间的矛盾加大。这就要求国家一方面在已有历史记忆中寻找和形成基于情感的对中华民族的认同，另一方面也要从法律层面，加强对中华民族认同的制度化构建，而且应该上升到法理型制度权威的高度上来，确保构建出来的国族具有稳健的法律主体资格。从而避免民族主义被煽动和被利用的危险，使民族主义的情绪在理智的制度化框架下得以规训和引导，以便更好地服务于民族国家的历史使命。即"全体国民不仅在文化象征意义上被国家仪式、象征物（国旗、国徽、国歌）、民族英雄和历史物质遗迹在感情上连接起来，也在制度上被国家统一标准的制度安排结构起来，如交通与通讯设施、共同市场及其规则、代表国家意志的科层制官僚体系等，从而成为现实的具有强烈感情基础的政治、经济与文化共同体———一个新的国家化的民族。"[①]这对于构建国民和他国对国家的整体认同非常重要，从而确保国家作为一个整体的法人实体身份参与国际事务竞争和整合国内利益纷争，可见，国族的构建是国家必须完成的重要任务。

[①] 张军：《全球化视域下的国家认同及其建构》，载《青海社会科学》，2012年第2期。

二、文化上的差异共存

哈贝马斯认为解决国家认同与民族认同的关键"就是去塑造'政治文化的同一性'并保护'亚文化的多元性'"[①]。笔者非常赞同这一观点,认为除了在国族构建方面表现为政治的一体化之外,在文化上多元共存是尊重各族群的主体性和确保各族群之间关系和谐融洽的重要举措。民族问题的复杂性一个突出表现就是各族群在文化上的差异性和多样性,对于这些差异性和多样性的尊重和宽容,反而有助于更加客观地认清我国民族问题的现实,基于这些族群认同基础之上的国家认同才更具有坚实的现实和心理基础。中华文明是各族人民共同创造的辉煌灿烂的文明,中华民族的历史也是由以汉民族为主导的和以边疆少数民族发展为主导的复线历史,这一历史观念被人们广泛接受。著名学者费孝通教授在1989年曾提出"中华民族多元一体格局"的精辟论断也是这一观念的高度概括。中国自秦汉以来就是一个统一的多民族国家,传统的中华帝国基于文化吸附的"华夷之辨"积累了不少较好地处理民族关系的经验,中央对民族地区的怀柔政策,民族地区主动学习和融入,对少数民族的压迫和强制并不构成主流,而是各民族之间互相吸收、互相依存、逐渐接近,共同缔造和发展了以"文化认同"为纽带的"中华民族多元一体格局"。"从历史的维度看,中国的历史传统中面对民族或国家间'异质'冲突与安全威胁,主要倡导的是'天下大同'的'和合主义'价值取向,寻找的是'中庸和合'的解决途径"[②],而在国内的层次上,则需要解决"多"(56个民族)与"一"(中华民族)的关系问题,经过几十年的讨论,终于诞生了以"中华民族多元一体格局"为表述的理论范式。传统中国以文化的软实力来影响和作用于民族关系的处理,而不是更多的行政强制的运用,这为当前我国处理民族问题和和谐民族关系奠定了较好的基础,值得进一步发扬光大。中国文化所代表的一种"大文化"概念,超越了狭隘的族群文化和狭隘的大汉族文化倾向,所具有包容差异的"多元一体"的特征既能够提供"国族构建"的共识源泉,又能避免"民族同质化"的危险和批评。"多元文化认同并

[①] 关凯:《族群政治》,中央民族大学出版社2007年版,第88页。
[②] 张军:《全球化视域下的国家认同及其建构》,载《青海社会科学》,2012年第2期。

不必然成为国家认同的障碍,中国多民族国家的发展历史证明,国家认同完全可能超越文化同质化而得以实现"①。在此基础上寻找一个能够超越族群差异和文化差异的对话平台和达成各民族共识的国家认同的制度性基础。正是用"大文化"来保护"小文化",即用共同的政治文化"包容"不同的族群文化,从而避免弱势文化群体被残酷地蚕食,维护了少数族群的利益,也彰显了基于"共识"的共容性政治文化的地位。对我国而言,能担当起这一重任的非传统的中国文化莫属。我们强调政治民族的构建,并不是要否弃文化民族主义中的精华,尤其具有包容性的中国文化对于中华民族的"国族构建"意义非凡,也是超越于"族群文化"之上的共识的源泉。杜赞奇也看到中国包容性"民族主义"族群观的正面价值;赵汀阳也以"天下是天下人的天下"、"天下为天下人所共享"的中国文化的"天下观"来化解西方自由主义国家困境、有效解决民族国家的纷争、构建国际大同秩序;梁漱溟将之看作是一种"超国家主义":"它不是国家至上,不是种族至上,而是文化至上"②。传统中国是一个以中华文明为核心的帝国,虽然在血统上以汉族为主流,但帝国的国家认同却是超越种族的文化中心主义;无论东夷、南蛮、西戎、北狄,只要承认中华文明的文化正统,承认以儒家价值为核心的天下秩序,就可以纳入中华文明帝国的朝贡体系。甚至当蛮夷入侵中原,建立起异族统治政权,只要新的统治权力承认儒家文化理想和政治理念,就获得了统治的正当性。

三、经济上的互通有无

在现代政治学范畴内,在国家治理和国家结构中,如何使国家的政体和制度机制能够反映、表达各民族的利益诉求,建设一个与多民族格局不相脱离的现代政治共同体,这是一个宏大的话题。经济利益上的激励性共容机制的建立是处理当前我国民族矛盾的当务之急。目前存在一些比较严重的现象:一些上级机关和人们把对少数民族地区的经济援助看作是一种"恩赐",这种高高在上的大民族主义意识在滋长。少数民族地区也为全国的经济建设做

---

① 扎洛:《清末民族国家建设与张荫棠西藏新政》,载《民族研究》,2011年第3期。
② 梁漱溟:《中国文化要义》,见《梁漱溟全集》第3卷,山东人民出版社1990年版,第162页。

出了巨大的贡献，经济优先发展的地区对其必要的帮扶是减少地区差距和实现国家全面发展的必要措施。如果这种"恩赐"的优越感蔓延放大，不但起不到帮扶的作用，反而会激化族群矛盾，加剧"端起碗来吃肉，放下筷子骂娘"的现象。另一种观点认为对民族地区的经济自治权已经够大了，对其政策倾斜也不再需要了，没有看到我国广大民族地区还处在经济文化发展滞后、市场发育不健全和自我发展能力还比较低下的阶段的客观现实。如果没有全国各族人们的共同富裕和民族地区经济社会生活状况的根本性改观，经济建设的成果也可能在内耗中大量流失、或者隐患重重。当然，少数的地方主义倾向和地方势力也在抬头，尤其近些年来随着资源开发在经济增长中的比重逐年加大，民族地区的经济自治权旁落到一些利益集团手中，而当地的老百姓生活并没有得到多大的改善，关于资源的产权归属和过多粗放型开发管理而产生的问题越来越频发。这也导致在市场竞争的过程中围绕资源和利益再分配问题的矛盾越来越突出，"族群认同被有意识地操作和应用于经济竞争中"[1]，往往也构成民族问题的导火索，这里就需要处理好全局意识和自治意识二者之间的矛盾。民族分布与资源分布都极其不均衡，少数民族地区又是我国各种资源比较集中的地区，如何保持资源的可持续利用、缓解过早地走向资源枯竭、确保代际正义和良好的生存环境；如何建立统一的市场秩序、明晰产权以及建立对资源开发管理和激励共容的再分配公正合理的制度，构成民族国家经济建设的关键。"有的学者建议，提取适当的资源补偿税，留在当地，提取生态和环境保护费，用以保护和治理生态环境（董辅礽文）。有的学者建议采取股份制的形式，让资源所在地占有一定的股份，按股享有利益分配（韦继松文）。国土资源部对农民征地补偿也提出入股作为一种办法，是否也可以在少数民族地区资源开发利益分配中仿行。这些建议，都值得认真研究和吸取。"[2]

---

[1] [德]T.H.埃里克森：《族群性与民族主义》，王亚文译，敦煌文艺出版社2002年版，第20页。

[2] 黄铸：《构建中国民族理论的叙述话语体系》，华文出版社2008年版，第159页。

四、社会上的融合共建

国家往往利用手中掌握的权力和资源，一方面在制度上以国家统一的标准来设置一套自上而下的行政控制体系，如交通与通信设施、共同市场及其规则、代表国家意志的科层制官僚体系等，为一个新的国家化的民族提供制度保障；另一方面，通过家庭、学校、社会组织、大众媒介等社会设置，推行政治社会化，以达到整合国家和社会的目的。社区主义是化解褊狭的民族主义和国家主义的有力途径，从行政治理走向社区治理，社区的和谐稳定也是构成整个国家和谐稳定的坚实基础。其实，从历史上看，传统中国"王权不下县"，县域以下广大区域都是靠民间乡绅来治理的，尽管目前的社区治理与乡绅治理在性质上已经有很大的不同，但在很多形式上和精神意蕴上有很多相同之处，可以古为今用，诸如邻里之间的互助、乡村教育、水利和修路等公共事务的共建，等等，通过对社区公共事务的参与共治，互惠双赢、促进融合。随着我国单位制的解体，越来越多的人从单位人走向社区人，再加上行政权力向社会松绑放权，社会权力的回归从而也使社会获得自主性，作为缓冲剂和减压阀的社会也越来越显示其充满活力的社会功能。我国各民族之间长期形成交叉居住的格局，再加上当今社会的流动性加剧，随着人们交往的加深，社区共同体利益的共识也易于达成，这也有助于不同族群之间的交流与融合，尤其很多族群之间的相互通婚，人们在日常交往中形成的亲密社区关系更有助于化解族群之间的区隔和矛盾。尽管在民族自治地区存在一些族群之间相互区隔现象，然而，这在大都市的社区治理中就不那么严重，因为在一个社会流动性加剧的时代，由不同地域、不同族群、不同职业的人们组成的社会大熔炉的特征尤为明显，人们更多是围绕社区需要共同解决的利益问题捆绑在一起，以共同的社区利益共同体来凝聚民心，加深相互的认同和尊重，赢得较好的治理效果，诸如社区环境、治安和文化生活等。这也由于附加在各自身上的特殊身份（族群的、职业的）越来越隐退，公民身份越来越扮演非常重要的作用，"使每个人都以公民身份参与到民主法治国的建设中，从而实现多元社会的整合与稳定，化解民族国家的普遍主义与特殊主义之间的张力"①。这也是民族国家建设中许多学者所强调的从"部落国家"走向"公民国家"的必要性。这就要求培育公民社会，尤其为广大的民间非政府组织的发展壮大提供宽松的外部环境和智力支持，形成有效的社会化解矛盾的机制。

  当然，社区自治和社区治理也必须遵循循序渐进的演进规律，不要有太多的行政直接干预，否则，重回到行政治理的窠臼中去，使社区治理扭曲变形。因为通过行政干预的治理往往可能引发族群的逆反心理，达不到治理的效果，而通过社区自治和民间非政府组织的社区治理却能够把工作做得深入细致，以更加多元化、柔性化的工作方式赢得不同族群的深度心理认同，共同维护社区共同体的利益和参与社区共同体的治理，为之排忧解难，促使问题的尽快解决。这就要求一个具有反思平衡理性能力的政治公共领域的兴起，以便于政治参与能够以多种方式得以实现，同时，又要确保政治参与是在一种协商、理性和和平的氛围中得以展开。

---

① 应奇、佘天泽：《从民族认同到公民身份：现代民族国家的社会整合与多元稳定》，载《江苏行政学院学报》，2012年第2期。

第四章
党建国家中的国家自主性：使政党领导走向制度化

政党在现代国家的政治生活中发挥着越来越重要的作用，如何处理好政党与国家的关系是现代国家建设中难以回避的重要议题。理顺政党与国家之间的关系，保持政党的先进性，以党内民主为突破口加强政党自身行为的自我调适性，以适应现代国家发展和变迁的历史需要，把政党的行为纳入国家的制度化渠道中来，接受制度化规约，以便于政党更好地服务于国家，而不是国家服务于政党。因此，政党的制度化建设不仅是有力回击来自各方面的对于我们党国体制的批判，也是政党自身建设和政党长期执政的内在要求，而且对于政党行为的制度规约不仅不会弱化党的领导，反而会使党的领导更加规范，提升党的执政能力和执政绩效，积累更加牢固的政治领导的合法性基础。

第一节 政党与现代国家：理论与模式

"现代政党的产生主要有两种情形：一是现代国家制度发展的产物，如英国的政党，就是在英国议会制度运行中逐渐产生和发展起来的；二是为了确立和建设现代国家制度而诞生的，许多发展中国家的政党是由此出现的，不论是为了结束前资本主义的政权或体制而形成的革命性政党，还是为了迎接民主共和体制的确立、议会的开设和选举的开放而诞生的政党，都属此类。"① 我们把前者称之为"国家—政党"模式，后者称之为"政党—国家"模式。

一、西方的"国家—政党"模式：先有国家后有政党

（一）国家选择政党是为了满足治理国家的工具需要。在"国家政党"模式下，也并不是对"朋党之争"的负面后果视而不见，而是国家必须由代理人来进行国家治理，把政党作为代理人相对来说是一种最不坏的选择，随着议会机构和普选的展开，也有可能把政党之间的竞争纳入制度装置中，政党政治才逐渐与议会政治和选举政治构成西方三足鼎立的制度架构。"表面上看，政党制度始于政党的产生和活动，然而其实际的根源却在国家。因为，不同的政党只有在形成共同的主权认同和宪政制度认同的基础上，才可能在国家的框架内进行和平的政治竞争、协商与合作。"② 也即是说，政党的政治行为只有在国家基本的制度框架内运行才能获得合法支撑。

（二）西方对"党治国家"和"党国体制"的批判。不少西方学者基于竞争的两党制或多党制来批判"党国体制"。"'党治国家'不被认为是一个正常的国家（所谓宪政民主国家），'党治国家'之党也不被认为是一个符合通行政党定义的党（通过定期合法选举谋求公职的组织）。"③ 因为他们认为党的领导人和党在议会中的领导人对政府的组成拥有几乎是唯一的决定权。根据西方著名政党理论家萨托利的观点，"党国体制"的最大特点是不允许次级体系的自治，"不仅单一政党不能构成独立的次体系，而且这一安排的理由本身就阻碍着次级体系的自治。"④ 萨托利对一党制的学理依据颇有微词，认为一党制下的政党不是真正意义上的政党，"党国体制"是一党制的极端形式。"不论一党制国家是产生于革命的形势或革命的手段，它们都被当成例外

---

① 林尚立：《政党、政党制度与现代国家——对中国政党制度的理论反思》，见陈明明主编：《共和国制度成长的政治基础》，上海人民出版社2009年版，第6页。
② 林尚立：《政党、政党制度与现代国家——对中国政党制度的理论反思》，见陈明明主编：《共和国制度成长的政治基础》，上海人民出版社2009年版，第6页。
③ 陈明明：《党治国家的理由、形态与限度——关于中国现代国家建设的一个讨论》，见陈明明主编：《共和国制度成长的政治基础》，上海人民出版社2009年版，第199页。
④ [美]萨托利：《政党与政党体制》，王明进译，商务印书馆2006年版，第72页。

的、'特殊的'政权……不论如何，社会必须被动员、被劝说、被要求深信不疑地（如果不是无条件的话）奉献。所有这些任务都要求一个强有力的灌输体制……一党制模式的逻辑还进一步导致一个必须被'禁锢'的社会。实际上只有通过强制性的管辖和垄断性的灌输，一党制国家才能在多党制之后出现，才能在多党政体失败的地方取得成功。"① 他认为"党国体制"是政党体制的变态形式，它塑造了社会也桎梏了社会。"政党体制承认分歧并使反对势力制度化；党国体制则否认分歧的政党性并且压制反对势力。多元体系中的政党是表达的工具，一元体系中的政党则是选拔的工具。尽管我们可以说是社会塑造了政党体制，但是不能说社会塑造了党国体制。恰恰相反，正是党国体制塑造了社会。"② 尤其当"一党制"演变成"全能主义一党制"，后果更可怕，人们对它的批判也更加猛烈。因为它"代表了政党对于公民社会全部生活经验的渗透、动员和垄断控制的最高程度，这种渗透、动员和控制来源于强烈的、排他性的、全面的意识形态；来源于它高强度的对社会资源的提取力、对社会的强制力、对民众政治参与的动员力；来源于他对社会所有团体的一元整合；来源于它决策模式的专断性"③。波齐也指出："'党国'在正常条件下不存在公共领域和其他社会权力的事实，只有在某些情况下，如外部压力或历史传统，才可能出现'党国'允许某些权力与自己分享对社会的控制，但'这是一种极其异常的状况'，也是一种'脆弱'的状况。"④ 这些理论家对党国体制的批判有一定的合理性，但存在的问题是没有界定和区分到底是何种性质的党。

（三）但西方国家政党的体制也难以走出政党绑架国家的困境，从而使国家被党派化，国家也就成为谋取政党私利的工具。尽管西方国家对"党国体制"持批评态度，但所担心的"党国体制"的弊端也都成为西方"党派化国家"的真实写照，本来政党应该作为国家与社会之间的中介，政党服务于

---

① [美] 萨托利：《政党与政党体制》，王明进译，商务印书馆2006年版，第65—66页。
② [美] 萨托利：《政党与政党体制》，王明进译，商务印书馆2006年版，第74页。
③ [美] 萨托利：《政党与政党体制》，王明进译，商务印书馆2006年版，第307页。
④ [美] 佳恩弗朗哥·波齐：《国家：本质、发展与前景》，陈尧译，上海世纪出版集团2007年版，第156页。

国家，但由于党魁操纵，政党凌驾于国家之上，政党垄断国家，国家被政党殖民化了，政党通过绑架国家，党国合谋来谋取政党的集团私利和集体生存，卡茨和梅尔认为西方政党正在通过这种比较普遍的政党演进和政党转型变为"卡特尔政党"。"为了保证特权，政党精英用法律来保护他们。虽然不能完全消除竞争，卡特尔政党试图运用法律的手段把那些外在的竞争者排除出去。国家依附的过程和自我规范增强和强化了政党和国家制度之间的联系，合谋成为一个'党派化国家'……迪威尔热、萨托利、沃林茨、亚历山大·谭、阿兰·威尔都是从这个角度来理解的。"[1]

二、中国的"政党—国家"模式：政党创建国家

（一）中国由政党来构建国家的必要性。在"政党国家"模式下，处于后发展中的国家由于没有一个主导性的政治力量来完成本国的现代国家的构建，一个满足社会需要的能够动员民众迈向现代国家的主导力量或核心力量的政党孕育而生。"中国传统社会的帝国体系之所以无法实现有效的自我转换，一个重要的原因就是帝国体系缺乏一个能够支撑帝国体系转型的阶级力量，而在英国这样的欧洲国家则有这样一个支撑力量，那就是贵族。"[2]因为在20世纪初期，中国的精英阶层已经不再集中于过去那种"士人—官僚—地主"的社会结构，在传统社会结构坍塌、时局动荡的大变革时代，群龙无首、军阀割据、社会一盘散沙，"在阶层或阶级自身无法凝聚成为支撑和引领社会发展力量的形势下，就需要能够将自在的连接凝聚起来的组织力量。在现代政治条件下，这个力量必然是政党。"[3]邹谠指出，一批接受新学的知识分子开始探索通过组织化的政党形式来实现救国的目的。"要想迅速达成既改造社会又建立国家的双重目的，非得一个全知全能的政党不可。因此，无论人们是谈政府，还是谈立法，或是论司法，抑或谈社会，都需要在治理建国的政党那里高度统一起来。在孙中山那里的以党建国，就只有一种权力是真实的，那

---

[1] 周建勇：《当代西方政党转型理论分析》，见陈明明主编：《共和国制度成长的政治基础》，上海人民出版社2009年版，第180—183页。

[2] 林尚立：《中国共产党与国家建设》，天津人民出版社2009年版，第24页。

[3] 林尚立：《中国共产党与国家建设》，天津人民出版社2009年版，第25页。

就是政党的权力，其他权力都是从属性的。"①

（二）客观审视"以党建国"、"以党治国"和"党国体制"。由于西方对"党国体制"的批判，也由于蒋介石领导的国民党时期的独裁统治，人们容易把"党国体制"妖魔化。事实上，"'党治国家'即以党治国。无论是国民党还是共产党，党治作为一种方略，都是对'治国'资源匮乏——尤其是组织资源严重不足的反应，都表达了运用现代政治的基本要件——政党——来克服中国的低组织化或无组织化的现状，以完成现代民族国家建设任务的强烈意向"②。这也是作为国父的孙中山的伟大发现，自觉地将政党的构建与中国革命的道路联系起来，也被后来的政党领导者所继承，把它与中国现代国家的建设联系起来。尽管由于蒋介石领导的国民党给"党治"和"党国体制"带来很大的负面影响，但目前也应该相对客观地把政党国家作为一种研究对象来分析，才有助于理清政党与国家之间的内在关系。"主流意识形态的史学政治学分析不再纠缠于'党治'本身的是非，不再强调'党治'作为'民主'、'法治'的对立面，而强调'党治'之党为何种性质（政党的阶级性），'党治'之策欲达何种目的（施政的阶级本质）……其实，没有'党治'，在一个落后的分散的低组织化的社会里根本无法启动现代国家建设的引擎，在这个意义上，'党治国家'既是20世纪中国克服组织资源匮乏以建设现代国家的一种必然选择，也是人们观察和理解20世纪中国政治发展的一个有价值的解释性概念。"③由于共产党与国民党所代表的阶级基础的根本差别，尽管也用相同的称谓——"党国体制"——来表述，但党的执政方略和党的行为方式都存在

---

① 任剑涛：《社会的兴起：社会管理创新的核心问题》，新华出版社2013年版，第20页。
② 陈明明：《党治国家的理由、形态与限度——关于中国现代国家建设的一个讨论》，见陈明明主编：《共和国制度成长的政治基础》，上海人民出版社2009年版，第223页。
③ 陈明明：《党治国家的理由、形态与限度——关于中国现代国家建设的一个讨论》，见陈明明主编：《共和国制度成长的政治基础》，上海人民出版社2009年版，第198页。

天壤之别①。当然,在"文化大革命"结束后,中国共产党人积极探寻政党执政的一般规律性逻辑,也开始比较客观地认识到党国体制的必要性、局限性以及演进趋势,政党与国家的关系也发生巨大调试与变革。"我们新中国成立时具有历史合理性支持的政党国家制度,现在需要进行结构性的转变。对这个转变,中国共产党的两代领导人已经都充分认识到了。江泽民同志强调从革命党转变为执政党,胡锦涛同志指出一切组织和个人都必须在宪法之下活动,涉及的都是政党国家的转型问题。政党国家的转型,是掌握国家命运的执政党自己提出来的国家建设命题。"②因此,政党必须根据民情、国情、世情变化的需要不断调适政党的意见表达和行为方式,政党意志只有与代表公共性的国家意志相一致,政党领导才能长治久安。

三、政党建设的一般性规律:超越于东西方之争

(一)"党国体制"的争论不是问题的关键,关键是如何看待政党的性质,政党不应该成为反对和分裂国家的政党。尽管从政党的产生看,存在西方的"国家政党"与后发展中国家的"政党国家"的差别,尽管西方对"党国体制"批得体无完肤,但西方也历经上百年的政党演进和政党转型,"党国体制"可能出现的弊端不是中国的专利,如果政党不能得到有效的制约,都可能出现国家被政党所绑架的结果。也即是说,尽管从政党词源的本意上内涵有"部分"的意蕴,政党代表的也就是多元社会利益表达中的部分而已,但不应该是"与整体相对立的部分"而应是"作为整体的部分"的政党。"就社

---

① "这种差异主要表现在三个方面:(1)'党国体制'的形态;(2)'党国体制'的强度;(3)'党国体制'在政治发展战略中的方位。第一个方面涉及党治在国家法律与革命政治之间的地位问题,它是否需要法律包装或径直从意识形态取得自己的合法性,取决于两党的目标及行事风格;第二个方面和政治运行的状况相关,政党的渗透、动员和控制水平不同区别了'党国体制'的强度,在分析上,一般会使用一些标签式的概念,如前面提及的'威权'、'全能'的概念来帮助对于分析对象的理解;最后一个方面可能更为重要,把'党国体制'理解为一个通向宪政的权宜之计还是体现了新型的阶级民主即阶级统治本身,集中反映了两党守持的理论逻辑与社会历史观的重大分野。"参看陈明明:《党治国家的理由、形态与限度——关于中国现代国家建设的一个讨论》,见陈明明主编:《共和国制度成长的政治基础》,上海人民出版社2009年版,第223页。

② 任剑涛:《社会的兴起:社会管理创新的核心问题》,新华出版社2013年版,第24页。

会来说,'部分'的存在有两种:一是作为整体的部分而存在;二是作为与整体相对立的部分而存在。代表前一种'部分'的政党,不是分解社会、撕裂国家的力量;相反,代表后一种'部分'的政党,则可能引发不可调和的党争,成为分解社会、撕裂国家的力量"①。正如林尚立教授而言,如何把政党看作是作为整体的部分来把握,使其能够在基本价值共识和共同的政治制度框架下来表达多元,把政党整合在稳定的宪政框架之中,并不用担心政党对国家的操纵,或引发当政而撕裂国家。即抑制政党流为私利的代表,通过共同的制度共识来整合政党行为,使其成为代表"整体的部分",而不是"与整体相对立的部分"。因此,政党功能和使命最根本的变化"就是从'宗派性的部分'角色向'作为整体的部分'的角色转变,从分散性,甚至是分裂性的力量向表达性和整合性的力量转变。萨托利认为,现代政党正是因为实现了这种转变,才逐渐从被人们唾弃的对象转变为被人们承认和接受的对象。"②

(二)政党国家的确也面临政党转型:从政党国家走向民族国家,政党服务于国家,而不是国家服务于政党。当以党建国、以党治国的任务基本完成的时候,要明确政党国家仅仅是建构现代国家的过渡形式,而应该使国家回到规范的民族国家形态上。苏联解体和东欧社会主义国家纷纷垮台,就是源于政党国家没能实现成功的转型,在迈向现代民族国家的进程中栽了跟头。其原因在于:"在政党控制国家的机制中,一切其他的社会组织都必须依附独大的政党而存在并发挥作用。于是,政党国家将国家所有资源聚集在独大政党的麾下,这一政党也就在全能型的控制、支配与命令机制中,包揽无遗地统治着国家。"③我们应该吸取苏联和东欧政党国家转型失败的教训,作为主导的政党强大起来不是为了奴役国家,而陷入"以党代政"、"党代表一切"的思维怪圈,政党的政治领导明显区别于行政机关的行政领导,事无巨细的行政干预会分散精力、混淆视线,可能导致政治领导方向的偏离,而卷入现

---

① 林尚立:《政党、政党制度与现代国家——对中国政党制度的理论反思》,见陈明明主编:《共和国制度成长的政治基础》,上海人民出版社2009年版,第4页。
② 林尚立:《政党、政党制度与现代国家——对中国政党制度的理论反思》,见陈明明主编:《共和国制度成长的政治基础》,上海人民出版社2009年版,第7页。
③ 任剑涛:《社会的兴起:社会管理创新的核心问题》,新华出版社2013年版,第129页。

实的利益纷争的纠葛之中而难以自拔，这就要求政党从国家全局利益出发，摆脱狭隘利益的纷扰，旗帜鲜明地把握好方向，努力把现代民族国家建设好。正如任建涛教授所言，政党国家不同于民族国家的最主要特征是，国家之上存在支配整个国家的独大政党。因此，他指出："我们今天所讲的国家再建设，其建国意识的指向是非常明确的：那就是要告别政党国家，复位为民族国家。从晚明、经晚清到中华民国、再到中华人民共和国，国家的现代转变做实为以党治国、以党建国。这一建国的基本思路所促成的社会转型的三次扭曲，必须再次扭转回去：原本建立的国家是民族国家，以党建国不过是建国的一种手段。手段不能僭越为目的。"①即"以党治国"和"以党建国"是转型中国一个必经阶段，但当国家基本制度已经确立和巩固之后，政党就应复位到国家与社会的中介地位，起到桥梁纽带作用，使政党更好地服务于国家，而不是国家服务于政党，也只有不断地调适代表国家公共性的政党，才能使其永葆执政合法性。

（三）从政党国家向民族国家成功转型依赖于软硬两手抓：一方面是加强对公民社会的培育，这是一个长期的社会建设工程。"政党国家建成后，国家处于逐渐发展的态势，国家发展进入常态后，公民社会构成的'社会'，也就逐渐从政党国家建构时期的争取生存权，演进到谋求发展权的阶段。"②也必须根据社会发展的要求突出公民自主、基层社会的自治，兑现孙中山确认的"民有、民治、民享"的现代国家建构的目标，实现从政党国家向公民国家的转变。另一方面是政党的制度化建设，从对政党自身的刚性约束做起。当然，政党的制度化建设也不是以政党制度代替国家制度，而恰恰被要求的是按照国家建设的逻辑来推进政党的制度化建设，一则通过制度化使政党强大起来，以确保具有持久统治的法理基础，二则也通过制度化规范来监督和制约政党的行为，用程序规范来展开制度设计，用制度设计来规范政党权力运行，明晰权力的边界，使政党权力规范化、制度化。"虽然国家不能直接决定制度化的政党活动以什么样的结构和形式展开，但将政党的活动纳入和平有序的制

---

① 任剑涛：《社会的兴起：社会管理创新的核心问题》，新华出版社2013年版，第19页。
② 任剑涛：《社会的兴起：社会管理创新的核心问题》，新华出版社2013年版，第21页。

度框架却是现代国家建设的基本前提。做不到这一点,任何国家不管实力有多么强大,都无法维护基本的一体化和制度化,自然也就无法维系自身的生存,实现自身的发展。"① 因为政治过程合理性的本质就是把政治过程是由个人意志决定的这一观念转化为受制度和程序的规范来指导,确保国家意志得以真实体现。通过国家制度重塑政党制度,实现政党自身的制度化建设,以防执政党意志被少数人或少数利益集团所"俘获",使政党沦落为服务于利益集团的工具,也防止出现由"党魁操纵政党"的局面,使政党沦落为服务于少数政客的工具。正是由于西方政党政治中出现"党魁操纵政党"的局面而使"百年老党"走向衰亡,西方政党政治的衰落给我们的启示是:要使一个执政党永葆青春,政党的意志必须走向与国家的意志相统一,而不是沦落为利益集团和政客党魁的工具,并完成政党自身的制度化建设才是根本。

基于对政党的执政规律的认识,来回顾中国的政党在现代中国的地位、作用与调适变迁,带着如下的问题来审视和理顺政党与现代国家的关系:中国的现代国家独立与建设为什么必须由中国共产党来领导,中国共产党又是如何推动和完善现代国家的建设,中国共产党取得新民主主义革命胜利的法宝是什么,取得革命胜利的共产党人如何通过制度化建设来完成社会主义建设的历史使命,又如何保持建设的辉煌经久不衰和如何解决建设所面临的新问题,增强党的执政能力建设,加快现代国家建设的进程,取得更大的比较优势。进一步值得思考的问题是:在党建国家的历史进程中,现代国家发挥何种自主性?如何通过制度化的渠道来引导和规约政党自身的行为?也即是说,历经时代的考验,如何从帝国的废墟中构建民主共和国,又如何区别于资产阶级的民主共和国和苏联式无产阶级的共和国,建立起中国特色的各革命阶级联合的人民民主共和国;如何抵制外国列强的分化、侵略、遏制等霸权行径,实现现代国家的主权独立与领土完整;如何从国内"文革"十年浩劫中走出来,把社会主义建设纳入制度化轨道中来,使建设的成就与革命的成就一样辉煌;如何迎接社会变革带来的社会整体性转型对政党、国家与社

---

① 林尚立:《政党、政党制度与现代国家——对中国政党制度的理论反思》,见陈明明主编:《共和国制度成长的政治基础》,上海人民出版社 2009 年版,第 7 页。

会提出的新要求，使权力关系的变化和权力的运行更具合法性和合理性；如何从"党国一体"走向"党国分离"，使政党服务于现代国家，而不是现代国家服务于政党，把政党的运行嵌入到现代国家的内在逻辑之中，巩固和完善执政党的先进性建设和执政能力建设。

第二节　现代国家的发展需要一个具有主导能力的政党

一、孙中山的政党建设及其对现代国家的作用

孙中山非常重视政党建设，但没有完成现代国家发展所需要的主导性政党的建设。孙中山最初选择的是英美政党模式，设议会，搞选举，结果却是假民主、假共和当道。孙中山一开始也是充分肯定多党制和两党制的合理性的，"国民见在位之政策不利于国家，必思有以改弦更张，因而赞成在野党之政策必居多数。在野党得多数国民之信仰，即可起而代握政权，变而为在位党。盖一党之精神财力，必有缺乏之时；而世界状态，变迁无常，不能以一种政策永久不变，必须两党在位在野互相替代，国家之政制方能日有进步。"[①] 然而，在没有稳定的政局和对制度权威信仰之下，盲目推行两党竞争带来的结果是：孙中山寄予很大期望的政党政治被强权政治架空、辛辛苦苦组建的国民党被攻击为"乱党"遭到打压。这是因为"首先是国会中党派成分复杂、政见歧出、联盟脆弱、朝秦暮楚、竞争无序，强权凌驾于游戏规则之上，私利交易于党魁之间，多党竞争流为朋党之争。其次是国民党虽为国会第一大党，党并没有从中分享到多党政治的实惠，反而成为旧势力排挤打击的牺牲品：先是国民党合法组阁的行动受挫（国民党选战大胜后宋教仁被刺、国民党籍议员资格被剥夺），继之发起抵抗运动的国民党被宣布为'叛反国家'而遭镇压（国民党籍议员被通缉、被杀害），最后是国会被解散，国民党看好的责任

[①] 孙中山：《在东京六日三团体欢迎会的演说》，见《孙中山全集》第三卷，中华书局1984年版，第35页。

内阁制和两院制被废除（代之以袁世凯的总统制和一院制）。随着袁氏政府帝制运动的表面化，议会政治、政党政治的乐观情绪很快被冷峻的利益较量和严酷的武力政治所湮没"①。随着袁世凯帝制复辟，各种政治势力的武力政治和交换利用的利益政治使得孙中山寄予厚望的议会政治和政党政治流产，残酷的政治现实使孙中山认识到：中国社会面向现代国家急需要解决的问题是用什么力量支撑中国社会，对于作为一种主导性力量把社会有机的组织凝聚起来的政党作用，他没有动摇，但是不能再仅停留在口号上的"宪政"、"民主"和"共和"价值上，而且政党必须有自己的军队来提供保障。因为从孙中山的政治实践看，从对外借助帝国列强的力量到对内借助地方军阀的力量来完成统一中国的愿望都一一落空，反而使国家陷入更加四分五裂的割据状态。这些使孙中山意识到不仅需要成立统一的政党，还需要组建自己的军队，才能担当起领导中国革命和建设现代国家的使命，遂而选择借鉴苏联经验，采用"联俄联共，扶助农工"政策，试图建立苏俄式集中统一的政党。

"中国社会对政党的内在需求，并不仅仅出于运行民主共和政治的需要，更重要的是凝聚社会、建设国家的内在需要"②，必须学习西方民族国家建设的经验，组建一个强有力的政党。民国初建，梁启超即言："政党者，人类之任意的、继续的、相对的结合团体，以公共利害为基础，有一贯之意见，用光明之手段，为协同之活动，以求占优势于政界者也。"③ "1912 年 3 月成立的统一党，其宗旨为'统一全国建设，强固中央政府，促进完美共和政治'。1912 年 5 月成立共和党，其党意即是：保持全国统一，取国家主义；以国家权力扶持国民进步；应世界大势，以平和实行立国。就其强调的'统一'、'国家主义'、'国家权力'而言，无疑体现了这个时代的社会精英对近代民族国家构建的向往。"④

---

① 陈明明：《党治国家的理由、形态与限度——关于中国现代国家建设的一个讨论》，见陈明明主编：《共和国制度成长的政治基础》，上海人民出版社 2009 年版，第 221 页。

② 林尚立：《中国共产党与国家建设》，天津人民出版社 2009 年版，第 25 页。

③ 梁启超：《敬告政党及政党员》，转引自张玉法：《民国初年之政党》，岳麓书院 2004 年版，第 22 页。

④ 冯建勇：《辛亥革命与近代中国边疆政治变迁研究》，黑龙江教育出版社 2011 年版，第 321—322 页。

孙中山首先提出:"党治国家",设想通过军政、训政、宪政三部曲,推进中国的现代国家建设。"孙中山认为,对于有着长期专制传统和结构分散的中国社会来说,只有通过军政时期的'革命之破坏',以剔除旧势力,以及训政时期的'革命之建设',以训练民主、开发民智,'民治'的民主宪政才能最终实现。"① 依据孙中山先生的指导思想的这一顺序说,军政的目的是实现武力确保国家的统一和稳定,训政的实质就是由代表人民利益的革命党,训导人民学会行使民权,尝试民主与地方自治,条件成熟后,最终才实现民主宪政。孙中山想通过政治革命、民主训练和宪政制度建设的序列进行现代国家建设的想法并没有什么问题。然而,"从《三民主义》到《建国方略》,我们都可以清晰地感受到孙中山为代表的近代中国资产阶级很想把中国全面带入现代社会,并在此基础上建立资产阶级的现代国家。他们有设计中国社会未来发展的理想,但是没有改变中国社会处境的基础和实力"②。孙中山先生的设想为什么没有得到真正的实现呢?国民党一度也给中国人民带来追求民族国家独立、实现国富民强的现代化的憧憬,是一个曾经比中国共产党强大、在中国政治舞台上发挥过举足轻重影响的政党,但为什么它不能承担起中国现代化这一使命呢?与中国共产党相比较,就在于后来蒋介石领导的国民党仅代表大资产阶级和大买办的利益,走脱离基层群众的精英路线,再加上自身的派系斗争和制度腐败,自身都无法整合为一个有机的整体,又怎么能将整个社会整合成为一个有机的整体,实现有效的政党领导呢。由于国民党没有内聚力,无法整合中国社会各阶层力量,为实现现代化——这一中国近现代历史的核心目标——而共同奋斗,这一历史重担就只有落在了共产党的肩上,正如毛泽东指出:"没有中国共产党,没有中国共产党人做中国人民的中流砥柱,中国的独立和解放是不可能的,中国的工业化和农业近代化也是不可能的。"③ 中国共产党很好地继承了孙中山政党建国思想,"用政党及其领导的军队来进行中国革命,并由此支撑和推动中国的现代国家建设,是孙中山先生革命实践的总结,是其在各种失败和教训中感悟出来的真理。这个中国革

---

① 林尚立:《中国共产党与国家建设》,天津人民出版社2009年版,第111页。
② 林尚立:《中国共产党与国家建设》,天津人民出版社2009年版,第64页。
③ 《毛泽东选集》第三卷,人民出版社1991年版,第1098页。

命先行者所昭示的整理，并没有被国民党所真正继承，相反却在力图挽救民族危亡的中国共产党那里得到了发扬光大。"①也正如汤森和沃马克的研究指出："1911年的辛亥革命留下的是一个完全不可信任的政治传统，它并没有给它的继任者提供指导原则，而是导致了促使国家进一步分裂的政治真空……在需要新的领导和政策的情势下，中国共产党人的威信与他们的竞争者一样好，最终还要好……它成为了中国革命的一个代表者，并且是它未来的一个主宰者"②。因为来自基层的中国共产党的执政理念和策略适应了时代需要，历史选择了共产党，它在批判蒋介石领导的国民党的党国体制的过程中，尽管继承由政党主导和政党来治国的模式，但是党治国家的社会基础得以壮大和巩固，也可以说，尽管党国的称谓相同，但是实质内涵已发生根本性变化。正如陈明明教授所言："共产党在其后与国民党的战争中摧毁了国民党的党国机构，并依托在革命动员过程中积聚起来的强大的政治权威，以一种更有力的方式，刷新和重建了'党治国家'赖以存在的社会组织网络，最终把'党国体制'的政治形态发挥到了极致。"③

二、作为主导性的中国共产党对现代国家的作用

作为主导性的中国共产党的地位的巩固及对现代国家发展所起的领导和推动作用。现代国家需要一个强有力的主导性的政党来领导和整合资源，确保政治稳定和政治秩序。无论是从西方现代国家的确立和发展看，还是从后发展中国家在迈向现代国家的进程看，无一例外。美国政治学家亨廷顿在比较各国政治之后指出："那些在实际上已经达到或者可以被认为达到政治高度稳定的处于现代化之中的国家，至少拥有一个强大的政党"④。中国共产党作为一个强有力的主导性政党是历史选择的结果。作为"国父"的孙中山，他的

---

① 林尚立：《中国共产党与国家建设》，天津人民出版社2009年版，第2页。
② [美]詹姆斯·R.汤森、布兰特利·沃马克：《中国政治》，顾速、董方译，江苏人民出版社2007年版，第34页。
③ 陈明明：《党治国家的理由、形态与限度——关于中国现代国家建设的一个讨论》，见陈明明主编：《共和国制度成长的政治基础》，上海人民出版社2009年版，第222—223页。
④ [美]塞缪尔·P.亨廷顿：《变化社会中的政治秩序》，王冠华等译，生活·读书·新知三联书店1989年版，第377页。

建党思想深深影响着后来的共产党人，孙中山在历史的抉择中摸索政党建设的实践，认为要完成中华民族的统一和现代国家的确立，必须完成严密的政党组织化建设。

自 1921 年中国共产党成立以来，它之所以能够发展壮大和深得民心，成为领导中国革命和建设的主导性力量，就是因为它一直注重中国的国情，依靠基层，广泛调动社会各界的革命力量，以星星之火也可燎原之势，取得与国民党相比的竞争优势，最终以毛泽东同志为首的党中央真正缔造了中华人民共和国。并在险象环生的复杂国际环境下，中国共产党人奉行"独立自主"和"自力更生"的建国原则，摆脱对发达国家的依附，创造了连续三十多年的经济高速增长，GDP 经济总量达到世界第二位的水平，实现了中国作为现代国家的独立与富强，也使中国共产党令世人所瞩目，为后代所敬仰。也即是说，一方面，中国共产党非常注重从基层的工作实践中总结工作经验，无论从党的指导原则，还是具体的工作方式方法和革命实践，都凝聚了浓浓的中国特色的政党建设，也为后来的党建确立了路标和基本的制度框架；另一方面，它继承和借鉴国内外优秀的建党思想，完成共产党自身政党建设的理论化，既继承了孙中山的建国思想，又借鉴列宁革命经验并超越它，独创人民民主专政理论，这也成为新中国建国和立国的根本性理论。

正如邹谠先生总结中国为什么走上"党国体制"时指出："20 世纪中国政治的一个特征，就是政党及其领袖的决策对政治发展的影响，在一个更长的时期中，比其他国家更直接、更大、更显而易见"[①]。政党政治已经构成现代国家的三大支柱之一，政党与现代国家有着非常重要的内在关系可谓是"常识"，但往往人们对于"常识的东西并不真知"，正如林尚立教授指出："中国共产党与中国现代国家成长的内在逻辑，决定了中国现代化发展的历程，也决定了中国现代国家成长的内在逻辑。所以要把握现代国家的成长，就不能不把握中国共产党与现代国家成长之间的关系与互动"[②]。现代国家的缔造和建

---

① 邹谠：《二十世纪中国政治：从宏观历史与微观行动的角度看》，牛津大学出版社 1994 年版，第 18 页。
② 林尚立：《国家建设：中国共产党的探索与实践》，载《毛泽东邓小平理论研究》，2008 年第 1 期。

设都需要依托一个强有力的组织机构保障,一个获得民众认同的主导性现代政党是其载体。从旧社会迈入新中国,无数历史的经验证明:无论是新民主主义革命还是社会主义革命的胜利,离开了中国共产党的领导,后果都难以想象。胡锦涛在十八大报告中进一步指出:"我们党担负着团结带领人民全面建成小康社会、推进社会主义现代化、实现中华民族伟大复兴的重任。党坚强有力,党同人民保持血肉联系,国家就繁荣稳定,人们就幸福安康。形势的发展、事业的开拓、人民的期待,都要求我们以改革创新精神全面推进党的建设新的伟大工程,全面提高党的建设科学化水平。"①

三、中国共产党的执政逻辑:政党自身的制度化

既然政党的地位如此之重要,就有一个如何完善和巩固政党自身建设的问题。对政党建设而言首当其冲需要建立起围绕领导核心组成的纪律严明的政党组织,马克思主义政治学认为:"政党通常是由最有威信、最有影响、最有纪律的领袖集团主持的。任何政党都必须有这样一个较稳定的领导核心"②。同时,亨廷顿在研究政党力量强弱与政治稳定之间的关系时也指出:"处于现代化之中的政治体系,其稳定取决于政党的力量,而政党强大与否又要视其制度化群众支持的情况,其力量正好反映了这种支持的规模及其制度化的程度。"③也即是说,现代国家都离不开政党的主导,但确保政党的长期执政也依赖于政党自身的制度化建设和对领导现代国家执政规律的探索总结。对于我国而言,中国共产党经历着从"马克思主义革命党"、"马克思主义执政党"、进而到"学习型、服务型、创新型马克思主义执政党"的转型,中国共产党领导革命取得胜利之后,早在党的八大,邓小平就提出了建设"执政党"这一论断,但新中国成立之后的相当长的一段时间还是延续的革命的逻辑,直到改革开放,围绕建设一个什么样的执政党和怎样建设执政党的问题才真正

---

① 胡锦涛:《坚定不移沿着中国特色社会主义道路前进,为全面建成小康社会而奋斗》,人民出版社2012年版,第49页。

② 王沪宁主编:《政治的逻辑》,上海人民出版社2004年版,第246页。

③ [美]塞缪尔·P.亨廷顿:《变化社会中的政治秩序》,王冠华等译,生活·读书·新知三联书店1996年版,第377页。

开始落实，1983年10月，党的十二届二中全会通过《中共中央关于整党的决定》，在全国上下开展拨乱反正，全面整党，邓小平在大会上讲话强调，"一定要搞好这次整党，把我们党建设成为有战斗力的马克思主义政党，成为领导全国人民进行社会主义物质文明和精神文明建设的坚强核心。"① 2000年江泽民在政治局会议上指出党的建设的突出问题已经和正在得到有效解决，但同时也指出了党所面临的四大考验，即执政考验、改革开放考验、市场经济考验、外部环境考验，并且强调这些考验复杂、严峻，将长期存在。在庆祝中国共产党成立80周年大会上的讲话中，江泽民将"提高党的执政能力和领导水平、提高拒腐防变和抵御风险能力"视为党面临的两大历史性课题。党的十六大报告更加明确地将共产党定位为马克思主义执政党：领导人民掌握全国政权并长期执政，坚持在对外开放和发展社会主义市场经济条件下领导国家建设的党②。党的十七大报告正式将新世纪党建目标概括为：始终成为立党为公、执政为民，求真务实、改革创新，艰苦奋斗、清正廉洁，富有活力、团结和谐的马克思主义执政党，并且明确提出了以党的执政能力建设和先进性建设为主线加强和改进党的建设的党建思路。2011年7月1日，胡锦涛在庆祝中国共产党成立90周年大会上提出了党所面临的"四大危险"，即精神懈怠的危险，能力不足的危险，脱离群众的危险，消极腐败的危险③。可见，几代领导人都非常重视共产党自身能力建设和切实推进政党转型，对党所面临的危机时刻敲响警钟，并积极推进政党自身的制度化建设。早在1938年，毛泽东在中共第六届中央委员会第六次全体会议上的报告《中国共产党在民族战争中的地位》就首次使用"党内法规"，指出"除了上述四项最重要的纪律外，还须制定一种较详细的党内法规，以统一各级领导机关的行动"④。共产党对权力的行使要接受党章和党内法规的内在监督制约的认识也很早就被党的领袖很好地阐释过，诸如1945年刘少奇在《论党》一文中鲜明指出："党

---

① 《邓小平文选》第三卷，人民出版社1994年版，第39页。
② 《江泽民文选》第三卷，人民出版社2006年版，第536—537页。
③ 胡锦涛：《在庆祝中国共产党成立90周年大会上的讲话》，载《人民日报》，2011年7月2日。
④ 《毛泽东选集》第二卷，人民出版社1991年版，第528页。

章，党的法规，不仅是要规定党的基本原则，而且要根据这些原则规定党的组织之实际行动的方法，规定党的组织形式与党的内部生活的规则"①。1978年，邓小平在中共十一届三中全会召开前的工作会议上发表《解放思想，实事求是，团结一致向前看》的重要讲话指出："国要有国法，党要有党规党法。党章是最根本的党规党法。没有党规党法，国法就很难保障"②，明确了党章的地位和作用。1980年8月，邓小平发表题为《党和国家领导制度的改革》的讲话指出："领导制度、组织制度问题更带有根本性、全局性、稳定性和长期性。这种制度问题，关系到党和国家是否改变颜色，必须引起全党的高度重视"，"这些方面的制度好可以使坏人无法任意横行，制度不好可以使好人无法充分做好事，甚至会走向反面"③。对于制度的重视意味着把国家统治转型到法理型权威上来。紧接着，为了规范党内法规建设，1990年7月，中共中央印发《中国共产党党内法规制定程序暂行条例》，为党内法规建设提供了比较系统和全面的程序规范，保障了党内法规建设的质量和水平。新世纪以来，党和国家领导人也非常强调党内法规建设的重要性。2001年，江泽民在庆祝中国共产党成立八十周年大会上讲话指出："各级党组织都要严格按照党的章程和党内法规行事，严格遵守党的纪律。"④ 2006年，胡锦涛在中央纪委第六次全体会议上讲话指出："要适应新形势新任务的要求，要进一步加强制度建设，加强以党章为核心的党内法规制度体系建设"⑤。"2013年可以称为党内法治建设的元年。2013年5月，《中国共产党党内法规制定条例》和《中国共产党党内法规和规范性文件备案规定》同时发布，为党内法治建设尤其是党内法规建设确立了基本规范；2013年8月，中共中央发布《关于废止和宣布失效一批党内法规和规范性文件的决定》，为党内法治建设重构了制度基础；2013年11月，制定《中央党内法规制定工作五年规划纲要（2013—2017）》，

---

① 《刘少奇选集》上卷，人民出版社1981年版，第316页。
② 《邓小平文选》第二卷，人民出版社1994年版，第147页。
③ 《邓小平文选》第二卷，人民出版社1994年版，第322—333页。
④ 江泽民：《在庆祝中国共产党成立八十周年大会上的讲话》，载《人民日报》，2001年7月2日，第1版。
⑤ 《胡锦涛在中纪委全会讲话 强调深入开展反腐败工作》，载《人民日报》，2006年1月7日，第1版。

为党内法规建设规定了近期目标和长远方向。一年之内出台具有'立法法'性质的《制定条例》、首次清理党内法规、发布第一个党内法规制定《五年规划纲要》，这无疑标志着党内法治建设的全面启动"①。并且在2013年11月，在具有新的里程碑意义的中共十八届三中全会通过的《关于全面深化改革若干重大问题的决定》中突出强调要"紧紧围绕提高民主、科学、依法执政水平加强党的制度建设"，可见新一届领导集体也非常重视执政党的制度建设，这是一个永续的关键性问题。

通过对中国经验的考察，我们可以得出这样一个结论：一方面，政党在现代国家建设中居于主导地位，表现出鲜明的"政党自主性"；另一方面，现代国家建设不同阶段的历史使命也对政党提出不同的要求和规约，并通过不断完善党章和制定党内法规的方式使政党建设走向制度化渠道。因为政党与国家政权机关存在诸多不同，诸如在中共十三大报告中指出："党和国家政权机关的性质不同，职能不同，组织形式不同和工作方式不同。应当改革党的领导制度，划清党组织和国家政权的职能，理顺党组织与人民代表大会、政府、司法机关、群众团体、企事业单位和其他各种社会组织之间的关系，做到各司其职，并且逐步走向制度化"②，以确保不让党的意志凌驾于国家意志之上。完善建设和提升党的自身能力是为了更好地服务于国家意志，因此，只有从"政党自主性"走向"国家自主性"，政党也才能更加持久地发挥其主导性地位。政党制度化建设的逻辑只有嵌入到现代国家建设的逻辑之中，才能使政党更好地为国家服务，政党也才能获得更加稳固的执政合法性基础，这就要加强政党自身能力建设和实现政党自身的转型，从"马克思主义革命党"走向"马克思主义执政党"，保持政党的先进性和广泛的代表性，与时俱进、加强学习和不断调适，走政党现代化的道路，这样才能更好地领导现代国家。

这也与亨廷顿警觉性的经验总结不谋而合：一是现代国家需要政党的主导，政党的主导又要求实现政党的自身制度化，以便通过制度化来领导现代国家的建设；二是政党制度仅仅是构成现代国家制度的重要组成部分，从属

---

① 李先波：《改革开放以来中国共产党党建目标模式的演进——从中国共产党对党的历史方位认知的视角》，载《实事求是》，2014年1期。

② 《十三大以来的重要文献选编》（上），人民出版社1991年版，第36页。

于国家制度,而不是政党制度替代国家制度,主要是通过政党领导来对现代国家进行选择和制度建构;三是后发展中国家应该从现代国家制度建设的角度出发首先去完成现代政党制度的建设,也即通过现代国家来重塑政党制度,从而来规范政党的活动;同时政党也必须与时俱进,永葆学习和革新,以现代国家的逻辑来指导政党的执政活动。"在现代社会,现代国家制度是执政党整合社会的主要资源。因为具有普遍性的抽象制度体系,避免了国家权力与治理对象的直接接触,是一种低成本的社会整合途径。"①

第三节 政党制度化建设:纳入国家制度化建设的渠道中去

一个主导性的政党经过历史大浪淘沙的残酷选择之后,必须不断完善政党的制度化建设,使政党执政的合法性具有牢靠的法理基础,也必须建立现代国家所期望建构的现代政治体制。亨廷顿明确指出,"在大多数现代化起步较晚的国家中却并不存在自身能通过调整而适应现代化国家要求的那种传统政治制度。因此,为了尽量减少政治意识和政治参与的扩大酿成政治动荡的可能性,必须在现代化进程的早期就建立现代的政治体制"②。很多后发展中国家现代国家的道路之所以充满了反复,现代国家的政治转型之所以非常困难,就是因为政党的制度化建设没有完成。以夺取和掌握政权为目的的政党必须以推动建立现代的政治体制为使命,尽管孙中山的建党思想本想通过"军政"、"训政"再到"宪政"的顺序来完成,由于过早地逝世,后来的国民党人长期停留在"军政"和"训政"阶段,没能拯救处于水深火热中的民众。而共产党人一直以来以广大民众的根本利益为旨归,全力以赴以建立民主共和的现代国家为奋斗目标,"中国共产党在创立社会主义国家的努力中,从一开始就没有要改变辛亥革命之后形成的现代国家建设的历史逻辑。毛泽东明

---

① 王邦佐等著:《执政党与社会整合:中国共产党与新中国社会整合实例分析》,上海人民出版社 2007 年版,第 29 页。

② [美]塞缪尔·P.亨廷顿:《变化社会中的政治秩序》,王冠华等译,生活·读书·新知三联书店 1989 年版,第 368 页。

确认为，共产党建立的社会主义国家与孙中山所要建立的资本主义国家一样，都应该是民主共和的现代国家，只是内在的价值取向不同"①。可见，共产党人更加遵循现代国家的历史逻辑、更加深刻地理解和贯彻民主共和的现代政治理念。现代国家的显著特征就是处理好"集权性"与"分殊性"之间的平衡，即一方面，表现为统一的行政官僚体制和统一的税收制度，现代国家建设和成长的一个重要标志是建立一套自上而下统一和完备的制度体系，从而才有助于摆脱"人治"，走向全面的"法治"；另一方面，分殊性表现为现代国家建基于法理型权威之上的制度化建设，以制度的中立性和对所有人适用的公正性，对事而不对人，确保程序正义和适用规则统治，把政党领导和国家权力的行使都纳入接受法律制度监督的渠道中来，从而构成对集权的制约。因而，现代国家的制度建构提供现代国家成长的制度基石，也是现代国家需要完成的主要使命，而政党制度化建设构成现代国家制度建构的重要组成部分，作为主导性的执政党的制度建设和完善更是关系到国家建设与成长的全局问题，关系到国家的前途与命运。新中国成立之后的几代领导人对于政党制度化的认识也越来越深入全面，毛泽东时代把未来中国发展方向的基本制度确立下来之后，有过忽视制度的惨痛教训；邓小平时代确立现代国家的制度权威，通过理顺政党内部关系，完善政党的领导与任期制度、党政分开、确立共产党领导的多党合作的制度；江泽民时代通过法律手段来监督和规范政党权力的行使，"依法治国"观念在全国范围推广；胡锦涛时代进一步完善党的民主集中制、以党内民主带动人民民主，以党内和谐促进社会和谐，为现代国家的成长奠定深厚的民主和社会基础。通过几代党中央领导集体的艰苦卓绝的努力，积极去推进政党的制度化建设，促进中国的现代国家成长，使现代国家的制度建构日趋成熟完善，也因此在国际社会中拥有重要席位，扮演重要角色。

---

① 林尚立：《中国共产党与国家建设》，天津人民出版社 2009 年版，第 21 页。

一、毛泽东对政党的制度化建设的探索及给现代国家带来的启示

以毛泽东同志为首的党中央确立了共产党领导下的多阶级团结与联合的共和国，奠定了共和国的基本政治结构和政治制度，使新中国沿着社会主义的道路迈入新的历史篇章。"毛泽东以一贯之的革命阶级联合的共和思想，也孕育了他领导的中国共产党以一贯之的政治行动原则：在党的领导和建设层面，中国共产党始终坚持统一战线，毛泽东视之为中国共产党取得革命胜利的三大法宝之一；在国家建设层面，中国共产党坚持领导和团结各阶级的力量，民主协商，共建国家。基于这样的政治行动原则，中国共产党有了多次国共合作的努力和陕甘宁边区'三三制'的制度创新实践；基于这样的政治行动原则，中国共产党领导以各党派、各社会力量民主团结、协商共议的方式建立了新中国"①，并最终确立了人民民主专政为国体，共产党领导的多党合作和政治协商制度作为中国基本的政治制度和人民代表大会制度为政体的根本政治制度，共同实践着中国的人民民主。"中国共产党为此设计了两种民主形式：一是不同地区的民众通过其代表在不同的层面上参与国家政治生活的民主形式，即人民代表大会制度；二是不同身份界别的人民通过其功能性代表组织或代表参与国家政治生活的民主形式，即人民政治协商会议制度。前者是国家决策定制的制度，后者是社会参政议政的制度。尽管这两种制度的性质不同，但它们所蕴含的逻辑起点是共同的，即党的领导与多阶级联合的有机统一。"②因此，可以说毛泽东时期共产党人最大的功劳在于建立了区别于三权分立的资产阶级民主共和国的多阶级联合的人民民主共和国，把关于国体、政体等基本的政治制度确立下来，统一的现代国家是他们奠定下来的。

当然，晚年的毛泽东对制度的忽视也给后人留下惨重的教训。尤其"文革"期间，砸乱公检法，在制度化建设极其落后的条件下，发动群众，搞"大字报"、"大串联"、"整风批斗"等"大民主"，"广场政治"带来的后果使中国经济发展与世界经济发展的黄金期失之交臂，错过现代国家发展的最好

---

① 林尚立：《中国共产党与国家建设》，天津人民出版社 2009 年版，第 122 页。
② 林尚立：《中国共产党与国家建设》，天津人民出版社 2009 年版，第 122 页。

机遇期,一切以阶级斗争为纲,全民都搞政治,导致人们之间充满了猜忌和阶级斗争的火药味,整个社会矛盾重重,社会化解矛盾、整合冲突的能力大大降低,社会急剧震荡。

二、邓小平通过理顺几层政党关系确立现代国家建构的制度权威

经受"三起三落"的邓小平饱受民主无序化的痛苦,在执政之后,积极倡导制度化民主,把中国的民主化道路纳入循序渐进的轨道。1978年邓小平提出政治建设和发展的基本目标是:"使民主制度化,法律化,使这种制度和法律不因领导人的改变而改变,不因领导人的看法和注意力的改变而改变。"① 要通过制度来整合党建的所有资源,以邓小平为核心的第二代中央领导集体所进行的政治改革不亚于以往任何一次的革命,因为全新的社会主义建设没有任何经验可以照搬,而中国的社会主义建设走出自己的特色,举世瞩目。

(1)完善党内监督制度,依法治党。"党内的权力监督,不外是两种途径:一是权力关系的调整,二是权力运行的规范。权力关系的调整,主要涉及书记、常委、全委会、党代会及其代表、广大群众这五大方面的权力关系;权力运行的规范,主要涉及党内各项民主生活和决策过程的制度化运行。不论是权力关系的调整,还是权力运行的规范,其可能达到的水平和效果,都直接取决于党内的制度化水平,即取决于党内制度的权威性、合理性与系统性。"② 邓小平同志早在党的十一届三中全会上就明确指出:"国要有国法,党要有党规党法。党章是最根本的党规党法。没有党规党法,国法就很难保障"③。党的制度以党章为根本依据,"根据邓小平的有关论述,党的制度大致包括两个方面:一是党组织内部或自身的各种制度;二是党对国家(权力机关、行政机关和司法机关等)和社会(企、事、群等)实施领导的制度和体

---

① 《邓小平文选》第二卷,人民出版社1994年版,第146页。
② 林尚立:《中国共产党与国家建设》,天津人民出版社2009年版,第286页。
③ 《邓小平文选》第二卷,人民出版社1994年版,第147页。

制"①。俞可平教授总结邓小平同志"依法治党"的论断:"首先就是要依照宪法和党章治理党内事务和规范党政关系。国家的法律和党内的法规,从根本上说应当是统一的。党规党法不仅用来规范党的自身的内部行为,更是为了保障国法得到切实的执行。"②

（2）从党的领导干部制度改革入手。邓小平认识到把政党行为纳入受宪法和党章制约的渠道中来,从人治走向法治,必须从四条路径来解决党的领导干部制度问题:"一是权力不宜过分集中;二是兼职、副职不宜过多;三是着手解决党政分开、以党代政的问题;四是从长远着想,解决好交接班的问题。"③邓小平也特别强调集体领导制度对党内监督的重大作用,"我觉得,对领导人最重要的监督是来自党委会本身,或者书记处本身,或者常委会本身"④。党的领导制度的改革,主要解决领导职务终身制问题;也表达了执政党权力行使必须接受监督的权力制约思想,主要确立集体领导和个人分工负责相结合的制度。作为社会主义建设"设计师"的邓小平完成了领导人任期和政权平稳过渡的制度化更替,使现代国家摆脱了传统国家权力交接过程中的暴力与血腥的冲突,使现代国家进程更趋于文明和理性。

（3）从党政分开中明确政党的职能定位。邓小平指出改革开放就是要求"放权松绑"、"藏富于民",已经看到高度计划的经济体制成为国家发展的严重障碍。因而,要求政党也从过去对于经济活动的直接领导走向间接领导,着手解决党政分开问题,党集中精力来管党,管路线、方针、政策,政党领导也越来越遵循经济运行的市场规律。1992 年邓小平的南行讲话,更加坚定了搞活市场经济这一大政方针,并在 1994 年正式确立起社会主义市场经济体制。通过理顺政党与经济的权力运行关系,从政治权力中剥离出来的经济权力获得自主发展,不仅没有动摇政党的领导地位,反而从经济绩效合理性的

---

① 王贵秀:《加强党的制度建设——纪念邓小平〈党和国家领导制的改革〉发表 20 周年》,载《中国党政干部论坛》,2000 年第 9 期。
② 俞可平主编:《依法治国与依法治党》,中央编译出版社 2007 年版,绪论部分的第 4 页。
③ 邓小平:《党和国家领导制度的改革》,见《邓小平文选》第二卷,人民出版社 1994 年版,第 321 页。
④《邓小平文选》第一卷,人民出版社 1989 年版,第 309—310 页。

角度积累了政党领导的政治合法性基础,党政职能分开也使执政党对现代国家的领导更加有的放矢。

(4)理顺执政党与参政党之间的关系。统一战线政策是中国革命取得胜利的三大法宝之一,在邓小平领导的和平建设年代依然是中国建设取得成功的重大法宝。以中国共产党为领导的多党合作政党制度在 20 世纪 80 年代末正式确立,八大民主党派参政议政,为现代国家的发展献计献策,畅通多元利益表达的渠道,并把参政议政纳入制度化的渠道中来。

三、江泽民通过"依法治国"来严格监督政党权力的行使

邓小平"制度建国"的思想精髓被以江泽民同志为核心的党中央第三代领导集体所接受并全面推行为"依法治国"。1997 年,中共十五大就用政治发展的任务和目标来界定"依法治国"方略的本质内涵。

(1)执政党的权力行使依法受到监督。执政党做不到制度化运行,其所领导的国家也就无法走向全面的法治化和制度化。所以,"依法治国"必须依赖执政党自身自觉把权力的行使纳入法治渠道中来,确保党内权力监督落到实处。对于政党行为的规约,首先必须遵守国家的根本大法宪法以及基本法律的制约。其次,必须遵循党章的严格要求。再次,党的各种政策和文件,以及党员领导干部的指示和讲话,也具有规约作用,但他们本身不得有悖于国法和党章党法。因此,要确保党的制度得到有效的落实,在党内又必须有规范、约束党组织和党员接受国家和社会监督的制度和机制。"依法治国"对于政党自身和党内制度的确立完善起到法律保障作用。

(2)理顺政党与国家之间的关系,使政党制度从属于国家法律制度。随着执政党自觉把权力的行使纳入接受法律监督的渠道中来,理顺党的决议与人大制定的法律之间的关系,这一制度也越来越让人们感受到"依法治国"带来的制度化好处,从此也使现代国家走上从"人治"走向"法治"的健康道路。接下来"依法治市"、"依法治县"、"依法治乡"、"依法治校"等等理念在全国范围内广泛展开,法学研究也取得全面性突破,法律意识和普法教育得到极大的推广,公民的权利意识越来越高涨,随着行政诉讼和行政复议法律的颁布,"民告官"案件胜诉的几率也越来越高,随着中国特色的社会主

义法律体系日益健全完善，中华法系是继欧陆法系和英美法系之后的第三大法系。因此，中国的现代国家成长越来越将政党行为纳入有法可依的制度化轨道中来，并随着现代国家的制度化建构越来越成熟，也能够更好地运用国家制度来重塑政党制度。因为政党制度是从属于国家制度的，政党制度也是为国家制度服务的，政党的运行和权力的行使也就越来越受到现行法律和国家制度的约束。

四、胡锦涛通过进一步修宪和完善党章巩固法理型权威

（1）修改宪法，维护宪法权威。为了纪念"1982宪法"颁布二十周年，胡锦涛在2002年12月"首都各界纪念中华人民共和国宪法公布实施二十周年大会"上的讲话强调，"我们必须坚持依法治国的基本方略。依法治国的基本方略，首先要全面贯彻实施宪法。这是建设社会主义政治文明的一项根本任务，也是建设社会主义法治国家的一项基本性工作。必须在全社会进一步树立宪法意识，维护宪法的权威，使宪法在全社会得到一体遵行"。在遵循"八二宪法"精神，维护宪法权威的前提下，第四代领导集体积极推动宪法的修改与完善，2004年3月14日第十届全国人民代表大会第二次会议通过了《中华人民共和国宪法修正案》，修改共有13处之多，最大的特色是"三个代表入宪"、"政治文明入宪"、"人权入宪"和以"社会主义事业建设者"的提法根本上改变社会对民营企业家、个体私营企业主这一群体的偏见，以及对于公民的私人财产的保护等等。宪法的规范和社会生活是否相适应是宪法是否修改的前提，这次宪法修改的13项所涉及的内容都是必须要改的，这些内容是中国改革开放20多年积累的宝贵财富，现在要把它们以法律的形式保留下来，体现出来。

（2）落实党内监督。中国共产党从20世纪80年代的《关于党内政治生活的若干准则》颁布开始，恢复和重建了党的纪检机关，通过了一系列的党内监督法规规章制度，诸如《中国共产党党内监督条例（试行）》、《中国共产党党员领导干部廉洁从政准则（试行）》、《党政领导干部选拔任用工作条例》。特别是2003年颁布的《中国共产党党内监督条例（试行）》是一部十分重要的党内法规，在总结以往实践经验和各地制度创新做法的基础上，提出了党

内监督的十项制度:"集体领导和分工负责制度,重要情况通报和报告制度,述职述廉制度,民主生活会制度,信访处理制度,巡视制度,谈话和诫勉制度,舆论监督制度,询问和质询制度,罢免或撤换要求及处理"①。使党内的监督向制度化、规范化的方向迈出了重要的步伐。

(3) 完善党章。胡锦涛同志在2006年1月的中纪委第六次全会上的讲话指出,"总结我们党自身建设的实践经验,可以得出一个重要的结论,就是要始终把学习党章、贯彻党章、维护党章作为全党的一项重要任务抓紧抓好。只有把党章学习好、遵守好、贯彻好、维护好,才能确保我们党始终沿着正确的方向前进,始终成为中国特色社会主义事业的领导核心,始终凝聚起全党同志的意志和力量为实现党的理想和目标而共同奋斗"。

通过以上对几代领导人对于中国政党制度化的建设经验研究,林尚立教授总结出三点基本结论:"(1) 中国的政党制度是在中国革命与建设中形成和发展的,有深厚的社会基础,而且也适宜于中国的国家建设和发展,对中国现代化发展来说,是一项适宜的制度。(2) 中国政党制度实践是有领导的党派联合执政、多元协商、合作治理国家的政治形式,既不是一党制,也不是多党制,而是结构化的多党派协商合作制。(3) 中国的政党制度内含一体多元结构,以中国共产党为核心,既包含有多党合作所形成的多元结构,也包含有多党派、界别协商所形成的多元结构,它不仅适宜于中国的社会形态的内在结构及其现代化转化,而且适宜于中国的国家建设和民主生长。"②因此,通过对政党制度不断发展和完善,并使其更全面、更深刻地潜入国家制度之中,与其他制度一起共同支撑中国的现代国家建设制度化和现代化。

---

① 《中国共产党党内监督条例》,中国方正出版社2004年版,第8—16页。
② 林尚立:《政党、政党制度与现代国家——对中国政党制度的理论反思》,见陈明明主编:《共和国制度成长的政治基础》,上海人民出版社2009年版,第17页。

第四节　通过党内民主制度化、学习型政党建设和自我调适性改革来理顺政党与国家的关系

　　作为主导性的中国共产党为了加强巩固共产党坚实的领导地位，非常注重自身修养和领导能力的建设，不搞"一党独大"，而是非常注重扩大群众基础，"从群众中来，到群众中去"的中国共产党通过艰苦卓绝的努力取得革命与建设的一个又一个胜利；也通过扩大统一战线，把一切拥护社会主义、热爱祖国、维护祖国统一的人们都纳入统一战线中来，从而使中国共产党的领导深入人心，有效地整合社会各界的力量，为现代国家建设服务；共产党也非常注重处理好与各民主党派之间的关系，依托和完善人民民主专政理论和以共产党为领导的多党合作的政治协商制度，彰显其人民性，从而获得民众深度的政治认同，赢得建设现代国家的主导性领导地位的政治合法性，坚定人民"永远跟党走"的信心。另一方面，善于学习的先进共产党人也非常重视理论和制度化的建设来巩固其主导性领导地位，通过加强党内民主制度化来制度建党，通过学习型政党建设提升党与时俱进的能力，通过不断自我调适性改革来应对外部环境对政党提出的挑战，以国家意志来规约政党的意志，发挥政党作为国家与社会的中介组织作用，使政党服务于国家而不是凌驾于国家之上，在体制内部完善党建国家体制，更好地推动国家的现代化建设。中国共产党要想确保领导现代国家建设从一个胜利走向另一个胜利，必须顺应和遵循现代国家的运行逻辑，实现从政党自主性走向国家自主性，通过满足国家建设的诉求来规约和调适政党自身的行为模式，寻求政党意志与国家意志的高度契合，才能更好地代表国家意志来执行国家的自主性。

一、党内民主生活的常规化：制度建党来完善党内民主

　　邓小平警醒后人："中国要出问题，还是出在共产党内部"[①]。他一贯重视

[①]《十三大以来重要文献选编》，人民出版社1991年版，第553页。

从民主的角度来加强对中国共产党的监督,早在 1956 年他就说过:"如果我们不受监督,不注意扩大党和国家的民主生活,就一定要脱离群众,犯大错误。"① 因此,他强调:"我们党是执政的党,威信很高。我们大量的干部居于领导地位。在中国来说,谁有资格犯大错误? 就是中国共产党。犯了错误影响也最大……就要扩大党和国家的民主生活"②。现代国家都把民主国家作为建设的目标,并以民主来驱动现代国家的进程,然而依靠民主的治理与依靠国家理性的建构二者并不均衡,民主选择与国家构建二者之间的现实张力,往往遮蔽了二者之间的有机融合,导致民主发展滞后、现代国家建设畸形。作为社会主义国家建设伟大设计师的邓小平准确把握我国的国情,对于一个国家主导发展的后发国家,依靠共产党来领导革命和搞现代国家建设,党建国家体制尽管取得很大的成就,但也在"文革"中暴露出不少问题,如何推进国家和党的民主生活呢? 以党内民主作为改革政党行为的突破点,并使党内民主和国家主导的民主制度化,成为国家决策层和普通民众的普遍共识。

(1) 以民主集中制为核心推进党内民主的制度建设。民主集中制原则是中国共产党从诞生之日起一直坚持的根本原则,既发挥各级党组织和广大群众的积极主动性,又坚持党的集中领导地位不动摇,无论是在革命战争年代还是在和平建设年代,确保党具备强有力行动的能力。由于中国是一个巨型的后发展中国家,又面临激烈的社会转型,民主政治建设不能贸然进行,必须在确保秩序的前提下进行有序的民主化。发扬民主集中制的党内民主就是一个民主的试验田,由于共产党是中国的先锋队组织,有严明的纪律,也受到党章国法的有效约束,选择条件成熟的时机推进民主的改革,有助于保障民主的有序化和制度化,好的经验可以推广,坏的教训也能够得到及时有效的改正。胡锦涛总书记 2011 年在建党 90 周年的"七一"重要讲话中特别强调:在新的历史条件下提高党的建设科学化水平,必须坚持用制度管权管事管人,健全完善民主集中制,不断推进党的建设制度化、规范化、程序化。并在党的十八大上对于党员的权利、党代表的各项制度、党员定期的民主评

---

① 《邓小平文选》第一卷,人民出版社 1989 年版,第 270 页。
② 《邓小平文选》第三卷,人民出版社 1993 年版,第 256 页。

议与党委常委会的集体决策等党内民主制度做了全面的部署。"按照胡锦涛在党的十八大报告中的论述,坚持民主集中制,健全党内民主制度体系,首先就必须保障党员主体地位,健全全党民主权利保障制度,营造党内民主平等的同志关系、民主讨论的政治氛围、民主监督的制度环境,落实党员知情权、参与权、选举权、监督权;就必须完善党的代表大会制度,提高工人、农民代表比例,落实和完善党的代表大会代表任期制,试行乡镇党代会年会制,深化县(市、区)党代会常任制试点,试行党代会代表提案制;就必须完善党内选举制度,规范差额提名、差额选举,形成充分体现选举人意志的程序和环境;就必须强化全委会决策和监督作用,完善常委会议事规则和决策程序,完善地方党委讨论决定重大问题和任用重要干部票决制;就必须扩大党内基层民主,完善党员定期评议基层党组织领导班子等制度,推行党员旁听基层党委会议、党代会代表列席同级党委有关会议等做法,增强党内生活原则性和透明性。"① 可见,在长期的党内民主生活中,总结积累了不少的民主经验,我们不缺党内民主的各种制度,缺的是如何确保这些制度落到实处,并见成效。

(2)以党内民主带动和促进人民民主,使政党领导的国家民主有序推进。十七大报告提出以"党内民主"带动"人民民主",一方面强调"党内民主是党的生命","以保障党员民主权利为基础,以完善党的代表大会制度和委员会制度为重点,从改革体制机制入手,建立健全充分反映党员和党组织意愿的党内民主制度"② 等,报告把提高党内民主地位放在发展社会主义民主政治的更大背景下,具有重要的意义;另一方面,在实践中,发挥党员和党组织的引领作用,诸如通过党的组织下基层,在基层单位、社区、楼宇搞好党建,发挥党员的带动作用,也通过基层党组织把群众有效地组织起来,有序推进人民民主的进程。即通过党员和党组织"下马观花"、"深入群众",收集和整理民意,及时回应民意,避免使人民民主陷入无序化、乱哄哄的境地。

---

① 刘忠和、石家铸主编:《党中央在十六大以来创新理论科学体系研究》,光明日报出版社2013年版,第254—255页。

② 党的十七大报告《高举中国特色社会主义伟大旗帜 为夺取全面建设小康社会新胜利而奋斗》单行本,人民出版社2007年版,第51—52页。

（3）以"党内和谐"带动"社会和谐"，完成现代国家和谐社会建设的历史使命。十六届六中全会第一次提出了"以党内和谐促进社会和谐"的重大论断，也对推进党内和谐制定了总的原则：坚持和完善民主集中制，扩大党内民主，推进党务公开，严格党内生活，严肃党的纪律，增进党的团结统一。党内和谐有利于提高党的执政能力，包括构建和谐社会的能力，保持党的先进性，为构建和谐社会提供政治保证。党内和谐包含多方面的内容，其中，思想和谐是灵魂，组织和谐是保证，行动和谐是结果。党内和谐对于社会和谐具有重要的示范和带动作用，以党内和谐促进社会和谐是构建社会主义和谐社会的重要途径，也是以党和政府行为规范带动社会行为规范。有党内和谐，才会集中全党智慧制定出构建和谐社会的路线方针政策；才会凝聚全党力量，做到政令畅通，创造性地执行党的路线方针政策。通过党内和谐的制度化建设，有效增强了党领导和谐社会建设的能力，这直接关系和谐社会建设的成效，也直接关系到现代国家历史使命的成败。

二、加强执政党的学习型政党建设：与时俱进理顺政党与国家的关系

作为全新事物的现代国家在发展过程中也必然会面临各种各样难以预料的难题，现代国家的建设没有成功模式可以照搬，发展引发的问题也需要用发展的视角去解决，现代国家选择了政党，现代国家建设的难题和转折也在选择和拷问着政党的领导能力和执政水平，这就必然对现代政党提出更高的要求，诸如现代政党能否保持主导性和先进性，能否把握现代执政的一般规律，能否不断地加强政党自身能力建设等等。这就要求只有以现代国家建设的视角来反观政党的转型，才能把握政党发展的未来趋势，以胡锦涛同志为总书记的党中央第四代领导集体在21世纪新纪元的趋势下，以现代国家的执政逻辑为出发点促使现代国家的政党制度更加完善和缜密，使执政党主动去实现自身的现代化转型，并提出学习型政党建设。只有保持时刻学习的敏感度，回应现代国家提出挑战，注重执政党堡垒内部的建设。才能做到坚不可摧，这是政党永葆青春的法宝，也是确保现代国家制度建设具有更加坚实的领导基础。这就要求我们一方面不能在既有的政党制度之上停滞不前，

甚至无视制度僵化和制度弊病的存在；另一方面，政党的制度化建设也不是一蹴而就的，需要不断地修补完善，不断反省总结政党自身的不足，善于学习和革新，永无止境地探索政党生长的动力源泉，这才是政党长盛不衰的法宝，才能使政党更好地服务于现代国家，确保国家的现代化建设全面健康地深入展开。

（一）构建学习型政党的内涵与重大意义。

21世纪以来，以胡锦涛同志为总书记的党中央第四代领导集体以"学习型政党"为指导原则进一步落实和完善政党建设。2003年秋，为了构建"学习型社会"提出"学习型政党"建设，这也是为了完成我们党肩负的历史使命，社会主义现代化国家的建设是一个全新的事业，超大社会的转型与良好治理对于执政党提出非常高的要求。2004年第二次提出学习型政党建设，围绕我们党怎么执政，怎么加强自身的执政能力建设，为人民执好政、掌好权，探索党执政的一般规律。第三次提出建设学习型政党，是在2009年十七届四中全会研究新形势下怎么加强和改进党的建设时，对党自身建设的经验、问题以及解决问题的方针做了规定，所以这也是党建的一个非常重要的决定，就在这个文件中提出了建设马克思主义学习型政党是一项重大而紧迫的带有全局性的战略任务。"第一次完整地提出建设马克思主义学习型政党的意义（掌握和运用新思想、新知识、新经验是决定性因素）、要求（科学理论武装、具有世界眼光、善于把握规律、富有创新精神）和四大主要任务（推进马克思主义中国化、时代化、大众化，用中国特色社会主义理论武装全党，开展中国特色社会主义理论体系学习教育，建设学习型党组织）……第一次提出要在'努力以科学理论指导党的建设、以科学制度保障党的建设、以科学方法推进党的建设上见成效，不断提高党的建设科学化水平'这一宏伟目标和著名论断。"[①] 构建学习型政党，就是要着眼于促进人的全面发展，大力提高广大党员干部的素质，提高党的各级组织和领导干部的领导能力，建设朝气蓬勃、奋发有为的领导层，培养造就大批善于治党治国的优秀领导人才，在

---

① 黄一兵等编著：《大决策——中国共产党历次全国代表大会探踪》，人民出版社2012年版，第509—510页。

全社会发挥良好导向作用，推进党和国家事业的全面建设和发展，满足现代国家对于提高执政水平和执政能力的需要。一个重视学习的政党，一定是一个充满希望、富有活力，能够与时俱进、开拓创新的政党。一个具有现代学习制度的政党，一定是一个能够体现时代性、把握规律性、富于创造性的政党。

（二）现代化的政党需要学习和革新的原因分析。

尽管共产党人的信仰和理想是高尚的，但是每个共产党人也是世俗化的个人，由于难以抵制市场利益的诱惑使得少数共产党人腐化堕落，再加上共产党组织从成立到现在已有近百年的历史，也难免会积累一些弊病。其一，从政党内部来看，确实存在诸如权力过于集中、党员腐败、用人失责、裙带作风、官僚作风等问题，正如胡锦涛强调："精神懈怠的危险，能力不足的危险，脱离群众的危险，消极腐败的危险，更加尖锐地摆在全党面前，落实党要管党、从严治党的任务比以往任何时候都更为繁重、更为紧迫"[①]。只有执政党自身认识到问题的严重性，自觉地通过党内民主的方式把它化解掉，才不至于使党内的问题向社会蔓延，以至于失控而威胁到执政党自身的统治地位。其二，从政党与外部环境之间的关系来看，干群冲突可能会引发一系列的社会问题，社会弊病激发的群体性事件近十年来急剧膨胀，处理不好直接影响政权稳定和党在人民心中的形象。其三，长期一党执政的中国共产党为了保持长久执政地位，也需要不断学习和自我完善，这也是为什么有效地贯彻党的"三个代表"思想和"保先性教育"在新的历史时期显得尤为重要的原因所在。正如胡锦涛强调："全党必须居安思危，增强忧患意识，常怀忧党之心，恪尽兴党之责，抓紧解决党内存在突出问题，始终保持党的肌体健康，始终保持和发展党的先进性"[②]。因为一方面执政党如果缺乏自我反省和学习的能力，容易故步自封，走向专制，另一方面，社会是不断发展变化的，这是不以人的意志为转移的客观规律，党一旦落后于社会发展，就无法成为促进社会发展的先进因素和先进力量，同样，它在国家领域中也将失去其原有的先

---

① 胡锦涛：《在庆祝中国共产党成立90周年大会上的讲话》，载《人民日报》，2011年7月2日。

② 《十七大以来重要文献选编》（中），中央文献出版社2011年版，第166页。

进性和引领性。

（三）新世纪学习型政党建设和政党的与时俱进对现代国家迈向现代化的重大作用。

在新世纪历史时期，中国共产党正发生着从领导革命的政党向领导人民掌握国家政权并长期执政的政党的转变，对于执政规律的掌握和学习是摆在中国共产党面前的头等大事。善于学习的中国共产党人也初步总结出一些政党执政的一般性规律："提出了'发展是执政兴国的第一要务'和'立党为公、执政为民'的执政策略，从而形成了以兴国为己任、以富民为目标、以法治为方略的新型执政形态。这种执政形态，一方面顺应了落后国家建设和发展社会主义的根本要求，另一方面则解决了共产党在社会主义国家的执政中立于不败之地的战略安排与制度安排。"① 一个学习型政党应在不断探索现代国家的执政规律的过程中，不断地调试策略，勇于迎接现代国家之下的复杂的政治社会生活所发生的变迁。政治社会生活的变迁也引发了整体性政治转型，"在这种政治转型中，政治发展的集中体现不是体制变革，而是整个政治生活逻辑的改变；即使是政治体制，也不是修复性政治体制变革，而是创造性与建设性的政治体制变革，即建设与新的经济基础相适应的政治体制。"② 基于整个政治生活逻辑的变迁，现代国家迈向现代化进程也在加速，现代国家面临的不确定性政治必然也会增多，一个与时俱进的学习型政党也要从执政内容上积极充实完善、以实现现代国家的历史使命。在中共十六大上，提出建设社会主义政治文明的政治目标，随后，又从"三位一体"建设增加了和谐社会的建设，从而通过"四位一体"全面推进现代国家的建设向更加深远的方向迈进。十八大以来，国家建设又增加了美好家园的生态文明建设，即从"四位一体"走向"五位一体"，使国家的建设更加回应外部环境（包括生态环境）的变化。先进的共产党人经历了近一个世纪的艰苦卓绝斗争，在新世纪才真正以更加稳健成熟的政党姿态迎接现代国家建设的重大历史使命，党的建设与国家建设被有机统一起来，党的建设获得了全面推进国家建设的使

---

① 林尚立：《中国共产党与国家建设》，天津人民出版社2009年版，第106页。
② 林尚立：《中国共产党与国家建设》，天津人民出版社2009年版，第80页。

命和功能。在这种形势下,今天的党建就不仅仅是为实现长期执政而进行的党建,更重要的是关系到国家建设能否最终达到目标,成为真正的现代化国家。因此,一个取得革命胜利的政党能否取得和平年代执政的持久胜利,既要看能否保持革命战争年代传承下来的优良传统,永葆先进性,不落伍、不腐化变质,又要看能否迎接时代的挑战,以科学的发展观为指导,善于学习,勇于革新,更加广泛代表人民群众的根本利益,增强执政能力,提升执政水平,总结执政规律,从而实现政党的现代化,推进现代国家的建设。

三、从党的自身建设角度来规范执政党:自我调适行为的变革

(一)几代国家领导人都注重党的自身建设和相应的执政党的策略调整。中国共产党是中国特色社会主义事业的领导核心,建设和发展中国特色社会主义,关键在于加强党的自身建设,这是从实践中得出的基本结论。以毛泽东为首的中国共产党为什么能取得革命的巨大胜利,根本在于注重自身建设,奠定了共产党在广大民众心目中的坚定领导地位。邓小平指出:"中国要出问题,还是出在共产党内部……说到底,关键取决于我们共产党内部要搞好。"① 江泽民指出:"要把中国的事情办好,关键取决于我们党。"② 胡锦涛强调:"我们党要带领人民夺取全面建设小康社会新胜利,开创中国特色社会主义事业新局面,关键是要抓好党的自身建设。"③ 胡锦涛在全国组织工作会议上的讲话也强调:"我们党是马克思主义政党,党的性质、宗旨和历史使命决定了党既要敢于和善于在自己所领导的伟大事业中不断改革创新,又要敢于和善于在自身建设中不断改革创新。"④ 胡锦涛在庆祝中国共产党成立90周年大会上的讲话中指出:"全党必须清醒地看到,在世情、国情、党情发生深刻变化的新形势下,提高党的领导水平和执政水平、提高拒腐防变和抵御风险能力,

---

① 《邓小平文选》第三卷,人民出版社1993年版,第380—381页。
② 《江泽民文选》第三卷,人民出版社2006年版,第1页。
③ 《胡锦涛在中央党校省部级干部进修班上的重要讲话》,载《人民日报》,2007年6月26日。
④ 《胡锦涛在全国组织工作会议上的讲话》,载《人民日报》,2008年2月19日。

加强党的执政能力和先进性建设,面临许多前所未有的新情况新问题新挑战,**执政考验、改革开放考验、市场经济考验,外部环境是长期的、复杂的、严峻的。**"①从毛泽东、邓小平、江泽民到胡锦涛四代领导人不仅从思想认识上重视执政党自我调适的必要性,而且积极落实到具体的执政实践中去,使执政党的国家建设在延续中变革,更加稳健成熟,有助于理顺政党自主性与国家自主性之间的关系,政党借助国家制度化建设来规约自身的行为,提升国家自主性能力,也增强了政党行为的合法性和自主性。诸如黄杰对我国四代政党精英与国家建设的关系总结很有代表性:

中国共产党四代精英更替与现代国家建设关系的比较分析②

	国家自主性建设	国家能力建设	国家合法性建设	国家制度化建设
第一代	由新中国成立初期的"半依附"状态到逐渐独立自主起来	国家能力畸形化,"专制性"过高,而"基础性"严重不足	由新中国成立以来魅力型领导人的极高合法性到"文化大革命"后空前的合法性危机	强大的政党组织控制着国家和社会,是组织化国家,制度化程度很低
第二代	自主性程度逐渐提高,但后期在政治和意识形态领域受到新兴社会力量的强烈挑战	改革开放和大力发展生产力有所提高,但放权让利的改革使国家能力严重下降	通过经济发展的有效性积累合法性资源,"政绩合法性"空前提高,但又面临各种危机和挑战	从党和国家领导制度改革开始大力加强国家的制度化建设,取得了较大的进展和成绩
第三代	自主性继续提高,但面临特殊利益集团、精英结盟和全球化等的影响,自主性变动较大	20世纪90年代开始的分税制改革使国家能力大大提高,但又导致央地关系失衡等问题	合法性继续提高和巩固,合法性基础开始向多元化转型,但也面临一系列新的合法性危机	制度化建设不断加强,如依法治国、政治文明建设等,但依然有许多的非正式制度在运行

---

① 胡锦涛:《在庆祝中国共产党成立90周年大会上的讲话》,人民出版社2011年版,第10页。

② 黄杰:《中国现代国家建设视野下的政治精英更替:历程、模式和意义》,见黄卫平、汪永成主编:《当代中国政治研究报告》第9辑,社会科学文献出版社2012年版,第169页。

（续表）

	国家自主性建设	国家能力建设	国家合法性建设	国家制度化建设
第四代	自主性程度较高，但在社会多元化、利益集团政治化、精英结盟和全球化等影响下，自主性受到较大制约	国家能力继续提高，但某些能力如汲取能力过强，呈现畸形化，导致许多经济、政治、社会问题	合法性程度较高，合法性基础朝多元化继续转型，但面临更为复杂、多样化因素的挑战	制度化程度继续提高，而且更加强调和重视制度建设，但许多非正式政治形式在起作用，需要彻底改革

从上表可以看出，共产党的执政逻辑也越来越由统治的逻辑走向治理的逻辑，国家治理也越来越走向制度化治理，增强了国家的能力，提升了国家的自主性。这源于共产党勇于不断调适自身的行为，在探究公共事务的治理之道过程中，也把世界流行的公共治理的价值逐渐纳入政治改革中来，杨雪冬从时间接点上对十种公共价值进行了梳理（见下表），使得共产党在稳健有序的改革中调适执政党的执政行为，使之更符合国家建设的内在规律和政党执政的一般性规律。

公共管理的十种价值被公共权威采纳的时间（大致时间）[①]

公共管理的价值	被公共权威采纳的时间
安全	1990年12月24日，邓小平在谈话中提出"稳定压倒一切"；1992年党的十四大报告提出"社会政治稳定"是不断前进的条件之一；后来江泽民多次论述了稳定的重要性，以及稳定与改革、发展三者的关系，认为稳定是"前提"。
民主	这是一直坚持的价值。改革开放之初，邓小平在《坚持四项基本原则》中提出"没有民主就没有社会主义，就没有社会主义的现代化"；2002年十六大报告中提出"扩大社会主义民主"；2004年提出"民主执政"；2007年十七大提出"人民民主是社会主义的生命"。

---

① 杨雪冬：《后市场化改革与公共管理创新——过去十多年来中国的经验》，见杨光斌、寇健文主编：《中国政治变革中的观念与利益》，中国人民大学出版社2011年版，第259—260页。

（续表）

公共管理的价值	被公共权威采纳的时间
法治	改革开放初期使用的是"法制"的概念。1997年十五大将"依法治国，建设社会主义法治国家"确定为治国的基本方略，并于1999年修宪时写入宪法。2004年国务院发布《全面推进依法行政实施纲要》。
廉洁	改革开放以来一直就强调防止腐败。1992年后对腐败问题更加重视。1999年政府工作报告提出要建设廉洁政府。2008年发布《建立健全惩治和预防腐败体系2008—2012年工作规划》。
透明	1998年开始在农村普遍实行村务公开和民主管理制度。2008年《政府信息公开条例》施行。
参与	2000年十五届五中全会通过的《中共中央关于制定国民经济和社会发展第十五个五年计划的建议》中，首次明确提出"扩大公民有序的政治参与，引导人民群众依法管理自己的事情"。十七大提出，"从各个层次、各个领域扩大公民有序参与政治，最广泛地动员和组织人民依法管理国家事务和社会事务、管理经济文化事业"。
服务	从1992年开始，加强政府的服务职能开始得到重视。1994年，山东省烟台市建委率先推行服务承诺制。2005年的中央政府报告提出建设服务型政府。
责任	从2003年开始，不断加强政府责任。2005年在联合国成立60周年的首脑会议上，胡锦涛提出中国要在建设和谐世界中成为负责任的国家。2006年9月4日温家宝在"加强政府自身建设，推进政府管理创新"电视电话会议上的讲话中，明确提出要建设责任政府。
合作	2004年十六届四中全会《关于加强党的执政能力建设的决定》提出的"党总揽全局、协调各方"原则可以看作"合作"理念出现端倪。后来又陆续通过发展"协商政治"、"社区建设"，参与国际合作等行动表达了这个理念。
和谐	2002年十六大提出，"社会主义更加和谐"是小康社会的目标。2006年十六届六中全会通过《关于建构社会主义和谐社会若干重大问题的决定》，把"和谐"与"富强民主文明"并列为现代化国家建设的目标。

（二）对于执政党的自我调适行为的研究，学界也已经形成三大学派以及具有代表性的专家学者的观点。三大学派的研究主要基于对问题切入的视角不同，党建研究主要立足于党的历史传承与革新，西方学者的研究主要探究如何对付中国共产党执政策略的革新，中国学者的经验研究主要基于事实的

客观描述来记录事实发生的变化。

中国共产党的自我调适：不同路径的分析[①]

分析类别＼研究类别	党建研究	西方学者的研究	中国学者的经验研究
概念名称	与时俱进	调适性／调适	调适／自我调适
核心问题	中共怎样保持活力	中国共产党为什么能生存	中国共产党是如何反应的
概念类型	建构性概念	解释性概念	描述性概念
概念内涵	中国共产党本质上具有与时俱进的特性	中国共产党对变化环境的能动行为、调适是对西方经典"民主化"的抵制	中国共产党对环境变化的能动行为、调适是组织化演化中的行为状态，调适的结果是开放的
研究类型	宣传、阐释与对策性研究	社会科学化经验研究	社会科学化经验研究
研究视角	观念与实践建构	结果回溯式解释	开放演化式描述

从这三种研究流派的不同研究视角看出，中国共产党根据环境所做的执政行为的变迁引起国内外广泛关注，有效地回应了国内外对政党执政提出的各种新需求。

（三）再从对中国的政党政治研究比较著名的专家学者的观点看，也从多角度论证了为什么政党建设必须与时俱进以适应变革社会的需要。林尚立教授对中国共产党调整变化的观察主要围绕国家建设和现代社会构建两个领域展开：一方面，他观察到中国共产党在现代国家建设与现代社会建构中所具有的重要作用，另一方面，他也发现国家建设与社会建构的内在逻辑也不断要求党的建设与之相适应。因此，他认为，党的自我建设不仅需要从自身的逻辑展开，更需要从功能逻辑（即促进国家建设与社会建构）来展开。王长江从政党现代化的视角来观察分析中国共产党的组织调整，他认为："政党现

[①] 李春峰：《中国共产党的自我调适：多种研究路径的述评》，见景跃进等主编：《理解中国政治：关键词的方法》，中国社会科学出版社2012年版，第56页。

代化，就是政党适应客观环境及其变化的需要，适应社会发展进程，使其自身结构、功能、机制和活动方式不断制度化、规范化、科学化的过程"①。实现从革命的党向执政的党的有效转换，探寻和总结现代化政党的执政规律。胡伟从党内民主的视角，提出以民主建党来促进执政党建设的路径，从而实现从"整合型政党"向"代表型政党"的转变。陈明明教授认为从新中国成立初到现在，中国共产党执政的主流意识形态发生三次大的变迁，与时俱进，越来越吻合时代发展和民众权益诉求的需要。

主流意识形态的变迁[②]

结构 时期	价值—信仰系统	认知—阐释系统	行动—策略系统	特点
第一时期：以阶级斗争为中心	共产主义理想、反对私有制、集体主义、大公无私、革命奉献	马克思主义、阶级社会长期存在论，社会主义取代资本主义论，生产关系变革动力论	阶级斗争、群众运动：控制取向、灌输取向、二元对抗取向	超越性革命式的政治动员和秩序重建
第二时期：以经济建设为中心	共产主义理想、共同富裕、承认差异、效率优先、绩效主导	马克思主义、社会主义初级阶论，经济建设中心论，市场经济主导论	发展经济、解放生产力、科教兴国、调动一切积极因素：控制取向、交易取向	以市场与效率为目标的世俗化的改革开放
第三时期：以社会建设为中心	共产主义理想、以人为本、公平正义、全面发展、民生幸福	马克思主义、科学发展观、和谐社会论，全面、协调、可持续发展论	与社会实践行动领域保持有效互动：控制取向、包容取向、协商取向	多元化背景下的分配正义和协商共识

可以说，中国的社会基础和阶级结构选择了中国共产党，成为缔造和建设现代新中国的主导性力量，经过几代共产党人的艰苦卓绝的努力，不断完善和推进的政党制度建设也伴随和推动着中国现代国家建设的全过程，并且共产党人也非常注重"保先教育"，一个不断学习和革新的执政党必将有助于

---

① 王长江：《政党现代化论》，江苏人民出版社2004年版，第29页。
② 陈明明：《政治话语的转换——改革开放以来主流意识形态的调控性变迁》，见景跃进等主编：《理解中国政治：关键词的方法》，中国社会科学出版社2012年版，第14页。

现代国家全面健康地向纵深发展。也即是说，一个充满危机忧患意识和不断学习调适的政党既在通过建构党内民主的制度化来规约自身权力运行，又在通过顺应和建构起国家的基本制度并匍匐在国家之下，服务于国家，使政党意志高度契合现代国家的公共意志，而不是凌驾于国家之上使党国体制走向僵化。要想在现有体制内改进我们的党国体制的话，只有用国家自主性来规定政党自主性，把政党作为国家与社会之间的必要中介组织，对上代表和体现国家的意志，对下嵌入社会和吸纳民意，发挥好中枢纽带作用，让政党的权力得以回归其应有位置，这不仅不会弱化党的执政地位和执政能力，反而有助于赢取民众对党的信赖，更好地巩固其执政地位和提升其依靠国家制度来实施政党领导的执政能力。

第五章
民主参与中的国家自主性：人民民主完善国家行为

  如何规约国家的行为，一方面通过自上而下的党内民主把国家行为纳入制度制约的渠道之中来，培养起国家制度型反思自我平衡的能力，另一方面通过发动自下而上的广大民众的人民民主，这既有助于公民参与的政治社会的形成，也有助于形成有效的外部监督机制，从而确保国家自主性发挥积极效应。尽管也有不少人认为中国的民主建设比较滞后，人民民主的监督作用发挥得不明显，但这种过于消极的民主观与中国的渐进式的民主建设的事实不符。民主政治是现代国家启动的动力源泉和目标归宿，民主政治建设贯穿中国现代国家建设的全过程，我们的革命是人民民主革命，改革是把民主政治的改革寓于行政改革和经济改革之中，新世纪以来，又把民主政治的改革寓于社会建设之中，也正是从这一层意义上对"民主顺序说"持质疑态度，我们不能因为"民主顺序说"而推迟民主政治的建设。事实上，我国渐进的民主政治建设也见证和记录了公民权利的增长，人民权利得到有效保障和体现是现代国家发展的目的，国家构建的目的也是为了实现人民民主，确保国家构建和民主治理之间的均衡发展，以满足人民民主实现的条件和促进民主价值目标的实现。我们强调人民民主对于国家行为的制约作用，并对民主顺序说提出质疑，但并没有否定国家通过自主性构建的稳定政治秩序对于民主生长的前提和保障作用。处理好民主集中与人民民主之间的张力，是对现代国家自主性建设的重要考验，即接受人民民主监督的国家构建对国家提出了更高的要求。因为相对于权力集中的秩序构建，授权给人民又主动接受民众监督的民主政治建设更艰难，民主政治不再是权力施动方单方意志体现，而是要考虑权力接受方的认同与支持，使权力统治好像是自我统治，这就需要学习处理好权威与自由、集权与分权、中央与地方、国家与公民之间的博弈均衡关系。当然，由于人们对于民主理解的差异和民主发生的前提条件等因素，对于民主生长的复杂性和曲折性也必须引起我们的足够重视，国家在民主政治建设方面大有作为。

第一节　关于国家建构与民主选择之间的争论

一、关于国家建构与民主选择之间的争论

（一）冲突论。这派观点认为，民主主张的多元竞争、个人权利的增长和对自治的偏爱会弱化国家的自主性，挑战国家的权威，一个庞大的民间社会的壮大与国家相对，构成对国家的威胁，危及国家的秩序建构。同时，国家治理一个充满着利益纷争的多元民间社会也要耗费巨大的精力和统治成本。这派观点对于民主的高昂代价和负面作用过于关注。其实，对于民主充满警惕的这一脉思想也是与生俱来的，民主所代表的全体人民自我统治的这种荣耀也是近代政治以来的产物，在传统的政治观念下，君主统治和贵族统治是优越于民主统治的，也就是说国家统治者并不是首选民主这种治理形式。也有很多人论述过民主得以成长和巩固需要诸多的条件，民主适用的条件很严、范围很窄，直接的民主统治只适用于小国寡民的国家，甚至仅仅表达了一种乌托邦的理想，不少所谓的民主国家都是假民主之名而行专制之实，一个强权的国家总是有强烈的意愿和强大的能力来挤占民主自由的空间。对于民主的骂名与对民主的赞誉一样多，这也是不少的学者和统治者对民主充满担忧和谨慎的原因所在。

民主治理与国家构建是否真像有人认为的是这种厚此薄彼、甚至是对立的关系呢？是否我们对"国家权力为恶"的担忧，就成为主张"国家退却"的理由，是否只有"国家退却"民主才能有自由生长的土壤呢？很显然，这种推理是难以成立的，民主与专制是对立的，但民主与权威、集权、秩序却不是对立的。而且，交出国家权力来搞所谓的民主正中西方意识形态演变的下怀，宣称通过自由竞争达成自治的民主秩序是多么的诱人，但又是多么的漫长，甚至遥遥无期。另一个值得追问的是：是否实施自由民主的国家就一定是一个弱国家与之相对应呢？李强教授认为，"高度强调现代国家的重要性是自由主义的一个不大彰显的主题，自由民主国家并不是弱国家的代名词，而可能是强有力的国家，依赖专断进行统治的国家却可能是软弱无能的国家"[1]。从表面上看，民主不仅监督国家权力的行使，且缩小了国家权力的实施范围，这似乎削弱了国家能力；实际上，由于民主获得民众的心理认同，反而增强了国家的能力。

（二）融合论。这派观点认为，自上而下的国家建构与自下而上的民主推动并不是二元对立关系，而是相辅相成，互相促进的。因为国家的统治需要民间的协作配合和公民委托授权，只有得到认同和支持的统治才具有统治的合法性，同时，民主权利的获得和行使也是在得到国家权力强有力的保障之下才能变为现实的，试想一个软弱政权下实施的民主会是何等低劣的民主状况。国家与民主的良性关系在中西方民主实践中又表现出两种路径：一种是西方式的，先有权利启蒙和民主的选择，后有基于契约之上的国家，国家存在的理由是为了保障公民权利的实现；另一种是中国式的，先有"救亡图存"的国家独立，后有国家主导和推动的民主转型，国家存在的理由是塑造公民和培育公民社会。可见东西方民主道路殊途同归，都是为了让老百姓过上更加优质的生活，尽管中西方国家与民主的关系也都充满了复杂性和曲折性，此消彼长的竞争关系也一直伴随，但人们也逐渐达成这样的共识：制度化建构与民主化治理构成现代国家建设的双轨驱动机制，相辅相成。

在很多西方国家眼中，中国是一个集权国家，离他们所认定的民主标准相距甚远。而我们的观点是：民主并不仅仅有西方式民主这一种模式，更谈不上福山预言的西方自由民主的"终结"。民主道路充满了多样性选择，诸如"中国式民主"在当下就掀起东西方学者广泛关注、对之赞誉有加。非常值得肯定的是徐勇教授提醒我们应该注意中国国家建构与民主治理的均衡发展，

---

[1] 李强：《宪政自由主义与国家构建》，见《公共论丛：宪政主义与现代国家》，生活·读书·新知三联书店2003年版，第35页。

把民族国家建设与民主国家建设统一起来①,这已基本达成共识。中国式民主的选择是在旷日持久的争论中展开的,并一直影响着中国民主的进程。"党内民主"与"人民民主"所构成的复合民主伴随国家构建的全过程,"国家引导民主的发展",同时"民主也重塑着国家"。

基于融合论支撑的中国式民主得以构建和持久推进的理论逻辑何在?笔者认为它为国家构建提供很好的合法性论证。

二、国家建构的合法性基础:国家的自我约束和民主授权

赋予国家自主性构建的禀赋既源于国家的特质,又源于人民的授权和权利让渡。"民主的目的就是将国家掌握在人民手中,使国家的意志能够最大限度地体现人民的公意,从而使国家真正成为人类最伟大的政治作品:即社会通过自身所塑造的外在力量,解决基于自身力量和逻辑难以解决的问题"②。

国家给政治统治披上神圣外衣基于以下国家特质:一是从观念上国家是公共利益的化身,集"公意"于一身;二是从行动能力上国家垄断暴力机关,在所有实施暴力的行为当中国家唯一具有合法性。当然,国家自主性能力不是一个常量而是一个变量,既能够增强,也可能削弱,甚至丧失殆尽,走上国家危机和衰败。因为国家权力具有侵权的偏好和能力,现实权力的行使很容易集中到具体的部门或个人手中,一旦国家的权力强大到不受制约的地步,必然走向权力的腐败和滥用,必然殃及国家自身。"在党政不分的情况下,政府的权力过大也表现为执政党的权力过大,这个权力也有滥用的可能;而党与政府对司法部门实行垂直领导,司法部门没有有效的权力武器;作为立法者的人民代表,实际上只占人民总数的一小部分,就人民代表大会与政府及执政党的关系来说,人民代表对党和政府的权力控制在程序中体现得不够;作为参政党的民主党派和政协组织,实际上居于政府附属机构的地位"③,这些

---

① 徐勇:《现代国家建构中的非均衡性和自主性分析》,载《华中师范大学学报(人文社会科学版)》,2003年第5期。

② 林尚立:《建构民主的政治逻辑——从马克思的民主理论出发》,载《学术界》,2011年第5期。

③ 卢轶:《人民民主理论与实践研究》,人民出版社2010年版,第257页。

体制漏洞都会为权力滥用提供机会，对于这些潜在的威胁保持警惕和及时纠正是确保国家合法性的重要保障。因此，具有侵权能力和需要的国家如何克制自己的作恶行为，具体而言就是国家代理人的执政党、政府机构和立法代表如何规范自己的权力行使，既接受外部权力的监督，又把自我限权有机结合起来，防止合法性危机，一直以来构成人们反思国家权力的一条主线。

（一）国家的自我约束。

尽管国家要想长久保持统治的合法性，最理想也最为根本的是靠国家自身培养起反思平衡的自我约束能力，这在第一章节中有过重点论述，这里不再赘述。然而，国家自我约束和内部监督机制在实际的运行中往往不尽如人意，"在当代中国，尽管已经建立了比较完备的包括司法、监察、审计、纪检、信访、反贪局等各部门在内的比较完备的监督制约机构，但是这些监督制约机构并未形成高效的监督制约机制。因为，所有这些监督系统，仍只是政府这个'大主体'身上的手指头。任何主体无法实现持续、充分、有效地监督自己。中国所有的几大监督机构自身也不可避免地在不同程度上陷入了腐败，造成惊人的公款吃喝、贪污、大规模不必要的决策损失、大规模的侵权等严重后果。"① 这也就需要从外部权力监督的视角来补充国家权力自我约束的不足。

（二）公民的民主授权。

（1）从公民的外在监督和评判的角度看，从西方的民主启蒙思想来看，公民选择国家来实施统治是不得已而为之，选择"利维坦"这个怪兽是为了克服自然状态的险恶和不便。然而，选择和赋权给国家之后，公民反抗和不服从的传统在西方源远流长，作为"一种必要恶"而存在的国家只有时刻处在人们的监督之下才能有效地防止国家作威作恶。孟德斯鸠从国家权力内部设计了三权之间的相互监督，而托克维尔从国家权力的外部强调社会权力对公共权力的监督制约，国家统治的合法性来源于人民的民主授权和权利让渡，罢免和收回权永远被牢牢地控制在人民自己手中。"社会的监督和制约，是反

---

① 梁道刚：《关于中国共产党执政机制的理论探讨》，见黄卫平、汪永成主编：《当代中国政治研究报告》第10辑，社会科学文献出版社2013年版，第79页。

映国家政治民主程度高低的重要标志，也是国家民主化进程的必然趋势。它虽然不是以国家机关的名义所实施的具有法律强制力的监督和制约，是对权力的一种'软约束'，但由于它的主体具有极大的普遍性，能形成强大的社会舆论和特定的社会环境，因此，它极易引起党政机关及有关专门监督机关的注意，从而推动带强制性的监督制约方式的有效运作。"① 把人民发动起来监督政府，即人民民主，从而建立起有效的社会监督机制，构成国家权力运行的外部监督和纠错机制，极大地补充了国家自我约束权力机制的不足。胡锦涛明确指出："我们废除了实际上存在的领导干部职务终身制，确保了国家政权机关和领导人员有序更替。我们不断扩大人民有序政治参与，人民实现了内容广泛的当家做主。我们坚持和完善中国共产党领导的多党合作，深入开展政治协商、民主监督、参政议政，发展最广泛的爱国统一战线。我们建立健全深入了解民情、充分反映民意、广泛集中民智、切实珍惜民力的决策机制，保证决策符合人民利益和愿望。我们建立健全广纳群贤、人尽其才、能上能下、充满活力的用人机制，为各方面优秀人才建功立业开辟了广阔渠道……我们建立健全权力运行制约和监督体系，保证党和国家机关按照法定权限和程序行使权力。"② 的确，随着公民权利的高涨和人们参政议政能力的提升，公民民主参与各种公共决策的渠道越来越畅通，提供和保障人民民主的制度也越来越完善。胡锦涛在党的十八大报告上又强调了对"发展更加广泛、更加充分、更加健全的人民民主"③的阐述，党和国家的行为更加主动地接受人民民主的监督和制约。

（2）人民也通过民主的方式在争取权利的斗争中获得平等尊严的维护。马歇尔在这方面的研究获得普遍接受，变成一种共识。他把公民权的发展分成三个阶段：18世纪被看作是公民基础性权益获得阶段，包括个人自由、财

---

① 孟祥馨、楚建义、孟庆云：《权力授予和权力制约》，中央文献出版社2005年版，第357页。
② 胡锦涛：《在庆祝中国共产党成立90周年大会上的讲话》，人民出版社2011年版，第21—22页。
③ 胡锦涛：《坚定不移沿着中国特色社会主义道路前进，为全面建成小康社会而奋斗》，人民出版社2012年版，第25页。

产权和司法公正权,更多是基于公民个体的主体性权利。19 世纪被看作是公民的政治权利获得阶段,诸如公民参与政治的选举权逐渐被普及。20 世纪被看作是公民社会权利获得阶段,绝大数国家都进入到福利国家阶段。可见,公民在为权利而进行斗争的历史进程中赢得、发展和壮大了个人的自主性,为公民权利的实现争取了政治和社会的保障。从我国公民权的变迁来看,也在重塑国家权力行使的合法性基础,正在从"经济绩效的有效性"走向"公共服务均等化"的转变,要求改革开放的红利为所有人所共享,公民权利的获得从存量增长转向内涵建设,提升公民的可行性能力。公民不再仅仅满足于通过经济交换而获得物质方面的满足,而要求更深层次对公平正义的诉求,对于腐败、侵权和社会不公越来越难以容忍,社会抗争和权利诉求也越来越强烈,群体性事件逐年增多,爆发也越来越频繁。对于改革发展所带来的这些问题没有必要危言耸听,绝大数依然是人民内部的矛盾问题,只不过是从过去的外在的物质利益的满足层面,已经过渡到内在的心理感受和权利平等的诉求上来,这种心理层面的深度认同尽管给现代国家提出艰巨的任务,但是一旦心理认同的共识达成之后,对于国家权力行使的合法性基础又会提供更加持久的支持。这急需要国家调整战略重心和提升国家的统治技艺,以一种更加艺术的方式来实施国家的统治。最高境界的统治就是让人民感受到接受统治就好像是自我的统治。其实,公民权利的增长并不仅仅表现在向国家索取权利,如果引导适当,公民的义务是与公民权利相伴生的,也表现为公民的奉献精神和公民对匮乏制度供给的责任等等,诸如在北京奥运会、上海世博会和广州亚运会中展现出来的志愿者精神;汶川大地震、玉树大地震中的民间社会组织和个人的八方支援;还有诸多在社区管理中的制度创新的典型案例……民众对于公共事务的广泛参与大大弥补了仅由国家来提供公共物品供给的不足。可见,顺应民意的需求和挖掘民间的巨大潜力是国家构建的重中之重,也会更加巩固国家统治的合法性基础。

(3)人民通过民主的政治参与过程,积累丰厚的社会资本,培养起公共精神,从而使社会充满活力地运转其来。正如帕特南的研究指出:"对于民主制度的绩效来说,至关重要的要素是普通公民在公民社会中充满活力的群众性基层活动。这项研究的主要教训是,民主的改革者必须从基层开始,切实鼓励普通民众之间的民间约定。"① 这一结论是通过实证研究对意大利南部与北部为什么存在巨大差异的原因分析而得出来的，北方比南方更具有活力、治理更为有效的原因出自于北方更宜于养成公共精神。"意大利北方城市共和国传统完成了社会资本的原始积累，充分保留和加强了社会整体的横向联系，促进了公民平等与地区责任感，通过参与和自主的扩大实现了良好的治理效能；而南方强烈的专制王国遗留因素，使得整体社会长期处于一种垂直'依附—庇护'体系的秩序下，现代'臣民'依旧通过选票换取政治利益，寻租和腐败无处不在，治理效能低下。前者实现了自治，也便实现了民主；后者没有实现自治，空有民主躯壳。这是两地绩效差距不断拉大的根本原因。"② 对于中国的社会治理而言，新中国的成立预示着人们从传统社会的臣民身份转变为公民身份，人民是国家的主人翁，每届国家领导人都非常重视公民参与和人民民主地位的实现。无论是公民的个体权利，还是社会组织的自主性生长都获得显著改善，公民政治参与的广度和深度都得到大力提升，一个相对自主的社会空间得到较快的拓展和培育。胡锦涛也特别重申民主政治参与的重要性，"坚持一切权力属于人民，从各个层次、各个领域扩大公民有序政治参与，最广泛地动员和组织人民依法管理国家事务和社会事务、管理经济和文化事业；坚持依法治国基本方略，树立社会主义法治理念，实现国家各项工作法治化，保障公民合法权益；坚持社会主义政治制度的特点和优势，推进社会主义民主政治制度化、规范化、程序化，为党和国家长治久安提供政治和法律制度保障。"③

通过论证中国式民主的理论逻辑之后，我们把视野放到中国民主的现实逻辑中来，历史演进中把党内民主与人民民主统一起来的复合民主有机地促进现代国家的成长。

---

① [美]罗伯特·D.帕特南：《使民主运转起来》，赖海榕译，南昌：江西人民出版社2001年版，第2页。
② 刘伟、杨启帆：《运动式治理的限度与民主的角色定位》，见黄卫平、汪永成主编：《当代中国政治研究报告》第10辑，社会科学文献出版社2013年版，第222页。
③《十七大以来重要文献选编》（上），中央文献出版社2009年版，第22页。

三、人民民主的中国民主实践促进了现代国家的成长

自从 1911 年辛亥革命推翻帝制，中国迈向现代国家的征程，经历帝制复辟、军阀混战、大买办大资产阶级的官僚政治，走上以毛泽东为首的由工农联盟为主体组成的代表劳苦大众的新政权。来自基层、发现基层和利用基层也是新政权能以"星火燎原"之势发展壮大的原因。新生政权的人民性是取得革命胜利和建设成就的法宝，也是国家未来发展不可动摇的合法性基础。在新中国即将成立之际，毛泽东与民主党派的黄炎培的一次意味深长的谈话深刻地表达出共产党人推进现代国家走向长治久安的执政基础：正是依靠民主的选择走出"其兴也勃焉，其亡也忽焉"的王朝更替周期律，建设人民民主的共和国。

可见，中国在现代国家的成长进程中无论是革命立国还是建设强国都是眼睛向下俯视，对人民倾注根本性关怀，得民心者得天下。也正是因为中国的现代国家建设真正转型到基于民主的国家治理上来，主动接受人民的监督和吸纳民意参与到国家的建设中来，才找到促进现代国家成长的源源不竭的动力源泉。因为现代政治是主体政治，随着主体权利观念的启蒙和对权利的不断争取，人民主权观念深入人心，民主以一波未平一波又起的大趋势推进着现代国家治理的转型。垄断暴力机关和具有强制力的现代国家之所以具备强大的行动，根源在于国家统治的合法性发生了根本性倒置，从高高在上的上帝或统治者的权威倒置向民众个体，源于民主的统治好似"自我的统治"，或者最起码是"同意的政治"（事先与民众商量，征求其意见）。国家的意志越是与人民意志高度契合，国家自主行动的理据才越充分。尽管民主也不尽完美，民主治理需要严苛的条件和巨大的成本，民主治理可能会与国家建构之间形成紧张关系，但相比较其他政体而言，民主又是最不坏的治理形式。国家构建和顶层设计非常必要，但构建和设计不是凭空臆断，而是一个不断吸纳民意和政策修正的永续过程，这也是为什么要求制度设计具有开放性和自我修复完善机制的原因所在。如何把国家建构与民主治理二者之间的不均衡关系均衡起来，把民主治理的机制引入到国家治理中来，对现代国家的统治艺术提出很大的挑战，也是提升国家治理合法性的基础。不管是外界倒逼

的民主需求还是国家自主的民主选择，也不管从民主带来的正面效应还是从民主带来政治分化的负面效应看，我们已跻身于民主的大潮之中，不能逆流而动，提升国家通过民主来治理的能力，民主引发的危机也通过民主来治理，只有通过操练民主才能驾驭民主，赢取民主带来和巩固的国家治理的合法性。只有学会驾驭民主，才能处理好个人自由和国家权威之间的对立统一关系，找到二者的平衡。

第二节　人民民主国体形成的历史梳理

一、人民的重要性

为什么中国共产党能够成为现代国家建国和立国的主导性的领导政党，一句话概括，党的建设立基于和突出了"人民性"。中国在20世纪取得的最大成就是通过革命建立起了独立自主的中华人民共和国，也是共产党领导广大人民群众共同缔造的新中国。"'人民共和国'的意思表明这个新共和国不是资本的共和国，而是工人、农民和其他劳动者为主体的全体人民的共和国，这是社会主义的共和国。"[①]可见，人民共和是现代中国追求的内在规定性，国家权力行使的合法性和代表的根本利益体现为人民性。人民也赋权给国家自主行动的权力，国家通过不断调整战略议程，以人民利益为宗旨，最大限度地满足人民的福祉。在革命战争年代，中国共产党号召全体人民起来革命，主张人民为实现自己的解放而奋斗。诸如"人民革命"、"人民战争"、"群众路线"思想是这时期最广泛动员和维护人民利益的集中表达。如1930年苏维埃政权建立的工农代表联系制度、召回制度等，它们是"苏维埃国家"基层群众对代表的直接控制与监督制度。1931年11月7日，中华苏维埃第一次全国代表大会在江西瑞金召开，宣告中华苏维埃共和国临时中央政府成立，瑞

[①] 甘阳：《中国道路：三十年与六十年》，见《文明 国家 大学》，生活·读书·新知三联书店2011年版，第35页。

金的民主大会制定了《中华苏维埃共和国宪法大纲》，规定"苏维埃政权是属于工人、农民、红军兵士及一切劳苦民众的。在苏维埃政权下，所有工人、农民、红军兵士及一切劳苦民众都有权选派代表掌握政权的管理；只有军阀、官僚、地主、豪绅、资本家、富农、僧侣及一切剥削人的人和反革命分子是没有选派代表参加政权和政治上自由的权利的"①，因此，瑞金革命政权是中国共产党领导下的工农民主联盟性质的政权，政权的阶级基础相对来说比较有限。抗日战争时期，中国共产党在抗日根据地以"三三制"为原则，建立乡参议会、基层政府会等机构，及实行乡村民众直接参与选举的制度。为了赢取抗战的胜利，不断拓展统一战线的范围，极大地动员起了广大人民群众的抗日爱国的热情，也是革命取得胜利重要法宝。新中国成立后，中国共产党在农村搞"土改"，普遍建立区、乡人民代表会议制度。在农村人民公社建立过程中，结合实践经验制定《农村人民公社条例》，规定民主办社、民主兴社。在企业，领导工人进行企业民主化改革，吸收工人参加工厂管理，建立工厂管理委员会和召开职工代表会议。因此，在城市建立起了广泛的群众性自治组织如居民委员会，在农村建立起了村民委员会，有利于把广大基层群众有效组织起来。在和平的经济建设年代，党和国家代表最广泛人民的利益，进一步扩大海内外一切拥护社会主义制度和一切热爱祖国的统一战线组织，利用一切资源来调动人民的经济建设的积极性和主动性，也赢得辉煌的国家建设成就，成为世界政治经济格局中的重要一极。当然，这些成就也源于：不论是国家层面还是民众层面，对于国家权力进行监督和约束的努力也一直没有停止。

二、四代国家领导集体对人民民主的继承与拓展

（一）毛泽东的人民民主专政思想和政治影响。毛泽东早在新民主主义革命时期就明确指出："我们共产党区别于其他政党的一个显著标志，就是和最广大的人民群众取得最密切的联系。全心全意地为人民服务，一刻也不能脱离群众；一切从人民的利益出发，而不是从个人或小集团的利益出发；向人

---

① 《中华苏维埃共和国法律文件选编》，江西人民出版社1984年版，第220页。

民负责和向党的领导负责的一致性；这些就是我们的出发点。"①毛泽东精辟地论述过，因为中国的社会结构和阶级状况，决定了中国既不能选择以资产阶级专政为直接取向的民主共和，也不能选择苏联式的以无产阶级专政为直接取向的民主共和，而只能建立以无产阶级为领导力量的多阶级联合的民主共和国，建立"革命民众合作统治的国家"和"各革命阶级的联合统治"②的国家。1945年4月，毛泽东在中国共产党第七次代表大会上作《论联合政府》的政治报告，"建立一个以全国绝对多数人民为基础而在工人阶级领导下的民主联盟的国家制度，我们把这样的国家制度称之为新民主主义的国家制度。"③在新中国成立前夕，为了纪念中国共产党建党二十八周年，1949年6月20日，毛泽东又发表了《论人民民主专政》一文，"客观地讲，中国共产党提出的'人民民主'这个概念，比列宁习惯用的'无产阶级民主'这个概念，更符合社会主义本质要求。中国社会主义政治发展的正反方面经验教训，也充分证明了'人民民主'这个概念在社会主义实践中的科学性。"④因为从列宁的"无产阶级民主"到毛泽东提出的"人民民主"，国家统治依赖的阶级基础更加广泛，团结一切可以团结的力量，尤其对于新政权的统一和巩固，当革命的对象基本被消灭之后，人民内部的矛盾要比根本对立的敌我矛盾认识更符合当时中国的实际情况，也更有助于吸纳民众参与到新中国的建设中来，走出革命和专政的思维束缚。"人民民主"的本质就是劳动人民的统治，新中国的成立意味着人民开始掌握政治权力，也即是说人民当家做主真正变为现实，这也为人民民主的实现提供了首要前提，也就确立了我国的国体是人民民主专政，新中国也正是在这个思想的指导下建立起人民民主专政的政权或人民民主共和国的政治制度。1954年9月15日，第一届全国人民代表大会批准通过了新中国的第一部宪法，以根本大法的形式把人民民主专政的国家制度确定下来，同时规定了人民的基本民主权利，也意味着人民的各项权利有了宪法的保障。可见，进入社会主义建设时期，毛泽东一如既往地注重关心

---

① 《毛泽东选集》第三卷，人民出版社1991年版，第1094—1095页。
② 《毛泽东选集》第二卷，人民出版社1991年版，第674—675页。
③ 《毛泽东选集》第三卷，人民出版社1991年版，第1056页。
④ 林尚立：《中国共产党与国家建设》，天津人民出版社2009年版，第98页。

人民的利益，而且具有最高宪法提供的保障。他也特别强调"一定要每日每时关心群众的利益，时刻想到自己的政策措施一定要适合当前群众的觉悟水平和当前群众的迫切要求。凡是违背这两条的，一定行不通，一定要失败。"① 在 20 世纪 50 年代中后期，权力高度集中的政治体制及官僚主义破坏了刚刚建立起来的基层民主。党的八大在反思体制弊端的基础上，提出要反对官僚主义，发扬人民民主，加强基层群众对政府的监督。"必须加强人民群众和机关中的下级工作人员对国家机关的监督。必须鼓励和支持由下而上的批评和揭露。"② 尽管后来的反右斗争的扩大化和"文革"运动对法律和政治秩序带来了很大的破坏作用，但也从反面教训上积累了到底该如何推进人民民主制度化建设。毛泽东利用基层，发动群众，眼睛向下看的精神实质是一以贯之的，并把人民民主专政作为国体牢牢确立下来，这些是毛泽东思想留给我们宝贵的精神财富。

（二）邓小平的人民民主思想与民主改革。邓小平也反复强调共产党的宗旨就是全心全意为人民服务，非常求真务实地把工作重心调整到解放和发展生产力上，推进改革开放全面深入发展，大力提升人民的生活水平，以先富带动后富，最终走向全面富裕，实现国强民富的伟大目标。

1978 年 12 月 13 日邓小平在《解放思想，实事求是，团结一致向前看》的讲话中指出，"要切实保障工人农民个人的民主权利，包括民主选举、民主管理和民主监督。不但应该使每个车间主任、生产队长对生产负责、想办法，而且一定要使每个工人农民对生产负责任、想办法。"③ 既强调人民参与民主的必要性，也认识到"文革"中"广场式大民主"的不足，强调"为了保障人民民主，必须加强法制。必须使民主制度化、法律化，使这种制度和法律不因领导人的看法和注意力的改变而改变。现在的问题是法律很不完备，很多法律还没有制定出来。往往把领导人说的话当作'法'，不赞成领导人说的话就叫作'违法'，领导人的话改变了，'法'也就跟着改变。"④ 通过制度化

---

① 《毛泽东选集》第三卷，人民出版社 1999 年版，第 49 页。
② 《中国共产党第八次全国代表大会文献》，人民出版社 1957 年版，第 50 页。
③ 《邓小平文选》第二卷，人民出版社 1994 年版，第 146 页。
④ 《邓小平文选》第二卷，人民出版社 1994 年版，第 146 页。

的方式处理好基层群众与领导精英二者之间的关系，为改革开放的深入提供了有力的智力支持和制度保障。

1980年，邓小平在答意大利记者奥琳埃娜·法拉奇的提问时说："我们过去的一些制度，实际上受了封建主义的影响，包括个人迷信、家长制或家长作风，甚至包括干部职务终身制。我们现在正在研究避免重复这种现象，准备从改革制度着手。我们这个国家有几千年封建社会的历史，缺乏社会主义的民主和社会主义的法制。现在我们要认真建立社会主义的民主制度和社会主义法制。只有这样，才能解决问题。"①看得出邓小平要从传统人治向现代法治民主转型的重大决心。

1981年6月，党的十一届六中全会通过《关于建国以来党的若干历史问题的决议》，明确提出发展基层民主的思想。指出：在基层政府和基层社会生活中逐步实现人民的直接民主，特别要着重努力发展各城乡企业中劳动群众对于企业事务的民主管理。

1982年10月党的十二大提出扩大基层民主的任务："社会主义民主要扩展到政治生活、经济生活、文化生活和社会生活的各个方面，发展各个企业单位的民主管理，发展基层社会生活的群众自治。"②1982年宪法确认了农民创造的"村民委员会"的法律地位，明确定义为基层群众性自治组织。

1987年党的十三大制定我国政治体制改革总体计划，特别对基层民主制度化改革做出规划，并且特别强调积极意义上的基层民主参与。"使各种群众团体能够按照各自的特点独立自主地开展工作，能够在维护全国人民总体利益的同时，更好地表达和维护各自所代表的群众的具体利益。群众团体也要改革组织制度，转变活动方式，积极参与社会协商对话、民主管理和民主监督，把工作重点放在基层。"③发动群众，利用基层是中国共产党一贯的传统，通过基层民主的制度建设更好地服务于国家建设的大局。"基层民主生活的制度化，是保证工人阶级和广大群众当家做主，调动各方面积极性，维护全社

---

① 《邓小平文选》第二卷，人民出版社1994年版，第348页。
② 《十二大以来重要文献选编》（上），人民出版社1986年版，第34页。
③ 《十三大以来重要文献选编》（上），人民出版社1993年版，第45页。

会安定团结的基础"①;"必须抓紧制定新闻出版、结社、集会游行等法律,建立人民申诉制度,使宪法规定的公民权利和自由得到保障,同时依法制止滥用权力和自由的行为。必须指出,在一些部门和基层单位中,封建家长式的领导仍然存在。为了破除这种状况赖以存在的条件,应当制定促进人员合理流动的法规,建立劳动仲裁制度,积极推进公共福利事业的社会化。"②这些措施为人民民主的深入开展指明了方向。

1992年党的十四大提出基层民主发展的办法是以基层群众性自治组织为基础向前发展,"加强基层民主建设,切实发挥职工代表大会、居民委员会和村民委员会的作用。强化法律监督机关和行政监察机关的职能,重视传播媒介的舆论监督,逐步完善监督机制,使各级国家机关及其工作人员置于有效的监督之下。"③可见,邓小平对人民民主的发展突出体现在:以非常求真务实的态度把人民性落实在切实改善生产力水平和提升全体人民的生活水平上来,确立了城市居民委员会和农村村民委员会组织的法律地位,使贯彻人民民主有了组织保障,也特别强调人民民主制度化行使监督制约作用的必要性,这些使得制度化的中国式民主日趋呈现。

(三)江泽民的人民民主思想及制度化推进。如果说毛泽东突出强调了人民的重要性,邓小平突出强调了人民民主制度化的重要性,江泽民则突出如何贯彻落实民主监督的制度和民主参与的实践,强调必须规范各权力机构的权力关系,以宪法为标准,一切权力主体必须在宪法的范围内活动,按照法律的程序行使权力,建设法治国家。党的十五大明确基层民主是一种直接民主形式,并认为它应该是社会主义广泛的民主实践,号召各个有可能的基层主动实践它,同时对基层民主实践中出现的一些具体问题做出指导,"扩大基层民主,保证人民群众直接行使民主权利,依法管理自己的事情,创造自己的幸福生活,是社会主义民主最广泛的实践。城乡基层政权机关和基层群众自治组织,都要健全民主选举制度,实行政务和财务公开,让群众参与讨论和决定基层公共事务和公益事业,对干部实行民主监督……坚持和完善以

---

① 《十三大以来重要文献选编》(上),人民出版社1993年版,第45—46页。
② 《十三大以来重要文献选编》(上),人民出版社1993年版,第47页。
③ 《十四大以来重要文献选编》(上),人民出版社1996年版,第29页。

职工代表大会为基本形式的企事业民主管理制度，组织职工参与改革和管理，维护职工合法权益。坚决纠正压制民主、强迫命令等错误行为"①。在这之后，中国基层民主建设向前迈进了一大步，特别是各基层单位开展村务公开、政务公开、厂务公开、校务公开等活动，推进了基层民主的制度化建设。并且，党的十五大特别提出了建立对权力的制约制度问题："我们的权力是人民赋予的。要深化改革，完善监督法制，建立健全依法行使权力的制约机制。坚持公平、正义、公开的原则，直接涉及群众切身利益的部门要实行公开办事制度。把党内监督、法律监督、群众监督结合起来，发挥舆论监督的作用。加强对宪法和法律实施的监督，维护国家法制统一。加强对党和国家方针政策贯彻的监督，保证政令畅通。加强对各级干部特别是领导干部的监督，防止滥用权力，严惩知法犯法、贪赃枉法。"②人民民主对于党和国家权力行使的监督更加广泛和切实有效，党和国家也更加自觉地意识到接受人民民主监督的必要性。党的十六大报告明确提出："按照党总揽全局、协调各方的原则，规范党与人大、政府、政协以及人民团体的关系，支持人大依法履行国家权力机关的职能，经过法定程序，使党的主张成为国家意志，使党组织推荐的人选成为国家政权机关的领导人员，并对他们进行监督；支持政府履行法定职能，依法行政；支持政协围绕团结和民主两大主题履行职能。"③理顺政党与国家的关系，更好地发挥民主的监督功能，"建立结构合理、配置科学、程序严密、制约有效的权力运行机制……保证把人民赋予的权力真正用来为人民谋福利"④，再次重申了人民的意志与福祉是国家政治统治合法性基础。党的十六大报告还指出，"完善重大决策的规则和程序，建立社情民意反映制度，建立与群众利益密切相关的重大事项社会公示制度和社会听证制度，完善专家咨询制度，实行决策的论证制和责任制"⑤，这是决策过程中扩大群众参与、制约政府决策权的一个实际做法，以使重大决策更加科学化、民主化和法制化。

---

① 《十五大以来重要文献选编》（上），人民出版社2000年版，第32页。
② 《十五大以来重要文献选编》（上），人民出版社2000年版，第34页。
③ 《十六大以来重要文献选编》（上），中央文献出版社2005年版，第26页。
④ 《十六大以来重要文献选编》（上），中央文献出版社2005年版，第28页。
⑤ 《十六大以来重要文献选编》（上），中央文献出版社2005年版，第26—27页。

进入 21 世纪以来，江泽民的人民民主思想的最新表述也体现在三个代表重要思想上来，其中之一就是代表中国最广大人民的根本利益。"最重要的是必须考虑并满足最大多数人的利益要求，这始终关系党的执政全局，关系国家经济、政治、文化发展的全局，关系全国各族人民的团结和社会安定的全局。最大多数人的利益是最紧要和最具有决定性的因素。"① 中国共产党与时俱进，不断包容和吸纳新的社会积极力量，扩大党的群众基础，因为在十六大召开之前，"在大量具有先进生产力的生产领域和经济组织里，党的组织是空白，如全国 300 万家私人企业组织，1500 万个个体企业，就业人数 13000 万，绝大多数没有党的组织。正如江泽民所说，如果执政党与这 13000 万人没有联系，如何了解他们的利益和要求。"② 因此，党的十六大报告指出："我国工人阶级队伍不断壮大，素质不断提高。包括知识分子在内的工人阶级，广大农民，始终是推动我国先进生产力发展和社会全面进步的根本力量。在社会变革中出现的民营科技企业的创业人员和技术人员、受聘于外资企业的管理技术人员、个体户、私营企业主、中介组织的从业人员、自由职业人员等社会阶层，都是中国特色社会主义事业的建设者，对他们的创业精神都要鼓励，对他们的合法权益都要保护，对他们中的优秀分子都要表彰，努力形成全体人民各尽其能、各得其所而又和谐相处的局面。"③ 并把这些人看作是社会主义建设者的提法通过修宪程序写入宪法，使他们的权利得到了最高宪法的保障。江泽民还进一步指出："正确认识和处理各种利益关系，把个人利益与集体利益、局部利益与整体利益、当前利益与长远利益正确地统一和结合起来，把最广大人民的切身利益实现好、维护好、发展好，把他们的积极性引导好、保护好、发挥好。只有这样，我们的改革和建设才能始终获得最广泛、最可靠的群众基础和力量源泉。"④ 可见，我们党和国家一切工作的重心和归宿都是为了满足最广大人民的利益，并在十六大报告中对全面建设小康社会的战略目标作了明确的阐述："我们在本世纪头二十年，集中力量，全

---

① 《江泽民文选》第三卷，人民出版社 2006 年版，第 279—280 页。
② 卢轶：《人民民主理论与实践研究》，人民出版社 2010 年版，第 251—252 页。
③ 《十六大以来重要文献选编》（上），中央文献出版社 2005 年版，第 11 页。
④ 《江泽民文选》第三卷，人民出版社 2006 年版，第 262 页。

面建设惠及十几亿人口的更高水平的小康社会,使经济更加发展、民主更加健全、科教更加进步、文化更加繁荣、社会更加和谐、人民生活更加殷实。"① 为了进一步推进中国社会主义民主的进程,党的十六大提出了以政治文明为指导思想的现代国家的民主建设思想:"发展社会主义民主政治,建设社会主义政治文明,是全面建设小康社会的重要目标。必须在坚持四项基本原则的前提下,继续积极稳妥地推进政治体制改革,扩大社会主义民主,健全社会主义法制,建设社会主义法治国家,巩固和发展民主团结、生动活泼、安定和谐的政治局面。"② 私营企业主作为社会主义建设者的提法,以及对实际一切政治文明成果的接受和贯彻落实,都进一步扩大了人民的群众基础,也有助于推进中国民主政治的进程,更好地保障人民民主权利的实现。可见,江泽民时代不仅从法治国的建设层面贯彻人民民主的政治参与实践,也与时俱进地进一步扩大了人民的群众基础,进一步解放了思想,以社会主义建设吸纳广大私营企业等新生社会力量。

(四)胡锦涛的人民民主思想及其拓展。突出强调以人为本,改革开放的成果为全体人民所共享,更加注重社会分配的公平正义。胡锦涛在十七大报告中郑重指出:"必须坚持以人为本。全心全意为人民服务是党的根本宗旨,党的一切奋斗和工作都是为了造福人民。要始终把实现好、维护好、发展好最广大人民的根本利益作为党和国家一切工作的出发点和落脚点,尊重人民主体地位,发挥人民首创精神,保障人民各项权益,走共同富裕道路,促进人的全面发展,做到发展为了人民、发展依靠人民、发展成果由人民共享"③,使改革开放的红利为全体人民所共享,积极推进公共服务的均等化进程,真正让老百姓享受到各项应得的福利。他并在十七大对全面建设小康社会进行展望:"我们这个历史悠久的文明古国和发展中社会主义大国,将成为工业化基本实现、综合国力显著增强、国内市场总体规模位居世界前列的国家,成为人民富裕程度普遍提高、生活质量明显改善、生态环境良好的国家,成为

---

① 《十六大以来重要文献选编》(上),中央文献出版社 2005 年版,第 14 页。
② 《十六大以来重要文献选编》(上),中央文献出版社 2005 年版,第 24 页。
③ 胡锦涛:《高举中国特色社会主义伟大旗帜 为夺取全面建设小康社会新胜利而奋斗》,人民出版社 2007 年版,第 15 页。

人民享有更加充分民主权利、具有更高文明素质和精神追求的国家，成为各方面更加完善、社会更加充满活力而又安定团结的国家，成为对外开放、更加具有亲和力、为人类文明做出更大贡献的国家。"① 并具体强调："实现全面建设小康社会奋斗目标的新要求，一个突出的特点，就是要贯彻以人为本的理念，顺应各族人民过上更好生活的新期待，注重解决人民最关心、最直接、最现实的利益问题。我们要坚持立党为公、执政为民，坚持以人为本，在发展的基础上，着力改善人民经济、政治、文化、社会权益，维护社会公平正义，努力使全体人民学有所教、老有所得、病有所医、老有所养、住有所居，动员广大人民群众以更加饱满的热情为全面建设小康社会而团结奋斗。"② 这显然是要求逐渐从选择性的福利政策向适度普惠的福利政策转化，把亲民的政府形象贯彻到底。胡锦涛在中国共产党成立 90 周年的大会上的讲话指出："坚持为了人民、依靠人民，诚心诚意为人民谋利益，从人民群众中汲取智慧和力量，始终保持党同人民群众的血肉联系。"③ 这不仅是从已有革命和建设中总结出来的法宝，也是未来需要长期坚守的根本原则。胡锦涛在党的十八大报告中明确指出："全党必须牢记，只有根植于人民、造福人民，党才能始终立于不败之地；只有居安思危、勇于进取，党才能始终走在时代前列。"④ 并在十八大报告中首次提出"全面建成小康社会"，给全国各族人民极大的鼓舞，即"我们要准确判断重要战略机遇期内涵和条件的变化，全面把握机遇、沉着应对挑战，赢得主动，赢得优势，赢得未来，确保到 2020 年实现全面建成小康社会宏伟目标。"⑤ 可见，胡锦涛的人民民主观更多是把民主与民生紧密联系起来，在福利分配上确保公平正义、确保人民更加均等地享受到改革

---

① 《十七大以来重要文献选编》（上），中央文献出版社 2009 年版，第 16 页。
② 《胡锦涛主持中共中央政治局第三次集体学习时讲话》，载《解放军报》，2008 年 1 月 31 日。
③ 胡锦涛：《在庆祝中国共产党成立 90 周年大会上的讲话》，人民出版社 2011 年版，第 10 页。
④ 胡锦涛：《坚定不移沿着中国特色社会主义道路前进，为全面建成小康社会而奋斗》，人民出版社 2012 年版，第 49 页。
⑤ 胡锦涛：《坚定不移沿着中国特色社会主义道路前进，为全面建成小康社会而奋斗》，人民出版社 2012 年版，第 16—17 页。

开放的成果，以确保小康社会的总体目标早日实现。另外以人为本的执政理念也是想从传统的民本政治思想资源中开发出与现代民主接榫的契合点，以满足传统政治文明的现代转化。

三、进一步完善人民民主

通过对世界范围内现代国家所进行的民主道路的考察发现一个非常值得重视的问题：现代国家都把民主国家作为建设的目标，并以民主驱动现代国家的进程。然而，国家建构与民主发展的非均衡性，甚至对立，使得选择民主容易而巩固民主困难，或者假民主之名而行专制之实，使民主发展滞后，现代国家建设畸形。国家构建与民主选择二者之间的现实张力，遮蔽了二者之间的有机融合。在中国的具体体现就是如何处理好民主集中制和人民民主制二者之间的张力，如何把二者有机地统一起来。"这个关系在全能时代曾经被强制地统一在一起。在后全能时代，随着中国社会的改革开放，人民民主制度的各种实践形式，诸如各级人民代表大会的选举制、基层民主、乡村自治等获得了充分发展，它们所遵循的政治逻辑与共产党的民主集中制的政治逻辑产生了分歧，甚至出现了重大的裂痕。如何平衡这两种民主制度的关系，就成为30年中国后全能时代政治改革的核心问题。直到如今，这个问题不但没有得到解决，反而越来越具有攸关性的意义，成为摆在执政党面前的一个根本性问题。思考当代中国的民主政治理论一定不要忘记，它们背后所指向的，实际上都是如何处理人民民主制这样一种国家体制与民主集中制这样一种共产党体制之间的二元张力问题。"① 中国的国家建设和民主建设的经验表明，坚持党的集中领导体制来推行人民民主的发展道路构成中国现代化的重要经验，共产党通过与时俱进的自身建设，不断保持自己的人民性、先进性与代表性，提高执政能力建设和探寻现代国家建设的基本规律。既保证重大决策能够集中并有效得到贯彻，使得发展战略与改革政策具有长期性和连续性，又充分地调动广大民众积极参与，积极挖掘社会潜能，开发人力资源，

---

① 高全喜：《当代中国民主政治理论的五种模式》，见杨光斌、寇健文主编：《中国政治变革中的观念与利益》，中国人民大学出版社2011年版，第5页。

坚持发展依靠人民、发展为了人民的改革方向，保证人民共享改革发展的成果，走出一条具有中国特色的人民发展道路。中国共产党人既看到了民主对于推进现代国家成长的重要性，同时又看到民主道路的曲折性而选择稳健的民主化道路。

当然，这也受到一些专家学者的批评，认为中国的现代国家建设经济成就辉煌，而政治体制改革明显滞后，民主政治进程缓慢、停滞甚至回流。我们检视这类观点发现，民主化是世界各民族国家的整体趋势，可以理解这些人的急切心理，但民主如何运行、如何成长和如何巩固等是很复杂的问题，我们一定不能把它简单化处理。否则，过于草率的民主选择可能会导致被煽动利用、秩序恶化和民主的倒退，世界范围内的四波民主化浪潮的回流与反复，突出展现了后发国家在民主化道路上的艰辛历程，也给我国的民主化道路提供了诸多的历史教训。

尽管民主的理想、价值非常鼓舞人心，但民主的转型与巩固，除了靠民主带来的激情，更需要国家与民众的政治理性，民主的有序化和制度化就显得尤为重要。即在完成国家的基础性的制度建设和确保国家政权稳定的前提下推进民主，自上而下的"党内民主"和自下而上的"人民民主"双轨驱动，以"党内民主"带动"人民民主"，以"人民民主"提供中国民主转型的群众基础，又以国家主导的民主化来确保中国的民主道路具备秩序保障。

第三节　中国式民主的特征和路径选择

一、中国式民主的主要特征

（一）民主资源"先天不足"，需要国家来启动。中国人遭受几千年专制奴性驯化和愚民政策，习惯于"替民做主"的统治方式，自我统治的民主观念明显"先天不足"，有不少学者拿传统的民本思想来类比民主，笔者认为二者不可同日而语。民主所依赖的自足的主体资格难以形成，民主也需要公民参与公共生活、承担起与享受权利相对等的为公共事务做奉献的义务。然而，深受传统小农意识影响的国人难免狭隘，只关心自家的一亩三分地，参与公共事务的意识淡漠，袖手旁观的看客太多，很多人对权利的理解也难免浅薄，在权利与利益上简单画等号，把对民主权利的主张片面化为个人利益最大化的满足，这样，必然带来对民主权利的歪曲滥用，也使民主政治更多停留在经济领域的利益纷争层面而难以自拔。所以，有不少的大学者认为中国开启民智、民主启蒙的运动还没有完成。一直以来，"救国"和"强国"的愿望盖过对"国民的启蒙"，这也说明"先天不足"和"后天畸形"的民主急需要在国家的推动下开启，实现从"臣民"向"公民"身份的转变，训练公民参与公共生活的民主能力，培育健康健全的公民社会，实现从一盘散沙的"小农社会"向充满活力的"公民社会"的转变。"在对行政村和乡镇民主选举的研究过程中，学者们也发现：事实上，单纯的自下而上民主化道路也走不通。因为基层的民主实践如果得不到中央政府和各级地方政府的支持或至少是默许，也难以持续下去。村民自治和'两票制'选举农村党支部书记这些新举措之所以能够持续开展，与各级政府的大力支持有着密切的关系。而乡镇长选举制度改革所遇到的困境也与缺乏上级政府的有力支持直接相关。"① 因此，人们对于像中国这样的后发展中国家如何搞民主建设几乎达成共识：需要把自上而下国家启动的顶层设计与自下而上的基层民主创新结合起来，中央政府、地方政府和基层民众共同推动着中国的民主化进程。

（二）有制度保障的民主确保巨型社会转型的秩序稳定。从半封建半殖民地走出来的中国千疮百孔、百废待兴，发展民主的诸多方面的条件都不具备。新中国成立之后，作为后发展中的国家需要"跨越式发展"，"历时性问题共时性解决"的现象尤为突出。再加上中国又是一个超大规模的巨型社会，人口世界第一，民族众多，宗教问题交织等等，积累的社会弊病非常多，很多问题都是触一发而动全身的棘手问题，稍有不慎，就成为群体性事件的导火索，危及社会的安全问题。在这些现实条件面前，我们需要启动何种民主就构成一个不得不面临的问题。如何防止民主带来的政治分化、社会分化所引

---

① 何增科：《80年代以来中国关于政治改革的大讨论与政治转型》，见杨光斌、寇健文主编：《中国政治变革中的观念与利益》，中国人民大学出版社2011年版，第22—23页。

发的双重震荡，如何把民主纳入秩序化范畴之内，使民主循序渐进、稳健前行就显得尤为重要。制度化的民主建设是其根本保证，使民主不是仅仅停留在激情飞扬的价值诉求层面，而是真正落实到民主的制度绩效中来。

（三）党内民主和人民民主双轨驱动积累的政治经验。人民民主既是一种新观念的产物，也是历史合力的结果。"这种历史合力至少包括三个方面：一是中国从帝国时代迈向现代国家的历史，它要求民主发展能够纳入现代国家建设，并服务于现代国家建设；二是中国摆脱半殖民地，实现国家独立的历史，它要求民主发展能够带来民族的独立和人民的解放；三是中国人民追求自由和平等的历史，它要求民主发展能够带来自由的个体、平等的社会和法治的国家。"①为了寻找中国式民主成长的突破口，启动了"党内民主"，因为中国共产党实现从"革命的党"到"执政的党"的身份转变之后，认识到执政党自身民主改革的成败决定执政规律的掌握和执政能力的提升，也决定着如何更好地领导现代国家迈向更加辉煌的未来。而且作为"三个代表"的共产党自律和自我反省能力非常强，率先在共产党内部的民主实践容易取得成效。再加上共产党人最善于做思想政治工作，把成熟的制度化党内民主经验向人民民主推广，能够在更广范围取得民主绩效。2007年也把以"党内民主"带动"人民民主"写进了党的十七大报告，并指出："人民民主是社会主义的生命。发展社会主义民主政治是我们党始终不渝的奋斗目标。"②随着人民政治参与的扩大，胡锦涛又指出："政治体制改革成为我国全面改革的重要组成部分，必须随着经济社会发展而不断深化，与人民政治参与积极性不断提高相适应。"③在党的十八大报告中，胡锦涛进一步强调："坚持走中国特色社会主义政治文明道路和推进政治体制改革，必须坚持党的领导、人民当家做主、依法治国的有机统一，以保证人民当家做主为根本，以增强党和国家活力、调动人民积极性为目标，扩大社会主义民主，加快建设社会主义法治国家，发展社会主义政治文明……更加注重健全民主制度、丰富民主形式，保证人

---

① 林尚立：《人民、政党与国家：人民民主发展的政治学分析》，载《复旦学报（社会科学版）》，2011年第5期。
② 《十七大以来重要文献选编》（上），中央文献出版社2009年版，第22页。
③ 《十七大以来重要文献选编》（上），中央文献出版社2009年版，第22页。

民依法实行民主选举、民主决策、民主管理、民主监督；更加注重法治在国家治理和社会管理中的重要作用，维护国家法制统一、尊严、权威，保障人民依法享有广泛的权利和自由。"①胡锦涛在党的十八大再一次强调："坚持民主集中制，健全党内民主制度体系，以党内民主带动人民民主。"②稳健的制度化民主在中国是把自下而上的人民民主与自上而下的党内民主结合起来，既最大范围地扩大人民的基础，壮大统一战线的数量和规模，又在精英群体内部试点、做民主的实验，总结民主的经验教训，以便在条件成熟的地方推广民主，最小化不良民主带来的社会危害和政治震荡。因为我们在民主的道路上也经历了不少的挫折，"文革"时期留下的广场政治的"大民主"，仅仅是疯狂式民主狂欢，砸乱一切公检法，带来制度建设的巨大破坏，人为的灾害要比自然的灾害更为可怕，人们现在想起那段黑暗岁月依然心有余悸，这也使以邓小平同志为核心的第二代领导核心非常重视制度化建设，稳定压倒一切，使中国的民主政治建设纳入可控的秩序范围之内。正经受着民主洗礼的人们也悄然无息地感受到民主在自己身边发生着变化，相信中国民主一定能够取得更大的发展。

（四）"国家引导民主"与"民主重塑国家"相辅相成。"国家引导民主"，尤其当国家处在能够很好地代表公共利益的上升期，国家权威的形成也有助于凝聚民主的共识，确保民主在有序的环境下展开，国家也能够行使好手中的合法权力，更好地把握民主发展的方向，整合和调动全国的资源，并积极从制度层面上健全和完善民主，使民主得以有效地运转起来。这也说明国家的引导与建构并没有挤压民主的空间，反过来，"民主也重塑国家"，"民主是个好东西"，民主释放出的多元开放的政治氛围，非常有利于每个人意志的充分表达，谁影响谁显得并不重要，重要的是民主搭建起来的这一个平台能够更好地发现问题、纠正错误、汇集共识、创新思想，源源不断地向国家输送智识性资源。蒂利也正是从国家行为和公民需求的一致程度来测量和评价民

---

① 胡锦涛：《坚定不移沿着中国特色社会主义道路前进，为全面建成小康社会而奋斗》，人民出版社 2012 年版，第 25—26 页。

② 胡锦涛：《坚定不移沿着中国特色社会主义道路前进，为全面建成小康社会而奋斗》，人民出版社 2012 年版，第 51 页。

主，具体道："判断国家行为和公民所表达的要求的一致，必然包含四个进一步的判断：公民表达的要求得到满足的范围有多广？不同的公民群体感受到的其要求转化为国家行为是否平等？那些要求表达本身在什么程度上受到国家的政治保护？这个转化过程在多大程度上有双方（公民与国家）的参与？"①可以看出蒂利实际上认为，不管民主最终以什么样的形式呈现出来，但最值得关注的是公民的民主需求与国家的民主回应之间是否具有内在的一致性。民主有助于每个人贡献出自己的聪明才智，更具包容性，也更能代表公共利益。民主汇集起来的民意也有助于国家的自我反思，防止思想褊狭，行为过激，及时调整国家的不当行为，使国家更好地沿袭着公共利益化身的方向前行。

通过对中国式民主的理论逻辑和现实逻辑的考察之后，一个政治共识基本达成：现代国家建设需要制度化构建和民主化治理的双轨驱动机制共同作用。尽管国家基本制度的构建在序列上可能优先，但国家治理也少不了通过选择民主来规约国家权力行使的方式，以便提供国家长治久安和实施政治统治的合法性基础。这也要求二者之间保持均衡发展的态势。

二、制度化建构与民主化治理构成中国国家建设的双轨驱动机制

（一）制度化建构的必要性。从"救亡图存"中走出来的中国在迈向现代国家的道路上，对外要完成主权的完整统一，对内要实现对巨型社会转型的有效治理，要实现这种"后发赶超式发展"，现代国家的制度化构建显得尤为重要。在一个传统的文化中国，人治高于法治，制度短缺、制度虚无成为中国在近代落伍的重要原因，只有着眼于完成国家的制度化建设，才能增强国家行动的能力和行动的法理型权威基础。对于当代中国来说，国家基本制度建设显得尤其重要。这一点已经得到了越来越多的学者的共鸣。逻辑建构起一套制度框架来普遍适用于现代国家所有人，以此来规约政府与个人的行为，这可以说是现代人所能找到的最好的治理国家的武器。北大李强教授

---

① [美] 查尔斯·蒂利：《民主》，魏洪钟译，上海世纪出版集团2009年版，第12页。

认为：国家"与英文中的 state 相对应，特指不同于社会或其他组织机构的一套独特的制度（institutional）形式，这种制度在社会中履行某些特定的职能"[①]。国家构建所关注的更多就是如何建构起这些独特、中立的制度形式，如果国家权力的行使和对国家权力的监督都纳入受制度约束的范围之内，那么国家就能更好地发挥其自主性能力；如果能够把社会的矛盾冲突纳入体制化渠道中来消解掉它，那么矛盾和冲突也就不会那么可怕；如果公民的意见表达和利益补偿都能纳入制度化渠道中来，那么民怨和"以身抗争"的惨剧就会大大减少，这些方面的制度化构建就与法治国的建设形成很好的勾连。

（二）民主化治理的必要性。如果说制度化构建构成国家建设的刚性支撑，那么民主化治理就构成国家生长的柔性支持。制度化构建很多时候表现为从国家出发来替老百姓考虑如何建国，完成"顶层设计"，而民主化治理更多表现为国家如何顺应民意的要求、挖掘民间社会的潜力来对国家进行合作共治。其一，民主政体相对于专制政体而言，有利于"共容性利益"的长期存在，尽管民主政体中共识如何达成的问题受到拷问，也构成参与民主的各方最为关注的问题，但"共容性利益"把人们捆绑在一起，政治协商和政治妥协成为可能，而且这种合作、共赢的生存状况也极大地改善人们的生活质量，促使民主朝着良性方向发展。其二，在相对成熟的民主制度下，换人试试看并不影响政治稳定，哪怕是政党的更替也依旧能保持政策的相对延续性，这种人们相对稳定的生活状况减少了社会动荡不安的威胁，本质上讲，安居乐业对于普通老百姓来说尤为珍贵。其三，规范成熟的民主制度也使得人们对未来的预期充满信心，对于个人的前途和人生规划更加乐观，有助于培养更加自足自主的公民资格。也即是说，这既有利于公民权利意识的培养，也有助于公民承担责任和奉献社会的优良品格的培养。其四，平等、宽容、乐观自信的民主政治文化也有利于累积"厚的社会信任关系"，公民在良好的声誉机制的激励和保证下，整个社会更加和谐、更加温情脉脉。而且发达的社

[①] 李强：《从现代国家构建的视角看行政管理体制改革》，载《中共中央党校学报》，2008年第3期。

会资本也有助于降低经济成本,减少人与人之间的摩擦,使信任经济得以发展壮大,加快资源和资本的流通速度,带来更好的经济绩效,民主与经济繁荣形成良性循环。奥尔森认为,民主虽然不是促进投资和增长的唯一手段,但保护对经济增长至关重要的财产和契约权利,需要持久的民主制度。

(三)现代国家的繁荣也需要把"制度化建构"和"民主化治理"统一起来。"欧洲国家构建的过程彰显出两个重要的目标:制度合理化和公共权力民主化。这两个目标对中国现代国家构建来说同样需要。现代化就是一个不断理性化的过程,国家就是一个理性化的制度结构,在这个结构中,不仅包括基本制度(行政体制)的合理化,也包括公共权力产生和行使的民主化。制度的合理化主要体现的是有效性原则,公共权力民主化主要体现的是合法性原则"[1]。现代国家一方面要凝聚共识,完成政治的一体化进程,另一方面又要遵从主体差异性共存原则;一方面需要更高程度的权力集中,增强国家的可行性能力,从而实现对更广阔和更大程度的国家政权力量的下渗,另一方面又需要分权松绑、释放更多的社会自主、民众自治的空间。"制度化建构"和"民主化治理"构成现代国家的两大不可分割的方面,既有助于发挥国家自主性和社会自主性两个积极性,也是适应世界范围国家治理规律的需要,双轨驱动促进现代国家的成长。尤其对于中国来说,国家的基本制度建设在时间和逻辑上优先于公共权力民主化,民主化只有在现代国家构建的基础上才有意义,"使国家真正拥有实践民主、发展民主和创新民主的基础与能力"[2];反过来,民主化的治理不仅不会弱化国家能力,反而会增强国家能力和权力行使的合法性基础,使现代国家的统治更加持久。"得不到社会的支持,国家的单方面行动必然失去合法性的基础;反过来,得不到国家的积极反应,社会的单方面行动就难以获得有效性的保证,很容易陷入徒劳无功的境地"[3]。

---

[1] 戴辉礼:《现代国家构建与民主化中的欧洲经验及其启示》,载《国际关系学院学报》,2010年第1期。

[2] 林尚立:《人民、政党与国家:人民民主发展的政治学分析》,载《复旦学报(社会科学版)》,2011年第5期。

[3] 林尚立:《建构民主的政治逻辑——从马克思的民主理论出发》,载《学术界》,2011年第5期。

当然，在理性化的制度整合与民主化的参与共治之间的明显张力使得现代国家的秩序建构充满了挑战性，也充满了艺术性。现代国家自身也越来越难以治理，一方面国家的权力下渗越来越深远，控制程度越来越强大，现代国家的制度化理性构建越来越明显，集权化程度越来越高；另一方面民众的自我治理和自主参与的要求越来越凸现，民主化是现代国家的第二个必然产物，集权与分权的矛盾难以平衡，统一共识和差异分歧二者之间也长期展开拉锯战，我们需要解决好制度化建构的统一性和民主化治理的多样性的统一。也即是说，现代国家建设在承认差异性前提下又有哪些共性？诸如：身份构建方面：国家与公民的新关系；民主治理方面：权利与自主的实现；法治监督方面：权力与制衡的保证，等等。如何解决这些问题也都落实在对于政府的能力和责任提出的严峻考验上，即从现代国家的两个维度：理性化构建和民主化善治来审视责任政府如何构建，研究在现代国家民主化治理过程中政府应该承担起何种责任，并有效地保证责任的实现。因为现代国家理性化建构的载体是责任政府，至上的国家赋予政府强有力的统治的权力，一方面，遵循现代国家逻辑建构和行为规约的现代政府具有很强大的自我理性化建构的权利，另一方面，根据现代民主的权责一致原则，民主问责的现代监督机制也必然要求政府应负起责任，回应社会的民主需求，解决现代国家生长过程中所出现的问题，只有负责任的政府才能实施有效的长期统治。

对于中国式民主的考察，无论我们是把它放到对现代国家治理整体规律的探索中，还是把它落实到具体操作层面的责任政府的建设上来，都是在直面和回应"制度化建构"和"民主化治理"这二者提出的需求。"民主的复合性，对国家有效作用于民主发展具有内在要求，这种要求落实到国家身上，就是对'国家供给民主之善能力'的要求。从民主的复合性来看，民主的成长是追求个体自由发展与国家建设的复合，是追求社会自主与国家发展的复合。因而，'国家供给民主之善能力'，从根本上讲，是指国家将民主发展与国家建设有机结合起来而形成的。如果这种结合是好的，那么民主因国家建设而得到发展，同时，国家建设因民主化而得到深化。"[①]

---

① 林尚立：《人民、政党与国家：人民民主发展的政治学分析》，载《复旦学报（社会科学版）》，2011年第5期。

三、民主政治建设的政治秩序保障：民主成长的重要前提

（1）政治稳定秩序对于民主转型与民主巩固的必要性。我们重视民主对国家权力行使的制约，并不能否定或弱化国家自主性构建的稳定政治秩序对于民主生长的前提保障作用。选择走民主道路的决定容易做出，但是实现民主的平稳过渡、使民主良性运转并使民主巩固起来却是相当困难的事情。例如：20世纪90年代非洲的民主化进程，"在短短四年时间内，先后有42个非洲国家举行了多党选举，迅速完成了修宪、选举和领导人更迭等一系列制度变革。然而，无论是作为这场民主运动'导演者'的西方国家，还是被迫采取西式民主的非洲国家，它们似乎都没有做好足够准备并采取有效配套措施来应对民主化进程中所出现的各种问题。仓促的民主化变革之后，一批非洲国家陷入了比此前更为严重的社会动荡和持久的军事冲突之中"[①]。在部族制度盛行的非洲，多党民主不仅没有带来秩序反而更容易激活狭隘的原始部族主义，引发严重的部族冲突和地区杀戮，给社会带来巨大灾难。例如，布隆迪在1993年实行多党制后，部族冲突失控，造成数十万人死亡。就拉丁美洲而言，到1899年巴西建立共和国时，拉丁美洲主要国家已经建立了以民主原则为基础的政府形式。然而，由于过于受美国的干预，政局不稳，军事政变、独裁统治、民选政府被迫下台等在许多国家反复出现。据统计，拉美国家在独立后的160多年中，发生了近600次政变；第二次世界大战以后，在19个拉美国家中共发生政变100多次。[②]从欧美对非洲的"民主援助"和美国对拉美的"促进民主"的政治实践来看，"在哪些国家或地区实施民主援助，并不取决于该国家或地区是否有发展民主的需要，而是取决于援助国外交战略和国家利益的需要"[③]。国家完成对秩序的建构是一个首要问题，民主道路的选择必须摆脱外国的民主干预，选择适合自己的民主道路，后发展中国家完成主权和治权的独立，建构起权威性政治秩序和实行有效的治理活动成为确保民

[①] 胡美、刘鸿武：《意识形态先行还是民生改善优先？——冷战后西方"民主援非"与中国"民生援非"政策之比较》，载《世界经济与政治》，2009年第10期。

[②] 徐世澄：《拉丁美洲政治》，中国社会科学出版社2006年版，第35页。

[③] 赵绪生：《试析民主援助》，载《现代国际关系》，2008年第3期。

主的前提条件。

中国自从辛亥革命迈入现代国家征程以来,无论是革命还是改革时期,一个独立富强的国家和一个强有力且负责任的政府对于中国的民主道路起到很大的作用,尤其在国共两党第二次国内革命战争即将结束之际,毛泽东坚决不同意"划江而治"的建议,摆脱美国的民主输出,也解决了内部的两党纷争,终于在1949年缔造了独立统一的新中国。从建设时期的政府改革来看,王绍光引用科尔奈1990年的警告说:没有一个强有力的政府,实现向市场经济的转型几乎是不可能的。经济学家吴敬琏也认为:"在转型期间,政府的正面作用恰恰需要加强,而不是削弱;这对于消除对改革的阻碍和反抗、建立各种必备的制度基础、发展市场都是必要的。"① 因此,中国近百年的现代国家建设摆脱殖民统治、获得了独立自主,也通过自力更生和自主性很强的政府改革,使"国家引导的经济发展模式"越来越凸现其后发比较优势,中国式民主不仅与拉美民主和非洲民主相比具有明显成功,也与欧美的自由主义民主相媲美,"北京共识"与"华盛顿共识"相竞优。作为后发展地区的东亚国家领导人普遍认识到:"在发展中国家,如果政府没有权威,不实行运用权威的手段,结果将会是灾难性的。"② 因而其选择的民主所具有的明显特征是:政治权威、集体权利和组织纪律更多于个人的民主,国家民主或制度民主更具优先性。

(2)何种秩序是民主赖以成长的政治基础:防止秩序走向专制独裁。国家建构确保的稳定秩序对于民主巩固固然重要,但也要警防过度集权甚至军事独裁对于民主的损伤和侵蚀。这就要追问何种秩序有助于民主的成长?尽管亚非拉国家都想尽快完成秩序的建构过程,但是由于受历史或传统的影响,又很容易走向专制独裁或过于集权的困境中去。而中国甚至东亚地区在摆脱殖民和半殖民地统治之后,较好地处理了权威与民主之间的关系,权威与民主保持动态博弈均衡是确保其持久稳定繁荣的关键。针对西方民主对于东方民主与人权的指责,马来西亚总理马哈蒂尔早在1991年在联合国就曾针锋相

---

① 吴敬琏:《当代中国经济改革》,上海远东出版社2003年版,第401页。
② 马来西亚总理:《马哈蒂尔演讲集》,世界知识出版社1999年版,第83页。

对地对美国式民主和人权进行了批评，指出"如果民主意味着可以携带武器，夸耀同性恋，漠视婚姻法规，以保护个人的人权为名破坏社会秩序，破坏特殊的信仰，给出版以神圣的特权并使其滥用这种特权——如果这些就是民主的具体内容，那么不能有一种与之不同的信仰吗？"①西方这种以个人权利对抗国家权力的政治传统与深受"家国同构"儒家传统影响的东亚地区并不兼容，"权威主导"的"东亚民主"因其推动的国家经济的迅速崛起和老百姓生活巨大改善而越来越获得"政治合法性"的证明。后发展中国家民主选择需要政治稳定秩序来提供保障已经达成共识，但是否按照政治稳定、经济增长和社会建设依次推进的"民主顺序说"来发展中国民主值得商榷。

第四节 "民主顺序说"对于中国式民主的解释效度与限度

我们论证了人民民主与国家秩序构建之间的关系之后，接下来要探讨的是：中国到底如何推进民主建设？我们又如何看待我们国家的民主建设？以确保民主的成功转型和提升以民主方式来治理国家的治理绩效。笔者非常尊敬的学者萧功秦先生在《探索与争鸣》杂志2012年第五期《重建公民社会：中国现代化的路径之一》一文的结尾提出了"三个三十年"的论断（头三十年搞经济建设、次三十年搞社会建设、后三十年才搞民主建设），引发笔者对中国民主建设的反思，也想与萧先生商榷。尽管这种观点也代表了不少专家学者对于中国民主建设的看法，他们对于民主成长的客观条件看得比较重。笔者对于民主建设的认识是：民主建设是一个漫长的渐进过程，而且永远没有终结，也即是说，随着公民权利的主张和扩大，民主也会不断地成长，不可能是某一阶段就能完成的任务。民主固然需要经济做保障和社会做支撑，而民主所蕴含的观念变革和思想启蒙也不亚于经济改革，甚至影响更为持久深远，而且民主所带来的观念革新往往又是推动经济改革和社会改革的原因。由于对于民主的价值层面和心理层面比较忽视，而使民主建设进程显得过于

---

① Quoted in James Fallows, "Rotten Royals", *the Atlantic*, June 1993, p. 461.

迟缓和机械，我们对于中国的民主建设不能过于乐观，但也不能过于悲观，对于发生的民主建设视而不见。民主建设是靠积极参与而不是靠等待就能实现的，是否通过九十年的建设（尽管这九十年是虚指而不是实指），民主就建成并一劳永逸地巩固下来了呢？显然，是经不起这样的质问的。这也源于对民主建设的复杂性和反复性缺乏认识。而且，中国国家建设"历时性问题共时性解决"的特点比较鲜明，人为界分的清晰界限只能是把问题简化而与现实并不符合。

事实上，民主政治建设既是现代国家追求的目标，也是启动现代国家建设的驱动机制。上文也已经论述过国家的制度化构建与民主化治理只有均衡发展，国家的统治才能长治久安，双轨驱动才是现代国家建设的必然路径选择。就中国而言，民主建设是现代国家区别于传统中国的标志，民主改革也伴随现代国家建设的始终。从"五四"民主启蒙、新中国的建立和改革开放的启动都是围绕民主建设目标而展开。"五四"打着"德先生"和"赛先生"两大口号，其中"德先生"就是指民主；毛泽东在新中国成立前夕回应黄炎培的著名论断：民主是走出旧王朝政治"其兴也勃焉，其亡也忽焉"的关键，这也表明民主政治是新中国孜孜以求的目标，也是国家建设的主线。改革开放以来只不过是寓民主政治改革于经济改革之中，经济改革是推动政治改革的突破口和手段，社会建设也是基于公民民主权利的增长而急需要解决社会弊病这一"危机驱动"的结果。倘若我们本末倒置，以手段取代目的，唯GDP主义就是放大经济建设的毒瘤，而掩盖了经济服务于政治的目的，那么中国的建设仍然停留在利益交换层面纠结挣扎，推延民主建设的进程。当然，民主建设也不是一劳永逸的，充满挫折和反复也并不可怕，民主在制度设计上的一个显著特点就是保留开放的修错机制，使意见表达得以畅通。民主说到底还是源自于主体内心深度认同的政治，民主的物质条件固然重要，民主的价值和心理基础更值得我们深切关注。对于民主建设任务的艰巨性的警惕，并不能成为我们推延民主建设的借口。这需要我们澄清对于民主顺序说的认识，更为客观地认识民主，从而推进和完善中国民主建设进程。

一、经济繁荣与民主并不存在正相关

（1）一派观点认为正相关。

民主与经济因素的关系的确是一个古老争论：亚里士多德以来的不少政治社会学家认为民主的有效性取决于社会发展和经济繁荣。一些人们容易简单这样推断：任何一个国家的经济发展到一定的水平，就会产生民主政治变革的要求。很容易忽视民主的社会和心理条件而过于强调看得见的经济增长，这也是不少的研究者任意取舍亨廷顿和李普赛特关于民主条件论述的产物。实际上，亨廷顿研究的民主巩固不仅与经济发展水平有关，还与其他很多因素正相关，准确说，是由一系列条件共同作用的产物："过去的民主经验有助于第三波民主国家的稳定；国际环境和外国力量在第三波民主国家的建立中扮演着重要的角色；政治转型的时机选择也能对一个国家的民主巩固产生影响；民主转型的过程与民主巩固之间存在着关联；民主巩固与所建立的民主制度的性质有关；新兴民主国家所面临的情境问题的数量和严重性，以及政治精英和公众对这些问题的态度和对政府解决这些问题的反应，同样与民主巩固具有关联性。"[①] 同样，从其他几位民主大师对民主条件的研究也发现：经济发展水平即使起作用，也是与多种因素共同作用才能发挥作用。熊彼特归纳了测量民主成功的四个标准："政治领导人的素质、政治决定的有效范围、民主政府有效支配官僚机构的能力以及民主自治的水平"[②]，他完全从政治因素来谈民主条件，难道是他有意规避经济条件吗？肯定不是。达尔在其多元民主理论中也提出了七组条件来综合测量民主的水平，而不是仅看重经济增长水平，具体包括："历史的顺序、社会经济秩序、社会经济发展水平、平等状况、亚文化多元主义水平、是否具有外来强国统治以及政治积极分子的信念等。"[③]

[①] [美]亨廷顿：《第三波——20世纪后期民主化浪潮》，上海三联书店1998年版，第324—332页。

[②] [美]熊彼特：《资本主义、社会主义与民主》，商务印书馆1999年版，第421—430页。

[③] [美]达尔：《多头政体——参与和反对》，商务印书馆2003年版，第221—227页。

（2）另一派观点认为并不存在正相关。

本质上讲，民主素养是一个心理认同问题，而不是一种经济交换活动。其实，早在卢梭生活的年代，卢梭的"惊世骇言"就使他一举成名：物质的繁荣并不能带来社会风气的净化。从他的先见之明中我们也能解读到：经济繁荣并不必然产生平等宽容的民主政治社会风尚。"一个地区要想取得社会经济发展，更多的要靠其公共精神禀赋，而不是早期的社会经济禀赋。到目前为止，从我们简单的分析中可以得出这样的结论，当代公共精神与经济的相关性所反应的，主要是公共精神对经济的影响，而不是相反。"①

从中国的民主实践也发现，在抗日战争时期，解放区的"三三制"原则是在条件非常艰苦的陕北地区却成功实现的民主实践。自改革开放以来，欠发达的中西部反而比经济发达的东部地区优先启动民主，诸如家庭联产承包责任制从安徽省凤阳县小岗村首发，村民自治首先从广西开始，民主海选制首先在吉林省梨树县展开。而东部经济发达的地区地方政府创新更多是行政改革，诸如深圳的"行政三分制"、天津的"行政审批一站式服务"、南京的"政府超市"等等，更多是为了提高行政效率，对民主政治的改革反倒显得保守。

再从经济利益过度腐蚀人们的心灵来看，在经济发达的地区，人们的心思可能关注物质利益，而对于意识形态比较强的民主价值反而比较淡漠，甚至很容易以廉价的方式出卖掉作为自己神圣权利象征的选票，使选举活动被经济能人所操纵，直接通过执掌政治权力谋取个人经济利益。还有是通过"创租"、"设租"这种间接方式来腐蚀政治权力，导致政府的寻租行为无法得到有效制约，也就是常说的政府和非营利性组织常常被利益集团所"俘获"。另外，经济利益的刺激也会加剧社会的分化，造成贫富悬殊，另一方面，不少人把个人权利简单等同于个人利益的膨胀，被解放的主体又一次被"物化"所奴役。

通过30多年的改革，尽管中国的高速经济增长赢得世界瞩目，"后发优

---

① [美]帕特南：《使民主运转起来——现代意大利的公民传统》，王列、赖海榕译，江西人民出版社2001年版，第183页。

势"也令发达国家震惊,然而基尼系数也达到 0.48,正处于社会矛盾集聚冲突的高发期,也形成了相当规模的既得利益集团和腐败阶层,层层阻挠改革措施的推进。尽管相对开明的东亚威权政治获得较强的绩效合法性的支持,但在当下也不断受到反思性批判,仅凭经济绩效提供的政治合法性证明并不牢靠,经济交换带来物质满足的短暂性远远比不上深度心理认同带来的政治奉献的持久。由于利益集团的分赃、国家被利益集团捆绑和俘获、亚洲金融危机、政治腐败丑闻的负面影响,国家的权威性在流失;随着公民权利的高涨、中产阶级的壮大和公民社会的形成,人民完全有理由收回他们原先让渡出去的民主权利,从而使得"亚洲式民主"的合法性大打折扣。这在中国民主政治发展道路上也有体现,权威政治的现代转型给予现代政府和现代政党提出新的时代使命,如何防止威权政体过渡到专制政体,威权政体又该如何不断增进人民的自由和权利。这要求民主的秩序基础必须处理好权威与自由、国家与公民、政府与社会在集与分之间平衡关系。

相对而言,曾经对民主发展和巩固充满担忧的拉美国家、俄罗斯和印度,反而在经历初期的混乱后,社会秩序和制度已经相对稳定;拉美国家近期的增长率普遍都在 6% 以上,基尼系数不断下降。这说明不是经济繁荣有助于推动民主,而恰恰是民主的巩固有助于促进经济繁荣。中国经济的发展速度并不代表着民主的具备条件更加充分,社会基础和心理认同会比经济增长更加必要。

二、公民社会的培育可能比经济增长更能使民主有效地运转起来

对于社会条件和公民社会作用的强调,也是为了说明某些人荒谬的观点:只有等经济足够繁荣之后,再去推动民主的进程。倘若这样,就可能因为认识的局限或人为的拖延,而忽视对于民主社会土壤的培养,错过民主发展的有利时机。很多时候,恰恰是在经济速度减缓、经济危机爆发和社会矛盾急剧的经济波谷期,而不是人们想当然的经济繁荣期,人们对民主的需求越强烈,民主政治变迁的可能性也越大,这是危机驱动民主变革使然。

社会结构和社会条件的改善比经济的波动来得更持久,经济的迅速增长

和繁荣并不必然有助培养人们的民主素养和能力，只有通过调整和改变社会结构，使之向着有助于民主的良序方向发展，才是从根本上拉动了民主政治发展的引擎，使民主真正运转起来。公民的性格、政治平等与包容、结社的艺术和公共精神等等构成民主政治文化的基本要件，对公民的责任和义务的强调和对政治平等的承诺，构成公民共同体的文化凝固剂。强调民主的巩固与社会文化因素的流派源远流长，柏拉图在《共和国》中就认为，政府随公共精神的不同而相异；阿尔蒙德和维巴的现代经典之作《公民文化》，也是通过对美、英、意大利、墨西哥和德国政治态度和政治取向的考察来解释各国政治体制的差异性；还有我们更熟悉托克威尔的《论美国的民主》，更是强调美国的民情、政治文化和公共精神对于稳定、有效的民主所起到的极其关键的心理基础作用。"用公民人道主义的话说，有效的、负责的制度取决于共和的美德和实践。托克威尔是对的，当存在强健的公民社会时，民主政治会加强，而不是削弱"①。帕特南通过对意大利公民文化的考察也得出一个明确的结论："社会环境和历史深刻地影响着制度的有效性……建立社会资本并非易事，然而，它却是使民主得以运转的关键因素"②。民主的运转，归根结底是一个民众实践的过程，只有"民众正确地实践"才能使"民主有效地"运转起来。而民众实践的效果在各国不同。这在一定程度上并不是因为各国的经济发展水平不同，而是因为"各个国家的社会环境"不同，"历史的初始条件及规定性"不同。一个没有民主文化传统的国家向民主过渡，可能会让人产生"民主的政治行为"，但很难使其"政治行为的动机、态度、目的"与"民主"真正本意的要求相适应，因为起着更根本作用的制约人的深层的文化模式没有改变。因此，在研究民主制度的建构及运行时，考虑社会与历史的因素或许比考虑经济的因素更为重要。长期受专制思想毒害的中国人内心深处的民主因子其实是很欠缺的，如何在受两千多年的专制思想影响的土壤上开出民主的花朵，是否按照"路径依赖"的锁定就难以自拔了呢。其实不然，民主既

---

① [美]帕特南：《使民主运转起来——现代意大利的公民传统》，王列、赖海榕译，江西人民出版社2001年版，第214页。

② [美]帕特南：《使民主运转起来——现代意大利的公民传统》，王列、赖海榕译，江西人民出版社2001年版，第214—217页。

是生长的，也是建构的产物。

三、民主道路的反复性：民主道路既是生长的，又是建构的产物

尽管民主有其自然生长内在规定性要求，可能受到"路径依赖"的影响，也有很多专家学者在探讨能否通过传统的创造性转换生长出中国式民主，考虑到目前中国民主所赖以生长的公民政治文化和"公民共同体"的建设还很薄弱，基于此有人就会把民主发展程式化，支持"民主顺序说"。但是无论是对于从内部生长出来的英美民主形态而言，还是对于受外部输入和强加的亚非拉民主而言，民主化道路荆棘丛生、充满着反复性，这种复杂性难以保证民主按照预先设计的次序来发展。我们也不能等待民主各方面条件都具备后才去启动民主，因为民主本身就是一种试错与选择的制度安排，民主生长的全程也伴随着民主的建构过程。"民主巩固基本上是一种'建构'的过程，是一种政治领导和政治战略的实践。"[1] 这也说明，民主在生长过程中充满着政治领导的建构，在建构中推动民主的生长，对于民主价值的诉求和观念的变迁，也带来民主政治迅速变革与转型，以党内民主带动"人民民主"的中国式民主就是自上而下的政治领导构建的民主，也是充满生机活力的民主，推动着民主化的进程。民主建构的自主性和各国道路选择的多样性，一方面使民主充满生机活力和希望，另一方面也说明民主模式的复制性比较差，不能简单照搬。这就要求我们对于民主道路的研究不要把民主过于模式化和程式化，更要重视构建和创新民主发展新的可能性，"干中学"的心态对于丰富民主理论和民主实践是非常有价值的，也是基于对中国民主政治进程的反思，寻求使民主运转起来更全面和更客观的认识。

---

[1] Larry Diamond, Juan Linz and Seymour Martin Lipset, ed. *Politics in Developing Countries*, Boulder: Lynne Rienner Publisher, Inc.1995.

第六章
经济建设中的国家自主性：国家主导发展模式的总结与反思

作为后发展国家的中国，国家主导的经济发展战略取得了显著成效，也充分展示了国家的自主性作用。我们总结其国家经济建设的经验，但也不能忽视国家主导的发展模式所伴生的问题，诸如地方政府的唯 GDP 主义锦标赛的危害、环境污染资源枯竭的威胁、国家的过度物质主义化的危害，等等。这些问题倒逼我们思考：国家到底该如何监管经济和市场？如何更好地发挥其自主性作用？通过改革开放的深入和国家自我的反思平衡机制的共同作用，国家也正逐渐从监管市场向维护市场的方向转变，积极探索和遵循市场规律的国家干预行为才能更好地维护和促进国家经济建设向纵深发展。即从直接干预市场的经济管理活动向间接地通过宏观调控的方式转化，从而引导经济的良序发展，诸如通过税收、财政和法律的杠杆营造一个市场经济健康发展的良好外部环境。如何处理好国家与市场的关系，关键也在于对市场的理解，在后市场化的时代，市场并不仅仅指经济绩效、物质满足和丛林法则，也开始强调市场主体的合作共赢、责任正义和可持续发展，当把这些价值吸纳进入市场之中，也有助于产生国家与市场的正向激励机制。总之，国家经济建设就是要处理好国家的宏观调控和经济的市场化改革之间的关系，其逻辑必须建立在现代化的逻辑之上，但现代化的标准不仅仅是物质的现代化，而更多是为了实现人的现代化，但确保物质的现代化和人的现代化得以最终实现，又必须回归到制度的现代化建设上来，使国家监管经济的活动也落实到制度化监督的渠道中来，既防止自发市场的恶性竞争所导致的垄断市场秩序的产生，也防止国家被利益集团所俘获，免于使国家行为误入歧途，确保国家对市场的宏观调控和积极维护功能的实现。

第一节 国家建设重心调整到经济建设上来

一、经济建设为中心带来的成就

新中国成立60多年来，国家建设最突出的成就是在经济建设方面，创造了连续30多年经济快速增长的世界奇迹，也大大提升了中国的国际地位和国际形象。

国际跨期比较[①]

工业化时期人均收入倍增时间	工业化时期人均收入倍增时间
英国 58年（1780—1838）	韩国 11年（1966—1977）
美国 47年（1839—1886）	中国 9年　第一次：1978—1987； 第二次：1987—1996； 第三次：1996—2005
德国 39年（1870—1909）	
日本 34年（1885—1919）	
巴西 18年（1961—1979）	

从上表看出，越到近代国家人均收入倍增的时间越短，作为发展中国家的中国后发优势更为显著，不仅人均收入翻番的时间大大缩短，而且实现了连翻三番，创造了中国的奇迹。"从1978—2007年，中国人均GDP平均增长高达87%。中国主要靠自己的努力，使绝对贫困人口从2.5亿减少到1500万。1978年，中国人均收入只有381元左右。但近30年来增加了40倍多，到2007年达18934元，折合美元2500元左右，总体上已摆脱贫困落后的低收入状态。"[②] 到2011年，中国已经成为世界第二大经济体、世界第一大制造工业国、第一大出口国和第一大外汇储备国，国内生产总值年平均增长

[①] 陆德明：《新中国前后的60年经济发展》，见史正富主编：《30年与60年：中国经济改革与发展》，上海格致出版社、上海人民出版社2009年版，第109页。

[②] 陆德明：《新中国前后的60年经济发展》，见史正富主编：《30年与60年：中国经济改革与发展》，上海格致出版社、上海人民出版社2009年版，第108页。

10.7%，对世界经济贡献率达到 20%。这不仅令中国人在世界上扬眉吐气，也令一直受经济危机困扰的西方发达国家刮目相看。

二、唯物质主义的危害性

探究现代化的西方渊源我们也发现，西方现代化最为表象的就是激发人们的经济理性和科技理性能力，去创造更多的物质财富、加速和赞美政治世俗化的浪潮，为满足不断增长的欲望而在全球范围进行资本扩张，对世界殖民地资源的汲取和掠夺，带来整个世界格局和人们生活方式巨大变革。中国也一直在以赶超模式来学习西方，诸如 19 世纪后半叶，洋务运动先驱们为实现强国和富国的梦想所进行的建立现代军事和工业的尝试，试图通过学习西方的物质文明和科技文明就能拯救衰败的大清帝国，这种"中学为体、西学为用"的器物层改革并没有成功，仅在少数精英那里产生影响力，也证明仅有物质的强大并不能使国家走向强盛，遵循现代化逻辑的国家建设的大方向没有错，但不能仅抓住现代化的表征，而对于内在复杂的机理缺乏认知和驾驭的能力。自 20 世纪 70 年代末开始的改革开放，是中国快速缩短与发达国家差距的起点，这次改革在社会广大人民群众那里都产生深刻的影响，把过去革命的逻辑真正转移到建设的逻辑上来，逐步放开市场，满足人们合理利益诉求，充分调动社会各界广大人民群众的主动性和创造性，使社会潜能得到极大程度的开发，经济的快速增长，迅速改变以往物质极度匮乏短缺的局面，人们的生活水平也得到了极大的改善。然而，随着物质主义国家建设的深入，也越来越暴露出诸多弊端。

从公民个人而言，随着物质主义国家建设的深入，拜物主义、拜金主义和消费至上等弊端也越来越暴露，物质主义把人化约为单纯肉体欲望的载体：人的唯一目的就是创造财富和进行消费，物欲横流，现世享乐主义的价值观成为主流，笑贫不笑娼的社会风气也在挑战人们的道德底线，恶化人们的精神家园，降低人们的生活品味，也使人们的幸福指数和安全指数大大降低，丧失精神追求的物质化生活离经济发展所追求的初衷渐行渐远。精英沉溺于纵欲和炫富，普遍丧失对公共事务的关心；民众焦虑于财富之匮乏，互相攀比和斤斤计较个人财富的得失。被点燃的物欲火苗使整个社会焦躁不安，既得利益者为防止财富被侵犯而诚惶诚恐，利益的丧失者为自己卑微的社会境况而心怀愤慨，导致仇富、仇官、仇警所引发的泄愤型群体性事件愈演愈烈，使社会陷入高度不安、惶恐之中的危机频发期，耗散着国家建设积累的成果，侵蚀着社会凝聚力。

　　从地方政府而言，政企合谋，地方保护主义和公司主义问题突出。在地方政府搞经济建设的过程中，往往是通过政府官僚来制定发展规划、推行各种政策，享有很大的自主性，但是由于官僚制的弊病，所谓的国家意志和公共利益很容易受到强势利益集团的俘获，或者主动与私人利益合谋，滥用政府官僚的自主性。我国税收制度运行过程中也暴露出这些问题。在分税制之前，尽管"财政包干、分灶吃饭"体制有助于地方政府的自主性，但是由于税收制度是按照企业隶属关系上缴，给地方政府的激励在于与从属于地方政府的企业合谋，通过"关系合同"有意让企业多留利润，"藏富于企业"，然后再通过收费摊派等手段满足本级财力的需要，导致中央财政集中困难，权威流失，甚至出现悬崖边的中央政府与各地诸侯经济兴起的格局。分税制实施以后，这种"各抱各的孩"按企业隶属关系来收税的制度得到改进，地方政府又把目标转移到"土地财政"上，靠卖地搞预算外小金库，吹大房地产泡沫，预算软约束的问题一直没能得到有效的解决。另外，在目前层层施压的"压力型体制"下，各级政府官员受制于满足 GDP 的增长和个人官职的晋升，他们的技能和精力主要花费在拉投资、上项目等促进经济增长的目标上，铺张浪费的面子工程越做越漂亮、贪污腐败的社会蛀虫层出不穷。

　　这就不得不引发我们对物质主义经济建设的反思：为什么高速经济增长反而成为引发诸多政治、社会、文化问题的导火索？我们到底需要选择何种现代化道路？如何继续深化市场化经济改革？好在中央已经认识到唯物质主义国家建设的弊端，把对经济建设的直接干预转变为间接的宏观调控，承担起更多的维护社会的公平正义、提供基础性的制度建设和营造市场运营的外部法制秩序建设等职责，也通过文化软实力的积极打造，向社会传递正能量，使人们从过于专注于物质逐步转向对自我精神的提升和灵魂的净化上来，走出唯物质主义的梦魇。

三、经济建设新问题对国家提出的新要求

（一）经济建设对资源配置、环境治理和合理公正的收入分配的新要求。长期以来我国的经济增长靠的是对落后地区资源的粗放型开发和经营，过度的、粗放的经济发展模式往往以资源的巨大浪费为代价，又没有生产出高附加值的产品，在产业链的低端徘徊，产业结构的升级转化很困难。导致的结果：一种现象是对于一些不可再生资源的涸泽而渔，大批资源枯竭性城市的涌现，下岗失业人群剧增，棚户区人们生活境况令人担忧。另一种现象是由于长期以来受"先污染后治理"观念的支配，导致土壤、水资源以及大气等环境污染问题日益严重，直接危害到人们的生命健康，当人们意识到生态平衡的重要性的时候，自然的反扑需要我们付出巨大的代价，已经破坏的环境也难以再恢复。人与自然的和谐、可持续发展、代际正义和生态文明等价值越来越被人们所认同和维护。2007年10月召开的中共十七大做出了深入贯彻落实科学发展观的战略部署，国家治理目标的重大调整也逐渐落实到具体的政策执行中来，绿色GDP，从单一经济增长指标走向社会综合治理的转型，甚至愿意放缓经济增长的速度来换取社会的可持续性发展。生态型国家不仅仅是针对环境的改善，更是国家治理的又一次重大价值目标的调整，不仅突出人人之间平等的价值，而且更为激进地指出万物皆与人平等，从空间维度看永葆对自然的敬畏和遵从之心，从时间维度看通过移情能力对代际正义承担责任，走出经济发展单一目标的发展困境，关键在于科学的可持续的发展何以成为可能。

同时，经济建设的目标不仅要促进经济的持久繁荣和增长，也要促进社会财富得到合理公正的配置。尤其随着自由市场的发育壮大和私人财产权的宪法保护，必然带来社会的阶层结构和社会的治理结构的新变迁，一方面贫富分化悬殊的社会结构越来越固化；另一方面民众的维权意识也越来越强烈，而且在新网络媒体时代，普通民众参与政治的能力和参与的程度（广度和深度）也都大大提升，国家必须重视民众的合理利益诉求，通过财政、税收和司法等途径减少社会的贫富分化，健全社会保障体制，不要让群体性矛盾冲突上升为敌我矛盾，尽可能将其纳入制度化解决的渠道中来，促进社会的和谐稳定。这也是21世纪以来中央提出科学发展观、和谐社会建设的原因，把

经济建设的重心向社会建设倾斜，从追求 GDP 增长速度的单一目标走向对社会综合治理的多元目标的满足上来。

（二）对市场化进程的规制和引导。"不规范的市场秩序与市场纪律导致的权力与资本的结盟以及强权对市民社会的宰制与掠夺，体现为市场主体的逐利行为得不到政府的有效监管，在市场主体的逐利诉求与政府的秩序诉求与秩序建构之间寻求均衡是转型中国政治发展的核心问题"①。由于人们在利润的驱使下，私欲不断地膨胀，甚至铤而走险，丧尽天良，冒犯法律，食品卫生、医药安全等各个领域监管乏力，毒奶粉、毒食品、假药假酒等危害老百姓身心健康的恶性事件频出不穷，防不胜防。还有诸如对电视节目中播放性和暴力节目的管制，教育公平、公共医疗卫生服务均等化、低保医保养老金市场的规范等领域的国家管制性干预也显得非常必要。因此，市场化的进程尽管使人们的腰包鼓起来了，但唯物质主义侵蚀着人们的精神领地，不断地挑战人们的道德底线，使人们的幸福指数和安全指数大大降低，对市场治理的法律规则是摆在国家面前迫切需要解决的问题。

（三）在遵循地方分权化的改革的基础上，把地方政府的激励机制纳入程序公正和问责监督的制度化渠道中来。传统地方政府以 GDP 增长为晋升标准的政治锦标赛也正在发生转变，要求地方官员关注更多的经济社会目标，包括一些不易测度和衡量的目标，这就使过去的激励机制变得更加合理，不再使地方官员的目光紧紧锁定在经济增长的激励上。诸如青海省省长为了保护三江源脆弱的生态，坚守宁可少上项目也要保护母亲河的政策获得国人的尊重。传统过于放任的对地方政府的"强激励"政策，助长了地方政府在扩大造城运动、招商引资浪潮等经济管理活动中，与企业组织合谋或被其绑架，导致地方政府公司化倾向严重。因此，我国在地方分权化和市场化改革的基础上，也越来越强调规则、程序和可问责性，试图把它纳入制度化治理的渠道中来，强化韦伯式官僚制，减少地方政府行为的过大自由裁量权。"如何在强激励导向与规则和程序导向之间寻求一个合适的权衡将是未来地方政府治

---

① 唐皇凤：《分权制衡与制度正义——转型中国制衡资本权力路径的若干思考》，见徐湘林等主编：《转型时期的政治建设与政府治理：全国首届政治学博士后论坛文集》，社会科学文献出版社 2011 年版，第 207 页。

理转型的一个重要研究课题。"① 只有建立既能够实行有效宏观控制、具有集中领导权威的中央政府，又能充分发挥地方独立经济实体和广大群众的积极性的社会主义经济政治体制，才能保证完成社会主义现代化建设的任务。

第二节　国家如何驾驭市场：国家与市场的永恒争论

一、国家与市场关系的不同历史阶段

（一）重商主义理论主导阶段。现代国家在形成过程中，出现了第一个经济学体系——重商主义。重商主义是一种"国家主义经济学"，由于现代国家是世俗化浪潮的产物，现代国家也自然流露出对物质利益的强烈兴趣，通过国家权力的强制运用来谋求物质财富的最大化增长，从而增强国家的经济和政治实力，管制型国家是其显著特征。现代国家大多数都是从重商主义政策开始强大起来的，这种重商主义的国家经济观念之主要表现有："政府对资源实行部分控制，如占有国有土地，建立国有商业性机构；政府通过法律对私人产权施加某种限制、引导，使之服务于政府认定的国家利益；政府人为地依照某种理念设计某种特定的'经济体制'，并对经济运行进行所谓的宏观管理；政府也会建立国家福利制度，通过税收为政府认为应当帮助的民众提供物质福利；现代政府也倾向于把国民本身视为一种资源，即从政策上将国民视为国民经济的生产要素，即'劳动力'，因而，重商主义国家总会通过法律要求国民参与劳动。"② 因此，现代国家通过国家重商主义政策，确实实现了经济的快速增长，国家的实力大为增强，人们享受的物质福利得到大大提升，也大大改观了传统国家下自然的市场秩序较为低下的物质财富生产能力之局面，从而大大提升了国家宏观决策的能力和加强了国家对经济管控的自信。

---

① 周黎安：《转型中的地方政府：官员激励与治理》，上海格致出版社、上海人民出版社 2008 年版，第 24 页。
② 姚中秋：《中国变革之道：当代中国的治理秩序及其变革方略》，法律出版社 2011 年版，第 67—68 页。

"重商主义政府相信,自己有权通过对个人经济活动的控制、管理、引导,以实现某种确定的国家目标。但是,这种控制、管理、引导活动必然把经济活动过程中的不同个人置于法律上的不平等地位。换言之,重商主义国家结构中的政府,天然地具有践踏正义的倾向。"[①]斯密就是因为看到重商主义体制可能制造的不平等、不公平,针对这一根本性弊端他倡导"看不见的手"的作用,开启了自由竞争体制的先河。因此,为了减少由于国家强制而导致的人与人之间的不平等现象,人们对重商主义体制提出的批评和修正就是国家不要过多地人为制定法律,走出管制型国家的困境。因为法律规则本身是来自于市场社会的自发演进过程,而不是由立法机构按照自己的意志制定,国家的作用应该更多的是把市场中形成的习俗惯例上升为法律规则,去执行法律。市场的无序竞争和丛林法则,的确需要国家成立独立的监管机构对市场进行监管,但不是对私人和企业的经济性活动进行直接的强制性行政性干预,而应更多的是政策性引导和司法型治理。可见,从管制型国家走向司法型国家是现代国家演进的必然趋势。

(二)完全自由竞争理论主导阶段。在农业文明和封建社会,士农工商的阶级排序,忽视甚至轻视商业贸易,而当现代国家进入重商主义阶段,又暴露出由于国家垄断资源所带来的不平等现象,进入到崇尚自由贸易的资本主义时代,运用市场交易的经济理论来解释一切成为一种时尚,市场地位凸显并占据主导。尤其随着国家重商主义弊端的暴露,诸多的自由主义思想家们表达出对国家的警觉防范和对自由市场的高度赞美,诸如大卫·李嘉图认为国家干预是经济危机的主要原因;托马斯·马尔萨斯和赫伯特·斯宾塞都赞成非干预政策的明智,坚信市场自我调节能力这一信念;亚当·斯密的"看不见的手"的理论成为完全自由竞争思想的最经典表述。在这些古典自由主义思想家眼里,最少的国家干预,最多的市场自由,就能很好地调动个人的主动性和社会的潜能,带来社会财富的增长和自发的社会秩序。然而,从商业资本家到工业资产阶级再到垄断托拉斯帝国的演进,不仅国内社会悬殊分

[①] 姚中秋:《中国变革之道:当代中国的治理秩序及其变革方略》,法律出版社2011年版,第69页。

化带来资产阶级和工人阶级两大阵营的尖锐对立和引发诸多的社会问题，而且国外矛盾也极其尖锐，各资本主义国家为了掠夺海外资源引发的军备竞赛和世界大战，给世界带来巨大的灾难。

（三）凯恩斯主义主导的阶段。凯恩斯主义理论就是对完全自由竞争理论的反叛，和对19世纪后期格林等人提出的国家干预的"新自由主义"（New-liberalism）的继承和发扬光大，它的最好实践者是"罗斯福新政"。"新政"以两方面作为改革的着眼点：一是政府开始加强干预，减少市场经济的不确定性，二是政府开始在社会福利方面承担起更大的社会责任。通过了一系列农业政策（如庄稼借贷法、棉花控制法、烟草控制法等），货币政策（如黄金库藏法案、白银购买法案等），银行法（如紧急银行救援法、银行法、银行储蓄保险法等），工业复苏政策（如国家工业复苏法、互利关税法等），劳工政策（如铁路劳工法案、劳工关系法案等），公共工程政策（如田纳西工程法案、紧急民工救援法等），国家管理政策（如通讯法案、债务法案、啤酒烈酒税法案、机动车辆法案、电力公司股权法案、富人附加税法案等），社会福利政策（如社会保险法案、铁路职工退休金法案等）。这些法案远不是当时通过的法案全部，但从这些法案的名称，就不难看出美国政府对市场的干预程度。为了维护市场的良好运转，美国政府也加大了在政治、法律、社会人文方面的作为。在政治方面，美国政府担负起调停仲裁各政治力量，制定竞争法则，保证各社会利益集团在竞争过程中遵守法则的职责。在法律方面，政府担负起保护公民人身财产合法权益的任务。在社会人文方面，特别是在涉及教育、社会福利、公共事业、环境保护等国计民生问题上，国家职能的扩展更是突出。随着社会事务的增多，政府的业务量也大幅度增长，行政官僚制在现代国家中越来越重要，且其职能朝着逆市场化的路径转向。"罗斯福新政"给美国带来的巨大成效也纷纷被资本世界所效仿，很长一段时间成为主流。

（四）新古典自由主义（Neo-liberalism）阶段。随着国家干预的广度和深度加深，凯恩斯主义也暴露出弊端，导致20世纪60年代整个资本主义世界的社会运动此起彼伏。在20世纪70年代，重新回到经典自由主义传统中去的呼声高涨，被称之为"新古典自由主义"，最突出的特征就是让市场这只看不见的手重新发挥作用，其中有公共选择学派、货币供给学派等分支。诸如在公共选择学派的主张中，对于国家代表公共利益的主张和庞大机构的效率都表示质疑，公共部门的官员也都难逃"经济人"的本性，按照市场机制来做出选择，官员好比企业家，选票好比商品，公共机构好比企业，新闻媒体好比消协，通过这种类比来重新理解国家公共机构的行为。为便于公众真实参与、自由选择、对公共权力的有效监督，他们还主张允许不同组织之间在职能和管辖区域的重叠交叉，这是一种权威分剖（Fragmentation of authority）的分权化，以及把公共服务组织的小规模化。这种分权化、市场化和自治化的倾向与古典自由主义强调的"小即是美"的哲学相吻合。接下来，20世纪80年代掀起一次世界范围的"新公共管理运动"，突出强调私有化、市场化和分权化的改革。

（五）第三条道路阶段。第三条道路理论是吉登斯提出并加以阐释的，"布莱尔时代"和"克林顿时代"的政策受到这一思想的深刻影响。诸如英国的"布莱尔新工党政策"，由于"老工党"政府过于追求结果平等的社会公平，严重影响了经济效率；撒切尔保守党的"新古典自由主义"政策过分强调市场的作用，认为只有自由的市场才能使经济效率最大化，经济繁荣的"溢出效应"最终能惠及全社会，因此把政府干预降低到最低程度。布莱尔的新工党以介于"新古典自由主义"的自由市场和社会民主主义的社会公平路线之间的"第三条道路"赢得众多选民，新工党政府也较好地平衡了经济效率与社会公平的关系，无论从理论上还是在实践上都是对"老工党"和保守党政策的重大突破。事实证明，打着"第三条道路"旗号的布莱尔政府，充分发挥了国家机器对经济的"扶持之手"作用，扭转了英国经济停停走走的结构性趋势，将英国带入了一个新的发展阶段。

综上所述：资本主义国家不同阶段国家与市场的关系呈钟表式摇摆。在重商主义阶段，通过国家来主导经济，积累财富，增强国家实力，保护民族工业。随着商业资产阶级力量的壮大，要求摆脱国家的管制，走上完全自由竞争阶段，主张市场是最好的资源配置方式，发挥市场这只"看不见的手"的作用。然而资本的扩张，必然带来弱肉强食的局面，19世纪末开始，处在弱势地位的工人阶级与资产阶级之间矛盾尖锐，国家开始考虑福利政策来调和阶级矛盾，强调国家干预的新自由主义（New Liberalism）开始兴起，尤其是20世纪上半叶两次世界大战的巨大创伤,暴露出完全放任自由竞争带来的世界范围内恶果,战后纷纷走上福利国家道路,强调国家干预的凯恩斯主义占据主流,又一次利用国家的干预和规划来挽救资本主义经济危机和市场秩序。但20世纪70年代,随着战争危机的消除、凯恩斯主义国家干预暴露的弊端,人们再次把拯救的目光投向了市场,期望通过公共选择理论和货币供给学派,遵循市场经济运行的逻辑来解决社会问题,倡导新古典自由主义的理论再次崛起,国家与市场之间的计划、管制等强制性关系面临解体,市场再次获得独立性,国家权威、政府权力也越来越受市场这只"看不见的手"制约,国家被要求向市场放权。尽管新古典自由主义主张的全面私有化固然不为国家所取,但20世纪80年代席卷全球的新公共管理运动也一度使私有化和市场化的改革成为各国改革的目标,尤其以撒切尔夫人的改革和里根的改革引人关注,但他们的改革到中后期也是毁誉参半。与新公共管理运动相伴生的"找回国家"的思潮也在酝酿,重新发现国家的作用,诸如诺斯等新制度经济学家认为,国家不但要为市场提供合理的产权制度,而且要为经济发展创造良好的内外环境,弥补市场缺陷,防止市场的不当竞争和社会经济的畸形发展。因此,国家作为一种公共权力,总是能在市场中体现其存在的必要性,尤其自20世纪90年代兴起的第三条道路理论以来,以及近些年来资本主义金融危机的加剧,强调国家干预的呼声又再次高涨。

二、不同思想家对国家与市场关系的论述

(一)坚持市场派的观点及其理论支撑。

(1)哈耶克的观点:从"自发秩序"来论证自由市场内在合理性,非常反对"人造秩序",认为这种对社会经济秩序的整体设计和建构是一种"致命的自负",也必然通往奴役之路。而实际上,"即使那些最为复杂、表面上看似出于人为设计的政策规划,亦几乎不是人为设计或政治智慧的结果"[1],即强调是自生自发的不断试错的演进结果而绝非设计的结果。"大凡认为一切有效的制度都产生于深思熟虑设计的人,大凡认为不是出于有意识设计的东西

---

[1] [英]哈耶克:《自由秩序原理》(上),邓正来译,上海三联书店1997年版,第65页。

都是无助于人的目的的人，几乎必然是自由之敌。"①哈耶克坚持认为：个人"所依赖的并不是他人为其蓄意安排的发展境况"②，因为如果他者可以规定自由权项，也就可以通过操纵这些权项来寻求其他的目的，这是自由的真正的隐患。因而，他主张不赋予国家过多的干预权限，仅提供最基本的安全和秩序保障，留给个人更大的自主活动的空间。

（2）诺奇克的观点："如果一个人按照获取原则和转让原则，或者按矫正原则对其持有是有权利、有资格的，那么他的持有就是正义的。如果社会中人人的持有都是正义的，那么这个社会的持有的总体分配也就是正义的。这种持有正义的最大敌人就是以国家干预为表现的模式化原则。"③他认为罗尔斯的分配正义原则就是侵犯个人权利的模式化分配原则，而对其展开批判，由于担心因为追求经济平等或结果平等而必然导致国家对社会和经济生活的过分干预，提出"最弱意义的国家"概念。"任何比'最弱意义的国家'权力更大、职能更多的国家，都会威胁公民的权利，都不具备道德的合法性和可证明性"④。这在对个人自由无比挚爱的思想家那里都有类似的观点，诸如萨托利也告诫对经济平等或结果平等的追求一定要有限度，"超过这个限度，平等就会毁掉自由，随之还会毁掉自由主义民主制度"⑤。

（3）弗里德曼的观点："广泛地使用市场可以减少社会结构的紧张程度……市场所设计的范围愈广，纯然需要政治解决的问题愈少，从而需要达成协议的问题愈广"⑥，可见，它也是自由市场的极力赞美者，尽可能减少政治干预手段导致对于自由契约的破坏。

（4）布坎南的观点："现代社会的主要问题不是出自市场制度，而是出自

---

① ［英］哈耶克：《自由秩序原理》（上），邓正来译，上海三联书店1997年版，第70页。
② ［英］哈耶克：《自由秩序原理》（上），邓正来译，上海三联书店1997年版，第172页。
③ ［美］诺奇克：《无政府、国家与乌托邦》，何怀宏等译，中国社会科学出版社1991年版，第37—40页。
④ 庞金友：《保守自由主义国家观及其批评者》，见徐湘林等主编：《转型时期的政治建设与政府治理：全国首届政治学博士后论坛文集》，社会科学文献出版社2011年版，第166页。
⑤ ［美］萨托利：《民主新论》，冯克利等译，东方出版社1998年版，第367页。
⑥ ［美］米尔顿·弗里德曼：《资本主义与自由》，张瑞玉译，商务印书馆1986年版，第25页。

政治制度；当前最大的挑战是能不能发明一种可以有效制约特殊利益集团的政治制度。"[1]他是公共选择理论的代表人物，借助古典经济学的理论内核来重新审视政治市场，也即运用经济市场原理来类比政治市场过程，使人耳目一新。

（5）奥克肖特的观点：他认为国家干预的大政府理论是典型的理性主义政治，他对之毫不留无情地尖锐批判。因为理性主义者很容易走向理性的狂妄或理性的傲慢，习惯于把任何观念的真理性和制度的合法性都推至理性法庭前接受审判，以至于"从不怀疑他的'理性'决定事物的价值、观点的真理，或行动的适当与否的力量"[2]。这种想当然的"书本政治"充满了理性的狂妄而不自觉，暗藏着巨大的政治危机。即便它处在春风得意之时，危险也可能随时降临，而且这种理性政治一旦失败，带来的危害也是全面性和代价高昂的。

（二）坚持国家干预经济的观点及其理论支撑。

（1）格林的观点：新自由主义（New Liberalism）的奠基人格林提出了"积极自由"的概念，这种积极自由观为国家发挥积极职能以及国家干预提供了理论根据。因为他认为自由的实现需要一个关心全体公民福利、积极作为的强国家来做保障。

（2）斯蒂格利茨的观点：由于市场具有信息不完善性和市场不完全性，因此会出现大量的市场失灵现象，表现为公共产品的缺失、负的外部溢出性、垄断尤其是自然性的垄断等。市场失灵的根源在于没有人对市场负责，那么由谁来对市场负责呢？只有政府。因为"第一，政府是对全体成员具有普遍性的组织；第二，政府拥有其他经济所不具备的强制力"[3]。当然，他也认为市场的作用又是政府无法替代的，因此他认为必须区分"私人物品"与"公共

---

[1] [美] 布坎南：《自由市场与国家——80年代的政治经济学》，平新乔等译，上海三联书店1989年版，第110页。

[2] [英] 迈克尔·奥克肖特：《政治中的理性主义》，张汝伦译，上海译文出版社2003年版，第2页。

[3] [美] 斯蒂格利茨：《政府为什么干预经济——政府在市场经济中的角色》，郑秉文译，中国物资出版社1998年版，第45页。

产品",从而把市场机制的效率目标与国家干预的公平目标结合起来,二者共生共存,不容分割。

(3)哈贝马斯的观点:他对资本主义市场经济在全球范围的扩张带来无限膨胀的欲望充满了担忧和深刻批判,不仅它将自身的危机转嫁到其他国家,危机也使本国出现内部殖民化,并从经济领域转嫁到其他社会领域,"诸如日常生活秩序、传统道德、政治生活、文化领域、生态环境、国际关系等领域的侵害"①,最终导致晚期资本主义社会的政治系统"产出的合理性危机"和"投入的合法性危机",以及文化系统"传出性的动因危机"②,形成日常生活意义与资源的虚无性、匮乏性和短缺性危机。可见,他对自由市场的资本主义危机的揭示是非常深刻的。

(4)阿玛蒂亚·森的观点:阿玛蒂亚·森对比研究中国和印度得出如下几点重要结论:"一是中国的经验令人信服地证明了在适当的辅助手段下一个繁荣的市场经济大大有助于大众脱离贫困和改善生活条件。这对忽视社会投资而盲目信奉市场机制的神话无疑是一个极大的颠覆。二是中国的经历说明了扩张社会机会的两个重要基础间的互补作用,即支持性的政府干预和市场机制二者的互补会有效地扩展社会机会从而促进发展。三是中国利用市场机制为社会和经济机会创造额外途径,而从未打算依靠市场本身作为独立的社会替代体制。四是中国实用主义的经济政策包括追求经济增长和维持基本社会保障体系相结合。五是中国实用主义的市场改革在提高收入水平和减少贫困上比单纯地扩展公共设施服务更为有效,六是向中国学习需要的不是分段式的仿效,也不是全盘照搬,即印度要有鉴别地向中国学习。"③可见,作为经济学良心的阿玛蒂亚·森对中国在处理国家与市场关系方面赞誉有加,非常不同于其他的经济学家,他没有奉市场为圭臬去扩大市场的神话,而是认

---

① [德]哈贝马斯:《交往行动理论》,洪佩郁等译,重庆出版社1994年版,第428—477页。
② [德]哈贝马斯:《合法性危机》,刘北成、曹卫东译,上海人民出版社2000年版,第85—95页。
③ [印度]阿玛蒂亚·森、让·德雷兹:《印度:经济发展与社会机会》,社会科学文献出版社2006年版,第99—102页。转引自漆思:《中国共识:中华复兴的和谐发展道路》,中国社会科学出版社2008年版,第99页。

为支持型政府干预、社会投资的保障机制与实用主义的市场改革三者结合促成了中国的成就。

三、如何评价国家与市场的关系

（一）国家对市场干预的必要性。市场经济需要国家提供的法律制度作为保障。市场经济的产生，必须有某种独特的政治法律制度为前提，只有当市场经济的制度条件存在的前提下，市场规律才具有相关性。这也在近代早期民族国家发展历史中找到了佐证，能否处理好国家统一与经济发展二者之间的关系成为国家治理成败的关键，"在意大利和德意志，虽然资本主义市场经济的萌芽并不迟，但由于各种原因，尤其是由于缺乏民族国家权力的保护和促进，都曾走向夭折；而只有在近代民族国家权力发展的英国、法国和荷兰，资本主义市场经济的发展才取得成功，成为内源性的首批现代化国家"[①]。可见，现代民族国家权力对于推动市场经济发展和成熟起到至关重要的作用。"资本主义制度作为一种社会体系，以市场组织之存在为根本，但仍需以市场伦理和保障个人自由、契约自由的法律与政治安排为制度依托。因而，资本主义就是现代国民国家与市场的结合。"[②]因为要确保市场机制正常运转，必须由国家提供个人自由参与市场竞争的机制，并提供一套有效执行市场机制的配套制度保障，这才好理解为什么说良序的市场经济本质上是法治经济这句话的深刻寓意。因为资产阶级要想财产受到保护不被抢掠，并发展出市场成长所需要的复杂规则和执行方式的话，就需要国家提供和保证市场行为所必需的自由和法律，而且国家是唯一来源。即便是最主张市场自由竞争的亚当·斯密也"不仅注意到了市场经济看不见的手，而且也注意到看不见的手需要后面的制度的保障。第一，国防的职能，保障安全。第二，司法的职能，

---

① 丁建弘编：《发达国家的现代化道路——一种历史社会学的研究》，北京大学出版社1999年版，第121页。

② 姚中秋：《中国变革之道：当代中国的治理秩序及其变革方略》，法律出版社2011年版，第40页。

提供司法秩序。第三，对于某些公共工程，私人不能来做"。① 因此，即便是最主张"看不见的手"理论的斯密也认为资本主义市场经济从来也没有真正摆脱国家的控制，即便是民主制在资本主义世界广为传播以及经济全球化趋势在世界范围蔓延，要求市场从国家干预中摆脱出来也是一项困难的事情。

（二）国家与市场之间的张力。国家与市场二者是一种相互促进的关系，但也会随着各自力量的增强而又有蚕食对方的危险。我们设想的国家与市场的二元划分是一种理想状态。因为如果国家既强大又有自主性的话，它就不太可能接受市场完全的自主性，诸如在重农抑商的传统国家，市场比较狭小，国家自主能力相对比较强大，但国家财富增长比较缓慢。而在工业文明的现代国家，复杂的国家机器的运转越来越离不开市场提供财政的支撑，但随着市场的强大和资本的扩张，资本对政治的影响力和社会的压迫性也越来越强大，"资本的力量无比强大，它不仅掌握权力，还通过影响和占有媒体来操纵舆论，使任何敌对势力在尚未构成威胁之前就被扼杀在摇篮中"②，而且它不仅有扫除阻碍资本前行的能力，而且常常绑架国家为谋取资本集团的利益服务。即市场又会蚕食国家地盘，甚至俘获国家。因为"在众多物质力量中，有一种力量能够轻而易举地统御国家的一切其他力量，有时甚至敢违反法律的明文规定，更不用说违背公平正义原则了，这种力量就是流动财富，即金钱，或确切地说，是强有力组织起来的那部分金钱"③。2007年成思危副委员长在《中国新闻周刊》上痛斥"无道德资本"，那种资本无道德、财富无伦理、为富可以不仁的经济理论和商业实践，不仅国际社会难以接受，中国自己也已经不能容忍④。因为如果国家主要是出于对市场利益反应的话，它也可能赋予特殊的团体以特权，而非提供真实水平的公平竞争平台。尤其在全球化时代，资本的稀缺性和高流动性甚至可以在某种程度上超越民族国家的优越性，国

---

① 李强：《行政体制改革的政治学解读》，见唐晋主编：《大国模式》，华文出版社2009年版，第21页。

② [美] B. 盖伊·彼得斯：《政府未来的治理模式》，吴爱明、夏宏图译，中国人民大学出版社2001年版，第27页。

③ [意] 加埃塔诺·莫斯卡：《政治科学要义》，任军峰、宋国友等译，上海人民出版社2005年版，第204页。

④ 成思危：《中国不能接受资本无道德论》，载《中国经济周刊》，2007年1月29日。

家想控制资本市场变得越来越力不从心。

当然，市场尽管不欢迎国家的强制，也有可能俘获操纵国家，但是从自身考虑也离不开国家的干预。就资本主义国家而言，这是资产阶级从自身出发为了获得公平竞争的市场秩序而主动提出对国家干预的需求。另一方面，国家也有超越于资产阶级利益之上，行使国家自主性，保护各阶级免受市场奴役之苦的责任。一些场合则回应了资本家利益自身的需求，他们需要得到保护，以免受到市场不稳定的伤害；另一些场合遵循了保护工人阶级免受市场之苦的社会主义逻辑，国家成为高度扩张的机构。随着人们对稳定的需求而对国家干预的需求不断增长，国家开展大量的经济活动，同时国家也试图使市场行动者的组织参与到分担经济管制的国家功能之中，各种市场利益的代表转而深深地嵌入到政治组织之中。因此，国家与市场的博弈是一个永恒的过程，伴随国家发展的始终。

（三）中国在迈入现代国家进程中的国家与市场关系的历史考察。清末民初的立宪政治的重要参与者是绅商集团，作为有产者，想模仿建立西方的自由市场体制，来推行保护私人财产和私人经营的市场制度，维持自己的财富和地位。尽管也想推动中国走向遵循市场的资本主义发展道路，但由于势单力薄、先天不足，难以成为领导中国向现代国家转型的主导性阶级，而且为了维护私利，往往抵制国家整体化改革，而使得资本主义的市场秩序难以形成。"在立宪过程中，绅商们确实曾经呼吁政府扶持工商业，但他们不可能设想政府控制私人企业。事实上，导致立宪派激进化的一个重要原因就是清政府试图将铁路经营权国有化。即使进入民国时代，绅商群体仍然具有重大影响力，因而，孙中山的社会主义经济计划并不能付诸实施。"①可见，当时的绅商都是资本势力的代表，维护的是私人产权，必然与国有化和社会主义目标相违背，导致绅商势力所依靠的市场运行机制也必然受到阻碍，使得刚刚迈入现代国家门槛的中国，在市场发育方面短缺和畸形，在接下来大半个世纪的战争状态也没法形成统一和良好的市场环境。再加上 1929 年那次世界性

---

① 姚中秋：《中国变革之道：当代中国的治理秩序及其变革方略》，法律出版社 2011 年版，第 41 页。

资本主义经济危机，自由竞争市场经济愈发暴露出自身的缺陷，接下来的整个资本主义世界处于迷茫徘徊期，而苏联高度计划的社会主义经济和资本主义内部的德国社会市场经济却取得骄人的成绩，以凯恩斯主义为代表的国家干预市场经济的模式也在资本主义世界广泛推广开来，在这样的国内外经济发展的大环境之下，中国选择不重视市场的国家计划模式就很好理解了。在新中国好不容易建立之后，就走向学习苏联的高度计划经济，自由的市场经济依然受到阻碍，直到国家控制的计划经济体制弊端暴露得越来越明显，在20世纪70年代末的改革开放才开始了较大规模的制度变革，逐渐拉开市场经济的帷幕，市场的魅力才越来越被人们所发现。也即是说，在新中国成立之后，经过30多年制度变迁，通过尝试产权改革，理顺政府与市场的关系，使政府从越位、错位的状态回归到常态，逐渐认识到市场的魅力，尤其在十八届三中全会中强调未来要发挥市场在资源配置中的决定性作用，这些正是中国取得经济建设成就和未来持久繁荣的制度基础。"尽管如此，当代中国，政府仍然对社会的经济性活动保持着强有力的控制。因而，吴敬琏先生用'重商主义'来形容当代中国的经济体制……在中国，政府与商业深深地纠缠在一起，当代中国的国家结构比一般重商主义国家具有更为强烈、直接的经济性。"[1]这也即是说，尽管我国目前国家主导的经济发展模式在世界上创造了经济奇迹，但我们也不能无视历史上重商主义的发展局限，或者说到了该反思发展型国家模式成绩与不足的时候了。如何处理好国家的宏观调控和经济的市场化改革之间的关系是当前和未来考虑问题的核心。

---

[1] 姚中秋：《中国变革之道：当代中国的治理秩序及其变革方略》，法律出版社2011年版，第80页。

第三节　中国的国家与市场博弈过程分析

一、社会主义市场经济形成的艰辛历程：计划与市场的反复博弈

（一）关于计划与市场的中国经济体制改革实践。

第一阶段，1992年之前由于市场机制不健全，虽然试图引进财政、货币、价格等经济手段，但是政府对宏观经济的管理主要是通过行政手段和计划手段来进行的，宏观调控主要任务是治理通货膨胀，对于信贷、物价等复杂敏感的经济活动也更多是直接行政干预和行政控制，对市场经济的规律认识不到位、重视程度也不够，导致控制、反弹、再控制、再反弹的恶性循环，经济大起大落。

1979—1981年的宏观调控。改革开放初期，对国民经济的调整和整顿效果并不是很明显，人们对于如何进行改革的认识并不是很统一，经济过热的势头难以控制，通货膨胀问题突出，国民经济比例失调的问题也比较严重。具体来讲，1979年4月召开的中央工作会议决定，从1979年起用3年时间对国民经济实行"调整、改革、整顿、提高"的方针。但由于思想认识不统一，这次调整在初期效果并不明显，1979和1980年出现巨额财政赤字，1980年居民消费价格涨幅达到7.5%。在1980年底召开的中央工作会议上，决定从1981年起对国民经济实行进一步调整。当时的主要调控措施是行政和计划手段，包括强制控制财政支出，强制控制信贷投放，停建、缓建一批项目，严格控制新项目上马，制止乱涨价。

1984—1986年的宏观调控。随着农村经济改革的成功和改革重心向城市推进，1984年下半年出现了信贷增长过快的情况，社会总需求超过总供给，供求关系紧张，再次出现了严重的通货膨胀。国家再次进行宏观调控，主要是控制固定资产投资规模，加强物价管理和监督检查，坚决制止乱涨价，全面进行信贷检查等一系列措施，防止高通胀状态发生。由于经验不足，宏观调控力度不够，虽然1986年形势有所缓和，但最后导致通货膨胀

出现严重反弹。

1988—1989年的宏观调控。1987年后经济过热的势头再次显现,1987年、1988年经济增长率分别达11.6%和11.3%,1988年物价涨幅达18.5%,是新中国成立以来的最高水平,货币供给、贷款和固定资产投资迅速增长,社会供给和需求失衡,出现了抢购风潮。因此,从1988年实施了以"治理经济环境、整顿经济秩序"为主要内容的宏观调控,1989年决定进一步治理整顿和深化改革,主要是紧缩财政和信贷,压缩社会总需求,整顿经济秩序,对投资和消费行为实行力度较大的全面紧缩。但是由于力度过猛,1990年出现了经济"硬着陆"的迹象,虽然价格得到有效控制,但经济增长率大幅回落,市场销售疲软,企业经营困难,经济发展陷入低潮。

第二阶段是1992年之后以经济和法律手段为主的宏观经济调控阶段。

1993年通过的《关于建立社会主义市场经济体制若干问题的决定》明确指出,社会主义市场经济必须有健全的宏观调控体系,逐渐意识到必须从直接的行政干预调整到间接的财政、金融和法律的宏观调控上来,遵循市场经济运行的规律。随着社会主义市场经济建设的启动,1993年后再次出现了经济过热,出现了高投资膨胀、高工业增长、高货币发行和信贷投放、高物价上涨的"四高"现象。1993年6月,国家决定采取主要包括适度从紧的财政政策和货币政策,整顿金融秩序和流通环节,控制投资规模,加强价格监督等,财政、货币等经济手段的宏观调控作用明显。

1994年之后,中国进行了财税、金融、外贸、外汇等一系列经济改革。到1996年下半年,宏观调控取得明显成效,成功实现了"软着陆",终于改变以往的"硬着陆"现象。

1998年,虽然"软着陆"经济调控措施的效果明显出现,但由于亚洲金融危机的影响,经济出现惯性回落,陷入了有效需求不足的境况,同时物价也出现了改革开放以来的首次负增长。从1998年开始实施以扩大内需为目标的扩张型宏观调控政策,主要是实行积极的财政政策和稳健的货币政策,连续大规模发行国债,加大基础设施建设,降低基准利率,鼓励出口,拉动社会总需求,我国经济逐步走出通缩,增长速度稳步上升并呈现强劲势头。

2003年通过的《关于完善社会主义市场经济若干问题的决定》再次强

调，要完善国家宏观调控体系。2003年下半年起，我国宏观经济运行中出现了一些不稳定因素，出现了煤炭、电力、石油、钢铁等能源资源供给紧张状况，投资规模增长过快，房地产价格上涨迅猛，外贸结构失衡，信贷投放量的规模过度，通货膨胀压力加大，粗放型增长的特点仍较为突出。2003年确定了"果断有力，适时适度，区别对待，注重实效"的宏观调控原则，实施了一系列调控措施。

2005年决定改"积极财政政策"为"稳健的财政政策"，压缩财政赤字和长期建设国债规模。

2008年决定改"适度从紧的货币政策"为"从紧的货币政策"，多次提高存款准备金率和存贷基准利率，经济手段在宏观调控中的主体地位已基本确立。

综上所述，国家对经济宏观管理与市场需求对国家提出的挑战是一对永续的矛盾，长期的互动过程，使国家决策者意识到只有选择符合经济运行规律的政策工具才有助于达成博弈均衡。政策工具的选择也突出表现在关于计划与市场的争论上。

（二）关于"计划"与"市场"的争论。

第一阶段是从计划经济与市场经济相结合到强调计划经济为主、市场经济为辅。

1978年7—9月，国务院召开了讨论怎样加快现代化建设的务虚会，会上孙治芳、薛暮桥等经济学家批评了要求消灭货币关系的"左"倾观点，强调要重视价值规律的作用。当时负责国务院日常全面工作的副总理李先念在作总结时提出了"计划与市场相结合"的口号，但对其没有展开论述。

在1979年4月的中央工作会议上，李先念指出："在我们的整个国民经济中，以计划为主，同时充分重视市场调节的辅助作用"。1979年11月，邓小平同美国《不列颠百科全书》编委会总编辑尼吉谈话时指出："说市场经济只存在于资本主义，只有资本主义的市场经济，这肯定是不正确的。社会主义为什么不可以搞市场经济，这个不能说是资本主义。我们是计划经济为主，也结合市场经济，但这是社会主义的市场经济。"① 可见，从国家的高层领导人的认识水准上看出他们对市场的重视，也为社会主义市场经济指明了努力的方向。

1980 年 3 月，中央成立了中央财经领导小组，作为中央的经济决策机构，并聘请薛暮桥、马洪、许涤新、于光远等 10 人担任顾问，由此在决策层周围形成了一个主张"社会主义商品经济"的改革学派，力主充分发挥市场的调节作用。社会主义应是商品经济的这一观点尽管得到了当时任中共中央总书记胡耀邦的肯定，但在领导层却并没有形成共识。这既与人们的认识水平有关，也与当时客观的困难形势有关，1979 和 1980 年财政赤字分别为 170.7 和 68.9 亿元，1980 年居民消费价格上涨为 7.5%，对外贸易也连续两年出现赤字，人们习惯把这些归因于放权让利改革导致的经济秩序的混乱，这种客观情势也助长了强调计划经济的必要性。"主张保持计划经济主体地位的政治家和理论家坚持认为，困难是由于过分强调商品货币关系和价值规律引起的，他们不赞成把市场调节和计划经济相提并论，坚持必须以计划经济为主。支持社会主义商品经济的改革派的经济学家则认为，困难之所以发生，并不是因为进行了改革，而是因为改革的方法不适当，改革不彻底，主张按照市场规律加大改革力度。"② 但为了满足治理现实的混乱经济秩序之需要，在加大计划调整这一点上人们很容易达成一致。诸如在 1980 年 12 月召开的中央工作会议上，当时主管财经工作的陈云强调："我们国家是以计划经济为主体的，因此，对许多方面，在一定时期内，国家干预是必要的。"这次会上，邓小平也表示："今后一段时间内，重点是要抓调整，改革要服从于调整，有利于调整，不能妨碍调整。""在调整中实行高度的集中统一，是完全必要的。"可见，主抓经济的国家领导人也为了回应现实的需要而强调计划和调控的必要性。

到 1981 年 6 月十一届六中全会通过了《关于建国以来党的若干历史问题的决议》，在肯定三中全会以来我们党已经逐步确立的一条适合我国情况的

---

① 《邓小平文选》第二卷，人民出版社 1994 年版，第 236 页。
② 胡伟：《现代化的模式选择：中国道路与经验》，上海人民出版社 2008 年版，第 112 页。

社会主义现代化建设的正确道路时特别指出："必须在公有制基础上实行计划经济，同时发挥市场调节的辅助作用。"在1982年9月党的十二大报告中专门阐述了"正确贯彻计划经济为主、市场调节为辅的原则，是经济体制改革中的一个根本性问题"。计划和市场的主辅关系是20世纪80年代初的显著特征，也被越来越多的人所接受和认同。

第二阶段从批判社会主义商品经济论到有计划的商品经济的确立。1982—1983年各大主要报刊发表了大量文章，认为强调价值规律和市场作用为"错误观点"，经济过热和失序就是过于放大市场作用的结果，薛暮桥、刘国光等经济学家也受到批判，认为搞市场经济就会动摇社会主义的经济基础，社会主义商品经济论受到压制。然而，在中央领导人的支持和不少经济学家的共同努力下，在提交1984年10月召开的十二届三中全会讨论的《关于经济体制改革的决定（草案）》中采取了商品经济的提法，但是继续保留了"社会主义计划经济"这一概念，并在"商品经济"之前加上了"有计划的"限定词。即在《关于经济体制改革的决定》中写道："就总体而言，我国实行的是计划经济，即有计划的商品经济，而不是那种完全由市场调节的市场经济"。可见，这也是在当时的条件下在政治上作出必要妥协的产物。既没有直接否定商品经济，也没有再次回到计划经济的老路上去，而是重新阐释计划经济，并提出建设有计划的社会主义商品经济的目标。"把社会主义与商品经济联系在一起，这仍然实现了社会主义经济理论的重大突破，从实质上确定了中国经济改革的市场化取向。"①而且商品经济的深入发展，也被现实实践所证实，并越来越迫切要求突破"计划经济为主、市场调节为辅"的框架。中央领导层也意识到进一步改革的迫切性，诸如1987年2月，在党的十三大准备过程中，邓小平在同几位中央负责同志谈话时指出："为什么一谈到市场就是资本主义，只有计划才是社会主义呢？计划和市场都是方法嘛，只要对生产力发展有好处就可以利用。它为社会主义服务，就是社会主义的；为资本主义服务，就是资本主义的。""我们以前是学苏联的，搞计划经济，后来

---

① 胡伟：《现代化的模式选择：中国道路与经验》，上海人民出版社2008年版，第115页。

又讲计划经济为主,现在不要再讲这个了。"① 作为改革开放总设计师的邓小平在每次关键时刻,都解放了人们的思想,促进了人们认识水平的跨越式进步。根据邓小平的意见,1987年10月的十三大报告就不再提计划经济为主,市场调节为辅,明确了"社会主义有计划商品经济体制,应该是计划与市场内在统一的体制",将市场置于经济运行机制的中心,实现了我国经济政策的重大转变。

但是,并不因为写入十三大报告,计划与市场的博弈关系就获得了一劳永逸的解决。事实上,随着经济运行中一些新情况、新问题的出现,关于经济体制改革的争论再次出现,如同20世纪80年代初期一样,一些人再次借机将经济中出现的问题归因于市场取向的改革,主张回到计划经济为主的老体制中去。特别是1989年国内政治风波,苏东剧变,国内外形势发生巨大变化,关于中国经济的市场化改革再度成为敏感话题,人们在关键节点上又一次困惑踌躇。在理论界,甚至有人"上纲上线"地说,市场经济就是取消公有制,就是要否定共产党的领导,否定社会主义制度,就是搞资本主义。在关键时刻,改革开放的伟大设计师邓小平再次挺身而出,为社会主义经济体制改革指明了方向。

1990年12月24日,在中共十三届七中全会召开前夕,邓小平同江泽民、杨尚昆、李鹏等几位中央负责同志谈话时说:"我们必须从理论上搞懂,资本主义与社会主义的区分不在于是计划还是市场这样的问题。""不要以为搞点市场经济就是资本主义道路,没有那么回事。计划和市场都得要。不搞市场,连世界上的信息都不知道,是自甘落后。"②

1991年1月至2月间,邓小平视察上海时,同上海负责同志谈话时指出:"不要以为,一说计划就是社会主义,一说市场就是资本主义。不是那么回事,市场也可以为社会主义服务。"③

1992年1月18日至2月21日,历时35天,行程6000公里,邓小平视察了武昌、深圳、珠海和上海,在视察过程中,邓小平发表了重要的南方谈

---

① 《邓小平文选》第三卷,人民出版社1993年版,第203页。
② 《邓小平文选》第三卷,人民出版社1993年版,第364页。
③ 《邓小平文选》第三卷,人民出版社1993年版,第366页。

话，将中国改革开放和社会主义市场经济体制改革推向了一个新的高潮。关于计划与市场姓"社"还是姓"资"的问题，邓小平说："计划多一点还是市场多一点，不是社会主义与资本主义的本质区别。计划经济不等于社会主义，资本主义也有计划；市场经济不等于资本主义，社会主义也有市场。计划和市场都是经济手段。"① 邓小平的这一番论断从根本上消除了把计划经济和市场经济看作属于社会基本制度范畴的思想束缚，使得人们摆脱了姓资姓社的意识形态困惑，使我们在市场与计划关系问题上的认识以及社会主义改革理论有了新的重大突破，为下一步的市场化改革确立了方向。

1992年的党的十四大报告指出："我国经济体制改革确定什么样的目标模式，是关系整个社会主义现代化建设全局的一个重大问题。这个问题的核心，是正确认识和处理计划与市场的关系。"不要纠缠于计划与市场的工具性选择，而是要回到到底如何促进和解放生产力这一根本性问题上来，才是解决问题的关键。"实践的发展和认识的深化，要求我们明确提出，我国经济体制改革的目标是建立社会主义市场经济体制，以利于进一步解放和发展生产力"。也只有遵循市场运行的规律，才有助于更好地满足人们的需求，实现资源的最优化配置，取得更好的治理绩效。"我们要建立的社会主义市场经济体制，就是要使市场在社会主义国家宏观调控下对资源配置起基础性作用，使经济活动遵循价值规律的要求，适应供求关系的变化；通过价格杠杆和竞争机制的功能，把资源配置到效益较好的环节中去，并给企业以压力和动力，实现优胜劣汰；运用市场对各种经济信号反应比较灵敏的优点，促进生产和需求的及时协调。"当然，十四大报告也明确指出："建立和完善社会主义市场经济体制，是一个长期发展的过程，是一项艰巨复杂的社会系统工程。"② 即是对于如何搞好市场经济还要不断探索，也不能掉以轻心。

1993年3月份，全国人大修改了宪法，将社会主义市场经济写入中国宪法，第十五条明确"国家实行社会主义市场经济"，这就获得了宪法性共识，并得到宪法的保障，也直到这个时期，惯于计划与市场的争论的结果才被真

---

① 《邓小平文选》第三卷，人民出版社1993年版，第370—382页。
② 1992年10月12日江泽民在中国共产党第十四次全国代表大会上的报告。

正确立下来。1993年11月,为了加快社会主义市场经济体制的建立,党的十四届三中全会通过了《关于建立社会主义市场经济体制若干问题的决定》,具体来讲,即转换国有企业经营机制,建立现代企业制度;培育和发展市场体系;转变政府职能,建立健全宏观经济调控体系;建立合理的个人收入分配和社会保障制度;深化农村经济体制改革;深化对外经济体制改革。1994年加快了国有企业、财税、金融、外贸体制等方面的改革。

1997年党的十五大对建设有中国特色的社会主义经济又作了进一步部署。随着社会主义市场经济体制建设的全面推进,市场的作用得到了更大的发挥,到20世纪末,我国社会主义市场经济体制已经基本建立,市场对资源配置的基础性作用得到发挥,市场也将在未来的社会主义经济建设中扮演极其重要的角色。十八届三中全会提出市场起决定性作用,对于市场与计划的争论结果也越来越明晰,当然,不再是顾此失彼,而是相辅相成。

二、经济联邦制的央地关系:集权与分权的反复博弈

在新中国之后的计划经济时代,中央与地方之间更多的是行政命令关系,地方的经济发展依附于中央,更多的靠中央给予的政策,而不是地方的资源禀赋和自主创新能力。诸如当时国家把东北作为重工业生产的基地,黑吉辽就取得领先发展的地位。直到20世纪80年代初期开始的行政性分权把原来集中在中央一级的行政和经济管理权力大规模下放给省级政府,省级政府又向更基层的政府下放权力,即把对于企业的产权,包括占有权、处置权和收益权,较为完整地给予了地方政府,地方政府获得相对独立的自主发展机会,可谓"八仙过海、各显神通",诸如资源比较薄弱、但市场意识比较强烈的广东和江浙等地遥遥领先。因为,政府间关系采取行政发包体制和财政分成体制,形成了地方高度分权的体制,赋予地方政府一定的剩余索取权,及其自主地支配其财政支出,尤其是预算外资金给予了地方政府更多的财政自主权。即使在分税制下,省以下仍然延续财政包干制,预算外资金和非预算资金长期存在,形成地方政府强大的财政激励。地方政府剩余索取权显著地改变了地方政府对所管辖企业的激励和态度,再加上考核地方官员的标准从过去的政治表现和政治素质过渡为经济增长和改善人民生活水平,这些导致官员自

身的利益与其所在地区的经济发展紧密相连，这就必然把地方政府与所辖企业捆绑在一起，很容易形成利益合谋。还有一个重要原因：中央政府对地方政府的政策创新和试验的默许和鼓励，甚至对其违规违法行为也相当包容。"这可以解释在一些政策领域地方政府为何一直敢于与中央政府博弈和周旋，如在企业税收减免、土地批租、宏观调控、开发区建设等方面。虽然中央三令五申，地方政府的'擦边球'和在'灰色地带'的博弈行为屡禁不止，对违规者的明确惩罚长期以来也非常少见，这说明了中央对地方官员绩效观的隐性承诺。"① 因为在唯 GDP 主义的时代，只要经济增长总量搞上去了，一俊遮百丑，对于那些违规性政策有很多时候不但不会受到明确惩罚，往往是视而不见，甚至被作为地方政府创新得到鼓励。从其积极价值来看，正是这种相对宽松的高激励机制鼓励了地方官员去尽力突破旧体制的束缚，寻找地方发展的新模式，形成四处开花的生动景象。但也容易导致地方对中央政策完全变通执行，出现地方保护主义（如地区市场的分割、司法的地方保护主义）和地区之间差距悬殊。这源于："引入政治锦标赛把地方的晋升利益和地区的经济增长'捆绑'在一起，更是强化了属地和区域的责任和利益边界，鼓励负有行政责任的地方官员整合属地内的一切权力和资源，促进地方利益的实现。长期以来各种形式的地方保护主义的一个根源就在于属地管理原则和晋升竞争的结合。而且，行政发包和属地管理也弱化了中央对地方资源的再分配能力，造成属地之间因资源禀赋的差异、优惠政策的差异等等而出现巨大的经济发展差距和收入分配不均。"② 东西部差距、城乡差距也越拉越大，地方诸侯经济，尾大不掉的局面也开始加剧。

　　从 20 世纪 90 年代中期以来，又开始加强中央的权威。其一，以分税制改革为突破口，逐渐改变"强地方、弱中央"的局面，从 1998 年开始正式提出从建设型财政向公共财政转移，建立统一、完整的国家预算体系，将预算外财政纳入预算内财政中来，克服国家财政分散化的弊端，并加强人大、政

---

① 周黎安：《官员激励、政府治理与中国经济增长：60 年回顾与展望》，见史正富主编：《30 年与 60 年：中国经济改革与发展》，上海格致出版社、上海人民出版社 2009 年版，第 306 页。
② 周黎安：《官员激励、政府治理与中国经济增长：60 年回顾与展望》，见史正富主编：《30 年与 60 年：中国经济改革与发展》，上海格致出版社、上海人民出版社 2009 年版，第 308 页。

协对政府预算的审查、监督和批准,强调预算的同一性、公平性和透明性,杜绝预算过程的腐败。进入 21 世纪以来,预算政治学成为显学,国家财政职能也发生重大转变:由原来的经济建设的工具变成公共服务的手段,把原来分散的财力集中起来投放到诸如教育、医疗卫生、社会保障、社会治安和环境保护等民生方面,减少贫富差距和地区差距,促进国家财富的公平分配和社会的和谐稳定。其二,通过机构的重组与改革,构建整体型政府和协同型政府。自 20 世纪 90 年代中期以来,中央在纵向上陆续推动机构的"垂直化管理",原来属于地方政府控制的许多权力开始陆续上收,如国税、银行、海关已经变成中央垂直管理部门,地方分支机构的人、财、物均由中央负责,与地方政府脱钩,工商、质检、药品食品监督、国土资源变成省内垂直管理,与基层地方政府脱钩。未来或许司法、统计和审计也会纳入垂直管理的序列。进入 21 世纪,国家在横向上尝试与世界接轨的大部制改革,把职能相似的部门加以合并或新建,期望减少部门和机构之间的扯皮推诿。"当前正在进行的这些变革是沿着弱化经济增长激励、增加上级政府的控制、强化公众监督和可问责性的方向进行的:行政机关的行政责任和预算经费来源试图彻底取消传统的预算包干和分成制,增加对政府预算过程的监督和控制;垂直化收权也是强化中央政府和省级政府的控制、制约更基层地方政府的'属地化倾向'的举措。"[1]然而,一个老问题又重回人们的视线:如何继续激励地方政府的积极性?如何处理分权化、市场化激励与整体化、协同化政府诉求之间的矛盾?地方的分权与中央的集权这对永恒的矛盾考验着国家治理者的智慧。作为市场主体的央地政府反复博弈根源于中央政府与地方政府的市场偏好差异,分析如下:

(一)中央政府:既推动市场又担心市场。

中央政府对市场的态度经历了天翻地覆的改变,对于市场的支持也不是一蹴而就的,而是经历了激烈的论战,从把市场等同于资本主义而展开的意识形态斗争,到同意市场与计划并轨,最后到社会主义市场经济体制的确立,

---

[1] 周黎安:《官员激励、政府治理与中国经济增长:60 年回顾与展望》,见史正富主编:《30 年与 60 年:中国经济改革与发展》,上海格致出版社、上海人民出版社 2009 年版,第 311 页。

认识到市场和计划都是搞经济建设的手段,而不是姓资与姓社的区别;也从市场在资源配置中起基础性作用,到起决定性作用。整个演变进程中以"实践是检验真理的唯一标准"的实事求是态度逐渐加深对市场的认识。"摸着石头过河的渐进式改革"对市场也是逐步放开的,靠搞经济特区、沿海沿边开放城市、计划单列市、各种级别的经济开发区、保税区以及自贸区等方式,搞试点、由点到线再到面逐渐推进,这取得了很大的经济建设绩效,充分释放出市场的潜能。可见,中央政府是逐渐认识市场、与市场是站在一起并支持它的,"中央在推行改革政策、冲破各级国家机关对改革政策的抵制和反对时,借助于市场的力量是完全应该的,这恐怕也是中央能借助的唯一的力量源泉了"①。"近年来出台的一系列社会政策显示,中国政府既有政治意愿也有财政能力来充当社会市场的助产士,虽然无论在意愿还是能力上,两者都有待加强"②。

然而,(1)市场经济要求尽量少的行政干预,但对于哪些领域该放哪些领域不该放,该放的领域放到什么程度,放出的市场出现问题又该如何监管等问题一直困扰中央政府。这是中央面临的制定市场政策的难题。(2)中央政府与代理人之间的矛盾。因为中央政府不可能亲自制定各种关于市场经济的条例,而必须由其政治代理人去完成,而作为代理人的市场主管部门、官僚、地方政府都有自主性,由于各代理人狭隘自身利益作祟,审批不当、监管不力的问题也日益突出,诸如审批程序繁琐、各主管部门吃拿卡要的官僚作风严重,对于关系老百姓生命健康的食品、药品等市场的监管,时松时紧,往往是在重大危害爆发以后,主管部门才突击治理,不仅难以取得治理的绩效,而且是市场监管失序的始作俑者,而监督他们又很困难。(3)市场经济政策的制定和落实都会受到外界不良干扰。靠政策来繁荣市场,各地通过各种"关系"和手段向中央要政策,各地的驻京办也成为搞好与中央各部委关系的重要驻点,"这大大弱化了法治在市场中的决定性作用,滋生了权力腐败,难以确保科学决策,诸如遍地开花的经济开发区(从国家级到乡镇级)有不

---

① 李景鹏:《试论我国行政改革的动力》,见王浦劬、徐湘林主编:《经济体制转型中的政府作用》,新华出版社 2000 年版,第 11 页。

② 王绍光:《1980 年代以来中国的双向运动》,载《中国社会科学》,2008 年第 1 期。

少难以招商引资而号称"鬼城"。(4)中央政府作为最大的权力平衡控制方,但客观上难以确保各方平等。尽管按照一定的排序推进优先发展战略有其必然性,但是也导致区域发展、项目分配等方面的起点不平等;从政治安全考虑确保国有企业的主导地位,而对非公有制企业造成身份歧视,也加剧了市场的不公正。

(二)地方政府:利用市场和恶性竞争。

对地方政府分权松绑式改革使其越来越享有地方自主性,由于对超大转型社会如何搞市场经济,中央政府也处在探索的进程中,中央扮演起一个"弹性政府"的角色,给地方政府根据地方特色因地制宜进行制度创新的自主性,诸如"财政包干、分灶吃饭"的财政体制,非常有助于充分调动起地方发展经济的积极性,越善于利用市场的地方越能成为改革开放的最大的赢家,诸如江苏的集体经济模式、浙江的私营经济模式和广东的外资经济模式最具鲜明特色。

然而,"市场化、分权改革带来的利益驱动和政绩诱惑,改变了地方政府的效用偏好结构、激励机制和行为策略,进而影响其行为模式"[①],暴露出不少使市场发生扭曲的问题。诸如(1)地方利益最大化加大了政府逐利的倾向,恶化了地方政府间的市场竞争。以政绩和地方利益为导向,各地纷纷相互效仿,各省支柱产业结构高度同质化,几乎都上汽车、化工、生物制药等项目,重复建设带来为抢占资源而相互拆台的恶性竞争,带来资源的浪费,难以形成规模经济和集约经济。(2)由于市场机制的不规范,使得不少地方政府通过各种关系向中央要政策、打政策"擦边球"、搞"上有政策下有对策"变通执行政策,聪明才智都用于这些市场机会主义身上,而不是通过公平公正的市场竞争来显示驾驭市场的能力。(3)地方政府难以适应变化了的外部市场环境,产业结构难以升级换代,还是按照原来粗放型的经济增长方式,导致资源的巨大浪费和环境的恶化;市场资源要素的流动性要求构建统一的经济共同体,然而行政区划经济带来的边界壁垒使市场交易成本剧增。(4)当正

---

① 郁建兴、张利萍:《市场化进程中地方政府的角色调适与管理创新——以浙江省为研究对象》,载《理论探讨》,2013年第4期。

式市场规则难以运行，潜伏在市场中的各种关系就浮出水面。分税制改革之前，地方政府出于政绩、地区或部门利益的考虑，放弃履行公共利益监护者的角色，与属地企业通过"关系契约"的合谋，达成某种默契，同意企业少缴税收把利润留存于企业，"藏富于企业"，平时又通过各种名目从企业收取费用，寻求彼此的支持。分税制改革之后，中央通过"利改税"、改变原来不合理地按照属地企业分类来收缴的方式，地方政府又纷纷把目光转向土地财政，不仅不规范的土地征用激发了大规模的围绕征地拆迁的群体性事件，而且也是各地房价不断攀升的始作俑者，等等。这些促使地方政府从"管制型政府"走向"勾结性政府"再到"掠夺型政府"。这些地方政府在市场经济中的负面行为偏好使得不确定性的市场变得更加复杂，变得更加不规范。

（三）构建政府的协同治理机制：走出政府利益狭隘化的困境。

如何减少各级政府在市场中投机主义行为，如何把政府主管部门、地方政府与中央政府的利益统一起来共同参与到对市场的治理中来，如何遵循自由平等的市场竞争原则将其纳入法治渠道中来，这是走出市场治理的科层之忧的出路所在。目前的政府考核机制使地方政府代表狭隘的地方利益，在唯GDP主义的"压力型体制"下，把地方经济增速作为自己官场晋升的筹码，尤其当地方利益与全局利益相冲突时，优先从地方和部门利益考虑。这急需要从改革考核机制入手，从全局性的公共利益出发，以公共问题为导向，中央和地方都是公意的代理机构，只是职能上存在差异，应构建统一的大市场，使市场的资源要素得到自由流通，通过跨行政区之上的协同治理机制来体现市场治理的整体性和公共性，把市场经济引入到受法治规约和指引的渠道中来，使通过关系交易的模式走向公平竞争的制度模式中来，养成对市场规则权威遵从的共识。

三、市场主体之间的竞合关系：国有经济与民营经济的博弈

（一）国有企业与民营企业此消彼长的演进历程考察。

改革开放以来中国市场主体的逐渐形成。为什么需要放开市场、搞活市场？不能仅停留在市场秩序与国家干预的理论争论上，更要看到现实迫切需要催生市场的萌芽与壮大。到1978年，城镇个体劳动者从1952年883万人

下降为 15 万人，其中 14 万人从事个体商业，民营经济一直以来受到打压，极其薄弱。这不仅给经济发展和人民生活造成严重影响，而且大大增加了中国的就业压力。再加上 1979 年前后，全国 1000 多万的上山下乡知识青年陆续回城，城镇又有大批新生的劳动力也需要就业，致使严重的就业压力尖锐地摆在各级政府面前。为了开辟就业门路，中央决定发展城镇集体经济，并允许和鼓励城镇个体经济的发展。民营经济从此迎来了蓬勃发展的春天，也从最初被质疑的对象到有益补充地位再到发展为国家经济命脉的重要组成部分，实现自身的三次重大跨越。

（1）个体和私营等非公有制主体的发展壮大。

1979 年 2 月，国家工商管理局召开局长会议，提出各地可以批准一些有正式户口的闲散劳动力从事修理、服务和手工业等个体劳动，但不准雇工，这是党的十一届三中全会以后第一个允许个体经济发展的政策。

1980 年 8 月，中共中央转发全国劳动就业工作会议关于《进一步做好城镇劳动就业工作》的文件，首次提出在解决城镇劳动就业问题上，要打破国家全包的局面，实行在国家统筹规划和指导下，劳动部门介绍就业、自愿组织起来就业和自谋职业相结合的方针。

1981 年 6 月，国务院有关部门发出通知，提出个体工商户是自食其力的独立劳动者，各级有关部门在政治上和经济上对个体工商户要同全民所有制和集体所有制单位一视同仁，同等对待，在资料、原料、税收等方面给予支持，并提出有些地方存在歧视个体工商户的态度，必须改变。为了积极扶持个体经济的发展，1981 年 7 月，国务院出台《关于城镇非农业个体经济的若干政策规定》，明确肯定了多种经济成分和多种经营方式同时存在的必然性、长期性，个体经济是国营经济和集体经济的必要补充，自此个体户才算得到官方的正式承认，个体工商户开始迅速发展。

当然，当时个体经济和私营经济的发展态势并不明朗，在摸索中前进难免遭遇一些挫折，1982 年对温州柳市镇八位小商品经营大王的"八大王事件"暴露出国家对民营经济认识和定性不足。温州"八大王"分别指的是："电器大王"、"螺丝大王"、"矿灯大王"、"目录大王"、"线圈大王"、"合同大王"、"旧货大王"、"机电大王"，当他们凭借敏锐的市场意识和勇做市场浪潮儿的创业精神，获得丰厚利润的时候，1982年8月，一顶沉重的"投机倒把罪"的帽子被扣在"八大王"的头上。其实，"八大王事件"只是当时冰山一角，到1982年，全国各种经济犯罪立案16.4万件，判刑3万多人，一时间外出创业的人们都战战兢兢地退缩回来。尽管在1982年五届全国人大五次会议通过了宪法的修改方案，明确确认了个体经济的合法地位，是社会主义公有制经济的有益补充，类似"八大王"的众多个体经营者还是被冠以投机倒把罪而遭遇不公。尽管1984年"八大王"被宣布无罪，但被比喻为"口袋罪"的投机倒把罪并没有废除，甚至1987年通过了《投机倒把行政处罚暂行条例》，直到1997年，投机倒把罪才终于从《刑法》中被取消了，这无疑是拿掉了悬在非公有制经济上的那柄达摩克利斯利剑，民营企业家的心也变得踏实了。2007年3月16日第十届全国人大第五次会议通过了《中华人民共和国物权法》，2007年10月1日起施行，这标志着我国物权法体系进入了一个新时期，公民的私人财产受到更有效的法律保护。

1983年，中共中央在《关于当前农村经济政策的若干问题》文件中提出，对私营经济"不宜提倡，不要公开，也不要急于取缔"的"三不"政策，采取了"看一看"的观望态度，这实际上保护了私营经济发展，但是没有官方的正式承认。

1984年4月，七届全国人大一次会议通过的《中华人民共和国宪法修正案》第十一条增加规定了"国家允许私营经济在法律规定内存在和发展，私营经济是社会主义公有制经济的补充"，私营经济的合法地位这才获得国家根本大法的承认，私营企业也才名正言顺地发展起来。

1992年党的十四大提出了"以公有制为主体，个体经济、私营经济、外资经济为补充，多种经济成分长期共同发展"的方针，并指出"不同经济成分还可以实行多种形式的联合经营"，从而肯定了非公有制经济可以和公有制经济合作共存，共同发展，这是中国所有制结构理论和政策的初步形成。

1993年3月，全国人大再对宪法进行修订，在十一条中将原来"私营经济是社会主义公有制经济的补充"，修改为"私营经济是社会主义市场经济的重要组成部分"，其影响深远。

2002年党的十六大首次提出必须毫不动摇地巩固和发展公有制经济，必须毫不动摇地鼓励、支持和引导非公有制经济发展，指出个体、私营等各种形式的非公有制经济是社会主义市场经济的重要组成部分，这对充分调动社会各方面的积极性、加快生产力发展具有重要作用。

2004年3月通过的宪法第四次修正案中，在第十一条中新增了"国家保护个体经济、私营经济等非公有制经济的合法的权利和利益。国家鼓励、支持和引导非公有制经济的发展，并对非公有制经济依法实行监督和管理"。

2005年，国务院还专门出台了《国务院关于鼓励支持和引导个体私营经济等非公有制经济发展的若干意见》（简称"非公有制经济36条"），就放宽非公有制经济市场准入、加大对非公有制经济的财税金融支持、完善对非公有制经济的社会服务、维护非公有制企业和职工的合法权益等提出了具体意见。

综上所述，从1978年开始，国有企业的比重不断下降，非国有企业的比重不断上升，在1992年期间，非国有的比重开始超过了国有比重。此后，非国有企业不断发展壮大，其比重持续上升，到2006年，工业领域的非国有企业的比重大约达到70%。这是一个缓慢自发的渐进过程，不是依靠国家直接的运动式推动，而是在国家放开市场的大政策下，依靠民营企业自身的强大生命力，在不断受到种种阻力的环境下发展起来的。

（2）国有企业的放权改革。

国营经济的改革试点是循着放权让利、搞活企业和适当引进市场机制的思路进行的。1978年10月，四川省委在省内6家企业实行了扩大企业自主权试点。

1979年5月，国家经委等部门在北京、上海选择8个企业，进行扩大企业自主权的试点。1979年7月，国务院连续颁布了五个扩大企业自主权的文件。

1980年6月全国扩权试点企业扩大到6600个，约占全国国营工业企业总数的16%，但其产值和利润分别占60%和70%左右。扩权企业在国家与企业的利润分配关系上，先后试行了提取企业基金、利润留成、盈亏包干、以税代利等方法，以打破企业吃国家"大锅饭"的体制。同时给企业一定的生产计划、产品购销、资金运作的权力，并试点建立企业对国家、职工对企业的各种形式的责任制，少数企业还实行厂长（经理）负责制。扩大企业自主权的同时，无所不包的计划体制开始松动，生产资料作为商品逐渐进入市场，计划外自销产品和根据市场需要自行生产的比例日益扩大。

1981年，企业改革转为实行责任制，将企业和职工的经济责任同企业经济效益结合起来。

到1982年底，不同规模和性质的企业都建立了责任制，在县属以上国有企业中，实行责任制的企业占80%。

1983年开始，对国有企业开始实施"利改税"改革，即由向政府上缴税收取代上缴利润。

1984年后，按照社会主义有计划商品经济的要求，国企改革的目标是使企业真正成为相对独立的经济实体，成为自主经营、自负盈亏的社会主义商品生产者和经营者，具有自我改造和自我发展能力，成为具有一定权利义务的法人。按照这一目标，国有企业改革转向实行"两权分离"，即国家的所有权与企业的经营权分离。

1986年12月，国务院提出，要推行多种形式的经营承包责任制，给经营者以充分的经营自主权。

到1987年底，全国预算内企业的承办面达78%，大中型企业达80%。

1992年，党的十四大指出转换国有企业特别是大中型企业的经营机制，把企业推向市场，增强他们的活力，提高他们的素质，是建立社会主市场经济体制的中心环节。

1993年党的十四届三中全会通过的《关于建立社会主义市场经济体制若干问题的决定》，第一次明确指出国有企业改革的方向是建立产权清晰、权责明确、政企分开、管理科学的现代企业制度，按照现代企业制度，现有全国性行业总公司要逐步改组为控股公司。

1997年党的十五大报告指出："公有制实现形式可以而且应当多样化。一切反映社会化生产规律的经营方式和组织形式都可以大胆利用，要努力寻找能够极大促进生产力发展的公有制实现形式。股份制是现代企业的一种资本组织形式，有利于所有权和经营权的分离，有利于提高企业和资本的运作效率，资本主义可以用，社会主义也可以用。"坚持公有制为主体，国家控制国民经济命脉，国有经济的控制力和竞争力得到增强，在这个前提下，国有经济比重减少一些，不会影响我国的社会主义性质，因为"国家对经济过程的影响并不总是与国家经济中的国有规模或国家经营份额成正比例"①。

1999年党的十五届四中全会通过的《中共中央关于国有企业改革和发展的若干重大问题的决定》，要从战略上调整过去的经济布局和改组国有企业，着眼于搞好整个国有经济，推进国有资产合理流动和重组，调动国有经济布局和结构，积极发展大型企业和企业集团，放开搞活中小企业。通过国有经济的战略性调整和国有企业的"抓大放小"改革，我国形成了一批具有较强竞争力的大公司和大集团，国有经济的竞争明显增强。

进入21世纪以来，国有大中型企业中有不少已经跻身世界500强企业，对国民经济的发展起到巨大的推动作用。这一时期民营经济也得到蓬勃发展，形成与国有企业相互竞争、取长补短的互促共生关系。市场一方面导致大量的自发创业的企业涌现，另一方面也导致原有计划体制下的国有制企业单一化的格局发生了根本变化。各种各样的多元化的企业所有制出现，从最基层的个体户和私人企业，到基层农村的乡镇企业，从小型的股份合作制企业，到大规模的股份公司或上市公司，从街道居委会层次上的新办企业，到中央一级的大型企业，从而使得中国经济的所有制结构发生了重大变化。

当然，也有不少人对国进民退和国企绑架权力谋取私利有所警觉和担忧。经过20世纪90年代和21世纪初期的改制浪潮，保留下来的国有企业要么是受到国有产业政策保护的企业，要么是拥有垄断地位的企业，国有企业作为国家政策的执行工具的职能在弱化，而它们作为利益实体的角色在强化，精英集团开始形成并试图左右政府政策。"阻碍中国未来经济增长的最大障碍……即精英集团过于强大，并左右政府的经济政策。"②对于国有企业侵蚀民营企业地盘的担忧也意味着这两大市场主体的博弈将长期存在，这也根源

---

① [俄罗斯]A.A.波罗霍夫斯基：《国有制在美国经济发展中的作用》，载《国外社会科学》2001年第4期。

② 姚洋：《社会平等与新中国60年经济增长》，见史正富主编：《30年与60年：中国经济改革与发展》，上海格致出版社、上海人民出版社2009年版，第78页。

于对他们的身份歧视。

(二)身份之困:对国有企业与非国有企业的市场偏好差异分析。

(1)国有企业:政治庇护与垄断经营。

国家对于国有企业一直认为它掌控着国家的经济命脉,从维护和巩固政治统治的需要出发,优先和保护国企发展,哪怕是国企面临低效率和动力不足的困境,每年国家也要投入大量的财政补贴,甚至"把企业上市融资的指标排他性地分配给国有企业"[①]。在新中国成立初曾经经历消灭一切非公有制经济而建设"一大二公"的所有制阶段,这种高度计划统分统筹的经济管理方式在改革开放以来得到巨大改善,国企所占的比重在逐渐减低,也用股份制改造等方式把国企推向市场,使之逐渐甩开国家这根"拐杖",接受市场的检验,参与到市场的竞争中来。

然而,对于国有企业的改革一直是讨论的热点,诸如:1.如何把现代企业制度在国企中推进?一直以来,政府办国企的特色鲜明,政治风险优先于市场风险,难以按照市场运行的逻辑来办国企,一方面国企背负的包袱过重,另一方面国企又都由政府来兜底,使得国企搞活的动力不足。1999年中共中央《关于国有企业改革和发展若干重大问题的决定》要求对国有企业实行公司制改革,这也表明中央政府下定决心要通过市场化来改革国企痼疾。2.如何防止国有资产的流失?国企在转产转制过程中甚至宣告企业破产,导致国有资产大量流失,也滋生了腐败的温床。3.如何激励国企老总的积极性?国企老总亦商亦官,多是政府委派的国家干部,要求国企老总以很高的道德水准来办企业的政治诉求总被现实的腐败大打折扣。而靠经济激励的方式,过去和现在的薪酬制度都暴露出问题,过去有能力的干部工薪水平与市场贡献严重不匹配,导致积极性不高,没有能力的干部又把国企给拖垮了,现在这

---

① 1998年中国证监会《关于重点支持国有大中型企业上市的通知》指出:"为了支持国有大中型企业的改革和发展,各地在选择1997年计划内企业时,除优先推荐地方所属的512家重点国有企业外,还应优先推荐符合上市条件的中央直属企业中的512家重点国有企业"。这就意味着不大可能将上市额度分配给最有资格、最有需求的公司,因而浪费了资本市场资源,降低了资本市场的效率。转引自杨光斌:《权力主体的市场化动力比较分析——兼论行政改革的政治意义》,载《学海》,2003年第1期。

种薪酬体制又走向另一个极端，国企老总年薪动辄几百万已经不足为奇，使国有资产大量流入私人腰包，高薪依然难以养廉。4. 如何走出在政府庇护下的国企发展模式？要按照现代企业制度来管理国企，以平等的市场主体身份参与到市场竞争中来，遵循市场运行的规则，按照市场进行成本收益的绩效考评……尽管对于一些关系国家重要经济命脉的资源能源国企在现有条件下还有必要提供国家保护，但未来发展的趋势要打破国企的垄断地位，在市场的公平竞争下最大限度发挥资源的最大价值。

（2）非国有企业：游走于合法市场与非法市场的边缘。

为了实现税收的增长，国家又不得不放弃部分垄断，允许更有效率的非国有企业存在。随着市场的搞活，乡镇企业异军突起，外资企业大量涌入，民营经济迎来了蓬勃发展的春天。但非国有企业也一直在为更广阔的行业准入、更宽松的政策环境和更便利的融资渠道而艰苦抗争，从被打压的对象、到作为有益补充、再到成为国家经济基础的重要组成部分，通过不断地修改宪法，最终被写入宪法，取得与国有企业同样的正统地位。

然而，民营经济的命运多舛，尽管政府利用其搞活经济和作为增加税收的对象，但他们又多处于放任状态，其兴也勃焉，其亡也忽焉。这源于：①民营经济的生存环境竞争激烈而且多是无序的恶性竞争。尽管有船小好调头的优势，但是由于企业入门门槛比较低、多处于产业链低端，很容易形成盲目跟风、产能过剩，而自身抗市场风险的能力又非常弱，也使得企业频繁更迭。②资金短缺，从银行贷款又很困难，很大程度上靠民间资本借贷艰难维系资金链的周转，但也有很大风险，非法集资、高利贷和金融诈骗等市场风险又很大程度制约了民营企业的发展，甚至卷入其中而难以脱身。由于民营企业在市场准入、融资、税负等政策限制方面一直处于弱势地位，这促使其努力寻求外在附加资源来提升社会地位，弥补先天不足。③当难以通过合法正规的渠道来公平竞争，民营企业就往往靠市场投机、或靠在财务等方面的显著灵活性，通过权钱交易打通各种关系为其生存与发展提供便利条件，寻求权力的庇护、及时获悉政府执法或改革的信息、争取稳定的政策环境等。"众多民营企业正是通过'找关系'、'铺路子'、'平转议'或'议转平'掘得企业发展的第一桶金"①。事实上,民营企业也不是完全出于被动地位,由于他们处于基层、数量众多、分散等特点也使政府的监管处于信息不对称的地位,"这种信息不对称,不仅表现在后来部分民营企业参与国有企业改制、国有资产被套空的众多事例上,也表现在大量外资、民营等企业规避税收政策的偷税漏税行为方面,甚而表现在企业利用政府不利的信息地位,堂而皇之地以行政命令方式销售产品等方面"②,这也就是常说的企业"俘获"了政府。④民营企业管理机制不健全,多以"家族企业"的形式难以确保长久稳定地持续发展,企业良好运行亟待从依赖某个能人的传统方式向依赖健全的现代企业制度转变,这样才能把企业做大,才能增强企业的抗市场风险能力。

(三)改变企业的身份歧视:走出企业不平等竞争的痼疾和走向市场主体的竞合关系。

国家一方面大力推动市场经济的制度创新并享受非国有企业带来的收益,另一方面又以政治方式保护一些无效率的国有企业而抵消了某些市场化努力,这与诺斯的"国家悖论"③不谋而合。国企、外资和民营因为其身份不同而受到的待遇不同,国企享有特权、外资享有超国民待遇、民营自生自灭。身份是企业主在"政治中的表达性维度"④,作为一种软实力能够为企业带来丰厚利润。然而,这种不公平的身份歧视不仅难以带来国家对市场治理的绩效,反而要为之付出代价。诸如国企由于其特权地位,比较忽视成本收益的考量,国有资产流失和腐败问题严重,导致以亏损甚至破产这种"胁迫"方式拖累国家,使国家陷入进退维谷的境地,"亏损甚至破产的国有企业寻求政府庇护,实际上就暗含着胁迫的成分"⑤。对外企而言,使其在经营管理权限、税

---

① 金太军、袁建军:《政府和企业交换中的一致与分歧》,载《学术月刊》,2012年第11期。
② 金太军、袁建军:《政府与企业的交换模式及其演变规律——观察腐败深层机制的微观视角》,载《中国社会科学》,2011年第1期。
③ [美]道格拉斯·C.诺斯:《经济史中的结构和变迁》,陈郁等译,上海三联书店、上海人民出版社1994年版,第20页。
④ [英]安德鲁·甘布尔:《政治和命运》,胡晓进、罗珊珍译,江苏人民出版社2003年版,第7页。
⑤ 金太军、袁建军:《政府与企业的交换模式及其演变规律——观察腐败深层机制的微观视角》,载《中国社会科学》,2011年第1期。

收政策、信贷管理、土地出让等方面享受超国民待遇，但也导致常见诸报端的沃尔玛、大润发、乐购等国外大型超市欺骗中国消费者，屡犯不改的现象；2014年被炒得沸沸扬扬的美国富喜公司向麦当劳、肯德基输送过期原材料事件，公开的秘密常达两年之久，这些洋品牌为什么敢于肆无忌惮，不能说与我们卑躬屈膝的招商引资行为无关。对于民企而言，卑微的地位难以迎战市场的风险，也只能以各种关系来谋求生存空间，这又导致加剧市场的恶性竞争。同是市场的主体，而面临的竞争环境却迥异，这是对市场自由竞争原则的最大破坏，导致需求市场之外的权力介入方式来创造企业生存的空间，必然也带来市场的无序。只有破除压在企业头上的身份歧视，不恃宠而骄，也不妄自菲薄，才能以平等的主体资格参与市场竞争，发挥市场最有效的资源配置作用。公平的竞争机制也要求政府一视同仁，对于破坏市场的行为应同样受到平等的处罚，确保市场规则深入人心，被所有市场主体所共同遵守，从而树立起市场经济就是法治经济的理念，使政府在处理各类企业申办事务时尽可能不受规则之外的因素干扰，从而更好地凸现市场内蕴的自由平等、公开透明、公平正义等美好价值，走向市场主体之间双赢的竞合关系。

第四节 如何进一步完善我国国家主导的经济发展模式

一、国家在市场经济建设中不能"退却"

从现代国家建国经验看，成熟的市场秩序形成于强大的现代国家出现之后，英格兰如此，美国等国家同样如此。因为一个强大的国家为市场的发育创造了制度环境，提供市场有序运转所需要的正当行为规则体系。为了避免资本主义周期性的经济危机，中国从改革开放以来一直坚持每隔五年制订一个国民经济和社会发展五年计划，对未来经济社会发展做出全面规划，尽量减少市场缺陷可能带来的负面影响。在经济发展的过程中出现挫折时，国家也会及时干预，确保平稳渡过难关。诸如20世纪80年代中后期出现的价格闯关失败，1988年出现的抢购风潮等等，但是国家通过强有力地综合运用财税、金融和法律等宏观调控政策，终于在1996年使经济发展出现"软着陆"。另外，中国也一直坚持国家主导型市场经济模式，期望走出一条属于自己的社会主义市场经济体制，在充分发挥市场在资源配置中基础性作用的前提下，维护和巩固中央权威。诸如从20世纪90年代中期开始，为了拯救处在"悬崖边上的中央政府"，一方面中央以分税制改革为突破口，加强中央财政汲取能力和提升中央政府的权威，从原来地方财政包干的财政体制向公共财政体制转变。中央政府能够控制的财力越大，才越有能力进行国家的宏观调控和财政再分配，促进社会的公平正义，诸如国家在产业指导政策、教育医疗政策、环境保护政策、社会保障政策等方面加强国家的干预，以弥补这些领域市场可能出现的失灵，从而确保经济平稳快速地发展。另一方面中国开始通过机构垂直化管理的改革来加强政府的整合能力和协同能力。诸如银行、国税、海关变成中央垂直管理，质检、国土、工商变成省内垂直管理，这有助于部门机构的整合，也使地方政府的权力行使越来越被纳入制度的规范制约之下，这种科层制转变既有助于集权也有助于问责。因此，"中国市场经济模式的独特之处，就是在市场化改革和发展的过程中，不放弃公有制为主体的基本方针，又坚持多种所有制共同发展，在中国共产党的坚强领导下，国家的经济控制力量和政府管理始终发挥主导性作用。这种发展模式既区别于中南美洲一些国家的市场经济发展模式，又区别于东欧国家和俄罗斯的市场化道路，也与日本和东亚的所谓政府主导型市场经济模式不完全一样"[①]。正是这种政治驱动型的后发现代化模式，或称之为以政治领导为基础的国家主导型市场经济模式，促进了市场经济的发展和繁荣，造就了中国的经济奇迹。

二、遵循市场经济运行规律的国家权力的行使

的确，复杂的市场交易过程需要一个强国家维持基本政治与法律秩序，但是真正创造财富靠的是市场机制，没有市场的变革，中国是不可能出现奇

---

① 胡伟：《现代化的模式选择：中国道路与经验》，上海人民出版社2008年版，第120页。

迹般增长的。因此，遵循市场的逻辑是保持我国未来持久经济繁荣的关键。这就要求我们研究市场中经济权力运行的规律，只有遵循经济权力运行规律的国家权力行使才能取得事半功倍的市场治理的绩效。总结经济权力运行的规律是：随着公司财富积累的扩张，管理这个庞然大物已经不再是权威魅力型创始人的能力所及，也不是家族内部垄断权力所能解决的，公司的声誉和名号可以代际传承，但并不能保证家族内部代代都有人才出，管理公司的能力并不是必然遗传的，因此，走出公司的兴衰维系于卓绝领导人存亡的周期率，必须创设保持公司生长与永续的制度化机制。伴随着公司分权化改革，以管理公司为职业的大量经理人应运而生，一方面，理顺企业内部管理混乱局面，建章立制使公司涅槃重生，另一方面，也带来社会中中产阶级兴起，刺激社会消费能力的膨胀，反过来又刺激了公司的生产和壮大。基于委托代理的所有者与经营者分离的制度也是惨重经济危机催生的产物，崇尚市场是最有效的资源配置方式的企业家们不得不考虑如何有效地规制市场的泛滥，强有力的国家对经济进行监管和干预这种外部治理模式固然重要，但公司内部的治理模式的变革才是根本。因为，现代经理人制度在完善公司治理的同时，也难以走出经理人"逆道德选择"的风险，培养经理人的职业操守和监督经理人以权谋私的成本也越来越大。这又提出最起码的两层需求：一是大股东对集权的要求，另一个是如何培养公司员工的职业操守、公司凝聚力和参与式监督，企业文化的软约束也就越来越受到重视。

可见，作为市场主体的公司经济权力的行使与国家政治权力的行使有很大的一致性，诸如权力的委托代理、组织的内部治理、权力的监督与参与等等。无论是经济权力还是政治权力都说明，任何不受制约的权力必然使组织的权力集于一人，然而组织面临的瞬息万变的外部环境和组织自身的急剧膨胀必然导致尾大不掉的局面，意味着分权成为必然。我们对权力所有者的监督、警惕和防范，是很必要的，但我们如何行使好从权力所有者那里分离出来的权力，"如何治理治理者"、如何解决分权过多而无力保证强有力行动的难题又摆在人们面前，继续拷问着人们的智慧和新的制度设计的可能性。

三、国家的自我限权和对经济分权反而增强国家的能力

（一）市场经济运作在全能主义国家框架下出现问题。在全能主义框架下，企业和事业单位都高度依赖于国家，也是国家政治动员、意识形态教育、社会福利承担的综合体，这样，就导致难以形成能够自主判断、自主选择、自主决定的独立市场主体，契约自由、意志自治和等价交换等市场原则就难以良序运转起来。另外，对于全能主义国家的监督也比较困难，而全能主义国家又直接管理市场经济中的生产者，国家权力的代理人比较容易为了谋取个人利益而袒护企业生产者，从而导致公共权力部门丧失公共性，侵害公共利益，这样，也导致具有普遍意义的政治和法律的环境难以形成。

（二）改革开放以来，我国逐渐摸索出在经济分权基础上的宏观调控的制度化建设道路。事实上，中国一方面是行政权力高度集中的国家，行政权、立法权和人事权高度集中于中央，与此同时又是高度分权的国家，几乎任何事权都分散在各级地方政府手里。即使在计划经济时代，只要经济形势允许，就激励推动地方分权的改革，只不过由于当时不重视制度化建设，地方经济分权和包干的高激励机制相对来说比较随意，经常酿成国民经济失控的乱局，难以走出"分权—集权—再分权—再集权"这样恶性循环的发展怪圈。直到改革开放以来，地方分权是改革的主线，并且综合运用多种宏观调控的手段和加强法治国的建设，为中国高速增长奠定了重要的制度基础。国家是必要的，"但宪政要求国家保持最起码的中立性，中立是正义的基本前提。这样的政府必须限制自己行为的范围，专注于执行普遍的正义规则。也即政府把自己的职能集中于执行普遍的规则，平等地、公正地对待每个人。在这样的制度框架下，个人及其他经济组织的行为将最大限度地得以协调，市场相对健全地发育，社会自身将会较有效率地创造财富。"[①] 而且我国在市场治理的过程中也积极借鉴始于20世纪80年代的那场"新公共管理运动"所进行的引入市场化激励的改革手段，诸如采用分权化和更彻底的绩效考核，以及运用

---

① 姚中秋：《中国变革之道：当代中国的治理秩序及其变革方略》，法律出版社2011年版，第81页。

市场购买公共服务的方式来有效监督国家权力的行使，这些有益的尝试既补充了国家治理的不足，也充分调动了市场主体的积极性。

（三）进入后市场化改革时代，国家与市场交融在一起，国家与市场偏执一端的格局也发生了融合。后市场主义时代把一些重要价值重新捡拾回来。市场不再仅仅追求经济利益和竞争效率，合作、责任和和谐等价值也应该融入市场秩序之中。成熟自由市场的前提条件是基于人们之间的规则意识和法治精神，自由市场的伦理之维从来都不容忽视，在强调"看不见的手"作用的斯密那里，也格外强调道德情操论对市场所起的基础性作用。只不过在"市场神话"那里，市场伦理被有意或无意隐藏起来，只有等到对市场原则的滥用而饱受基于动物丛林法则的恶性市场竞争苦果的时候，只有根据市场外部环境的变迁，对市场原则的尊崇、对市场价值的再发现和补充，才有助于更全面地认识市场，从而不断调适国家与市场的关系，更好地驾驭和驯服市场，取得国家对市场治理的治理绩效。正如下表所示：

后市场化改革时代的主要变化与其所启发的价值[①]

后市场化时代的主要变化	变化启发的价值
社会的发展目标从以经济增长为中心转向以实现社会的和谐为中心	和谐、安全
从统一控制型社会向自主决策型社会转变	责任、法治、透明
从分割的蜂窝社会向流动的网络社会转变	合作、安全、透明
从生产的社会向消费的社会转变	责任、安全、服务、廉洁
从国家财富的社会向个人财富的社会转变	民主、法治、服务、廉洁
从经济持续增长型社会向社会可持续发展型社会转变	安全、和谐、责任
从全球化的学习者向主要参与者转变	合作、责任、透明
从低风险社会向高风险社会转变	安全、责任、和谐
政府对改革深入的制约作用越来越突出	民主、法治、廉洁、责任

综上所述，国家的自我约束和对市场的必要分权是走出国家与市场博弈

[①] 杨雪冬：《后市场化改革与公共管理创新——过去十多年来中国的经验》，见杨光斌、寇健文主编：《中国政治变革中的观念与利益》，中国人民大学出版社2011年版，第257页。

困境的关键，再加上对市场更加全面的理解，把市场所蕴含的伦理价值重新找回来，既激发市场的活力，又规约市场的无序，为市场机制的运行提供制度保障，这些举措不仅不会弱化国家的自主性，反而更有助于强化国家的经济建设和社会治理能力。

第七章
社会建设中的国家自主性：国家对转型社会的有效治理

国家应该如何进行社会建设？在全能主义国家时期，社会国家化程度很高，国家大量挤占和蚕食社会的空间，缺乏自主和活力的社会是我们不愿意看到的结果。社会的高效自治是人们追求的一种理想，尽管自发的社会秩序在一定程度上也可能达成，而这种社会秩序要么是传统的血缘地域型社会，要么又很容易转化成由垄断强权的组织所操控的等级秩序。无论是实现传统社会向现代社会转型，还是治理社会秩序中的强权与纷争，国家介入社会、动员社会、把社会有机地组织起来都是必要的。对于社会的认识我们不能简单把它看作是与国家相对抗的力量，而应该积极挖掘社会的积极功能，社会监督和制约国家也是为了更好地确保国家权力正当行使，更何况一个自主性和能动性增强的社会作为晴雨表、减压阀和缓冲剂也能够更好地帮助和提升国家治理的能力。这里就存在一个国家如何介入社会和介入社会的程度如何的问题，"嵌入性国家自主性"是一个很好的出路。国家从社会中汲取资源增强国家治理社会的能力，但治理社会不是为了控制社会，更不是异化为一种凌驾于社会之上的专制性权力，而是为了培育社会、弥补社会供给公共产品的不足，更好地增强社会自主和自治的能力。可见，良序的国家与社会的关系是一种相互促进、相互建构的关系。我国的社会发育相对滞后，传统的长期愚民统治使人们缺乏社会公共精神，而在公民权利高涨的时代，自利的个人很容易把权利简单等同于个人利益的最大化，无组织、乱哄哄是当前社会的突出表征。再加上传统国家习惯于国家强制的治理模式，在社会组织的发展壮大以及社会自主诉求增长的新的时代需求下，国家如何对社会组织进行分类管理、如何在治理的过程中促进社会的自主发育是我们今后努力的方向，而不再是担忧、恐慌甚至拒斥，而只能是调试、适应和引导。

第一节　从国家与社会的关系角度对社会功能的审视和历史考察

一、长期对社会的忽视：这种现象在中国更为突出

"人天生是个社会动物"，社会与我们每个人密不可分，但长期以来人们对社会熟视无睹，甚至刻意压制社会的觉醒。这源于人们理解的社会很容易等同于自发群居的社群或代表高度隐秘性的私人空间，直到启蒙运动以来社会才逐渐凸显自主性，强调社会与国家二分，突出社会的公共性，彰显其批判和监督国家的功能。从对社会的历史考察看：在传统社会，国家往往取代社会或挤压社会，社会被消融于国家之中，所指称的社会也往往是自由、散漫的私人社会，社会无组织化特点比较突出，即使有组织也仅代表的是宗族或地区的利益。从政治思想史溯源看，把社会等同于国家，社会消融于国家之中的思想也源远流长，在柏拉图的《理想国》论述中，国家总揽一切，国家直接等同于社会，私人生活与国家生活是融合在一起的，甚至没有私人生活，诸如有共产共妻、公共育婴室等制度设计。亚里士多德在其《政治学》一书中有关于"人是天生的政治动物"的著名论断，离开了城邦的生活，人就非神即兽，并且只有成为城邦的公民，才能算得上真正的人，奴隶不被看作是人。因此，公民社会即城邦国家，这延续到"公元14世纪，一些为国王辩护的思想家继承亚里士多德的思想，坚持认为，政治共同体或国家乃是一种自给自足的社会，公民社会是指政治社会或城邦国家，其内容没有超出亚里士多德赋予此词的含义。17—18世纪的启蒙时代，洛克、卢梭、康德等人认为，公民社会和政治社会乃是同义词，与此相对应的则是自然状态或自然社会。"[①] 可见，即使在启蒙运动以来，受柏拉图和亚里士多德传统影响的思想家

---

① 赵可金：《全球公民社会与民族国家》，上海三联书店2008年版，第132页。

们依然突出国家的政治整体化社会整合功能，到黑格尔那里达到登峰造极地步，黑格尔的国家观以更加理论化的言语表达了对国家的崇拜：国家已不仅是中心，而且是个人乃至整个社会的本质与意义之所在。黑格尔的这种普遍主义国家观将国家笼罩在神圣光环之下，国家权力可以无所不在，而社会则完全被国家化了，这也才有马克思要把这种颠倒的国家与社会的关系重新扭转过来的努力。

从中国迈向现代国家的进程来看，在军阀混战和外敌入侵的内外夹击下中国社会已经千疮百孔，处在崩溃的边缘，国家也是主权难保，积贫积弱。一方面传统社会作为愚昧落后的代名词而遭到沉重的批判和摧毁；另一方面具有批判和自主性的社会又难以产生，作为后发国家，国家向社会植入制度的特征比较鲜明，国家主导政治，急需要把社会组织起来。尤其在法律和司法制度的构建进程中移植现象尤为明显，从 20 世纪初移植日本的法律、到后来移植德国的法律、再到 20 世纪 50 年代移植苏联法律与司法体系，这些国家都有很强的国家主义色彩，也深深影响中国的法律和司法体系的建设，"尽管其间有所变化，但有一个政治取向始终保持一致：政府不承认社会的自主性，甚至致力于替代和消灭社会。具体在法律领域的表现就是，法律全盘地国家化，司法全盘地国家化。政府大规模移植国外法典，而没有容纳社会自发生成的法律规则体系。同时，政府自上而下地建立了国家法院系统，挤压传统的社会自主性解决纠纷的机制"[①]。当然，导致出现这种社会缺失的原因也源于当时内外因共同作用的结果：其一，源于中国的现代民族国家的构建不是从社会内生的，而是为了救亡图存回应外部冲击，社会的生长发育畸形。尽管也有资本主义生产方式的萌芽，但社会阶层结构长期保持传统封建社会格局不变，既难以从臣民转变为公民，也难以产生革新的自主性阶级，这种松散的依附性社会也使得近代中国的社会吸纳整合能力都比较孱弱，难以抵御当时代表新兴生产方式的西方民族国家的攻击，傲慢的清帝国迅即坍塌。其二，在长期的战乱状态下，传统相对稳定的社会结构宣告解体，到处充斥

---

① 姚中秋：《中国变革之道：当代中国的治理秩序及其变革方略》，法律出版社 2011 年版，第 260—261 页。

着弱肉强食的强者生存逻辑,社会的无组织化、个人的单原子化、对权威和规则的意识极其淡漠,这样导致公民社会赖以存在的制度载体或社会环境长期缺失。尽管在20世纪二三十年代,一些有识之士也认识到社会坍塌可能导致巨大的危害,诸如梁漱溟、晏阳初等人极力推进乡村社会重建的社会实践,期望把打碎的传统民间社会重建起来,并加以现代改造,但这些努力都以失败告终。其三,国外成功走上富强的民族国家的经验激励着中国向其学习,强国家是其显著特征,如何把社会有效地培育和动员起来显得尤为重要。迈向现代民族国家的中国为了迅速改变落后面貌,很容易走向效仿日本、德国和苏联等国的强国模式,因而积极引荐和植入这些国家的制度。因为这些国家也曾经是资本主义生产方式比较落后、通过国家的力量来变革或革命,改变原有的社会结构,增强民族的整体凝聚力,他们也都存在如何实现从传统社会向现代社会转型的问题,从而跻身强大民族国家之林。而对于我们国家而言,移植强国家的做法比较容易对接,也经历了全能主义国家的阶段,而怎么培育民间社会以及如何实现社会的顺利转型却一直是我们努力的目标。

二、资本主义民族国家形成时期的市民社会:具有较强的批判功能

(一)其批判功能突出表现在:通过社会内部权力转移促进从封建君主国家向资产阶级民族国家的转变。市民社会的萌芽和壮大催生了政治变革的激烈诉求,"在西方民族国家的成长过程中,中世纪后期出现的市民社会为经济和社会的转型以及现代国家的到来提供了不可或缺的组织资源,这些组织资源充当了王权(中央集权王朝国家)压制诸侯分散化的同盟军(因为集权代表了市民和建立统一市场的要求),其后在与专制王权的抗衡中又充当了把王朝国家转变为资本主义的民族国家的基础。传统国家的重新组织化本质上是资本主义性质的市民社会动用自己在封建专制母腹中日趋壮大的组织力量对国家进行甄别、调整、规范、扬弃和重建的过程"[①]。在市民社会中成长起来的

---

① 陈明明:《党治国家的理由、形态与限度——关于中国现代国家建设的一个讨论》,见陈明明主编:《共和国制度成长的政治基础》,上海人民出版社2009年版,第214页。

资产阶级成为推动社会进步的主导性阶级，加速了社会的分化和改变了各个权力主体之间的力量均势，并由经济权利诉求政治权利，社会经济基础和阶级基础的巨大变化促进了封建专制体制的解体，在政权内部实现了向资产阶级政权的转换。

（二）从具体的阶级力量的博弈看，直到资产阶级完全掌握国家政权之前，代表市民社会的资产阶级一直在监督和规范君主的权力，代表新兴力量批判和革新政治秩序。资产阶级通过一点一滴的权力积累，不断增加与君主和贵族旧势力相抗衡的能力，也导致在民族国家形成时期，君主不得不与公民和资产阶级结盟，这也是君主的明智选择，诸如法国的路易十四之所以能够获得新权力，在很大程度上取决于同新兴的商人阶层的非正式联盟。因为新兴的资产阶级（商人阶层和工业资本家）以及公民通过以税收的形式向君主提供发动战争和维护政治秩序所需的财力支撑，他们也渴望国家能够提供法人团体的合法资格和保证工商业经营安全等。作为回报，君主通过建立绝对主义的国家，建立统一的国内市场和统一法律，也通过国家来推行海外扩张和打击外国竞争者的重商主义的政策，以反对封建领主和主教的频繁战争和苛捐杂税，从而为新兴的资产阶级的利益服务。为了维系双方之间的长久合作关系，"有势力的个人和团体通过个人或其代表频繁地聚合成各种以合法形式设立的代表制会议并与统治者或他的代表打交道，发表他们的声明，重申他们的权利，系统地陈述他们的利益，确定他们与统治者合作的条件，并分担他们分享的统治责任"[1]。随着资产阶级力量的发展壮大，逐渐从谋求私权向染指公权转变，认识到只有谋求和分享政治权力才能更好地保护作为整体的资产阶级的利益。喊出"无代表不纳税"的政治口号，通过参与到议会活动中来，更加接近政治权力的中心。"等级会议和世俗君主之间属于不同的权力中心，彼此相互制约和监督，等级会议不同于封建男爵的聚会那样随意和效力微小，而是一种更加规范和制度化的政治渠道。在等级制国家下，世俗君主的行为也不像过去那样敷衍塞责，而是更加有文化教养和更加遵守法规，

---

[1] [美]贾恩弗朗哥·波齐：《近代国家的发展——社会学导论》，沈汉译，商务印书馆1997年版，第47页。

在处理众多政治事务中逐渐培养起积极地向有利害关系的党派、权威人士进行咨询的习惯。"① 正是资产阶级不断增加的谈判筹码也迫使世俗君主比较开明，建立起经过系统劳动分工规划而精心建构的常备军、警察、官僚、牧师和审判员等复杂行政官僚网络，并且实现了法律的普遍意志化和财政的理性统一，取消封建制下的各种形式的豁免权。这样，在力量博弈的过程中形成权力分享和制衡的制度设计，构成一种"新型的能反思性地得以监控的国家体系"，限制国家权力的宪政体系也得以形成，代表市民社会的资产阶级在其进步时期对此功不可没，并最终登上政治舞台，君主的权力越来越示弱，更多建立起虚君共和的体制，君主权力成为一种象征性的国家权力。

三、资本和市场全盛时期的市民社会：社会退缩到私人领域

当资产阶级通过革命建立了资产阶级的政权，资产阶级市民社会就不再是自身政权的反对者，而是对资本主义体制的维护者或完善者，市民社会的政治诉求也逐渐被经济利益诉求所掩盖，人们也很容易卷入私欲的市场纷争之中，市民社会的公共批判功能也就减退。原因之一在于：市民社会内部充斥的市场化演化使得市民社会的私人性逐渐取代其公共性。社会的各个领域越来越被庸俗化的市场化原则所充斥，金钱和交易也在一次次挑战人们的道德底线，公共领域的衰落警惕着人们需要重塑公民社会。"在建立了现代国家并完成其国内政治规划之后，资产阶级公民社会身上的革命灵魂就日益流失了。由于在整个社会中奠定了自己的政治优势地位，资产阶级公民社会在本质上沦落为资产阶级国家的'持不同政见者'，具体表现为各种利益集团对政府施加影响以改变政策的游说政治活动和在野党对执政党政府进行的各种类型的批判和监督活动。"② 成为统治阶级的资产阶级要么被利益集团所绑架，要么直接代表利益集团的利益，沦为党魁来操纵政党，从原来作为抗争对象的公民社会代表置换为资产阶级国家的操盘手，自我批判和监督变得很困难。马克思对资本主义社会本质的认识和批判也是基于此，他把市民社会完全化

---

① 赵可金：《全球公民社会与民族国家》，上海三联书店2008年版，第135—136页。
② 赵可金：《全球公民社会与民族国家》，上海三联书店2008年版，第145页。

约为经济关系和交往关系，交换原则是对市民社会的本质规定，确立了社会中的市场经济系统作为市民社会核心部分的地位。好在是资产阶级的民主革命也启蒙了普通民众的权利意识，市民社会也提供了人们意见自由表达的平台，一定程度上保留了批判和舆论监督的功能。市民社会批判功能衰退的原因之二在于：哈贝马斯称之为"生活世界的殖民化"，代表意见表达的公共舆论空间也被绑架了。伴随着公共领域的衰落，私人在缺少公共舆论表达平台前提下，容易盲目跟风或被利诱交易放弃批判功能，最终导致所谓的公共舆论是被有能力操纵媒体的利益集团包装加工、制造或塑造出来的舆论，与其说是公众通过自由表达形成公共舆论，不如说是精英或利益集团在塑造舆论。因此，"今天的公共舆论已经不再是公众在批判公共权力机关的斗争过程中经过讨论和辩论形成的，而是依赖利益集团的秘密、在政治幕后达成的，公共舆论已经'脱离了早期的批判功能，成为资产阶级赚钱的工具'，而且还成为权势集团角逐政治的重要工具。"[①] 市民社会批判功能衰退的原因之三在于：随着福利国家对社会干预的广度和深度加大，国家走上全能国家、社会被国家化了。资产阶级民族国家在成熟阶段，普遍走上"从摇篮到坟墓"的福利国家体制，政客靠福利来收买和诱惑民众的政治支持，国家为了获得持久的财力，又很容易被利益集团所绑架，资产阶级原来具有的理性批判也就被策略操纵所取代，公共性也越来越被私利性所侵蚀。福利国家本身让人吊诡的地方在于：本来为了保护弱势群体，确保公平正义，然而，在实际的操作过程中，福利国家越来越难以承载财政的压力，而使其所代表的公共性被利益集团的私利性所替代，而且由于国家对社会的控制越来越严重，导致公民社会"从一个立场相对独立、具有批判精神的'自治公域'转变为现代国家的婢女，完全受制于现代国家的意志，几乎完全丧失了公民社会的批判精神"[②]。总之，资产阶级公民社会的内部矛盾已演化为总体性社会合理性与合法性的矛盾，有学者称之为晚期资本主义危机。

---

① 赵可金：《全球公民社会与民族国家》，上海三联书店2008年版，第150页。
② 赵可金：《全球公民社会与民族国家》，上海三联书店2008年版，第149页。

四、国家、社会与市场的三分：社会公共性回归的必要性

国家的最大特点在于其公共性，国家也因为其代表公共利益而获得至高无上的权威地位，在人类社会很长的历史时期，国家大包大揽，把各种权力集于一身，然而，国家能力的有限性与国家权威的无限性之间不能同步，国家权力行使的向恶性和其所代表国家利益的向善性之间的张力也撕裂着国家。这也是为什么近代启蒙运动以来，人们开始重点反思如何监督和规范国家的原因所在，国家只有学会分权，让各种权力主体适得其所，也才能更好地维护和体现国家利益。人们把眼光投向社会，发现社会是反映民意的晴雨表和培养公民的训练场，也是缓解社会矛盾的减压阀和缓冲剂，还是有效监督国家权力滥用的平衡器。国家与社会的二分有助于还原社会的自主性，也使社会被有效组织起来。社会的最大特点是兼具公共性和私人性，公共性的一面导致社会曾经完全等同于国家，而在市民社会的批判功能逐渐减弱之后，好不容易被释放出来的社会又沦落为仅代表个人利益的市场社会，彰显社会的私人性这一面。随着社会中的经济利益主体逐渐壮大起来，按照经济理性（最大化个人收益）和市场原则（等价交换），按照市场逻辑运作起来的私人社会也日益成长起来，为了避免社会被市场主体的完全蚕食，就要求从社会中分离出完全代表私人领域的市场领域，以便把能够按照市场原则运作的事物都交由市场来行使，遵循市场运作的逻辑，最大化地解放出个人的自主性，提高社会资源的高效配置和有效落实。即划清市场与社会的界限，既有利于发挥市场的最大化优势，也有利于制约市场无限地向社会的任何领域蚕食，销蚀社会的公共领地和社会批判功能。资本主义社会公共领域的衰落已经构成社会问题，引起许多社会思想家的警觉和告诫，要求提供社会组织发展与壮大的社会空间，培育公共精神，保留和增强社会的批判功能。这样，就形成国家、社会与市场三分的多中心格局，也有助于发挥各自的优势。因为三者运行的逻辑具有鲜明的不同，国家代表的政治理性具有官方的强制性，其核心是"官本"；社会代表的社会理性具有民间的制约性，其核心是"民本"；市场所代表的经济理性具有个人的利益性，其核心是"资本"，这就要求充分挖掘国家、社会和市场三种机制的各自积极功能，相互汲取，通过把市场机制和社会机制吸纳到国家的治理机制中来，构建综合治理机制。"在这

个过程中，执政党与国家不断实现了组织网络和组织意图的延伸与渗透，各种社会组织和市场组织也承载了较多的国家治理的历史使命，不仅弥补了国家治理资源贫弱的结构性缺陷，而且通过组织渗透和国家意志的传输，不断拓展了转型中国的国家治理空间。"[1] 通过对市场组织、社会组织的重视、培育和挖掘，权力分享、责任共担，弥补仅由政府进行国家治理的不足，构建现代治理机制。杨雪冬也指出："国家治理机制通过与日益壮大的市场机制、新兴的公民社会机制的不断互动，形成一个结构严密、环节众多、相互间能进行'反思性监控'的现代治理形态。"[2] 在市场机制和公民社会日渐成熟的现代社会，国家构建起"反思性监控"的自我平衡机制就显得非常重要。即国家对社会和市场监管的同时，也要加强自身的监管，学会分权与制衡，并给予社会和市场更多的自主空间，社会和市场不是被动的监管对象，而是日益复杂的社会治理的主体，也是国家可以而且应该合作的对象，理顺三者之间的关系，才更有利于社会的成长和市场的培育，更好地发挥社会和市场的功效。国家监管的手段，也要从过去暴力强制的手段走向更多利用法律、财政、金融和信息通讯等手段实施柔性监管，从而不仅能更好地应对人口规模扩大、流动加速和社会群体多元表达的要求，而且顺应了市场化生产结构的复杂化、公民社会的民主化等更高的要求。这基于这样一个共识的达成：现代国家意识到社会管理的实质就是公共治理，它不能仅仅依靠党和政府包揽，还需要企事业单位、社会组织、媒体、民众的合作联动。

---

[1] 唐皇凤：《社会转型与组织化调控：中国社会治安综合治理组织网络研究》，武汉大学出版社2008年版，第342—343页。

[2] 杨雪冬：《风险社会与秩序重建》，社会科学文献出版社2006年版，第64—65页。

第二节　我国国家与社会关系的历史考察

一、传统中国国家与社会的双轨政治

从历史发展的脉络来看，在漫长的封建社会时期，中国的国家与社会的关系保持着一种与自然小农经济相适应的均衡，尽管在这种均衡中，国家保持着对社会的强势姿态，维系着两千多年的封建专制王权，似乎存在着国家可以随时吞噬社会的危险，但国家权力的触角从来没有深入到乡村社会，"王权止于县"，广大的乡村社会更多依靠传统儒家文化的凝聚作用由乡绅和宗法来实施统治，较好地长久维系了乡村社会的自治和自组织体系，保持了民间社会相当大的自主性，从而维持着与国家之间关系的稳定。传统的政治统治正是因为没有无限放大专制王权、在儒法两家思想上拿捏有度、把行政的强制统治与文化的柔性统治结合起来，才较好地维系了王朝政治和乡绅社会两者之间的长治久安。

但是1840年以后，传统中国面对西方资本主义民族国家的冲击，其原有的自然小农社会的优势也就成为劣势。原因在于：其一，由于中国传统民间组织比较松散、多关注家庭或狭小地域范围的事务，导致公共性不足。梁漱溟总结为："中国之失败，就在于其社会散漫、消极、和平、无力。如特指其失败之处，那要不外两点：一是缺乏科学技术；二是缺乏团体组织。"[1]由于缺乏团体组织，而导致"缺乏公共观念，缺乏纪律习惯，缺乏组织能力，缺乏法治精神，一句话总括，缺乏维持团体生活所必需的那些品德"[2]。罗兹曼指出，"中国人有时能在重大问题上成功地动员起来，但国家却从未认真地建立起组织构架，以便持久地积聚资源。组织的延续性是与缓慢演进的（甚至在地方上是繁荣而自由发展的）前现代社会相适应的，但这个社会并非一个

---

[1] 梁漱溟：《乡村建设理论》，上海世纪出版集团2006年版，第46页。
[2] 梁漱溟：《中国文化要义》，见《梁漱溟全集》第3卷，山东人民出版社1990年版，第313页。

动员起来的社会，无法对迅猛的现代变革做出进一步的有力反应，更谈不上能应付现代化势力的挑战了。"① 也即是说，传统相对松散孤立的基于地域和血缘而结成的宗法组织在传统社会是优势，而在现代社会却成为劣势，"孤岛效应"阻隔了社会组织之间的联络与互动。孙中山也认为："中国人为什么是一片散沙呢？由于什么弄成一片散沙呢？就是因为各人的自由太多……没有团体，没有抵抗力，成为一片散沙。因为是一片散沙，所以受到外国帝国主义的侵略，受到列强经济双重的压迫，我们现在便不能抵抗。"② 其二，传统乡绅治理秩序也随着乡绅精英的流失而破碎不堪。"1905 年科举制废除后，作为乡村组织基石的士绅集团急速分化瓦解，科举时代对于收拢农民起过重大社会作用的乡绅向城市不断单向迁移，滞留于乡村的士绅日益沦为'土豪劣绅'，地方精英集团的品质迅速恶化，导致地方社会秩序的溃疡。"③ 也即是说传统"王朝政治"和"乡绅治理"双轨政治中的一轨出现断裂，乡绅治理的激励机制流失，必然带来乡绅社会的恶化，也必然导致整个社会结构的失衡。再加上国外新兴经济要素与政治要素的侵入，以摧枯拉朽之势带来传统中国的总体性危机。一方面，伴随帝国列强的入侵，资本主义生产方式和市场经济全球扩展，不断侵蚀了传统中国自然经济自我发育的生态环境，尽管也出现了资本主义经济萌芽，但"先天不足"、"后天畸形"，难以形成力量强大的资产阶级和市民社会；另一方面，国外政治力量破坏了国家传统制度体系的完整性和独立性，通过"分而治之"使中国沦为列强的殖民地半殖民地，主权沦丧，社会更是千疮百孔、积贫积弱，整个社会的无组织化状态构成传统中国向现代国家转型的重大阻力，使得近代中国缺乏一个对社会进行整合的核心力量来把分散的资源集中起来实现现代化的各项目标。

二、全能型国家动员社会

（一）全能型国家动员社会的必要性。革命战争年代，以毛泽东为首的中国共产党非常善于动员群众、团结一切可以团结的力量，经历 28 年的浴血奋

---

① [美] 吉尔伯特·罗兹曼：《中国的现代化》，江苏人民出版社 1988 年版，第 224 页。
② 孙中山：《三民主义》，见《孙中山选集》，人民出版社 1981 年版，第 721 页。
③ 王先明：《近代乡绅》，天津人民出版社 1997 年版，第 343—346 页。

战，终于建立起新中国。中国共产党的领导、群众路线和最广泛的统一战线构成取得中国革命胜利的宝贵经验，同时"中国革命经过革命高潮时期的阶级斗争与政治斗争，催生了一个更为庞大、更加强有力、更加官僚化的新型政权。负责行政管理的政府与负责决策、协调，以及监督的政党一起形成了一种有区别但密不可分的组织层次体系。"① 建国以后，中国社会面临的两个最急迫的问题是：拯救国家危机和使国家富强起来。自清朝中期以来，国门被西方列强的坚船利炮打开，形成的外部被八国联军瓜分、内部长期军阀混战的民族危亡总体性危机亟待拯救，另一方面，也亟待使新中国跻身世界民族国家之林，改变积贫积弱的国情，加速工业化进程，实现国家的富强。对外独立和对内的高度整合内外因共同作用的结果，促成了新中国成立初期选择全能型国家模式。这也很好理解：对于任何一个新生的国家政权来说，一方面，动员和调动一切社会力量完成国家主权的独立和政局的稳定；另一方面，在较短时期内完成从社会中汲取资源的任务，从而奠定国家赖以生存的经济基础，创造启动现代化的前提条件，这些是国家首要的战略选择。新中国采取了一系列的措施实现了国家的对外独立以及对内的高度整合。诸如在新中国成立之初，为了凝聚广大乡村基层社会，一方面通过设置乡政府、组建村委会和搞人民公社化运动等高度组织化的形式来整合基层社会，另一方面也通过借助国家强制力打击村落黑恶势力和宗法派系斗争，帮助重塑乡村社会权威，"在这个过程中，伴随着官僚科层组织向基层社会渗透的主要是中国共产党组织，并且渗透程度更深入，渗透范围更广泛，同时由执政党主导的人民团体和群众组织也在乡村社会逐渐建立和完善，在社会整合过程中发挥了重要作用。"② 其一，通过共产党严密的组织和巨大的凝聚力，把原来一盘散沙的小农组织起来，实现了对乡村社会的再组织化。其二，对于乡村社会的高度组织化，有助于满足当时国家启动工业化的需要，最大限度地提取了工业化建设所需要的资金以及为国家经济发展蓄留大规模的劳动力，一定程度上

---

① [美]西达·思考切波：《国家与社会革命》，何俊志、王学东译，上海人民出版社 2007 年版，第 314 页。

② 王邦佐等：《执政党与社会整合：中国共产党与新中国社会整合实例分析》，上海人民出版社 2007 年版，第 22 页。

克服了土地私有制和个体农业的制度性后果,通过政社合一的人民公社制度来实现资源的高效整合,"集中一切资源优先发展重工业",满足当时独立自主、自力更生的国家发展战略的需要。尽管国内外建国的经验也证明,一个"能够控制和分配其各种资源的、有效的强政府"和一个主导型的政党对于完成新中国的秩序构建和社会整合具有极其重要的作用,但行政主导过于单一和党政关系过于一体化也积累了不少社会弊病。

(二)全能型国家动员社会的特点。新中国成立初期形成一种国家动员下的总体性社会,这是孙立平等人在研究中国社会结构变迁过程中提出的一种解释模式。他们认为这种社会结构是1949年以来一系列改造过程的结果,这种改造的实质是"抑制分化",即通过大规模的政治运动和各种制度政策来把个人组织起来、动员起来,一种典型的社会结构模式就是城市是单位制和农村是人民公社制,这些单位组织和人民公社"并不是真正的利益主体和资源主体,而是国家分配资源、管理社会的代理人。因此,(社会)成员对组织的依赖只是形式,对国家的依赖才是实质,人们通过组织(单位)高度依赖政府或国家"[1]。国家也通过这种社会结构模式几乎把所有社会成员纳入国家政治生活中,自上而下的行政权力和行政组织直接延伸到各基层单位内部,再通过单位把社会网格化组织起来,有人把单位看作是"第二行政系统",靠党委领导单位,靠单位来办社会,个人与单位也形成一种高度依赖关系,因此,整个社会也被行政隶属关系整合起来。这种国家——社会高度重叠的"同质性"结构主要表现为:第一,国家的政治、意识形态和经济三个中心合一,国家与社会合为一体,权威性资源高度集中,国家有很强的动员能力;第二,社会组织的类型和组织方式单一,均由政府控制,具有一定的行政隶属关系。第三,政府管理体制形成上下对口、左右对齐的一一对应的严密结构,统一服从党委领导,在中央落实在党的政治局上,在地方落实在党的各级委员会上。"由于民主集中制的党的组织原则,党内权力关系一经确定,则地方政府与中央政府因经济、地域利益形成的矛盾,都可以通过党内权力关系的运用

---

[1] 孙立平、王汉生等:《改革以来中国社会结构的变迁》,载《中国社会科学》1994年第2期。

(包括协调、斗争和强制)获得解决。"① 正是执政党这种强大的政治解决能力很好地巩固了自身的统治地位,再通过自上而下的各级党组织的纵横连接,形成覆盖全社会的结构严密的党组织网络,而且"党的组织网络迅速繁殖增生,并在社会各种单位组织确立其核心与领导地位,国家全面控制社会正是以社会被党组织网络化为基础的,国家对社会的全面的高强度控制恰恰是通过而且只有通过执政党的庞大而系统的组织网络才能得以实现"②。

(三)对全能型国家动员社会的反思。在20世纪50年代中后期,政治整合代替社会整合的模式便已基本形成,较长时期以来,中国社会一直处于国家强制力的操控之下,社会一直没有机会实现充分发育,一个相对独立和具有自治能力的社会也难以成长。虽然改革开放以来,社会的生长开始起步,但国家强势与社会弱势的基本格局并没有根本改观,社会的全面复苏直到改革开放深入发展和单位制解体以后才出现。人们对全能型动员社会模式的反思一方面来源于对其治理效果的担忧,尽管在新中国成立初期巩固了新生政权、奠定了国民经济命脉,发挥了集中资源办大事的优势,但随着决策的失误,对社会的控制的加深,僵化的社会结构必然带来把国家治理的药方全部押宝在国家身上的局面。导致一切以政治挂帅和意识形态为主导,社会的潜能被抑制,最后演化成文攻武斗的"文化大革命",给人们带来深重的教训。另一方面值得反思的是,靠意识形态和政治热情维系的政治动员又能够维系多久?尤其在和平建设年代。"尽管在50年代的集体化运动中,农民从土改中得到的土地证尚未捂热又被国家收回,农民有过怀疑、抵制、退社的行为,但由于党在革命岁月中对乡村政治的卓有成效的渗透和经营(基层政权和党组织的建立),加上土地改革后乡村阶级关系(阶级阵营)的重新确定,造成这一变局的共产党在乡村社会文化和农民心理上便拥有了巨大的威信,从而保证了集体化进程的顺利和人民公社'政社合一'制度的确立。"③ 然而,伴随

---

① 陈明明:《党治国家的理由、形态与限度——关于中国现代国家建设的一个讨论》,见陈明明主编:《共和国制度成长的政治基础》,上海人民出版社2009年版,第235页。
② 王邦佐等:《执政党与社会整合:中国共产党与新中国社会整合实例分析》,上海人民出版社2007年版,第23页。
③ 周晓虹:《传统与变迁》,上海三联书店1998年版,第142—182页。

政治世俗化浪潮的冲击，个人合理利益诉求的正当性，不能再以"勒紧裤腰带把原子弹送上天"的革命豪情来要求普通老百姓，党也必须把从革命中积累的威信转变为从国家建设的有效性积累起新的权威。这就要求要在维护个人权益和社会自主的新的时代要求下，回到生活的常态，遵循社会分化的自然规律。因为"动员型社会"不是一个"自组织的社会"。本质上讲，把社会动员起来不是为了控制社会，而是为了管理社会，如何更好地管理社会，必须符合分化的逻辑，在社会分化的基础上再进行集权才是有效治理的保障。而处在全能主义国家时期的中国"既不存在一个以分化和自主为特征的专业化国家组织，也不存在一个以多元和自治为特征的私人领域"[①]。

三、新权威主义

（一）新权威主义的特点。孙立平认为，改革开放以来，这种"总体性社会"逐渐被打破，国家与社会的关系再一次发生了重组。这个过程中国家与社会关系的变迁主要表现在以下几个方面：第一，国家对社会控制范围在缩小；第二，在必须保持控制的领域中，控制的力度在减弱，控制的方式在变化；第三，控制手段的规范化和制度化在加强。也即是说，原来国家高度控制的社会领域出现了一定的"自由流动资源"和"自由活动空间"，国家与社会之间开始出现有限的分化。因此，以新权威主义模式或后全能主义模式来概括改革开放以来的国家与社会成为理论界的热点。新权威主义这种理论模式直接来源于美国新保守主义政治家塞缪尔·亨廷顿的思想。认为后发展中国家从专制政体过渡到民主政体需要一个过渡时期，应先由少数具有现代化意识的理智、坚定的军事或政治强人建立权威政治。这种政治社会模式解决的是后发展型现代化国家在转型过程中经济与社会发展所需要的秩序问题。就中国而言，以强有力的政党和权威建立集权式的政治秩序有其必要性，以便确保政治稳定，推动国内的改革和市场经济的发展，逐步建立起产权清晰、法制健全和市场发育良好的社会主义市场经济体制，通过经济发展的绩效来

---

① 李强：《现代国家制度建构与法律的统一性》，见梁治平：《国家、市场、社会：当代中国的法律与发展》，中国政法大学出版社2006年版，第245—259页。

获得政治合法性，在市场经济得到充分的发展后再发展民主，从而实现政治经济全面转型。可见，"新权威主义"新在已经意识到经济分权的重要性。因此，新权威主义的特征可以概括为在政治上仍集权、经济上适度分权，而社会发育方面还比较延缓。

（二）新权威主义引发的争论。作为对20世纪80年代改革的反思，在经济体制改革遭到困难的情况下，究竟应该通过加速民主化进程来推进政治体制改革，还是应当通过强化政府权威，特别是中央政府权威来加速市场化改革，理论界产生了分歧。新权威主义之争在中国的兴起，更主要的原因是政治学界对中国改革实践所遭遇困境的一种自觉的理论回应。新权威主义的讨论历时3年，从1986年春新权威主义观点的提出到1989年4月新权威主义遭到猛烈的批评。1989年2月6日《世界经济导报》发表了一篇《中国需要新权威主义吗》的文章，对"新权威主义"理论提出了异议。该文作者的结论是：新权威主义虽然把他们的理论说成是什么新理论，其实仍然是主张由圣君贤相进行统治的陈腐论调。也有学者对新权威主义进行了剖析，认为新权威主义是一张不切实际的"救世良方"，其主要失误在于：第一，中国并不存在权威丧失而重建权威的问题，关键倒是怎样科学地使用这些权力（中央政府）；第二，片面地把集权视为法宝，模糊不清地呼唤"强人政治"和"集权政治"，等于把社会政治和经济重新退回改革前的运行轨道，使改革全面退却。缺乏具体分析而照搬别国和地区经验和模式是"新权威主义"的第三个失误[①]。总体看来，对新权威主义担心最多的是：认为中国有两千多年的封建专制传统，在政治和经济一体化状态尚未完全消除的情况下，如果再加强集权，势必回到全能主义政治的老路上去，刚刚推行的经济分权的改革也势必受到影响。

（三）新权威主义在中国的必要性。尤其经历1989年"政治风波"之后，使人们更加意识到一个强大的具有现代化取向的中央权威是完成社会平稳转型的必要条件。对新权威主义的担忧没有搞清楚权威与专制的本质区别，也没

[①] 刘作翔：《民主乎？"集权乎"？——理论界关于"新权威主义"的论争》，载《理论导刊》，1989年第4期。

有看到权威与自由、集权与分权、一元与多元辩证统一的关系。在当今一个权利高涨的时代，人们往往由于对自由的挚爱、对分权的迷恋和对多元化生活的神往，再加上对长期行政强制的抵制，很容易迎合"国家退却"的标语。殊不知，维护权利也是需要代价的，权利与义务是一枚硬币的两面，不可或缺。卢梭就曾深刻论证过自由为什么也需要是"强制的自由"；亨廷顿也有这样的名言：宁可要无自由的秩序，也不要无秩序的自由。当然，无论是对自由设限，还是对秩序保留，都不是重回专制主义老路上去，而是说政治生活离不开权威提供心理认同，离不开秩序提供基本保障。启蒙了个人自由难能可贵，但个人又必须过组织化的秩序生活，并借助共同遵循的基本政治共识和程序正义原则来设定个人权利与义务的边界，这样的自由权利才能真实和长久。因此，新权威主义是对全能主义的超越，它尽管代表的是一种意识形态，但我们不能因为误读而重新回到标签化的意识形态竞争中去，好在20世纪90年代，意识形态的争论有所淡化，搁置不争论的务实态度赢得改革开放的深入推进。由于新权威主义受到质疑，称谓也比较敏感，萧功秦教授从20世纪90年代就开始用"后全能主义"这个核心概念来命名，事实上，它对中国社会做出类似新权威主义的判断，"完成了从高度集权的计划经济——政治集权体制向更加多元化的社会政治模式的转变。这种模式可以称之为中国特色的新权威主义的现代化发展模式"[1]，同时他也指出社会的自主性明显增强，并分析了后全能型政治对于中国经济高速增长的优势[2]，总结出后全能主义体制具有以下特点：首先，存在有限的多元化；其次，坚持社会主义的基本价值体系不动摇，因为这是党的组织整合与凝聚的基础；第三，作为实现现代化的权威力量，后全能体制社会下的执政党继承了全能体制下国家动员社会的能力和进行体制变革的主导力量，以及处理群体性突发事件和危机的能力。而且他认为中国在未来相当长时间也主要以后全能主义体制为导向。

由于新权威主义，国家给社会保留了相对自主的空间，社会有相当的弹性来缓冲矛盾冲突。新权威主义带来的国家与社会的变化也得到了国内外许

---

[1] 萧功秦：《后全能体制与21世纪中国的政治发展》，载《战略与管理》，2000年第6期。
[2] 萧功秦：《中国后全能型的权威政治：发展中的优势与问题》，转引自《中国政治转型问题研究热点述评》，载《浙江社会科学》，2003年第21期。

多著名学者的支持,并加以高度概括。诸如从社会层面看,张静教授提出一个"非同质性内聚"概念,认为"中国的利益组织化结构是跨阶层的。就是说,有共同利益、付诸行动并展开冲突的人群内部,并没有显现非常明确的共性——阶级地位的属性。虽然中国的社会阶级似乎正在形成,但是它所带来的主要是经济社会特征的变化,还不是具有政治社会学意义"[1]。也即是说,中国并不是高度同质化的铁板一块的社会,当今中国社会以阶级来划分人群的界限并不明确,也不牢固,人们不是因为阶级不同而拒斥,而更多是具体的团体利益、单位利益、地方利益等经济利益把不同群体的人们连接起来。尽管社会矛盾冲突日趋频繁,但主要还是人民内部矛盾而不是敌我矛盾。因为人们更多的是经济利益诉求而不是政治利益诉求,由于这种社会组织的结构特点,好处是不容易形成与国家尖锐对抗的政治集团。为了"适应这种社会结构,执政党的角色就变成了在不同的单位利益之间协调和平衡,游离在它们之间,而不是代表其中的一个利益集团。这种跨阶级的协调角色,使得执政党和不同的利益集团都建立了一种特别的关系。这种关系是执政党今天能够保持稳定性,以及扩展它的利益代表性的一个重要原因"[2]。这有助于执政党从全局公共利益上而不是局部集团利益上考虑问题,张静教授的这种观察和推断,非常类似姚洋教授的"中性政府"的论断。也有学者认为"中国政府不是一个作为整体的行为者,而是由许多拥有不同程度自主权的机构所组成的利益集合体,是一种'分立结构'。科层机构在功能上相互分割,存在高度的府际与部际利益冲突,此种现象在改革开放后更加明显。中国的改革不仅使得经济社会发生巨大变迁,国家能力与权力结构亦在'条块分割'下发生重大改变。针对此,李侃如称为'分裂式的权威主义'"[3]。这也与不少学者认为中国弹性社会的包容性和适应性是中国成功经验的要素,弹性社会明

---

[1] 张静:《中国跨阶级的利益组织化结构》,见潘维、玛雅主编:《人民共和国六十年与中国模式》,生活·读书·新知三联书店2010年版,第68页。

[2] 张静:《中国跨阶级的利益组织化结构》,见潘维、玛雅主编:《人民共和国六十年与中国模式》,生活·读书·新知三联书店2010年版,第71页。

[3] 王信贤:《论中国政策过程中的部门关系——以〈反垄断法〉为例》,见杨光斌、寇健文主编:《中国政治变革中的观念与利益》,中国人民大学出版社2011年版,第259—260页。

显区别于苏联的刚性社会,即使在全能主义政治时代,民间社会也并不是完全被压制的。德国学者托马斯·海贝勒也认为"中国并非一种同质的、铁板一块的权威主义政体,而是一种分散的或分权的权威主义体制。不同的政策行动者(中央政府、地方政府、军队、新兴的社会阶层与社会组织、公众舆论等)对政治产出都有不同程度的影响,各种政策与政治行动由不同的行动者共同举鼎。并且中国的政治体是一个多样化的实体,政府与社会相互作用,政府内部在垂直和水平方向上也细分为不同层次与组织,政府是各种组织同社会在不同层次上相互作用,并由内部的紧张和冲突塑造而成的一个整体"①。甚至国内有学者把中国国家与社会关系的特性概括为"裂变型国家形态",即"一方面,国家似有凌驾于社会之上的能力;另一方面,它所要治理的社会却时常因各种原因,而长期处于非洲部落世系群式的裂变型自我治理的状态之中,从而也致使国家不得已参照社会的裂变性来制定其治理方式,使自身不断摇摆于强制式的绝对主义统治与疏离式的超地方统治模式之间"②。从这些不同视角来展示的中国国家与社会的关系都有一个共同点:统而不僵,给予社会放权松绑,寻求权威与自由之间的动态平衡,打组合拳,寻求复合治理。在一个社会大转型时期,保留社会相对弹性,对于正式制度规范的变通可能不那么符合法制精神,但也缓解了强制推行带来的阻力,也可能为制度变迁提供新的可能。这也即是说,一旦政策允许,政府对社会的管制松动,中国的民间社会各种组织会像雨后春笋一样蓬勃生长,在超大规模的转型中国扮演着越来越重要的作用。这种干中学的实践精神也构成中国经验的重要组成部分。

四、21世纪以来和谐社会的建设:把国家嵌入社会之中

进入21世纪以来,不断拓展国家建设的内涵,通过社会建设的目标设定和贯彻落实来实现国家的功能转变,社会长期被忽视的地位正在得到改观,

---

① [德]托马斯·海贝勒:《关于中国模式若干问题的研究》,载《当代世界与社会主义》,2005年第5期。

② 王铭铭为赵旭东写的序言,赵旭东:《权力与公正——乡土社会的纠纷解决与权威多元》,天津古籍出版社2003年版,序言第7页。

社会的自主性和功能也得到越来越大的发挥。如果说毛泽东时代国家建设突出表现在意识形态的政治建设，邓小平时代把国家建设的内涵寓于经济建设之中，那么进入21世纪以来，国家建设的外在表现形式为社会建设。从提出政治文明建设、到社会文明建设再到生态文明建设，国家与社会的互促互构关系成为典型特征。国家建设也由唯GDP至上到目标更加综合多元，从把蛋糕做大阶段走向更加公正合理的分配蛋糕的阶段，把工作的重心逐渐调整到解决发展所引发的问题上来，促进社会的和谐稳定和持久繁荣。因此，把国家建设的目标镶嵌到社会建设中去，从而使国家建设更接地气，国家也变得更加可爱，国家发展的命运也与人们的日常生活更加密切相关，不再是一种高高在上的外在强制性的力量，而更多的是需要靠提供优质的公共服务以及靠讲理说服的方式赢得民众对国家的认同和支持，这也要求国家学会运用更加柔性、更加多元的政策工具来治理社会。

2004年9月16—19日，中国共产党十六届四中全会首次提出了构建社会主义和谐社会的历史任务，明确指出，形成全国人民各尽所能、各得其所而又和谐相处的社会，是巩固中共共产党执政的社会基础、实现中国共产党执政的历史任务的必然要求。这源于21世纪以来中国的群体性社会事件井喷，高速经济发展积累的社会弊病积压，而社会的功能和自主性又比较弱，作为社会矛盾晴雨表、缓冲剂、减压阀的社会组织就难以有效发挥作用，倒逼政府推动和谐社会建设，健全社会的发展壮大。

2006年10月，中国共产党十六届六中全会专门做出《关于构建社会主义和谐社会若干重大问题的决议》。《决议》明确了社会主义和谐社会的性质及其定位、构建社会主义和谐社会的指导思想、奋斗目标和主要任务以及必须遵循的正确原则。《决议》着重从五个方面对构建社会主义和谐社会做出了工作部署：一是坚持协调发展，加强社会主义事业建设；二是加强制度建设，保障社会公平正义；三是建设和谐文化，巩固社会和谐的思想道德基础；四是完善社会管理，保持社会安定有序；五是激发社会活力，增进社会团结和睦。

2007年10月胡锦涛在党的十七大报告中指出："要健全党委领导、政府负责、社会协同、公民参与的社会管理格局，健全基层社会管理体制。最大限度激发社会创造活力,最大限度增加和谐因素,最大限度减少不和谐因素,妥善处理人民内部矛盾,完善信访制度,健全党和政府主导的维护群众权益机制。重视社会组织建设和管理。"发挥党委、政府、社会和公民多元主体各自优势,并形成互补和协同治理的社会格局,尤其是社会组织和公民个体参与自治的积极性得到极大调动和发挥,社会的活力也得到很好地激发。

到 2020 年,构建社会主义和谐社会的目标和主要任务是:社会主义民主法制更加完善,依法治国基本方略得到全面落实,人民的权益得到切实尊重和保障;城乡、区域发展差距扩大的趋势逐步扭转,合理有序的收入分配格局基本形成,家庭财产普遍增加,人民过上更加富足的生活;社会就业比较充分,覆盖城乡居民的社会保障体系基本建立;基本公共服务体系更加完备,政府管理和服务水平有较大提高;全民族的思想道德素质、科学文化素质和健康素质明显提高,良好道德风尚、和谐人际关系进一步形成;全社会创造活力显著增强,创新型国家基本建成;社会管理体系更加完善,社会秩序良好;自愿利用效率显著提高,生态环境明显好转;实现全面建设惠及十几亿人口的更高水平的小康社会的目标,努力形成全体人民各尽所能、各得其所而又和谐相处的局面。

第三节 客观描述:社会转型给中国国家治理带来的风险与困境

通过第二节对我国国家与社会的关系的历史考察,我们理出一条清晰的线索:传统帝国时期,王朝政治与宗法社会相互支撑。随着帝国向现代国家的转型,传统社会受到冲击而瓦解,在毛泽东时代,通过国家动员社会,把社会组织起来,社会国家化是其鲜明特征。邓小平时代,社会从国家中适度分离出来,进入新权威主义时代。进入 21 世纪以来,社会建设变得突出,国家建设的目标融入和谐社会的构建中来,让社会更好地自主生长,共筑生态文明的美好家园。可见,国家权力源自于社会的赋权,国家建设最终目的也应该回归到美好社会的构建上来,正是沿着这种正反合螺旋上升的规律推进我国国家与社会关系的演进。我们视线投向社会这个大方向没有错，但是在"千年未有的大转折"的社会变革时期，必然存在诸多不确定性风险和危机，如果不能正视社会转型危机，必然引发国家治理的危机。徐湘林教授认为"转型危机主要是指经济和社会层面的，包括两个基本特征：（1）经济和社会关系发生重大结构性变迁从而产生了大量的经济和社会的矛盾和冲突；（2）这些矛盾和冲突不能在经济领域和社会领域自我矫正，需要国家通过各种治理手段进行干预"①，表现为"历时性问题现时性处理"的难题，传统、现代甚至后现代问题交织并存。也有人总结为"现代化痛楚"、"发展性危机"和全球化时代"风险社会"的到来等等说法。导致多元价值竞争、礼乐崩乏和精神家园的失落；利益分配不公、群体性事件频发、社会动荡和失序，等等，即国家治理危机。徐湘林教授也把它定义为"作为治理者的政府（国家）在特定时期无法有效地对社会矛盾和冲突进行控制和管理，进而严重地影响到政府统治能力的一种状态。国家治理危机也包括了两个基本特征：（1）其危机不是指由某些重大事件引发的政治紧急状况和不稳定现象，而是指国家治理所出现的体制性困境，即多方面的和大范围的国家治理职能的衰退和弱化；（2）国家治理体制存在着不可克服的严重缺陷，而且体制僵化自身无法进行有效的调整"②。国家治理危机就表现为治理的主体的决策权威和国家能力出现体制性衰退和系统性危机，治理的功能部分失效甚至整体僵化，使治理的主体不得不主动或被动地进行治理体制的变革，以实现治理功能的转型，从而挽救和维护国家治理的权威，巩固国家治理的合法性基础，提高治理的绩效，寻找新的国家治理模式，走出治理的危机。如果国家治理出现体制性危机，那后果就非常严重，如果能够尽早发现和解决危机，把危机纳入制度化渠道中进行体制内消解就并不可怕。目前，我国转型社会的危机具体表现如下：

---

① 徐湘林：《转型危机与国家治理：中国的经验》，载《经济社会体制比较》，2010年第5期。
② 徐湘林：《转型危机与国家治理：中国的经验》，载《经济社会体制比较》，2010年第5期。

一、危机频发与制度滞后

　　社会转型以启蒙公民权利为核心,公民权利又很大程度体现为合理利益诉求的满足,这尽管激发了人们的主动性和社会的活力,但对于合理利益的主张也引发利益诉求的多元化。按照亨廷顿等人的理论,"在缺乏组织资源和制度资源的社会里,权利的复苏与欲求的满足之间的巨大落差是革命的诱因"①。这也是后发展国家充满秩序混乱的重要原因。因为客观上多元利益达成一致的满足不管是在实体上还是在程序上都是难以实现的,更何况,社会强势的权贵阶层更有途径优先满足本阶层和集团的利益,合理利益被忽视、甚至被公开剥夺,贫富二元分化加剧,贫者愈贫、富者愈富的"马太效应"导致社会分化结构化,社会特权阶层、利益集团的出现。一方面是大量的下岗工人和农民工的惨淡的生活境遇,另一方面是权力新贵和财富新贵们奢侈糜乱的互相攀比。还有财富资本与权力资本的结合,权钱勾结,"地方政府公司化"倾向严重,公共权力的公共性与权力行使的私有化之间的矛盾加剧,再加上行使权力的暴力机关(执法部门、警察)的权力滥用和暴力执法,导致社会"仇富"、"仇官"、"仇警"的群体性事件频繁爆发。"根据有关部门的统计,从1993年到2009年,全国的社会群体性突发事件从每年的8709宗增加近9万宗,涉及人数也从70万增加到300多万人。"②尤其21世纪以来,"泄愤性群体性事件"明显要比"满足直接利益诉求的群体性事件"增多,社会影响的波及面也更广,诸如安徽"池州事件"、四川"大竹事件"、湖北"石首事件"和贵州"瓮安事件"等均属于"泄愤性群体性事件"。这些"参与者与事件的直接诱因或导火索并无利害关系,甚至与当事人素不相识,属于无利益相关方。他们参与实施群体性事件,从表面上看是对处于弱势地位当事人的同情、对政府或警方处置方式的不满,但从深层次分析却源自对当地施政偏差所造成的问题和矛盾,以及社会分配不公、官员腐败堕落、环境污染

---

　　① [美]塞缪尔·亨廷顿:《变动社会的政治秩序》,张岱云等译,上海译文出版社1989年版,第58—64页。

　　② 于建嵘:《抗争性政治:中国政治社会学基本问题》,人民出版社2010年版,第36页。

加重等现象的不满"①。"直接利益诉求性群体性事件"通过加大维稳经费的投入，对利益受损方进行补偿，相对来说还容易解决。而对于越来越多的"泄愤性群体性事件"由于目标不明确，或者说它是对根本性的社会体制的不满，解决起来更困难。而且通过直接经济利益补偿的"矫正性正义"并不能根本上解决群体性事件，这必然诉求到对制度建设的重视上来。然而，中国近三十多年危机驱动型的政治体制改革具有明显的滞后性。尽管上至作为社会主义建设的总设计师的邓小平，下至基层地方政府越来越重视制度建设在转型社会治理中的作用，然而，制度的不健全和立法的短缺是各行各业人们的普遍共识。另一方面，即使有法律制度存在，但"有法不依"、"执法不严"现象普遍，权大于法，法治观念淡薄，人治传统依然严重。具体表现在制度执行层面的政策变通普遍，即使是好的制度，由于在执行环节的歪曲而得不到很好地贯彻落实，使制度流于形式。制度滞后、有令不行或制度变通执行，导致的严重后果是人们对制度的信任危机，期望把危机纳入制度化渠道中解决的难度就会加剧。

二、权威治理与分权自治的央地博弈

央地关系此消彼长的博弈关系是个历史的老问题，也是一个永恒的关于权力授予与行使的政治问题。因为高度计划的经济体制打造的全能型政府由于理性计划能力的不及，不利于调动和激发多样性的地方活力而成为不得不改革的突破口。中央只有对地方"分权"和"松绑"式改革才有助于极大地发挥地方的积极性，有学者论证，实际上，中国央地关系上选择"政治上单一制、经济上联邦制"②的复合制，有效地发挥了中央和地方两个积极性。然而，如何确保中央和地方都能实现积极性在现实中的确难以做到，中央与地方的动态平衡机制也更多的是作为一种理想状态被期待，仅从改革开放以来的央地关系的博弈就能得到很好的证明。20世纪80年代末"财政包干和分灶吃饭"的改革带来地方"诸侯经济"和尾大不掉的局面，中央权威下降，中

---

① 王赐江：《群体性事件的类型化及发展趋向》，载《长江论坛》，2010年第4期。
② 杨光斌：《中国经济转型时期的中央——地方关系新论：理论、现实与政策》，载《学海》，2007年第1期。

央政府成为"悬崖边的政府"①。通过 20 世纪 90 年代开始的分税制改革，中央财政吸取能力逐渐增强，中央对资源权威性再分配能力得以实现，中央权威也得到加强，然而，地方政府的积极性受到严重影响。这是因为：首先，在激励机制上出现激励乏力的困境。分税制"1:0.3"的中央对地方的税收返还激励机制在实际的操作中并不利于激励地方政府上缴更多的税收。②因而，地方政府宁肯放缓地方经济增长的步伐，降低锐意改革的势头，选择按部就班，不愿做"枪打的出头鸟"。其次，分税制的制度设计出现漏洞。表现在中央财政转移拨付制度上。一方面是"分蛋糕"的困难，助长了不少贫困地区地方政府"等靠要"的现象，行成高度依赖中央财政的局面，这也出现争戴"贫困县"帽子的怪现象，助长了地方政府把很大精力放眼于争夺项目的拨付上，而忽视地方经济的增长和地方事务的治理，导致地方呆账、坏账严重。另一方面财政转移拨付的项目审批制度也导致"跑部钱进"的部门腐败现象严重，因为"项目发包"逐渐演变成"设租寻租"，上级项目审批部门难以避免在批复中的主观性，下级项目申请部门则会千方百计地利用审批过程做文章，各种社会关系和各种手段被挖空心思地开发利用，"跑部钱进"的俗语就是其生动的写照。再次，被扭曲的制度使地方政府疯狂寻求体制外收益。中央政府财权上收，事权事责下放，从上到下层层施压的"一票否决制"，诸如"环境治理的一票否决"、"社会维稳的一票否决"及要求地方政府提供更多的优质公共服务等等，这些都使得在体制内难以获得财政支持的地方政府只能靠寻找体制外的资源，诸如地方政府通过卖地获得财政收入，成为房价居高不下的罪魁祸首之一；也使地方政府公司化倾向严重，"掠夺型地方政府"和"勾结型地方政府"比较普遍，导致越到基层，老百姓对地方政府的评价越低，带来严重的政府信任危机。

央地此消彼长博弈关系的根源在于："从权威体制的角度，中央政府权威

---

① 渠敬东、周飞舟、应星：《从总体支配到技术治理——基于中国 30 年改革经验的社会学分析》，载《中国社会科学》，2009 年第 6 期。

② "1：0.3 的增值税增量返还设计方案被地方政府看作是中央政府的'阴谋'。因为按照这个方案，增值税在增量逐步变大之后，税收返还的增长越来越慢"。转引自刘克崮、贾康主编：《中国财税改革三十年亲历与回顾》，经济科学出版社 2008 年版。

需要以严密有效的组织制度和观念制度维护之，体现在权力、资源的向上集中，并通过中央政府政策指令在日常工作中的贯彻落实而延续和强化之。但从组织有效治理的逻辑来说，权力、资源和治理能力应该放在有效信息的层次上，即加强基层政府的能力，而这一思路与权威体制的基本原则相悖，产生了紧张和冲突。而这一矛盾冲突正随着中国社会的多元发展而日益明朗化、尖锐化"[①]。

三、民主化与市场化的共振危机

民主是个好东西，但是"不良的民主"带来的社会危害表明人们也要为所选择的民主付出惨重的代价。其一，对民主价值的扭曲，带来自然的社会分化，使社会过度"碎片化"。民主所倡导的自主、自由、平等价值，极大地提升了人作为主体而存在的价值。然而，由于民主在传播过程中的"歪曲和煽动"以及人们对民主的认识误区，自主与自私、自由与放任、平等与平均总是出现很大的混淆，把自主当作一切以自我为中心、放任无节制地任意侵犯别人的自由、抹杀人是差异性存在的本质而去追求绝对的平等，这些对民主价值面目全非的曲解使民主沦为追求个人自私自利欲望满足的工具和幌子。如果这样，民主释放出来的自主的社会空间，不仅难以培养出自主的公民和自发的秩序，反而刺激欲望的膨胀、加剧社会的矛盾、激化社会冲突，这是对民主价值的曲解带来自然的社会分化。其二，政客利用民主这张"政治牌"所带来的人为的社会分化，使政局动荡，浑水摸鱼，赚足好处。在转型国家，政党林立，甚至在一夜之间就冒出成百上千、形形色色的政党，民主成为几大权力精英玩耍的权力游戏，权力被精英阶层所操纵使得民主进程陷于困局，不同的权力精英通过各种手段欺骗民意、操纵民意、型塑民意，代表全体利益的民主政治沦为局部利益代表的精英政治。由于民主化是政治权力资源的重新分配，各种政治派别常常利用国家机构和公共资源来寻求政党的特殊利益，由此展开激烈的权力斗争，造成国家政权的频繁更替以及政策的不连贯

[①] 周雪光：《权威体制与有效治理：当代中国国家治理的制度逻辑》，载《开放时代》，2011年第10期。

性，严重的甚至引发内战、叛乱、割据、种族屠杀等——这些对经济增长和民主发展的负面作用不容忽视。

市场化带来的社会分化主要是财富差距的巨大差异引起的，市场化一方面激发社会活力、使资源要素达到最佳配置，另一方面，也刺激人们的各种欲望，繁华背后的浮华。其一，唯利是图的市场秩序使人们对市场充满了担忧恐惧。尽管市场带来一个物质极大丰富的时代，但是同时也带来一个充满着恐惧和担忧的时代。一个金钱社会和消费社会的成长使得人们为了利益的索取可能会不择手段，恶性竞争，恶性循环，使得人际关系恶化，市场的唯金钱至上，尔虞我诈无情地挑战着人们的道德底线，假冒伪劣、有毒有害食品四处蔓延，危及人们的生命健康权益，没有法治的市场暴露其弱肉强食的"动物丛林法则"。市场化在积累财富、改善人们生活的同时，也在自掘坟墓，耗尽资源，森林、草原、湖泊和珍稀动植物都因为市场的过度蚕食而导致巨大破坏甚至枯竭，环境的严重污染甚至难以再复，导致人与自然紧张，这些就使得人们赖以生存的精神家园和物质家园都面临着沦落。这种狭隘利益引发的社会分化和弊病丛生是自启蒙运动以来世界范围内普遍存在的生存危机和主体性危机。其二，冷酷无情的市场催生权富新贵，加剧贫富分化，并导致结构性的社会不公。资本的拥有者总有能力滚雪球式使财富呈几何倍数增长，催生的利益集团使市场形成垄断，财富又绑架权力，巩固和扩张资本积累，从而也使社会贫富差距成为结构性的社会矛盾难以撼动。

无论是民主化带来的社会分化，还是市场化带来的社会分化，都可能导致社会的急剧变动。然而，绝大多数的发展中国家都面临着"历时性问题共时性解决的难题"，民主化与市场化同时进行，社会急剧的变革带来的双重振荡使得在政治上还不成熟的政府难以控制，出现大的社会失序，经济上难以出现持久的繁荣，民主政治也出现回流甚至倒退，沦为军人专政的政体。

四、运动治理与法理治理的抉择

运动治理即自上而下的按照政治动员方式来制定或更换政策、动员资源、推广实施政策意图，因此有着随意性、非常规性的特点。在新中国成立前三十年非常流行，诸如"三反五反运动"、"反右运动"、"四清运动"、知识青年"上山下乡运动"、"批林批孔运动"等等,在"法律虚无主义"的时代,运动治理成为主导。改革开放以来,尽管逐渐从运动治理走向法理治理,但由于运动治理短频快的特点,也为了突出某一时期工作侧重点,取得治理的绩效,仍时常被中央政府以政策替代制度的方式所采用。诸如中国对犯罪治理的"疾风暴雨式"严打政策、举国体制的"计划生育"政策、"全民奥运"的体育狂热以及运动式的高校扩招政策等,从整顿金融市场混乱,整治市容市貌,整治单位小金库,到安全生产等各个领域也普遍存在。我们在反思这些政策的共同点时发现:这反映出政策决策者思维中的惯性,以为借助中央的权威,倾全国之力没有办不成的事情,然而,短期的成效由于政策的反弹而收效甚微,甚至愈演愈烈。"短暂的高度政治动员可以有效于一时,但代价极大,难以为继。在中央政府高压政策下,地方官员噤若寒蝉、手脚束缚,难以因地制宜地解决当地问题,权威体制与有效治理的矛盾随之积累延续。久而久之,这些矛盾紧张逐渐明朗,危机四起。"①这是因为运动治理为了追求治理的效率,选择严惩高压和"一刀切"的模式,使纷繁复杂的社会问题简单化处理,难以满足不同群体的利益诉求,既可能导致资源和金钱的巨大浪费,也常常被西方抨击为践踏人权,更坏的结果有可能是政策的执行者为了追求政绩工程,而制造虚假事实,掩盖社会矛盾,使社会问题根本没有得到解决,反而"数字出官员"而使个人得以晋升,成为满足个人欲望的工具。鉴于过去政治运动,尤其是"文革"造成的社会秩序混乱以及政治运动给社会发展带来的巨大代价,邓小平反复强调不搞过去那种大规模的群众运动。如 1981 年 3 月邓小平在《关于反对错误思想倾向问题》中指出:"纠正'左'的倾向和右的倾向,都不能随意上'纲',不要人人过关,不要搞运动"②。1981 年 7 月,在《关于思想战线上的问题的谈话》中指出:"对待当前出现的问题,要接受过去的教训,不能搞运动……批评的方法要讲究,分寸要适当,不要搞围攻,搞运动。"③

---

① 周雪光:《权威体制与有效治理:当代中国国家治理的制度逻辑》,载《开放时代》,2011 年第 10 期。
② 《邓小平文选》第二卷,人民出版社 1994 年版,第 381 页。
③ 《邓小平文选》第二卷,人民出版社 1994 年版,第 390 页。

"运动型治理的权威基础与法制、科层制的理性权威迥然不同。运动型机制的纠偏、修补能力，其前提是魅力型权威的存在和不断强化，即权威体制的权威可以中途修改游戏规则，自上而下的部署安排有着任意性而不被质疑。而这就要求中央政府持有强制实施的权力。国家要保持'纠偏'的能力和任意性，不但需要组织上的政治动员能力，而且需要为这种自上而下的干预提供观念基础。上级检查、严打查处、贯彻学习等运动形式恰恰在不断强化魅力型权威，削弱理性权威的基础"[1]。而法理治理则要求遵循把社会矛盾冲突纳入法律制度的渠道中来解决，尊崇法律权威，以法律理性来规约人们的恣意妄为或想当然的臆断。但由于法理治理需要逐渐健全法制，尊崇制度权威的心路历程也需要长期培养，而决策者在"摆平就是水平"的评价体系激励下，一次又一次回落到运动治理的老套路中去，期望"快刀斩乱麻"，忽视法律程序，政策高于法律的现象甚至被称为社会管理创新，诸如重庆的"社会治安的综合治理"模式。尽管运动治理还可能会延续或回流，但法治国建设进程势不可挡，源于几次里程碑式的重大推动，诸如十五大"依法治国"写入党的报告，明确提出依法治国的基本方略，将过去"建设社会主义法制国家"的提法，改变为"建设社会主义法治国家"，着重强调了"法治"的价值，并于1999年将"依法治国"写入宪法，普法和践行法律的实践日益使法治观念渗入民众的心田，法治国的建设大踏步前行。2002年新中国成立以来最大一次修宪，大大提升宪法的权威和人们的规则意识，人们不再"谈法色变"，而是越来越学会运用法律武器来维护自己的合法权益，各种法律得到健全完善和及时颁布制定，到2010年形成有中国特色的社会主义法律体系。习近平总书记在党的十八大提出，法治是治国理政的基本方式，要加快建设社会主义法治国家，全面推进依法治国；到2020年，依法治国基本方略全面落实，法治政府基本建成，司法公信力不断提高，人权得到切实尊重和保障。接着在党的十八届三中全会首次在党内文件提出"国家治理体系与治理能力现代化"，遵循现代化逻辑的国家治理理念得以深化，突出制度文明是国家治理现

---

[1] 周雪光：《权威体制与有效治理：当代中国国家治理的制度逻辑》，载《开放时代》，2011年第10期。

代化的关键所在,强调建设法治中国,必须坚持依法治国、依法执政、依法行政共同推进,并且坚持法治国家、法治政府、法治社会同步建设,这次全会提出的改革任务就是到2020年形成系统完备、科学规范、运行有效的制度体系,使各方面的制度更加成熟更加定型。党的十八届四中全会做出《中共中央关于全面推进依法治国若干重大问题的决定》,"对全面推进依法治国作出了全面部署,一是提出坚持和拓展中国特色社会主义法治道路;二是提出全面推进依法治国的总目标和工作部署;三是提出推进依法治国的重点任务是着力推进科学立法、严格执法、公正司法、全民守法,加强法治队伍建设,推进法治领域的改革等"①。从总书记在这几个党的重要文件中一再重申法治国建设的重要性,并对其做出精心部署,可见中央的决心和魄力,依靠法治来治党、治国、治社会,规范权力的运行,揭示了未来中国政治发展的基本走向,从运动治理走向法理治理是必然选择。

第四节 社会自主与国家整合:国家与社会互促关系的探索

一、对于转型社会的国家治理的类型总结及启示

社会转型就是从传统向现代的转型,亨廷顿通过对转型国家现代化的比较研究得出一个著名的论断:"现代性孕育着稳定,而现代化过程却滋生着动乱"②。

(一)对国外转型与治理的经验总结。世界范围的转型国家比较集中在如下三种类型:一类是对俄罗斯和波兰的"休克疗法"的总结,二类是对东亚、东南亚及印度的总结,三类是对拉丁美洲的总结。

(1)杨光斌教授认为俄罗斯的政治转型走过了三个阶段:戈尔巴乔夫时代的"失败国家",叶利钦时代的"勾结型国家",到普京时代才走上"自主

---

① 郝铁川:《党历史上四次法治建设重要会议》,载《法制日报》,2014年11月26日,第7版。
② [美]塞缪尔·P.亨廷顿:《变化社会中的政治秩序》,王冠华等译,生活·读书·新知三联书店1989年版,第38页。

性国家",逐渐走向国家复兴①。休克疗法最大的问题是市场私有化与民主化的双重共振带来社会危机频发甚至倒退。

（2）对于东亚及东南亚的转型有不少的学者总结为：整体上是机遇与挑战并存，经济繁荣优先于政治转型，权威政体推动经济的巨大腾飞，深受儒家思想影响、国家倡导的亚洲价值观明显区别于西方自由民主价值，集体价值优先于个人价值。当然，依然存在儒家、佛教、伊斯兰教和基督教四种文明的冲突，也使这个地区摩擦和冲突不断。南亚的印度深受英国政治制度影响，较早通过民主实现权力的和平交接，尽管被西方媒体广泛赞誉其实现政治成功转型，最好地实现与西方自由民主政治的对接，然而，复杂的宗教冲突、种姓冲突和多民族多语言的冲突导致这只南亚"孔雀"迟迟难以绽放其魅力。

（3）拉丁美洲的转型由于过于依赖美国的援助，照搬美国和欧洲的自由民主政体，尽管也曾辉煌过，但为别人作嫁衣裳，政体更替频繁，军人政治、独裁政治反复，依附性的增长模式难以取得国家的自主。近年来，逐渐摆脱依附和强调自主的拉美大国才慢慢从"拉美危机"中恢复过来。

（二）对国内转型与治理的文献综述。对于中国社会转型的国家治理有抨击派、赞美派和客观派三类观点。代表性的观点：抨击派以"制度崩溃论"来立论，认为中国制度建设滞后和匮乏，自由民主政治迟迟难以确立，必将导致中国未来走向溃败。然而，新中国辉煌成就的事实有力地回击了这派"制度决定论"的观点，笔者认为，强调制度的重要性固然没有错，但也只有构建适合历史传承和国情的制度才能真正显示其效力，而不是"自由民主制度的终结"。赞美派的观点是那些极力推销"中国模式"②的学者所总结的，

---

① 杨光斌、郑伟铭：《国家形态与国家治理——苏联—俄罗斯转型经验研究》，载《中国社会科学》，2007年第4期。

② 潘维认为，中国道路成功挑战了西方经济学知识里的"市场与计划两分"，西方政治学知识里的"民主与专制两分"，西方社会学知识里的"国家与社会两分"。他认为西方强调"分"，而中国强调"和"，基于"百姓福祉"不可分割的整体性，官民一体的"人民性"是中国模式最突出的特点，中国模式亦可称为"人民民主"，总结中国模式促进"中国话语系统"的形成，以及"中国学派"的崛起。转引自潘维主编：《中国模式：解读人民共和国的60年》，中央编译出版社2009年版，第6页。

诸如"国家引导的经济增长模式"、"北京共识"和"中性政府"等等主张。客观派的观点：北大徐湘林教授认为渐进性改革有效调试了危机与国家治理的矛盾[①]；周雪光教授客观分析了中国权威政治与有效治理之间的问题、路径及衍生的问题[②]。当然，也有不少学者认为宣称中国模式已成立还为时尚早，目前中国是成就与困难并重，机遇与挑战伴生，中国的发展仍在路上，还有很多的不确定性。

（三）问题聚焦。一个国家要迎接国内外情势的变更推进现代国家的成长，转型社会所引发的问题以及对国家治理的研判必然构成一个永恒的政治问题。既要充分重视，也不要过于担忧，积极寻求适合本国的治理路径才是恰当的心态。本质上，社会转型与国家治理面临的共同的难题就是：一方面表现为国家通过权威性治理实现对社会矛盾的整合，另一方面又必须选择民主化的道路来分而治之并取得国家治理的合法性，这二者之间必然存在内在的张力。简言之，一个选择民主和利用民主的现代国家如何完成自主性构建并强有力地贯彻其自主性政策成为我们思考问题的关键点。

二、新型国家治理模式的探索

关于国家与社会的"边界"问题，"大体遵循三个标准，其一是国家与社会的分离（分立）程度；其二是公众对政府决策的影响程度；其三是宪法和法律对政府构权、行权和更迭的约束程度，其中最重要的是第一个标准，后两个标准都是由此派生而出。如果国家与社会高度重合，国家对社会实行全面的控制，反过来说即不存在任何次级体系的自治性，这种政体即所谓的'全能政体'；如果国家与社会有适度的分离和分立，国家除了特定的政治领域不和其他社会力量分享以外，给社会留出一定的空间，使之呈现出'有限多元'和'优先参与'的特点，这种政体可归入'威权政体'；'民主政体'则表现为国家与社会的二元分立、社会的高度自治、经济政治领域的高度竞

[①] 徐湘林：《转型危机与国家治理：中国的经验》，载《经济社会体制比较》，2010年第5期。

[②] 周雪光：《权威体制与有效治理：当代中国国家治理的制度逻辑》，载《开放时代》，2011年第10期。

争以及各竞争主体权利及行为的规范和保护。"① 从全能政体过渡到威权政体再过渡到民主政体，国家的控制在趋弱，而社会的自治在增强，而在转型时期国家权力和社会权利的边界划分比较模糊，又是难以界分的。一种观点认为，国家权力的界线一般是不大清楚的，虽然宪法可以做出界定，但其伸缩性很大，而且具有扩张的性质和特征。不仅如此，国家权力的扩张总是依靠侵蚀个人权利而实现的。作为社会权利的一种表现，个人权利虽然具有基础和本源的意义，但它的先天的脆弱性使它既无力也无法保护自己，因而最易受到来自外界的侵害。它既需要国家权力的保护，又最害怕国家权力的侵害。那么，如何才能规避国家权力对于社会（个人）权利的侵害呢？当然，在中国国家单独控制全部社会资源一统局面已经无可挽回地改变了。在那些国家已经退出或者不再能够实施有效控制的地方，一些新的社会组织迅速地生长起来，建构一个公共空间的意义和可能性也日益突出。随着市场的发育成长，纯粹私人领域问题按照市场资源交换原则进行自治。这样，逐渐形成国家、社会和市场相对清晰的权限划分。当然，中国所迫切需要的是一个自主的和健全的社会，一个与国家形成适度平衡和建设性互动关系的社会，而不是一个取消国家的社会或者病态的社会。通过下文总结出来的新中国成立以来国家治理模式的变迁，新型的治理模式应逐渐落实到"现代意义上的国家治理"上来，基于制度的组织化调控是其显著特征，也是理顺国家与社会关系的关键。

三种基本治理模式辨析②

治理模式 基本内容	传统计划时代的国家治理	改革开放时期的运动式治理	现代意义上的国家治理
治理中介	权威	权威+制度	制度+权威
治理方式	人治	人治+法治	法治
治理手段	权威命令渗透意识形态，动员各种政治运动	组织化调控为主，制度化调控初现	制度化调控为主，组织化调控为辅

---

① 陈明明：《党治国家的理由、形态与限度——关于中国现代国家建设的一个讨论》，见陈明明主编：《共和国制度成长的政治基础》，上海人民出版社2009年版，第203页。

② 杨志军：《当代中国政府"运动式"治理模式的解释与反思》，见黄卫平、汪永成主编：《当代中国政治研究报告》第10辑，社会科学文献出版社2013年版，第238页。

三、构架国家与社会的良性互动关系：中国的理论与实践

国家与社会良性互动的理想状态是：基于制度的组织化调控，保证权利的输入和权力的输出都在制度化的渠道中进行。即一方面，经过组织整合的成熟的社会权利意志向国家权力系统进行输送时，只有通过一个建构完善的制度通道才能保证输送的稳定、高效、便捷；另一方面，国家权力的输出和对社会的治理只有基于社会的公共利益，纳入受约束的制度化渠道中才能使国家保持着较高的合法性认同。理顺国家与社会的关系，中国尝试了多条路径，到目前为止，依然在探索之中。

（一）中国从市民社会的讨论到公民社会构建。20世纪90年代中期，中国学术界掀起了一场关于中国市民社会问题的讨论，提出了建构中国市民社会的构想。既是对全能主义国家观的反思，也是对新权威主义争论的回应，着重提出了国家与社会的分离问题，主张国家与社会关系的良性互动，反对国家本位，超越了新权威主义的争论。诸如以中国市民社会研究而著名的邓正来教授认为，"在现代化基本问题的认定上必须用'国家与社会的二元观'替代'权威本位（转型）观'"，提出要在逐渐确立二元化结构的基础上，形成国家与社会的"一种良性互动关系"①。他同时提出构建中国市民社会的两个阶段论，即首先建立起市民社会的二元结构；其次要完善市民社会并实现国家对市民社会的积极参与。市民社会理论是从社会中心论出发去研究国家与社会的互动关系，改革开放后国家权力逐渐退出一些社会生活领域，市场经济逐步确立，契约性关系在一些领域中得以形成，市民社会力量逐步壮大并合法化，中国市民社会的雏形开始浮现，市民社会也成为制约政治权力的一种力量。

由于市民更多具有经济内涵，而且晚期资产阶级的市民社会又成为批判和反思的对象，人们纷纷转向更具有政治内涵的公民社会的讨论。人们普遍达成一个共识：探寻一种新型的现代国家与社会关系，特别需要培育一个成熟的公民社会。公民社会的培育在很大程度上首先取决于国家的重视和放权程度，国家越是对社会自主性充满信任，为社会自主留足自治的空间，社

---

① 邓正来：《建构中国的市民社会》，载《中国社会科学季刊》（香港），1992年第4期。

会自我管理的能力也就越能够得到开发和锻炼,有助于一个与国家互促互进的社会成长。经历公民权利启蒙运动的西方近代兴起的国家,一般来说奉行"夜警国家"和"小政府大社会"模式,社会获得相当大的自主性,社会自治也得到了较多的锻炼机会,公民社会比较发达。而中国迈入现代国家的进程比较晚,在高度计划经济时代奉行政府全能主义,民间社会受到挤压而萎缩,公民意识和公民权利也非常需要再启蒙,在放权松绑的改革开放之后,民间社会才开始得到比较好的发展时机,"国家对时代变迁中不断出现的利益诉求的应对水平,其取决于国家的开放性和公民社会的发育程度。"[1] 其次,公民社会的发育也取决于社会的理性化和制度化程度。把公民的利益诉求纳入体制化的范围之内,社会显得更加成熟、理性和温和,诉求也更容易实现。西方公民社会比较发达的国家给我们的启示,一般来说都是法治比较健全,既张扬公民的主体性,又兼顾公民相互之间的主体间性,在表达公民利益诉求时,合理正当,行为也尽可能纳入法治约束的渠道之中,这样,公民社会才有较强的自治能力,才能取得较好的自治效果。再次,处理好公民社会与国家权力之间的关系,分工明确、权责清晰,互不僭越,在合作共治方面又能够互促互进。一般来说,国家把属于社会的权力回归给社会,社会也在很大程度上把自己框定在非政治诉求的范围之内,把主要精力和社会资源用于满足社会成员的利益需求,把群体性矛盾冲突通过社会的减压阀和缓冲剂作用,尽可能在社会内部把矛盾冲突化解掉。

(二)国家与社会关系的"分类控制"模式。经过改革开放三十多年社会变迁,社会组织的发展壮大,国家对社会组织也经历从"整体控制"到"分类控制"的转变。清华课题组认为:"社会组织的正常发育在我们社会中一直是一道未迈过去的坎,社会组织总是被当作可能带来不稳定的假想敌"[2]。不可否认,在一个权力高度集中的国家里,相对独立的、多样化的社会组织对于追求简单一体化的政府监控来说,压力的确是客观存在的。也由于担心集团组织的犯罪,或大规模集体行动挑战政府的权威,长期以来我们国家对社

---

[1] 王学辉等:《群发性事件防范机制研究》,科学出版社 2010 年版,第 57 页。
[2] 清华课题组:《以利益表达制度实现长治久安》,载《领导者》,2010 年第 33 期。

会组织的发展有诸多限制，对社会组织的"政治质疑"今天仍然存在，对于社会组织的申请和审批也是非常严格的。中山大学朱建刚教授一项关于110家社会组织的调查发现，真正完成社团登记的只有24.55%，约13.64%的社会组织采取商业注册，接近4%的是境外注册，未作任何独立登记或挂靠其他单位的达到25.45%。可见，真正注册的比例不高。的确，从社会组织的双重功能来看，"社会组织对政府有两种功能：协同与对抗。新的社会组织既是潜在的解决问题的中介力量，又有可能是组织集体行动的力量。"[1]但问题是，我们不能因为社会组织有负面作用就想方设法去遏制其发展，"不能因为要泼洗澡水就连同孩子一起丢掉"，我们应该对社会组织进行分类管理，激发和利用其积极的功能，更何况客观形势的发展，也不可能阻挡社会组织的蓬勃发展。"据中国统计年鉴数据，到2010年底，全国社会组织已增加到445631个，其中社会团体达到245256个，民间非企业单位达到1981175个，基金会增加到2200个，社会组织的就业职工人数已从2006年的4251850人增加到6181918人。同时，我国还有大量的城乡自治组织（社区居委会、村民委员会），2010年，城乡自治组织总数达到681715个，其中社区居委会87057个，村民委员会594658个，工作成员277万人。"[2]随着市场经济的迅速发展，物质财富的迅疾增长，社会的自我意识明显萌动，组织起来的愿望变得强烈了，社会也不再是过去那个容易或乐意被支配的对象，而且组织起来的社会维护自身利益、制约国家的能力也明显增强。国家也越来越重视社会组织的功能，"用鼓励公民组织的发展来代替'压制'，让不同利益群体形成自身的表达组织，这也是现代社会管理的重要经验"[3]。当资源已经不再被国家完全垄断而能自由流动时，当个人不再依附单位而拥有自我实现的权利和机会时，当因市场局限和政府局限而产生的需求客观存在时，社会组织必然会产生。政府

---

[1] 朱力：《走出社会矛盾冲突的漩涡：中国重大社会性突发事件及其管理》，社会科学文献出版社2012年版，第282页。

[2] 胡联合、胡鞍钢、廖立勇：《为什么要保卫人民国家》，中国长安出版社2012年版，第221页。

[3] 于建嵘：《期待建立制度性的社会减压方式》，载《人民论坛》，2009年第16期。转引自：于建嵘：《底层立场》，上海三联书店2010年版，第156页。

限制越多，只会导致非正式的社会组织越发展。有学者通过考察国家对多种社会组织的实际控制，他们采用了一种整体主义的视角，提出了"分类控制体系"这一概念。"在新的控制体系中，实施什么样的控制策略和控制强度，取决于政府的利益需求以及被控制对象的挑战能力和社会功能"[1]。这是对中国国家与社会关系进行分析的一种新视角。在这一体系中，政府为了自身利益，根据社会组织的挑战能力和提供的公共物品，对不同的社会组织采取不同的控制策略。分类控制体系形成于20世纪90年代的中国大陆，伴随着市场化改革的深入，依靠市场主导的资源分配方式，逐渐调整国家的职能：国家不再全面控制经济活动，也不再干预公民的个人和家庭生活；国家也有意识地利用各种社会组织提供公共产品的能力，使其发挥补位的能力；但仍然控制着"政治领域"和"公共领域"，国家允许某些类型的社会组织存在，但不允许他们完全独立于国家之外，更不允许他们挑战自己的权威。因此，对社会组织分类控制既有助于政府有的放矢的实施管理，也有助于扩大社会自主性空间。

（三）法团主义以及"强国家—强社会"模式。按照斯密特的观点，法团主义被视为一种国家与社会间的合作关系，最终达到良性互动，它超越了传统的国家与社会二元对立分析框架，"是现代西方政治学关于国家与社会关系问题上区别于国家中心论与社会中心论的一大学派"[2]。有学者主张未来中国应该以"法团主义"理论为基础，建构一种"强国家—强社会"关系模式。这种强国家—强社会模式强调在国家与社会两者之间进行沟通和协作，从而实现一种"非零和博弈"。也认为在当前社会处于相对较弱的地位下，中国可先尝试采取"准国家法团主义"模式，即国家与社会进行合作，但国家处于主导和支配地位，社会团体拥有相对的自治权，通过发挥作为团体成员与国家利益的双重代表身份，利用体制内资源求得自身的发展。这有些类似新权威主义模式。只有等社团发展到一定程度并实现充分自治以后，国家与社会

---

[1] 康晓光、韩恒：《分类控制：当前中国大陆国家与社会关系研究》，载《社会学研究》，2005年第6期。

[2] 颜文京：《调整国家与社会关系的第三种模式—试论组合主义》，载《政治学研究》，1999年第2期。

达到最终的平等合作，最终走向强强联合。也有学者认为统合主义用于分析当前中国的国家与社会关系更为贴切，按照著名的统合主义理论家威亚尔达的观点，"统合主义有三个特征：①一个强势的在社会中居于统治地位的国家；②限制利益群体的自由与行动；③吸纳利益群体作为国家体系的一部分，让他们表达成员的利益，帮助国家管理和推动相关政策"①。这有些类似有学者论述过的"行政吸纳型"行政国家的建设。尽管统合主义内部派别林立，也存在不少分歧，但都坚持把多元化的利益群体统合到国家治理的体系之中，接受国家的调节、控制和约束。"在统合主义的视野下，国家与社会之间是统合关系，二者整合所形成的统合性组织应该是整个社会良好运作的中介。这样一中介能起到沟通协调、组织社会成员和群体、协助制定和推动国家政策的积极作用"②。因此，这些表述与不少学者所强调的新权威主义或后全能主义不谋而合，都主张给予民间组织自主生长的空间，但也要求民间社会组织的发展壮大不是像西方社会那样成为对抗国家的力量，而更应该扮演与国家共担责任风险的角色，建立起同呼吸共命运的合作共治的良性互动关系。

（四）我国社会建设的指导原则和创新实践。随着单位制的大量解体或转制，民间组织特别是社区组织必将扮演越来越重要的角色，现代社会问题的复杂性，仅靠政府的力量不足以解决所有问题，或解决的效果也并不好。事实上，许多有具体利益诉求的社会问题，通过民间社会自我调整的方式来解决可能效果更佳。因此，应该改变态度，挖掘和利用民间社会组织的力量，只有发动和依靠全体民众，社会秩序的长治久安才有牢固的社会基础。2007年10月举行的党的十七大在其政治报告中也写入了"党委领导、政府负责、社会协同、公众参与的社会管理格局"这一经典表述。在新型社会管理格局的指导原则下，各个地方积极推进地方社会管理的创新实践。

---

① Wiarda, Howard J., eds., *New Directions in Comparative Politics*, Westview Press, 2002, p. 56.

② 曹海军：《后发展视阈下的社会管理——抗争政治与国家构建的视角》，载《中共天津市委党校学报》，2012年第4期。

2010 年以来先行试点地方的改革创新内容[①]

浙江宁波	系统化与配套化：八大体系（社会化公共服务保障体系、多元化社会矛盾调处体系、现代化新型城市管理体系、系统化综合信息管理体系、人性化实有人口管理体系、法治化依法规范管理体系、集成化社会力量联动体系）；十二重点项目（创新基层社会服务管理模式，包括建立基层社会服务管理平台，推进基层矛盾联调、治安联防、问题联治、工作联勤、平安联创和实事联办）
天津滨海新区	层级化与系统化：一个格局（党委领导、政府负责、社会协同、公众参与）；两个体系（防备与处置并重、管理与服务相融、公平与效率统一的服务管理体系＋海陆空立体化的打防管控结合、点与线结合、人防物防技防结合、专群结合的全方位、多层次、动态式的社会治安防控体系）；三项机制（矛盾纠纷的防备和化解机制、重点地区排查整治的长效机制、能动的司法保障机制）；四大亮点（四级综治信访服务中心、四级联运的工作体系、多样化的流动人口管理等）。
大连普兰店	机制化：六机制（社会矛盾化解机制、实有人口和房屋的管理服务机制、社会防控机制、网络虚拟社会管理机制、新经济组织和新社会组织管理服务机制、社会公共安全管理控制机制）；一体系（社会管理组织体系）
四川德阳	规范化：以社区规范化建设管理为重点，围绕服务民生、矛盾纠纷化解、"两新组织"服务管理、互联网管理等工作，建立新的管理体制和运行机制
北京东城	网格化＋精细化：三大特色（网格化社会服务管理模式、强化政府在社会事业中的服务功能、创建社会管理新格局）；六大体系（网格化社会服务管理体系、社会保障全覆盖工作体系、社会公共服务体系、社区服务管理体系、社会组织服务管理体系、社会领域党建工作体系）
山西太原	专项化：管控绩效的七大课题（警务联动联勤工作机制、防赌反毒联动机制、交通事故处理联动、司法执行合作机制、刑事和解制度、法律援助机制、政务信息公开制度）

2011 年 2 月 19 日，在由 150 多人参加的中共中央省部级主要领导干部的研讨班上，以"社会管理及其创新"为主题进行了长达五天的密集活动，可见中央决策层对社会建设越来越重视。按照政府的说法，此次专题研讨班的

[①] 张小劲、于晓虹：《中国基层治理创新：宏观框架的考察与比较》，载《江苏行政学院学报》，2012 年第 5 期。

目的是"正确把握国内外形势新变化新特点,针对当前社会管理中的突出问题,着重研究加强和创新社会管理,做好新形势下群众工作的思路和举措,为促进社会和谐、实现'十二五'时期经济社会发展目标任务凝聚强大力量"①。国家也从过去主要研究经济问题、经济布局和经济政策的传统中调整过来,转而讨论"社会问题"、社会管理和社会创新等新国家战略规划,尤其从中央到地方各层级的民政部门牵头推动的社区管理工作得到如火如荼的展开,也是要解决从原来的"单位人"走向"社区人"之后,如何加强对社区管理的指导这一理论和现实难题。可见,一个新的拐点出现,逐步把国家建设从经济建设转向到社会建设问题上来,也回到了更为根本的工作重心上来,因为经济发展的最终目的也是为了社会的良序发展。

---

① 胡锦涛在省部级主要领导干部社会管理及其创新专题研讨班开班式上的讲话《扎扎实实提高社会管理科学化水平建设中国特色社会主义社会管理体系》,载《人民日报》,2011年2月20日。

第八章
全球化进程中的国家自主性：正视和融入全球化

德国慕尼黑大学耶尔格·弗里德里希认为：当前的国际关系理论面临着三股基本力量的竞争：一是以国家为中心的传统理论，这在过去50多年里占据着主导地位；二是全球化的论述，认为民族国家正遭受经济、技术、社会变迁力量的腐蚀；三是碎片化的讨论，认为国家正遭受种族、文化和宗教分裂的崛起和重新崛起的腐蚀。弗里德里希认为，全球化的到来，社会的逐步碎片化，以及民族国家体系顽强的生命力，关键是要找到一种能同时容纳这三个方面的解释。[①] 弗里德里希的洞察也非常适用于当前中国所面临的国际环境，一方面全球化越来越全面深入地影响中国，另一方面，作为国际社会基本政治单元的民族国家的构建应发挥和巩固其基础性地位不动摇，只有处理好全球化进程中的国家自主性，才能更好地维护和巩固国家建设的成果。

有来自外部的民族国家过时论，也有来自国内市场分权化改革所提出的"国家退却"的呼吁，这些作为对于监督民族国家更好地行使权力具有批判意义，但不能以这些论断来挑战国家的权威和国家的自主性。对于内外部环境所提出的客观挑战，我们只能正视它，挖掘国家潜能，调整国家权力行使的方式，化被动为主动，只有积极回应和适应来自各方面的挑战，才能更好地增强国家的能力和进一步提升国家治理的合法性。就全球化对我国的影响来看，我们三十多年改革开放的成果得益于国际大环境，相信能更好地运用在国际社会积累的经验，不再把自己定位为国际社会的挑战者而被外界所孤立，而是更加积极自主地参与到国际社会的互构过程中去，承担起大国的责任，

[①] 赵可金：《全球公民社会与民族国家》，上海三联书店2008年版，第43页。

避免大国的悲剧，为国际社会的和谐稳定做出应有的贡献。

第一节　新时代的呼唤：民族国家如何迎接全球化时代的到来

一、如何界定全球化

伴随全球化浪潮的席卷，对于全球化的认识有三派非常突出的观点。第一派是极力反对者，诸如阿里夫·德里克认为，全球化的真实本质是"力求根据资本主义现代性所勾勒的幻景来改造世界，它表达了对全球政治经济权利关系的一种构想，即通过霸权排除不同于其发展主义前提的其他一些可能性考虑"[①]。即全球化就是资本主义化，必然遭到广大后发展中国家的极力反对，不愿意依附于资本主义国家，他们也非常容易就占据了道德的制高点，因此，有些学者提出理想化的"去资本主义化的全球化"，极力反对资本主义国家的霸权压制，以国家主权作为挡箭牌，只有建立在国家主权原则的基础之上的经济全球化才能在相对稳定和公正合理的轨道上发展和深化。这有其合理性，但也容易把民族国家主义与全球主义完全对立起来，看不到二者的统一。

第二派是极力赞美者，诸如《纽约时报》编辑托马斯·弗里德曼在蜚声全球的《世界是平的》一书中，把全球化进程具体划分为三个阶段："第一个时代从1492年持续到1800年，他称为全球化1.0版本。当时全球化取决于一国的实力以及其应用形式，即一国有多少人力、马力、风力和蒸汽动力。在这一时期，西方国家和政府利用暴力推倒壁垒，将世界的各个部分合并为一。第二个时代被称为全球化2.0版本，这个时代从1800年左右一直持续到2000年，在这一时期，推动全球化一体化的主要力量是跨国公司，这些公司到国外去的目的就是寻找市场和劳动力。2000年以后人类进入一个全新的时

---

① [美] 阿里夫·德里克：《全球主义与地域政治》，载《马克思主义与现实》，1998年第5期。

代,全球化进入 3.0 版本。这一时期独特动力就是个人和小团体在全球范围内的合作与竞争。这种使个人和小团体亲密无间合作的现象被称为平坦的世界。平坦的世界是个人电脑、光缆、工作流程软件的综合产物。"① 这种对全球化进程的三阶段划分比较形象,对各个阶段的全球化特征总结也是非常到位的,每次全球化的进程都给人类社会带来翻天覆地的变化,全球化作为一种不可抗拒的世界潮流,不能回避,只能迎战。而且只有融入全球化才能收益全球化带来的创新成果。尽管每个国家自身所处的全球化的阶段是存在差异的,不能以高版本阶段去要求还处在低版本阶段的国家,但低版本阶段的国家也要积极融入全球化进程,才能缩小差距,以后发优势赢取赶超战略。

第三派认为全球化是客观的历史阶段,既是机遇也是挑战。因为全球化是所有民族国家在迈向现代化进程中都难以改变的必由之路,我们不可能仅仅通过"意识形态"的批判而逃避资本主义全球化的影响,而只有通过在参与、改造和建设的过程中去调适全球化带来的影响,扬长避短,这样才能分享其应得的成果,获得自身的解放,也获得全球化合作共赢的局面。事实上,全球化已经把所有民族国家都纳入其中并使其成为国际社会的主角,后发展中国家也必然在其中发挥极其重要的作用,国家之间相互作用相互影响也是不争的事实。

二、全球化给民族国家带来的挑战

(一)对主权的挑战。随着经济全球化的深入,国际社会的行为主体越来越多元化,诸如各种跨国企业集团、跨国社会团体甚至有能力的个人等,要求在全球范围适用市场经济,这必然冲击以民族国家为单位对经济的规范及社会福利规模控制的传统国际格局。再加上科技革命带来的巨大变革,交通更加便捷、信息迅即共享、人们认识水平大大提升,也必将带来更加深层次的跨国文化的碰撞与融合,必然打破民族国家相互隔离的主权、疆域体系以及不同文明的界限,地球村的预言不再是神话,不断拓展的疆界和全球共同

---

① 王文奇编:《革故鼎新:中华人民共和国的两个三十年》,世界知识出版社 2012 年版,第 177—178 页。

的国际事务都在挑战传统民族国家的控制能力。正如詹姆斯·罗西瑙在其名著《世界政治中的动乱》中指出："国家被一个清晰或者隐含的由国际规则和相互依存编织的网络所羁绊，国家的自主日益受到它的束缚"[①]。事实上，不仅凌驾于国家之上的全球意识在冲击民族国家，而且全球化时代，民族国家内部的地方性区域以及个人能力也在增强，可以越过民族国家，在全球取得联系，这也在挑战民族国家的整合能力。有学者总结国家主权与经济全球化之间的矛盾关系突出表现为："首先是国家主权的封闭性特征与经济全球化的开放性要求之间存在矛盾冲突。其次是国家主权的统一性、最高性要求与经济全球化造成的国家权威日益泄漏趋势之间存在矛盾冲突。最后是国家主权的平等性要求与经济全球化带来的各国不平等发展的现实之间存在矛盾冲突。"[②]英国学者苏珊·斯特兰奇明确地使用"国家权威的销蚀"[③]这一概念来描述全球化对民族国家的影响，哈贝马斯也指出民族国家对全球化的依赖而导致合法性危机以及丧失民主的基础。还有诸如"主权终结"论、"民族国家终结"论等认为全球化否定了国家存在的意义。

（二）对市场的侵蚀。"在《资本全球化和跨国国家》一文中，威廉·罗伯逊指出，在早些时候，每一个国家都发展出一条民族自身的积累路径，全球化破坏了民族国家的积累路径而将其纳入一个单一生产方式和单一全球体系中，并且把不同国家和地区融入全球经济中，空间障碍的消除和地理逻辑对生产逻辑的服从史无前例。"[④]即全球的市场经济使资本获得全球的流动，由跨国资本家群体控制的跨国公司富可敌国，甚至凌驾于民族国家之上，操纵世界的经济体系，民族国家也不得不更多地依赖于世界经济体系。资本的全球流动带来商品和服务的全球流动，必然引起空前的价格竞争，这也威胁到民族国家的劳动力成本。"全球资本凌驾于全球劳工的新的权力也在新的劳资

[①] 赵可金：《全球公民社会与民族国家》，上海三联书店2008年版，第65页。

[②] 孙健社、王炎：《对国家主权与经济全球化之间矛盾关系的思考》，载《内蒙古师范大学学报》，2003年第2期。

[③] [英] 苏珊·斯特兰奇：《全球化与国家的侵蚀》，见王列、杨雪冬编译：《全球化与世界》，中央编译出版社1998年版，第118页。

[④] 郁建兴：《马克思国家理论与现时代》，东方出版中心2007年版，第14—15页。

关系中得到确立，它使得在跨国环境中的全球无产阶级按照社会界限而非国家界限来划分。"①即由资本、商品和服务的全球市场流动不仅冲击民族国家内部经济规则，也必然冲击民族国家内部的福利分配。

（三）文化的渗透。亨廷顿一语道破了西方某些学者推崇全球主义的实质，他指出："20世纪末，普世文明的概念有助于为西方其他社会的文化统治和那些社会模仿西方的实践和体制的需要作辩护。普世主义是西方对付非西方社会的意识形态。"②尽管对普世文明不能完全否定其积极价值，但"一旦宣称某种意识是普遍的，并强行推广实施时，就会出现因不顾全球意识和各民族国家的价值观差异而存在的文化霸权上的可能性"③，这也是一直存在何谓普世文明争论的原因所在。笔者认为，普世文明本身并没有什么错，普世价值也是存在的，错误出在文化霸权的国家往往以本国的价值观来阐释普世价值，并取而代之，使基于不同文明而共享的一些价值共识被歪曲、被利用，主张其他的文化价值都被看作是需要改造的对象。"作为多元文化的推动者，常常会被国际社会误认为是在文化多元的旗帜下拒绝接受西方的普世性价值观。西方文化在强大的经济实力支撑下一直是国际社会的强势文化，其投射力可以覆盖整个国际社会。"④诸如美国往往把自己的价值观作为普世性的价值观强加给世界各国，实施意识形态的和平演变战略，并以此来建构美国的霸权主义，与自己价值观不同的国家要么被认为是专制野蛮的"轴心国

---

① 郁建兴：《马克思国家理论与现时代》，东方出版中心2007年版，第13页。
② [美]塞缪尔·亨廷顿：《文明的冲突与世界秩序的重建》，周琪等译，新华出版社1998年版，第55—56页。
③ 贾英健：《全球化背景下的民族国家研究》，中国社会科学出版社2005年版，第299—300页。
④ 胡键：《角色·责任·成长路径：中国21世纪的基础性战略问题》，上海人民出版社2010年版，第40页。

家"而施加打压,要么被认为是对世界秩序的潜在"挑战者"而加以防范①。其他信奉西方自由民主的国家也是如此,对于中国倡导文化多元主义和文化发展的现实主义,西方世界认为是中国拒绝接受民主、自由等普世性的价值观。因此,中国的政治制度一直是西方攻击的对象,中国的崛起也经常被西方社会以"中国威胁论"大力加以抵制。

三、全球化给民族国家带来的机遇

(一)为后发国家带来技术进步的后发优势。"第一次工业革命成果从产生到传遍世界用了100多年的时间,第二次工业革命成果从产生到传遍世界用了将近50年时间,而以电子化为标志的第三次工业革命几乎从一开始就迅速传遍全球。"②后发国家可以通过引进和利用世界先进技术,再结合本国的廉价劳动力优势,以较短的时间迅速实现经济的转型与腾飞,这不仅是德、日、俄走向发达资本主义国家的经验,也是亚洲四小龙、四小虎创造"东亚奇迹"的经验,也是我国30多年融入全球化世界取得举世瞩目成就的重要原因。

(二)全球化拓展了民族国家的视界和增强了民族国家的行动能力,在很大程度有助于维护和巩固国家主权和国家利益。对于在全球化时代必要的部分主权让渡行为我们应该辩证地看,不能否认经济全球化与民族国家之间存在某种对立,但也要比较客观地看到经济全球化带来的积极方面。我们应该客观公正地看待经济全球化这把双刃剑,尽管经济全球化的确可能会对国家主权构成一定程度的侵蚀和弱化,但也要看到它也可能在许多方面巩固和强

---

① "美国的'软'干预表现为,一方面,促使中国内部政治体制必须沿着美国要求的方向转型,以此作为中国是否成为国际体系中'负责任的利益攸关方'的衡量标尺;另一方面,促使中国必须接受美国的价值体系。美国历届政府都坚守着一条歪理:在社会制度、意识形态、价值观念上存在较大差异的国家要比差异较小的国家更容易产生威胁美国的'意愿'。因此,美国认为中美关系的未来取决于两国是否接受共同的价值观。也就是说,在中国没有接受美国价值观之前,美国很难视中国为真正的'负责任的利益攸关方',相反,更愿意视中国为美国霸权的挑战者,即使现在中国没有能力,但在亚太地区最有可能挑战美国地区霸权的唯有中国。"转引自胡键:《角色·责任·成长路径:中国21世纪的基础性战略问题》,上海人民出版社2010年版,第55页。

② 王文奇编:《革故鼎新:中华人民共和国的两个三十年》,世界知识出版社2012年版,第179页。

化国家主权，增强国家的可行性能力。由于全球化的浪潮已经是不可抗拒的潮流，我们既然都已经难以避免，那就不如积极面对，扬长避短，将其维护、巩固和强化国家主权的这一面发挥最大化。诸如联合国、世界货币基金组织等超国家组织对世界秩序的某些有效调控，不仅没有削弱国家主权，反而避免或减少因国际社会的无序混乱而造成的对国家主权的威胁。还有跨国犯罪、跨国河流域共同治理以及全球大气和环境治理等诸多问题，都已经难以单靠主权国家一方的力量取得有效的治理效果，而现有的国际制度和越来越发达的国际非政府组织等都为国家利益的维护做出积极有益的贡献。

（三）全球化提供的统一市场和现有制度框架，为民族国家之间的交往带来收益，降低成本。全球统一大市场初具规模，世界大市场把国家间的联系变得更加紧密，资本、人力和知识信息等要素的全球流动，必然会为民族国家带来合理化分工合作、优化资源的配置。在一个全球化日益紧密的时代，谁能迎头赶上全球化的浪潮谁就可能成为最大的赢家。另外，长期的国家交往过程中形成的一系列条约、协议、国际惯例和国际规则，提供了在国际社会生存的游戏规则，也为加入和接受这些国际制度框架的国家提供行为准则和提供矛盾纠纷的争端解决机制，诸如加入世界贸易组织，就意味着要求国内经济政策和方针、政府经济管理规则乃至经济运行方式都要与 WTO 的诸多原则进行国际接轨。从我们国家加入 WTO 的实践经验来看，我们也是现有国际制度框架的受益者，在参与中去改善有些国际规则也才成为可能。

第二节　民族国家在全球化时代的演变与反思

由于各国历史和国情的不同，民族国家发展不同步。当今的世界，是一个民族国家的前现代、现代与后现代并存的国际社会。在这样一个复杂的国际社会如何认识和对待民族国家构成一个重要问题。诸如"罗伯特·库伯将世界分为三类国家：第一类是由索马里、阿富汗等组成的所谓'一切人反对一切人的战争'的'前现代化国家'；第二类是由中国、印度、巴基斯坦等组成的奉行'马基雅维利原则'的'传统现代国家'；第三类则是'超出了以武力来维系安全的观念'、由前殖民地宗主国组成的所谓'后帝国和后现代国家'。在库伯看来，欧洲则是目前最为成熟的'后现代状态'。随后，罗伯特·卡根也多次把'后现代欧洲'与美国进行比较，认为欧洲超越了强权并实现了康德所说的'永久和平'，而美国经常使用强权以致陷入霍布斯的无序状态之中"①。尽管他划分的标准我们难以苟同，代表西方尤其美化欧洲的见解非常鲜明，但不影响我们以此视角来研读民族国家和反思民族国家，即从前现代、现代和后现代的视角来理解民族国家。

一、民族国家之上的欧盟：积极性与不足

欧洲由于每个国家的领土面积比较小，单靠本国的力量难以在世界格局中形成足够的影响力，他们普遍认识到只有加快欧洲一体化的进程，以邦联制建立国家之上的联盟，形成整体合力，才能更好地维护欧洲的利益，也有助于更好地实现本国的国家利益。再加上欧洲内部合作的基础非常好，曾经在中世纪教皇把这些大小邦国联结而成为一统的基督教世界，"把整个封建的西欧联合为一个大的政治体系"②，普世世界国家成为中世纪占统治地位的国家形态。另外，欧洲相类似的资本主义市场经济体系也有助于形成统一的大市场，各国的经济发展水平相对均衡，经济利益兼容性激励机制也有助于各国之间的合作，并以欧元作为统一的欧洲货币，推进欧洲一体化的进程。还有语言与文化上的同根同源，也使更具实质性的合作具备了深度心理认同的基础。因此，欧盟不仅在经济领域的合作是卓有成效的，形成美、欧、俄、日等多极化的世界格局，而且也积极推进在司法领域、社会领域和政治领域的合作。尽管这些领域的合作相对要艰难很多，但统一的欧洲法院（欧陆法系）也起到很大的作用。欧洲能够形成这种网络嵌套式深层合作，也得益于能够相互视对方为"我们当中的一员"，人们也开始探讨欧洲公民乃至全球公民资格的可能性。早在康德时代，他就提出过世界永久和平的美好设想，这也说明为什么欧洲容易产生世界主义（全球主义）思想的原因。"当然，这种

---

① 胡键：《角色·责任·成长路径：中国 21 世纪的基础性战略问题》，上海人民出版社 2010 年版，第 65—66 页。

② 《马克思恩格斯选集》第 3 卷，人民出版社 1995 年版，第 705 页。

和平主义不是文化同质性所提供的基本共识，而是以多样化为前提的。也就是说，欧洲的和平主义包含着两个不同方向的取向，既是文化取向也是政治取向，即'更加统一，更加多样化'。'更加统一'反映的是欧洲一体化的政治开放性，'更加多样化'揭示的则是欧洲一体化的文化包容性。因此，文化的包容性和政治的开放性就构成了欧洲和平主义价值理念的基本内容。"① 因此，欧洲的思想巨擘哈贝马斯就非常看好欧盟的这种合作形式，认为代表了民族国家未来的发展趋势。即从民族国家时代过渡到"后民族国家时代"，后民族结构意味着欧洲各国必须用超越民族公共领域的交往关系来建立欧洲的一体化，走出民族国家间丛林法则的安全困境，寻求超越民族国家的治理模式。因为尽管欧洲与美国都是资本主义国家，但在其资本主义结构内部也存在诸多的不同，也许欧洲曾经作为两次世界大战的主战场，战争的创伤深深警醒着当今的人们，使得国家之间你死我活的零和博弈要少很多，国家内部阶级调和和社会民主思想也比较发达，无论是莱茵模式还是斯堪的纳维亚模式，都比较重视社会福利和社会保障，能够比较好地处理国家与社会、国家与市场以及社会与市场之间的关系。而如日中天的美国，顺风顺水的200多年的国家崛起，再加上优越的地缘优势，助长了其霸权主义，到处充任世界警察。尽管欧盟是美国最好的合作伙伴，但欧盟并不是对美国亦步亦趋、言听计从，而是在不少外交政策方面牵制美国的霸权主义，这不仅有助于维护欧盟的利益，也助于国际政治经济秩序朝着更加公正合理方向发展。

欧盟网络嵌套式合作尽管给热爱世界和平的人们带来不少美好的遐想，但是不仅世界政府是个乌托邦，就连区域性合作也一直存在着区域一体化与民族国家内部之间的紧张关系。"即使存在着真正的联合运动，它更多的也是采取区域化的形式而较少采取全球化的形式，而且即便是在区域联合层次上，民族国家的离心力量仍然在起作用。比如在最富雄心的跨国联合——欧盟——中，合作和竞争之间、一体化和国家主权之间的冲突也是极其明显的。"② 也即是说，欧洲一体化内部也面临着这样的质问：为什么希腊的金融

---

① 胡键：《角色·责任·成长路径：中国21世纪的基础性战略问题》，上海人民出版社2010年版，第66—67页。

② 郁建兴：《马克思国家理论与现时代》，东方出版中心2007年版，第15—16页。

危机需要欧盟其他国家来为其买单？福利的刚性需求特点也使得民族国家内部在政策上把矛头指向外来移民，诸如当今兴起的欧洲右翼保守势力所采取的民族驱逐政策，引发族群矛盾甚至流血冲突。正如哈贝马斯的理论证明全球化时代福利国家所遭遇的悖论，导致资本主义民族国家的合法性危机。也即是说，全球化或区域一体化所引发的发展与民主原本想促进社会福利，然而，发展与民主释放的无限的空间使福利国家难堪重负，面对劳动、资本和产品的快速流动所带来的社会变化，必然冲击民族国家这一封闭共同体的疆域范围。如果要涵盖所有进入这一政治共同体的人们的福利诉求，由于福利国家所能支配的分配资源是有限的，这就必然会削减原来民族国家内的合法公民的福利，招致民众的反抗和抵制，严重时甚至丧失民主的政治统治基础，有悖民主的价值，也会引发原居公民与新入移民之间的尖锐冲突，这就是全球化时代福利国家的悖论。简单说来，就是全球化所带来的发展与民主需要打破民族国家界限，但是福利和民主的满足又是以民族国家为界分的，这样就必然产生冲突。物质还没有丰沛到不分国别而平等分配的程度。全球化进程虽然在一定程度上限制了国家权力的行使，但当前许多国际问题的解决，仍只能以民族国家为基本政治单位。正如哈贝马斯所说："要使利益协调和普遍化的程序以及创造性地策划共同利益的程序制度化，不能靠根本不受欢迎的世界国家这一组织形式来实现，而要靠以前各主权国家自主、自愿和独特性来实行"①。

二、帝国的不归路："大国的悲剧"

无论是罗马帝国、成吉思汗创立的游牧帝国，还是奥斯曼帝国，尽管曾经盛极一时，但无一例外都走不出帝国衰败的宿命。进入民族国家时代，一个个新兴的民族国家崛起，但一个个又走不出大国崛起之后走向衰落的命运。诸如先是享有"海上马车夫"美誉的荷兰盛极一时，接下来是葡萄牙、西班牙的崛起，然后是英国的崛起，尽管被称之为"日不落帝国"，但也在走下坡

---

① 参见 [德] 乌·贝克等：《全球化与政治》，王学东等译，中央编译出版社 2000 年版，第 83 页。

路，被后起之秀所超越，如被美、日、德等国超越。进入20世纪，主要是围绕美苏世界霸权的争夺，搞军备竞赛，从热战走向冷战，直到最后把苏联给拖垮，形成当今世界"一超多强"的国际格局。尽管目前美国霸权优势比较明显，但是美国世界范围充当警察的军事干预，既越来越多地遭到国际社会的反对，也遭到国内经济危机和社会危机等情势的牵制。历史就是这样：一个帝国的崛起，又被新的帝国所取代。一个让人吊诡的是：人们往往在反对霸权抗争中自己又走上追求霸权的道路，这也使人们难以走出"大国崛起的悲剧"。米尔斯海默对这一普遍现象的洞察和思想提炼给人们带来相当大的震惊，他基于现实主义的政治观认为国际社会只有野蛮的战争和冰冷的国际冲突逻辑，"他所认识的国际无政府状态在其表现上也胜过了'霍布斯的丛林法则'，国家不再是在丛林中散步可能偶尔发生比武切磋的'走兽'，而是关在笼子里面时刻准备决斗的'困兽'，国家之间除了相互畏惧、相互提防、彼此自助和谋求权力最大化之外，几乎没有其他任何选择"①。汉斯·摩根索也认为国际政治就是各个国家之间争夺强权的斗争。他也认为，"在一个以主权国家企求强权为动力的世界上，只有两种办法能够维护和平：一是在国际舞台上争夺强权的斗争中显示出来的社会力量的自我调节机制，即均势。另一个是以国际法、国际道德和世界舆论等方式对这种斗争施加的种种限制。"② 国际社会的秩序也正是在武力与道义这二者之间交替，现实中，武力在国际社会发挥更加显著的作用。

　　这也源于强权甚至霸权有深层次的结构根源。因为民族国家的特点就是在外在的表现形式上以维护本国利益为出发点和归宿，把本国做强做大。这也是由威斯特伐利亚体系所确立的近代国际社会格局所决定的，它解决了中世纪封建主义欧洲松散重叠的邦国林立的混乱战争秩序，完成了主权民族国家为单位的世界新秩序构建，但依托强权政治巩固的疆域界分也必然引发新的矛盾冲突，难以避免国际的民族国家之间的资源争夺以及国内政治分化离合所引发的冲突。突出表现在三个方面：第一，每个民族国家都为了追逐本

---

① 赵可金：《全球公民社会与民族国家》，上海三联书店2008年版，第40页。
② [美] 汉斯·摩根索：《国际纵横策论——争强权、求和平》，卢明华等译，上海译文出版社1995年版，第32页。

国利益而展开的权力较量。强权政治是国际社会的现实表征,导致国际社会的战争、冲突和暴力不断,这种丛林法则导致国家之间陷入无政府状态的"安全困境"。第二,福利与民主的冲突。全球化的浪潮加速了国家之间民众的流动,冲击着民族国家的边界,迁入的移民对福利的平等诉求,会冲击原有国民的福利待遇,引发围绕财富分配而展开的阶级斗争,成为国家内部严重经济社会危机乃至政治危机的导火索,诸如欧洲近年来右倾排外思潮盛行。第三,民族国家一方面势不可挡的选择全球化,另一方面各种形式的反全球化的舆论和抵制运动也在增长,迎接与拒斥的两难困境也时常在考验着民族国家。赵可金认为这三大矛盾是现代性政治规划本身存在的内在矛盾,"随着现代性在技术、社会和文化等领域的展开,这些矛盾日益尖锐起来,演化为波及整个现代社会的系统危机"①,导致现代民族国家难以解决这个内在矛盾。

  当然,尽管从权力的逻辑来解释国际社会的现实主义一直以来很有市场,但也有不少的学者从反思民族国家本身,来探寻民族国家如何走出安全困境。因为"对现代社会生活的反思存在于这样的事实之中,即社会实践总是不断地受到关于这些事件本身的新认识的检验和改造,从而在结构上不断改变着自己的特征……现代性的特征并不是为新事物而接受新事物,而是对整个自反性的认定,这当然也包括对自反性自身的反思"②。在吉登斯看来,"现实的主权本身……应该被视作某种不断自反性地加以监测的东西"③,即民族国家自身应培养其自我反思平衡的能力,这要求具有很强的道义支撑来规约自身,这需要经常做自我博弈和内心独白的训练来强化这方面的能力。另一方面,也需要通过主体间性来互为建构,因为主权是现代民族国家在对其疆界的相互界定中产生和确立下来的,"这种'自反性地监测'是通过'边境'概念而实现的:不仅民族国家的主权是通过其他国家对其边境的认可来获得承认的,而且建立在此基础上的国际关系是一种自反性的秩序,边境内外权力关系的

---

  ① 赵可金:《全球公民社会与民族国家》,上海三联书店2008年版,第463页。
  ② [英]安东尼·吉登斯:《现代性的后果》,田禾译,黄平校,译林出版社2003年版,第34页。
  ③ [英]安东尼·吉登斯:《现代性的后果》,田禾译,黄平校,译林出版社2003年版,第64页。

变化仍然在这种现代性的自反性之内。"① 无论从主体性的自我反思和内心独白看，还是从主体间性的相互牵制相互承认来看，基于道义的国际正义对于走出大国崛起的悲剧具有根本性的作用。当然，也还需要进一步追问的是：这里的道义是"被强加的道义"还是"自愿认同的道义"，由于各国历史文化演进的差异性和多样性，也只有基于多元文化价值基础之上的协商共识才是道义的真正源泉。

三、国际社会基本政治单元的民族国家及其演变

（一）民族国家奠定全球化国际社会的基石和底色。尽管跨国之间的联系日益频繁，全球化的程度也在加深，但超越国家主权、取代民族国家的全球化可以断言永远也不会出现。尽管人们在很早的时代就对大同世界、天下体系和世界主义有美好的设想，但很难在现实世界实现，而更多的是提供一种目标激励或对现实的批判和警醒。因为历史上任何一个帝国的成长都伴随着全球范围扩张，但没有一个帝国强盛到足以统治世界，恰恰相反，在不断拓展疆域的辉煌同时也埋下了帝国崩溃的基因，高昂的统治成本、被殖民统治地区的人们抗争以及骄奢专制的统治集团的腐朽统治等，导致一个个帝国梦轮番更替，而没有一个能成就统一全球的梦想。不仅全球一体化难以实现，而且区域一体化的进程也面临重重阻碍，就连人们特别看好的深层次网络嵌套式合作的欧盟一体化，也经常因为各自民族国家的利益对其撕裂，面临解体的危险。我们没有必要谴责根据国家利益而进行的对欧盟一体化的离心作用，拥有各自的国家利益是各国行为的基本前提和出发点，民族国家是国际社会交往体系中唯一享有充分正当的国家利益的行为主体，他们不仅在国内享有最高的权威，而且还能从国家利益这一价值取向出发，并能动用整个国家的综合实力全权实施一系列重大的对外战略目标和利益。"事实上，并不存在抽象的全球经济，全球经济仍然由民族经济的实体构成，资本主义的一般法则和全球资本的力量主要还得依靠特定民族经济和民族国家的力量来推动。

---

① 王奇才：《法治与全球治理——一种关于全球治理规范性模式的思考》，法律出版社2012年版，第172页。

全球化本身是一个民族经济和民族国家的现象，不考虑民族经济中的不平衡发展以及竞争性，不承认民族资本主义中为争夺统治权而在国际联合和斗争中的经常性冲突，是无法弄清楚全球化的。"①

（二）如何看待民族国家发生的转型？尽管也有学者论述过民族国家在全球化时代正在向全球化国家的转型，也有不少学者认为后民族国家时代已经到来，但这些预言都改变不了当前甚至未来很长一段时间民族国家作为国际社会基本政治单元的判断。

现代民族国家形态的转型②

国家形态 要素	现代民族国家	全球化的国家
领土	拥有特定疆域领土	脱域化、契约化和功能网络国家
居民	具有特定国籍的公民，民族主义基础	社会国家、用脚投票、爱国主义情感
主权	民族国家独享主权、对内最高、对外独立	国家间共享主权与国家和非国家行为体分享主权
政府	金字塔形的科层制	网络化治理结构
国际承认（外交）	政府间的合法性承认、平等外交与国际法对国家的约束	政府间的合法性承认、公民社会部门对政府的合法性认可，国际法约束国家的对外行为，同时也约束国家的对内行为，甚至公民的行为

对于全球化进程中民族国家的转型，热衷全球主义的学者倾向于认为全球化将使国家成为资本的一个传送带，跨国经济将逐步取代民族国家，民族国家将彻底走向消亡。相反的观点认为全球市场经济的自由化离不开民族国家的管制，民族国家国内经济主权也并没有完全受到国际经济规则的管制，认为全球治理、全球化国家不过是个神话。笔者的观点认为：我们肯定民族国家作为国际社会基本政治单元，但并不是要求民族国家根据主权和疆界把自己完全孤立起来，无视全球国际社会发生的变化。因为一方面，全球国际

---

① 郁建兴：《马克思国家理论与现时代》，东方出版中心2007年版，第15—16页。
② 赵可金：《全球公民社会与民族国家》，上海三联书店2008年版，第294页。

社会共同治理的问题需要国家内部各种行为体的积极配合；另一方面，国家也应根据自身的国情选择性地接受全球治理的规范和国际惯例。也即是说，作为一种能动者的国家只有嵌入到国际社会之中，既遵循已有国际惯例和共同规范，又作为参与者和变革者去推进国际社会向更加规范合理方向发展，这样，民族国家才能找到适得其所的恰当位置，也形成国家与国际社会之间相互构建的关系。"这种以施动者的实践为中心的研究，既解释了施动者所具有的结构化能力，突出了施动者在结构演化过程中的能动性，又解释了行为体所具有的社会性和历史性，也就是结构对社会体的限制作用."①

（三）国际社会权力主体的多元化趋势对民族国家的影响。随着时代的变迁，以民族国家为基石的威斯特伐利亚体系也在逐渐发生转变，国际社会多元权力主体也在塑造新的权威，调节全球政治，影响着民族国家。"一是以现代国家、国际政府间组织、国际制度和非正式的国际机制为主要构成内容的国家权威空间，他们垄断着合法性的强制力（特别是武器、炸弹及其构成系统的暴力），共享着治理全球公共事务的主权；二是以个人、家庭、企业和跨国公司为主要内容的市场权威空间，他们主导着资本和金钱的流动，对全球公共事务具有基础性的主导能力；三是以 NGO、NPO、公共舆论、社会运动乃至国际政党组织为主要内容的社会权威空间，他们主导着整个社会伦理准则的导向，操纵着作为'社会风向标'的无线电和大众传媒，通过诉诸民意和公共舆论，形成对全球公共事务的强大压力."②由政治权威、市场权威和社会权威多元主体所构成的多层次、多中心的全球复合结构和动态权威格局的确值得我们认真研究，它们三者之间的相互关系的复合模式将会影响乃至决定未来全球国际社会的发展走势，这一趋势不以任何人的意志为转移。每一个主权国家要想在全球多元主体复合的结构中获得国家社会的认同和自身统治的合法性，就必须在坚持国家主权的前提下，对国家理性的有限性和对国际责任的必要性有足够的认识，以确保对具体的主权行使进行自我约束，或作必要的主权让渡；学会尊重和掌握全球市场经济系统以及利用市场权威；

---

① 朱立群、聂文娟：《社会结构的实践演变模式——理解中国与国际体系互动的一种思路》，载《世界经济与政治》，2012 年第 1 期。

② 赵可金：《全球公民社会与民族国家》，上海三联书店 2008 年版，第 465 页。

学会利用在全球市场经济系统基础上生长起来的全球公民社会,学会与全球公民社会和谐共处,共同参与全球公共事务的治理,这也是全球多元权力主体对民族国家提出的必然要求。

但是,不同权威主体的运行逻辑也存在明显差异,他们在对民族国家提出挑战的同时,也还得依赖民族国家的力量对其进行整合和梳理,从而明确其边界,清晰其权能,规范其关系,塑造其体制。国家毕竟还是当代世界最有影响力的,在没有出现更好地替代民族国家的政治力量之前,民族国家在很长一段时期内也不会自动退出历史的舞台。在可见的未来,民族国家作为治理社会事务的单位,以其掌握的法律和暴力工具优势为后盾,注定将在维护国家利益和保障公民权利方面扮演极其重要的作用。另外,即便是一些非国家行为主体看上去靠自治,也以巨大的行动潜能和力量优势日益脱离民族国家的掌控范围,但其主体的性质、地位和作用即使不是由民族国家决定,也是直接或间接地受到民族国家的制约和影响,而且这些非国家的行为主体到底能发挥多大的作用和取得多大的实效,也在很大程度上取决于他们直接或间接地影响国家行为的能力的大小。

第三节 从我国国际关系的演变看国家与全球化的关系

一、一边倒的外交:国际政治经济旧秩序的反对者

因为中国迈入现代国家的近代史是一部抵御外侮的历史,"从历史来看,西方大国不过是殖民体系和世界旧秩序的维护者,而中国正是从殖民主义体系和世界旧体系的羁绊中挣脱出来的新兴力量,其反抗旧体系、旧秩序的角色,似乎是与生俱来的。这种国际角色一直影响到当今中国国际角色的重新定位。"[①]即中国自迈向现代国家以来一直在与西方殖民体系的世界旧秩序进

[①] 胡键:《角色·责任·成长路径:中国 21 世纪的基础性战略问题》,上海人民出版社 2010 年版,第 12 页。

行抗争。自从 19 世纪初开始，清帝国面对席卷全球的工业化浪潮开始走下坡路，随着资本主义国家入侵和一个个丧权辱国条约的签订，中国在 20 世纪初已经面临亡国灭种的危险，无论是国民党领导的旧民主革命还是共产党领导的新民主革命都是要摆脱西方殖民国际体系的民族解放革命，没有国家主权的独立，即使纳入西方大国构建的国际体系中也难以有效地维护国家利益。诸如 1916 年中国参加第一次世界大战，但是，在安排战后国际秩序的巴黎和会上，作为战胜国的中国不仅无权参与战后的制度安排，其自身利益也无法得到维护，激起中华民族的觉醒，发动举世闻名的"五四运动"。尽管中国也加入了一战后的国际联盟组织，然而，日本于 1931 年发动大规模侵华战争，中国一度对国联寄予厚望，要求它主持正义，根据盟约规定制裁侵略。国联虽然派出调查团并发表了调查报告，但该报告偏袒日本，拒绝宣布日本为侵略者。中国又一次深刻感受到自己受到欺骗，仍是国际体系的弃儿，没有主权的独立根本没法维护合法的国家利益。尽管新中国在 1949 年成立了，但是美国等主要西方国家拒绝承认中华人民共和国，对刚刚建立的新中国进行政治、经济的制裁和军事的封锁，继续承认盘踞中国台湾的国民党政府并支持由其占据联合国等国际组织的席位，中华人民共和国也在多次努力恢复联合国的席位失败之后，由于对国际社会种种的陌生感和拒斥感，而更加强调国际体系的局限性，呼吁建立一个"革命的联合国"，而无法走进国际体系。因此，国家领导人在权衡之后做出了"一边倒"的外交决策。也因为苏联的成就和社会主义阵营，再加上获得苏联的承认与支持，就很自然向苏联学习，但这种由于诸多原因形成的外交角色的定位，也被西方大国看作是国际社会的局外者和挑战者，使西方长期以来在中国崛起的过程中一直对中国产生并强化"中国威胁论"的情结，影响到中国融入国际社会的进程。事实上，从新中国建国初期一直到 20 世纪 80 年代末[①]，中国国际角色的自我定位基本上

---

① 邓小平在苏联解体、东欧剧变前的 1988 年 12 月指出："世界总的局势在变，各国都在考虑相应的新政策，建立新的国际秩序。霸权主义、集团政治或条约组织是行不通的。""目前是建立国际政治新秩序的时期。国际政治领域由对抗转为对话，由紧张转向缓和，出现了许多新的情况。因此，应当提出一个建立国际政治新秩序的理论。"转引自《邓小平外交思想学习纲要》，世界知识出版社 2000 年版，第 91 页。

也是国际社会"斗士"。这实际上就已经把自己定位于国际体系的局外者和挑战者。中国长达几十年的这种国际角色定位主要是延续"革命斗争哲学"的逻辑,也基于自身长期以来一直对国际社会所作的"战争与革命"的总体判断。从20世纪50年代中后期开始,中苏关系恶化,社会主义阵营宣告瓦解,而中西意识形态的斗争("宁要社会主义的草不要资本主义的苗")也愈演愈烈,导致"文革"时期提出"深挖洞"、"广积粮",准备迎接"第三次世界大战"的宣传口号,信奉独立自主、自力更生政策。因此,在20世纪60年代,中国改变了"一边倒"的外交战略,提出两个中间地带理论,要求"两条线作战"甚至"四面出击",与国际霸权及其主导的国际社会作艰苦卓绝的斗争。所以,尽管早在20世纪50年代中期,中国政府就提出了和平共处的外交总方针,直到进入20世纪70年代,才与美国等西方国家的外交关系取得重大突破。1971年10月中国恢复了联合国的常任理事国席位,意味着作为第三世界代表的中国将在国际舞台上发挥越来越重要的作用,中国也开始淡化作为挑战者的角色。尤其自20世纪70年代末开始实施改革开放政策,中国越来越多地了解国际社会,但依然摇摆在国际社会局外者与局内者之间,参与国际社会的能力非常有限,基本上还是处于国际体系之外,热衷于作为亚非拉国家反帝、反殖民斗争的"可靠后方",对第三世界的民族解放无条件支持与援助和对帝国主义坚决反对。因此,"基辛格认为,当时的中国,在对待国际体系和国际制度方面,是一个将改变国际体系本身作为追求目标的坚定的革命者……霍尔斯蒂在当时就指出,中国实际上扮演了两个角色,一个是'革命解放者的堡垒'的角色,另一个是'解放运动的支持者'的角色。中国这种角色定位固然是当时国际环境决定的,有其必然性,但也造成中国长期游离于国际体系之外,成为国际社会'异类'的不利局面,并成为中国今天和平崛起过程中重新进行国际角色定位的沉重历史包袱"[①]。

---

① 胡键:《角色·责任·成长路径:中国21世纪的基础性战略问题》,上海人民出版社2010年版,第38页。

二、区域性大国：维护地区的发展与稳定

（一）亚太地区：从亚太经合组织到加速东亚一体化进程。1991 年 11 月，中国正式加入亚太经合组织，而且中国倡导的"相互尊重、协商一致"等五项合作原则已经成为亚太经合组织合作的基本原则。特别是 2001 年 10 月，在上海召开的第九次亚太经合组织领导人非正式会议上签署的《上海共识》，使中国与亚太经合组织的关系迈上了新台阶。

1997 年，受东南亚金融危机的冲击，东南亚各国意识到与亚洲地区经济实力强大的中国、日本和韩国合作的必要性，即东盟 10+3 框架开始出现。东亚区域合作涵盖了经贸投资、货币金融、科技发展、人力资源开发、政治安全和跨国问题等方面。2002 年 11 月 4 日，中国与东盟签订了《中国——东盟全面合作经济合作框架协议》，2010 年已经启动了与东盟老成员国即文莱、印度尼西亚、马来西亚、菲律宾、新加坡和泰国的中国——东盟自由贸易区，2015 年再与东盟新成员即越南、老挝、柬埔寨和缅甸建成自由贸易区，这将是继欧盟和北美自由贸易区之后的世界第三大自由贸易区，同时也是由发展中国家组成的最大的自由贸易区。

（二）加强与中亚、南亚以及北部边疆邻国的合作。中国不仅是东亚国家，更是亚洲的重要国家，在国家战略上也就不能忽视与中亚、南亚以及东北亚的关系。这在习近平和李克强搭档的新一代领导集体身上显得尤为突出，事实上，早在 1996 年初春，在上海，中国、俄罗斯、哈萨克斯坦、吉尔吉斯斯坦、塔吉克斯坦五国正式签署了关于在边境地区加强军事领域互信的协定，被称为"上海五国"机制，旨在解决各国之间的边境问题。实际上，后来的合作范围扩大到经贸、打击恐怖主义等方面。2001 年 6 月 15 日，在乌兹别克斯坦加入之后的六国元首在上海签署了《上海合作组织成立宣言》，宣告上海合作组织正式成立，互信、互利、平等、协商、尊重多样文明，谋求共同发展，构成了上海合作组织确立的"上海精神"。后来逐渐增加蒙古、巴基斯坦、伊朗、印度作为上海合作组织的观察员。可见，中国与中亚、南亚大陆以及北部邻疆之间的合作越来越紧密，不再仅把目光聚焦在东亚地区，不仅仅是一个东亚大国，更准确说应该是一个亚洲大国，搞好睦邻友好关系、加

强互惠互利，进一步提升了中国的国际地位，也为中国融入世界和影响世界提供了平台。

（三）与非洲地区的合作。中国与非洲有着长期友好合作的历史，为非洲的繁荣与崛起提供了大量的无偿援助，也获得彼此之间的深度认同。1999年10月提议举办中非合作论坛，2000年10月中非合作论坛第一届部长级会议在北京举行，会议以平等磋商、扩大共识、增进了解、加强友谊、促进合作为宗旨，就推动建立公正合理的国际政治经济新秩序，进一步加强和扩大中非在各个领域的实质性合作进行了富有成效的对话，会议通过了《中非合作论坛北京宣言》和《中非经济社会发展合作纲领》。2007年9月，中非合作论坛框架下的中非外长级定期政治对话机制正式启动。

（四）通过博鳌论坛促进亚洲各国之间的合作。2001年2月26日至27日，博鳌亚洲论坛成立，反映了在经济全球化的背景下亚洲各国希望对话、寻求合作、实现共同发展的时代要求。其宗旨为：立足亚洲，深化亚洲各国间的交流、协商与沟通；为政府、企业及专家学者提供一个共商经济和社会等诸多方面问题的高层对话平台；通过论坛与政界、商界及学术界建立的工作网络为会员与会员之间、会员与非会员之间日益扩大的经济合作提供服务。

目前，中国在国际社会的角色定位是负责任的区域性大国，一方面只有稳定的周边，中国才可能专心致力于内部的现代化建设，另一方面中国也为周边地区的共同繁荣与社会稳定积极地发挥作用。在整个亚太地区，中国是"东亚雁阵模式"的受益者，中国模式又在其中起到很好的模范作用，也为安然渡过亚洲金融危机发挥重要作用，共谋地区繁荣。在东北亚积极推进朝鲜核问题六方会谈，积极维护东北亚地区安全稳定。在中亚地区以上海合作组织有力地打击了三股邪恶势力，也促进了多边经济合作与交流往来。作为亚洲的大国，不仅为亚洲的整体崛起发挥极重要的作用，也为非洲乃至世界其他地区的发展与稳定做出积极贡献。然而，"作为地区稳定的维护者，一般会被国际社会误认为是地区的主导者，会对原有的主导者构成威胁……上海合作组织却被认为是中国主导下对抗西方的'亚洲北约'；朝核问题上的积极态度则被认为是中国企图主导东北亚局势。这样就必然导致中国与原来的地区主导者之间产生冲突。"① 近几年，美国重返亚太的国家战略就是为了遏制中国，一方面，2012年美国推行"海空一体战"等战略，对环太平洋"海上封锁线"控制越来越紧，"美国前防长帕内塔表示，美国将在2020年前向亚太地区转移一批海军战舰，届时将有60%的美国战舰部署在太平洋，美国超过半数的航母、核潜艇、宙斯盾舰等海军部队相继部署于这一区域。丝毫不避讳美国要做世界的领导"②。另一方面，美国也积极利用与亚洲盟友日本、韩国、菲律宾和印度来遏制中国，中国与这些国家的关系显得格外突出。日本安倍政府打着"中国威胁论"的幌子极力推行宪法修改"解禁集体自卫权"，意味着"军国主义"再次兴起；韩国在中美两个大国之间搞均衡外交；菲律宾不断在南海制造争端（黄岩岛问题和排华现象严重）；印度莫迪政府坚持内政先行，与日本修好，对华消极，加强防备，由于中印都是亚洲大国，而中印边界依然没有划清，隐患重重。针对这些外部挑战，在2014年上海举办的亚信峰会上，习近平提出"亚洲安全观"，倡导共同、综合、合作、可持续的安全观，"这被认为是中国国家领导人在国际多边安全平台上，对亚洲安全问题做出的最系统全面的阐述"③。

三、大国责任的担当：完善国际政治经济秩序的参与者

前文已经论述了由于近代中国的落伍而长期被拒之于西方的殖民国际体系之外，尽管直到改革开放之际，中国参与国际秩序的能力和机会是非常有限的，但这期间，在二战结束后，中国为打败法西斯做出了巨大的贡献，作为主要大国参与了联合国的成立过程，中国第一次成为国际最重要机构和战后国际秩序的积极参与者，并成为拥有否决权的联合国安理会五大常任理事国之一，这意味着中国必然要在未来国际社会扮演非常重要的角色。

中国自1978年实行对外开放的政策以来，开始采取建设性的态度，调整

---

① 胡键：《角色·责任·成长路径：中国21世纪的基础性战略问题》，上海人民出版社2010年版，第38页。

② 于冬、向北：《"从别人那里，我们认识自己"——中国海军"环太"军演首秀》，载《南方周末》，2014年7月3日，第8版。

③ 郭丝露：《和平共处五项原则：与时偕行》，载《南方周末》，2014年7月3日，第7版。

革命哲学的逻辑，逐步加快融入国际制度的步伐。在高层决策者的认识观念上发生了可喜的变化，不再以意识形态和阶级画线，而是从国家利益角度理解和认识国际社会，处理国家间关系，已经认识到只有广泛参与到国际社会中去才有助于我国更快更好地实现现代化建设的目标。围绕经济建设为中心的目标，尽管整个20世纪80年代更多仍是围绕经济利益参与国际经济秩序的构建，目标仍是要建立国际政治经济新秩序，但事实上，在诸如人权等非常敏感的政治领域，中国也开始参与到国际政治秩序之中。自1979年起，中国就参与联合国人权委员会的会议，并于1982年成为其理事国。另外，1978年，中国决定参加联合国裁军特别会议的活动。自1980年起，中国开始参与联合国裁军谈判会议，并逐步签署了一系列裁军、军控文件与协议。

进入20世纪90年代以来，中国真正开始比较全面客观地融入全球体系中，越来越认识到，一方面国家的发展战略离不开外部世界，尽管现存世界体系仍然存在种种的弊端，但国家利益已经与外部世界紧密相连，只有融入全球化才能更快推进现代化进程；另一方面现存的以美国主导的"一超多强"的国际体系在相当长时间内仍将存在，尽管这种国际体系存在着诸多不合理的因素，存在着美国的霸权，但它毕竟也提供了一种相对和平稳定的国际秩序，这对于中国来说却是难得的国际机遇，我们应该看到，只有参与其中才有可能修正和完善它。这是基于对美国主导的"一超多强"国际秩序如下的客观审视：

（一）目前美国主导的国际秩序的确主要维护美国的国家利益。美国是一个特别占据天时、地利、人和的国家，天时：借助两次世界大战发了战争财，迅速崛起，"一战"之后威尔逊的国际联盟和"二战"后罗斯福的《大西洋宪章》的一些理念奠定了美国主导的国际秩序的大体轮廓；地利：富饶广袤的国土，东西被大洋阻隔，南北又没有强敌，当国力不是很强盛时，奉行"门罗孤立主义"，当国力强盛之后，奉行"对外扩张"和干预主义，进退自如，收放可控；人和：受宗教或政治压迫的先哲们，带着梦想寻找新大陆，为了探讨共和国持久地稳定和繁荣，不再祈求于运气，而是通过精致的理性制度设计，基于人的观念、技术和制度创新，积累了美国的软权力，吸引更多的资源要素自愿流向美国。区别于"领土主义"时代直接抢占殖民地的是，在经济全球化的信息时代，国际市场的分工和游戏规则又都是在美国主导下制定，更隐蔽地抢占和掠夺后发展中国家的市场、资源和人力，赢取丰厚利润，诸如很多跨国公司总部或高级产业链在美国本部，次要的产业链外包给新兴经济体，而耗资源耗劳动力的产业链才分给后发展中国家。从而确保"美国在两个关键领域的霸权：一是美国在最终消费品市场提供方面的霸权。二是美国在国际货币领域中的霸权。"[①]这给美国带来的好处是：一方面世界市场的主导权由美国说了算，财富源源不断地汇集美国；另一方面美元作为国际货币来支付，所有的金融风险又由大家一起埋单，有助于转嫁美国国内矛盾。因此，这种通过规则制定的话语霸权和金融霸权要比直接抢夺殖民地的霸权更加受惠。这对其他国家而言：在一个全球化的时代，每个国家不融入全球化是自取衰败，融入全球化又难免依附于霸权国家，如何在融入的进程中增强自身的自主性也就成为研究的关键所在。

（二）也的确彰显着美国强权政治和霸权逻辑的本质。大国悲剧警醒人们：国家往往在反对霸权抗争中自己又走上追求霸权的道路，由于利益膨胀和理性的狂妄走上扩张的道路而难以自拔，这也使人们难以走出"大国崛起的悲剧"。米尔斯海默对这一普遍现象的洞察和思想提炼给人们带来相当大的震惊。无论是罗马帝国、成吉思汗创立的游牧帝国，还是奥斯曼帝国，曾经盛极一时，但无一例外都走不出帝国衰败的宿命。尽管目前美国霸权优势比较明显，但是对美国霸权的反抗也愈演愈烈，尤其以信仰伊斯兰教的阿拉伯国家为甚，而且美国与盟友内部关系也因利益多元化而摩擦不断，美国也越来越从借助话语霸权和金融霸权走向借助军事霸权，在世界范围充当警察的军事干预越来越多，这既遭到国际社会的反对，把美国卷入战争的诅咒中难以自拔，也引发国内安全防御和反恐的经费逐年攀升，叠加国内经济危机和社会危机等情势，共同牵制着美国的霸权野心。美国在这一错误的道路上越陷越深而浑然不觉，不惜代价地维持世界霸权地位，当然，已经不是那么得心应手。正在崛起的中国应该以前车之鉴，超越霸权逻辑，反思这是否真如

---

① 李晓、李俊久：《美国的霸权地位评估与新兴大国的应对》，载《世界经济与政治》，2014年1期。

魔咒般决定了大国的宿命呢？这取决于大国如何客观认识自身，如何提升自我反思平衡能力。

（三）但美国主导的"一超多强的霸权秩序"又是有别以往的新的霸权秩序：分权制衡逻辑在国际社会的延展。是否真像有些学者声称的那样，美国已经走向衰落，应取代美国主导的国家霸权秩序。事实上，我们也应更加客观地重新审视美国主导的霸权秩序，思考它为什么能够带来美国持久繁荣稳定？最近美国经济又开始复苏，这种国际秩序自我调适能力很强大，内生的韧性又是什么呢？笔者认为有如下几点给我们以启发：①利益兼容的共同体的打造。不管是后起的德日等发达的经济体，还是亚洲四小龙、四小虎，还是金砖五国，无不受惠于美国主导的国际秩序，享受着贸易扩大、经济增长和交易便利的红利。这得益于美国建国之父们很好地把洛克和孟德斯鸠等思想家的分权制衡思想转化为制度设计，不仅适用于国内的权力配置，也适用于国际的权力安排。②高度制度化的国际秩序，精心打造和向世界输出自己的软权力。美国之所以能够把成员甚多、地域广泛和文化多样的国家凝聚在一个相对稳定的秩序中，靠的就是规则意识和制度认同，诸如国际货币基金组织（IMF）、世界银行和世界贸易组织（WTO）所确立和推行的金融自由化、经济发展和多边贸易谈判等相关规则和制度，遵循的都是美国的蓝本。对新兴大国来说，它们"所面对的不是一个简单的美国主导的秩序或西方体系。它们所面对的是一个作为几个世纪斗争和创新结果的广泛的国际秩序。它是高度发达的、扩展的、包容的、制度化的，并深深嵌入发达资本主义国家和发展中国家的社会与经济中。而且，在过去的半个世纪中，这一秩序极为成功地吸收了新兴大国并融合了政治与文化的多样性"①。我们不排除这些制度是为了美国利益，具有不完善之处，但有这些制度有比没有要好，因为避免了国家间无序竞争，这些自由开放的国际制度、开放包容竞争的价值观念也积累起美国制度输出的"软权力"，形成稳定的权力结构，"由锋利权力、黏性权力和软权力三个关键部分组成，它们分别对应着安全结构、生产—贸易—金融结构和知识—观念—制度结构，各权力结构之间相互支持、相互拱

---

① G. John Ikenberry, "The Future of the Liberal World Order: Internationalism after America," *Foreign Affairs*, Vol. 90, No. 3, 2011, pp. 56–68.

卫和相互强化"①。(3)自我救赎与救赎他者的道义支撑。韦伯的新教伦理和资本主义精神很有解释力,美国国父们多受新教影响,这有助于发挥对自己"原罪"救赎和对他者提供援助的作用,诸如二战后的马歇尔计划对于战后国际经济秩序的复苏起到很到作用。当然会附加一些政治条件和要求承担起相应的全球治理责任,尽管根本目的是为了维护美国作为最终产品消费者的市场霸主地位,但也带来正的外部效应,全球相对稳定的政治经济秩序得以维系,这是各国国家建设的重要的外部条件。更为重要的是:仅靠强力主导的国际秩序是不会长久的,美国秩序能够持久并具备自我修复能力,一定不能忽视其道义价值根基。大国之所以成其为大国,不在于自己说了算,而在于自己文明输出能力和别国心悦诚服的认同。在此,我不是要回到美国所宣扬的自由民主价值终结的一元论中去,而是要说,未来国际政治经济新秩序的完善一定离不开道义的支撑。

因此,当前美国主导的国际政治经济秩序尽管有走向军事霸权的危险,但并没有丧失体制自身的韧性和强大修复能力,也区别于以往的"领土主义"时代的殖民地霸权,全球社会已经是一个利益兼容的共同体,对于中国这样的新兴大国崛起,在本质上是美国霸权主导的"系统内的地位提升"②,这也就非常有必要研究中国应取的态度和做法是什么。

事实上,从 20 世纪 80 年代以来,中国一直在努力融入这一国际体系,在融入中加以完善,不断调整与外界国际体系之间的关系,不再以挑战者身份定位自身,而是在融入的过程中寻求国家自主性,在参与中完善和促进国际体系走向公正合理。中国也意识到要真正成为能够影响国际体系的力量,必须通过实际行动从处理周边的睦邻友好关系着手,改善其国际形象,才有助于加快融入国家社会的进程。以负责任大国的身份参与国际新秩序建设,以地区秩序为基点促进世界秩序的变革。"自 1991 年以来,中国共发表与国防建设有关的白皮书 9 份,申明维护和平的意愿;中国以积极的态度和政策,

---

① 李晓、李俊久:《美国的霸权地位评估与新兴大国的应对》,载《世界经济与政治》,2014 年 1 期。

② 李晓、李俊久:《美国的霸权地位评估与新兴大国的应对》,载《世界经济与政治》,2014 年 1 期。

处理事关亚太地区发展与安全的金融危机、能源危机、朝核问题；中国提出睦邻、富邻、安邻的政策，本着双赢的原则解决中印、中越、中俄边界争议"①。尤其是1997年亚洲金融危机爆发之后，中国宣布"做国际社会中负责任的大国"，"中国政府负责任大国身份的建构，表明了中国对国际社会、国际秩序的总体认识，表明了无意触及其他大国包括美国核心战略利益的积极意愿，表明了中国为国际社会做出积极贡献的承诺，表明了中国积极发展周边外交的态度。同时，中国加大各方面体制改革的力度，对内对外树立起致力于和平、发展、稳定的良好形象。中国强调与其他国家的共同发展和共同利益，表明了中国对于促进世界发展的责任感。通过促进共同发展和共同利益，中国着力突出中国与国际社会利益的一致性而非冲突性，力争使国际社会对中国不会以激烈方式变革国际秩序的前景形成稳定的预期，从而促进国际社会对中国崛起和负责任大国身份建构的认同"。②即负责任大国的新认同意味着中国一方面愈加期望自己被视为国际制度的积极而负责任的参与者，另一方面也接受哪怕并不合理的国际秩序，国家行为越来越受到国际制度的调节，这种参与中改进的积极态度非常有助于中国在与国际制度的互动过程中建构起一个负责任、建设性、可预期的国际形象，积极提供全球性和地区性公共物品。在参与中促进国际政治经济秩序向更加公正合理的方向转变是一种成本最小的优化战略，把一切推翻重来的挑战者或革命者，既带来巨大的破坏，又难以确保一个所谓的美好的诺言就是美好的，更难以确保把它转变为现实。因此，一个完善的逻辑要比一个完美的逻辑可能更符合一个充满诸多不确定性世界的秩序构建。

世纪之交，我国从1987年开始复关谈判，历时14年，终于在2001年12月11日正式加入世界贸易组织。WTO的无歧视原则、国民待遇原则、市场准入原则、互惠原则、最惠国待遇原则、关税减免原则、减少贸易壁垒原则和透明性原则等基本原则，这些都要求中国接受市场法则和国际惯例的检验和评判。尽管刚开始担心国内民族经济可能会受到经济全球化的冲击，但

---

① 门洪华：《修远集：门洪华调研录》，社会科学文献出版社2013年版，第60—61页。
② 门洪华：《修远集：门洪华调研录》，社会科学文献出版社2013年版，第60—61页。

参入经济全球化的实践结果表明中国从国际经济格局中受益良多,利大于弊;也越来越学会理性地对待现有的国际政治经济秩序,学会有理、有力、有节、有据地与发达国家打交道,学会在现有的国际框架下寻求有利于我们也有利于世界的国际政治经济秩序的修正方案。从国家领导人和党的重要文件的表述也能够看出这一变化,不再提建立国际政治经济新秩序,而是推动国际秩序朝向更加公正合理的方向发展。胡锦涛在党的十七大报告中明确指出:"我们将继续积极参加多边事务,承担相应国际义务,发挥建设性作用,推动国际秩序朝向更加公正合理的方向发展。"[1]在中国共产党成立90周年的大会上胡锦涛又一次强调中国将"在和平共处五项原则的基础上同所有国家发展友好合作,维护发展中国家正当要求和共同利益,积极参与多边事务,推动国际政治经济秩序朝着更加公正合理的方向发展"[2],寻求国家利益与国际利益的有机契合,营造更加有利的国际环境。党的十八大报告又进一步强调:"我们将积极参与多边事务,以便使联合国、二十国集团、上海合作组织、金砖国家等发挥积极作用,推动国际秩序和国际体系朝着公正合理的方向发展。我们将扎实推进公共和人文外交,加强人大、政协、地方、民间团体的对外交流,夯实国家关系发展的社会基础。"[3]可见,这几个重要政府文件都重申了一个核心主题:推动国际政治经济秩序朝着更加公正合理的方向发展,国家融入性自主的特征越来越鲜明。

综上所述,从党的十七大以来,中国国内外的政策目标更加切实可行,融入世界的步伐更加快速、更加全面,中国也是国际体系的积极建设者和巨大受益者。门洪华教授的总结和展望非常鼓舞人心:"中国的国内定位是,确保经济和社会的可持续发展,在2010年完善社会主义市场经济体制,成为世界上最大的进出口国、最大的市场;在2020年全面建成小康社会、初步建成社会主义和谐社会,使发展成果惠及全体人民,国家实力和竞争力明显增

---

[1]《十七大以来重要为文献选编》(上),中央文献出版社2009年版,第37页。

[2] 胡锦涛:《在庆祝中国共产党成立90周年大会上的讲话》,人民出版社2011年版,第28页。

[3] 胡锦涛:《坚定不移沿着中国特色社会主义道路前进,为全面建成小康社会而奋斗》,人民出版社2012年版,第48—49页。

强；在 2050 年基本实现现代化，成为富强、民主、文明的社会主义国家。相应地，中国的世界定位是：2010 年，建成中国——东盟自由贸易区，为东亚一体化奠定坚实的基础，确立在东亚地区的主导性地位；2020 年，进一步成长为在亚太地区发挥主导性作用的准世界大国；2050 年，成长为世界性大国，通过全面参与、全面创新为世界做出更加积极的贡献，使中国倡导的各国平等相处、各种多样性自由繁荣的和谐世界体现出积极效应。这样的定位决定了，中国进入了全面融入世界、全面参与国际制度、全面参与东亚一体化的时代。"①

第四节　嵌入性自主：民族国家应有的姿态

一、融入的必要性

在全球化的进程中由于国家能力的差异，发达国家急欲推进全球化以享受全球市场一体化带来的收益，而广大欠发达国家一直都有对全球化导致依附加深的担忧而极力抵御。这就存在一个后发展中的国家到底有没有必要融入全球化的问题追问。笔者认为，只有融入全球化才能更好地维护本国的利益，完善和推进全球化。因为：

（一）以挑战者身份被拒之国际社会门外，错失发展的黄金期，留下深刻教训。

在改革开放以前，我们作为挑战者身份而被拒之国际社会门外，错失二战后相当长一段世界经济发展的黄金时期，迫于新中国成立后严峻的国际环境，延续的依然是革命时期的"斗争哲学"，从开始的"一边倒"外交到"东西两条线同时作战"，再到要当第三世界的领导者，时刻准备打"第三次世界大战"，使国家利益受到严重的影响。我们应该吸取教训：针锋相对、甚至不放弃武力只是外交中的最后杀手锏，轻易不要使用。也不要言战或宣称以战

---

① 门洪华：《修远集：门洪华调研录》，社会科学文献出版社 2013 年版，第 62—63 页。

促和，一旦卷入战争，就被战争拖累，两败俱伤。而应该抓住和平与发展依然是世界的主题和潮流，对于冲突也要分类处理，不是所有西方国家都一致遏制中国，西方国家之间也存在很大的分歧；尽管美中冲突加剧，但共同的经济利益也促使双方积极构建新型大国关系；尽管日本对集体自卫权松绑，但邓小平主持签署的和平、外交手段解决一切分歧仍起作用，日本右翼势力也不敢完全无视国内外舆论的压力。国际舆论强调，不要擦枪走火。即便发动战争，也不再割地赔款，更谈不上消灭主权国家了，而且战后的恢复重建工作又成为拖累。不但战争解决不了问题，反而遭遇世界舆论的广泛谴责而失道寡助。这也是美国发动的很多区域性战争给我们留下的深刻教训。世间自有公道，对于无关大局的事件，尽量避免陷入情绪化的对峙中去，对于不得不回应的国家冲突事件，学会有理有据有节地借助国际舆论和国际法，从而得道多助。

（二）以"韬光养晦"的身份赢得国强民富，融入国际社会也是最大受惠者。

自改革开放以来，我们对国际形势的认识发生了根本性变化，"韬光养晦"、"不当头"、"不称霸"，奉行被动防御外交，寻求自我防御，倡导和平共处五项原则，也是相对稳定的国际政治经济秩序的受惠者。"中国改革开放30多年的发展正是得益于这一世界格局，得益于我们以一种建设性的姿态融入这个世界格局之中。我们的经济成就、科技发展和社会建设，中国这30多年来国际地位的上升，无一不与这个世界格局紧密相关。所以，中央才有我们迎来百年不遇的大好时机的论断。"[①] 更多的人们越来越认识到：中国越是能够与国际体系更好地融合，也就越能享受到这种全球市场化、国际化所带来的收益，反过来，也越有助于增强改革现存国际体系不合理的能力。"特别是今天，中国从全球化体系中获得了不少的收益，维护现存国际体系就意味着维护了中国的国际利益。也就是说，从根本上来看，尽管中国与现存的国家体系之间还是有一些矛盾，但这种矛盾不是对抗性的，而是发展中的矛盾。"[②]

[①] 高全喜、任剑涛等：《国家决断：中国崛起进程中的战略抉择》，中国友谊出版社2010年版，第193页。

[②] 胡键：《角色·责任·成长路径：中国21世纪的基础性战略问题》，上海人民出版社2010年版，第17页。

（三）以参与者身份重塑大国形象。

在复杂多变的国家社会里，需要我们以利益相关者的身份参与其中，审时度势，学会理性地对待现有的国际政治经济秩序，学会有理、有力、有节、有据地与发达国家打交道，学会在现有的国际框架下寻求有利于我们也有利于世界的国际政治经济秩序的修正方案。原因在于：其一，尽管全球化会对民族国家带来挑战甚至主权冲击，尽管发达国家在全球化过程中相比较于后发展中国家在资源攫取和配置方面占据优势，但是我们不能否认全球共同利益的存在。而且全球化也不是西方发达国家的全球化，换句话说，并不是由其单方一手遮天、完全操纵。事实上，民族国家一方面通过自己的自主活动对其他国际交往主体产生影响作用，另一方面，它也受到其他主体的制约。冷战结束之后，人们又进而意识到安全的全球化，尤其是非传统安全威胁日益凸显，任何国家都不可能单独应对。事实上，全球化与地方化是相伴相生、相互牵制的发展方向，全球化必然改变不了以民族国家为基石进行拓展的局面，后发展中国家也必然在全球化的进程中扮演极其重要的角色。其二，尽管后发展中国家都是被拽入全球化进程中来，也由于遭遇列强的野蛮殖民掠夺，而长期处于依附发展的落后状态，但现在越来越多的发展中国家意识到，既然这种被动的现状没法改变，就必须调整国家战略，实现由"要我做"到"我要做"的转变，主动地参与到经济全球化过程中去。也由于国家间交往日益密切，他国利益、地区利益和全球利益有不少地方与国家整体利益相一致，或与国家利益互补，从而构成国家利益的组成部分，可见，只有主动融入全球化才能更好地捍卫国家利益。其三，基于全球共同利益，充分发挥联合国的积极作用，积极促动联合国改革，使之成为未来国际秩序的调控中心，也保证在平等协商的基础上形成相互制衡的国家间关系成为可能。作为国际社会的行为主体，不能仅充当搭便车的受益者，作为利益相关者也应该尽义务参与到对国际政治经济新秩序的完善之中去。有人可能会问，当权力不对等条件下如何实现真正参与呢？事实上，一些小国可以利用地缘优势在大国之间运用均衡战略，诸如韩国和缅甸等。这源于：其一，国际舆论越来越发挥作用。在每一个国家都应该平等相待的世界舆论面前，哪怕是微不足道的国家也能找到保护国家利益的支点。尽管国际政治区别于国内政治的地方在于没有自上而下具有刚性强制力的制裁手段，但是随着全球化加深和网络时代到来，国际舆论的道义谴责越来越起到重要作用，具有世界影响力的意见领袖的动员能力以及日益发达的国际公益性组织都使舆论的积极功效得到有效发挥，诸如以 NGO、NPO 等日益发达的国际组织，他们凭借组织的力量运作作为社会风向标的无线电、大众传媒、网络新社交平台，引导和推动着公共舆论，以整个社会伦理准则来对全球公共事务施加强大的压力。其二，国际市场和社会组织权威的作用。尽管民族国家是国际社会的基本政治单位，但充分利用国际社会兴起的市场权威和社会权威弥补政治权威解决国际冲突的不足，是更有效的途径。正如上所述，国际社会组织发挥的作用日益显现，形成社会组织权威来参与全国事务的治理；另一方面，以个人、家庭、企业和跨国公司为主要内容的市场权威也在全球化日益加深的时代发挥着越来越重要的作用，他们主导着资本和金钱的流动，对全球资源的配置具有基础性引导作用，也必将在全球公共事务的治理中发挥市场调控的基础性作用。因此，未来的国际社会将由政治权威、市场权威和社会权威多元主体相互依赖、相互制衡，形成多层次、多中心的全球复合结构和动态权威格局，发挥各自权威主体的积极优势。其三，国际法在解决国际冲突中的作用越来越凸现。既遵循现有的国际习俗、惯例，加强对国际法的研习，以便娴熟驾驭它，又作为推动者共同参与制定各类新的国际章程和制度规范，促进制定的法律更加公平正义，以便更好地指导各个国家的行为方式，尽可能减少最大化自身利益的冲突解决方式。其四，共同需要解决的全球问题也使得共同参与成为必要。我们并不能想当然地认为一个具有优势的大国就能一手遮天、完全操纵，必然排挤其他国家的参与，恰恰相反，新暴露出的全球性共同问题需要各国共同参与才能取得较好的治理绩效，诸如全球污染和气候问题、全球反恐安全和共同治理犯罪问题、一些共同规则的制订等等，超越狭隘国家利益之上的全球利益，共同维护我们生存在一起的地球，在"地球村"不是一个神话的时代，越来越需要达成共识，只要有机会参与新秩序的构建，就有谈判的筹码和制约的可能性。

这里也必须要强调的是，后发展中国家以融入而不再是抵制的态度对待全球化，但也并不是完全放弃抵制与争锋，"我们要通过争锋寻求更大的共融，争取在世界格局中发出我们的声音，构建我们的主体性，在融入世界秩序的同时发挥主导性的作用，这才是我们的目的所在。"[①] 即保留抵制与争锋的融入国家战略才能坚守国家的自主性，这也是我们坚持的融入性自主的根源所在。只有这样才能通过融入，更好地了解全球化的游戏规则、利用好全球化带来的机遇来增强国家实力，从而才有机会有能力为修正不公正不合理的游戏规则提供可能。因此，应该在遵循现有国际秩序的前提下，从基本规则入手，逐步地谋求变革，着重关注国际制度的创立、修改与完善，寻求对我们乃至对世界人民更加有利的秩序和规则。

就拿中国与世界的关系问题来看，随着中国融入国际社会越来越广延深入，改变了过去游离于国际社会的局外人形象，从局外旁观、消极参与转向以利益相关人的身份积极融入国际社会中去，不再过于强化意识形态的革命话语和民族情绪来意气用事，不再是宣称另起炉灶而被发达国家视为国际社会的反对者。在摸爬滚打和"韬光养晦"的经验教训中逐渐学会利用既有的国际制度维护和拓展国家战略利益，以更加理性而审慎的态度，以积极的建设者和改造者身份，全面融入国际社会、与世界和平共处，以期望共同创造一种新的世界格局。"这一战略表明，中国力争避免被视为'修正主义国家'，主动而理性地融入国际体系，并致力于在国际体系中发挥积极的、建设性的、负责任的作用。中国的战略力量以和平方式向国际体系投身，既提高了中国的影响力，对世界转型产生了深远影响，也促进了国际合作。在一定意义上，美国常务副国务卿佐利克关于中国'负责任利益攸关方'的战略定位代表着国际体系主导者对中国的战略预期，可视为这一种良性互动的佐证。"[②] 在对未来国际社会参与共建的过程中，中国作为一个负责任的大国形象越来越被国际社会所接受和认同。

[①] 高全喜、任剑涛等：《国家决断：中国崛起进程中的战略抉择》，中国友谊出版社2010年版，第193页。

[②] 门洪华：《修远集：门洪华调研录》，社会科学文献出版社2013年版，第154—155页。

二、国家的自主与全球意识

（一）融入全球化并不意味着国家主体性的削弱甚至丧失。

强调国家的自主就是要突出国家的主体性。有一部分人由于担心因为融入全球化而丧失国家的自主性，在认识上又走到另一个极端上去，凭借"反现代化"和"去全球化"的道德批判，回溯或沉湎到历史性、本土性和地方性之中，对外界世界的发展持逃避和拒斥态度。我们应以融入性自主的态度积极参与到全球化进程的构建中去，我们不要把全球化就固化理解为西化，世界不是西方的，更不是美国的。事实上，参与到全球化进程中的每一个民族国家都是塑造全球化的利益相关者和历史见证人，都在相互交往加深的过程中互构和重构着全球化，并没有因为融入性参与到全球化之中就消灭了自己的民族的自主性，恰恰相反，在自主和理性地融入之后，更加印证了"只有民族的才是世界的"这句名言，更加凸显了自己的民族主体性。"西方诸民族，如英国、法国、德国、美国，乃至亚洲的日本，他们并没有因为积极参与这一轮进程而失去了主体性，反而构建了各自的现代社会的民族精神，我们中国为什么就一定会因此而失去自我，丧失主体性呢？"[①] 因此，对于全球化我们不能预先设定就是某种模式，而对其充满了拒斥和恐惧。我们强调我们现代国家的建设应遵循现代化的逻辑，融入全球化的进程中，绝不是完全否弃自己的主体性。照搬或屈从别国的结果只能是永远跟在别人后面，甚至难以改变任人宰割的地位。全球化永远不会终结，因为每个民族国家都是这个进程的局中人，因此全球化的未来具有无限重塑的可能性。更何况即便全球化是一个深渊，我们也必须跳进去，正视它，也只有以这样一种客观理性和勇猛无畏的心态才能在融入全球化的进程中不被自己所击败。民族国家的自主性不是逃避出来的，而是靠在参与和拼搏中成就出来的。

（二）中国如何在融入全球化中确保国家自主性？

（1）如何在国家间相互交往日益密切的全球化时代凸显国家自主性，根本上来讲，还得靠从内部练基本功，走上制度化国家建设的道路。尽管在全

---

① 高全喜：《30 年法制变革之何种"中国经验"》，见罗卫东、姚中秋主编：《中国转型的理论分析：奥地利学派的视角》，浙江大学出版社 2009 年版，第 208 页。

球化时代外交显得格外重要，但我们要明白"弱国无外交"的道理，外交的话语权是否有分量，外交斡旋是否有效力，都取决于国家的实力和对国际社会的影响力。否则，纵横连衡的外交就成为无源之水、无本之木。如印度莫迪新政府的典型特征就是"急内政，不急外交"，"莫迪的强项也是内政，是经济，而不是外交或国际事务。莫迪赢得人望的原因，也是因为他领导的古吉拉邦经济增长率创各邦之最，基础设施建设和吸引外国企业投资上尤其引人瞩目"①。莫迪务实的治国战略也赢取印度的高速经济增长，这也与我国改革开放以来长期把"经济建设为中心作为最大的政治"不谋而合，中国目前的国际地位和国家形象都是来自于国内政治经济成就。我们依然要禀存这一基础性地位不动摇，外交上的发言才有力量。而要巩固和确保这一秩序长期有效，还得依靠国家自主的制度化建设，"对于一个自主的交往行为主体来说，其自主性就不仅表现为在与其他主体的关系中的能动作用，而且更重要的是要通过对于自身组织内部结构的优化和调整，来表现出自身的自主性，这一点在现代国际交往中更加重要。为此，需要民族国家不断进行国家内部的制度创新"②。在《全球经济中的国家：将国内制度带回来》一书中，林达·维斯运用制度主义的视角，也表达出类似的观点，即国内制度的特点决定了国家以何种方式回应全球化挑战③。国内制度既能调节全球市场的激活逻辑，也能调节全球市场的约束逻辑，从而确定了两种逻辑的影响并产生了不同的政策模式。对中国而言，诸如利用后发国家技术创新的优势推动产业的科技含量与研发，加快产业结构的合理调整；促进教育公平、改善国民素质，储备丰富的人力资本；减少贫困和社会失业，从选择性社保向适度普惠的社保政策的转变，提供更多优质的公共产品，从而提升公民的幸福指数，减少社会群体性危机冲突的风险；改善公共管理的治理水平、加强政府的廉政与绩效建设，健全法制，推进法治国建设的进程，养成公民对规则权威的服从与信仰；

---

① 贾海涛：《处理当前中印关系：还真要注意一些问题》，载《南方周末》，2014 年 7 月 10 日，第 10 版。
② 贾英健：《全球化背景下的民族国家研究》，中国社会科学出版 2005 年版，第 58—59 页。
③ Linda Weiss, ed., *States in the Global Economy: Bringing Domestic Institutions Back in*, Cambridge: Cambridge University Press, 2003, p. 27.

加重文化建设的力度，为国家真正地整体腾飞奠定坚实的精神支撑和智力支持。通过对经济结构、社会结构、政治结构和文化结构的调整和完善，确保国家内部整体凝聚力的迅速提升，也大大改善其在国际社会的形象，增强国家整体竞争力。理论自信、制度自信和道路自信的提出和真正转化为现实是我国国家建设取得比较优势的关键之所在。我国经历了"文革"时期的法律虚无主义对公检法机关的破坏和对制度的忽视，到邓小平时代把制度建设提上改革的重要议程，之后的历任领导集体都以"法治国家"建设为目标，社会主义法律体系基本确立，中华法系也越来越被世界所认可。但由于公众对于制度制订的参与过程并不高，制度的科学性和制度的滞后性问题还亟待解决。也由于对制度制订缺少参与，对制度漠视也就普遍，再加上长期养成的民情是"谈法色变"和"厌讼"，遇事期望"青天包老爷"的出现来解决，这也导致对于制度的监督和完善缺少外部制约的环境。另外，权大于法的官本位思想长期存在也使得公共权力运行过程中的人治问题依然严重、有法不依现象比较普遍、往往还是习惯于运动式治理。

（2）需要对国家利益按照轻重缓急进行必要的排序，有助于避免眉毛胡子一把抓，各个击破，稳扎稳打推进国家自主性能力。著名的国际政治学者王逸舟很早就开出过维护国家利益的次序清单，"中国主要国家利益的重要性等次及实现顺序：即首先是完成民族国家的建设，尤其是'四个现代化'，包括国家富强，经济发展，社会稳定，广大民众的安居乐业，以及在此基础上积极稳妥地推进政治民主化和法治化建设，保证各民族的和睦相处等；其次是争取在不造成任何大的震荡和外部冲突的条件下，保障我国领土领海的完整和不受侵犯，加快推进祖国统一大业的实现；第三是不仅要发挥亚太地区重要大国的主导作用，更要争取成为国际社会'指导委员会'（如联合国）和各种国际机制的重要成员，在'有理、有利、有节'和'斗而不破'的策略指导下，渐进地和有效地推动现有的国际政治经济秩序的改造，使之更加符合多数国家的利益和人类进步的方向。并强调这是一个复杂的和动态的协调过程，其间可能充满矛盾与小的冲突，三大利益间可能在总体次序不变的前提下偶尔调整重要性的顺序"①。这种从内部建设到外部秩序，从局部地区到全球整体，根据国家实力渐进有序地推进和维护国家利益是符合认识规律的，也被吸纳到国家的战略和外交政策中去。诸如在刚刚融入国际社会的时期，基于"韬光养晦"不当头不争霸，赢得时间和精力集中搞国家建设。根据国家实力的变迁，准确定位从一个负责任的地区性大国做起，搞好与周边国家的睦邻友好关系，促进亚太乃至亚洲的繁荣与稳定。在进入 21 世纪以来，以融入性自主的态度加快参与全球化的进程，勇于担当起更大的国际责任，为更加公正合理的国际政治经济秩序而奔走呼号，从而使共同遵守的国际制度框架更加合理完善。

（3）我们不仅需要通过调动各方面资源把国家建大建强，而且需要学会驾驭和规范国家的行为，争取与其他国家合作共赢，从而赢得更广泛、更持久的国家认同的基础。尽管民族国家仍是当今国际社会最基本的政治单元，维护国家利益，国家主权不容侵犯是国家交往的底线，但基于共同利益和协商基础上的必要的主权限制并不是丧失国家主权，而是更好地维护国家利益，与主权神圣不容侵犯并不矛盾。俞正梁教授指出，"冷战后国际条件的嬗变和各国生存与发展的利益变化，使发展中国家在主权问题上面临着双重选择：一方面必须坚持以主权为本；另一方面，为了求得更大的国家利益，又应该在国家主权问题上进行自主限制，即自主适应。这种自主限制具有双向性、互动性和独立自主性。坚持主权与自主限制的辩证统一，都是在当代历史条件下对主权本质的坚持"②。这是全球化日益加深的时代必须面对和需要正确解决的一对矛盾。即以群体作为主体的方式而存在的民族国家，它一方面通过自己的自主活动对其他国际交往主体产生影响作用，另一方面，它也受到其他主体的制约。在《权力与相互依赖》一书中，基欧汉和奈提出了著名的"复合相互依赖"模型，从而描绘了与现实主义学说截然不同的世界政治图景：各社会之间的多渠道联系，国家间关系的议程包括许多没有明确或固定等级之分的问题，并不是非得动用武力来谋求国家利益的最大化不可，

---

① 王逸舟：《国家利益在思考》，载《中国社会科学》，2002 年第 2 期。
② 俞正梁：《发展中国家在主权问题上的当代选择——中国对外战略问题思考之一》，载《复旦学报》，1998 年第 1 期。

在不少问题上完全可以通过协商合作的方式来谋求共存共荣。俞正梁教授指出,"冷战后国际条件的嬗变和各国生存与发展的利益的变化,使发展中国家在主权问题上面临着双重选择:一方面必须坚持以主权为本;另一方面,为了求得更大的国家利益,又应该在国家主权问题上进行自主限制,即自主适应。这种自主限制具有双向性、互动性和独立自主性。坚持主权与自主限制的辩证统一,都是在当代历史条件下对主权本质的坚持"[①]。坚持对主权的维护和必要的主权让渡的统一因为在前文已经有过论述,在此就不再赘述。

(4)尽管稳定和安全是国家自主性增强的保证,但国家寻求和平和发展才是本国人们也是世界人民共同的福祉,从而培养起民众深度的心理认同,形成国家"软实力"在国际竞争中取得真正优势地位。可以断定中国在现在和将来仍然面临维护国家主权和领土完整、维护边疆地区和国内其他地区的稳定、实现祖国统一等基本的国家安全利益的使命,但这不是国家利益的最高目标,或仅仅还只是最基本的目标。一个国家和民族必须在确保生存的条件下努力发展自己,促进经济、技术、军事、教育、文化等领域的全面发展,给人们提供他们想要的美好生活,也为所赖以生存的世界保持持久和平稳定承担起应有的大国责任,这是当前和21世纪相当长时期内中国的根本利益。当然,国家内政建设不仅包括硬实力建设,也包括制度、文化价值等软实力建设,并能向外输出,真正让对手心悦诚服地认同。随着中国国家实力的增强,汉语和中国文化在世界的影响力在逐渐扩大,世界各地的孔子学院以及国外华人的文化传播也都在加深,中国的国家形象也在不断被刷新和赢得更广泛的认同。笔者认为,软实力的影响不仅仅限于传播具有独特性的传统中国文化,而且还应该输出具有现代政治文明的制度成果,这也是美国主导的国际秩序所积累的"软权力"输出给我们的启示。

(三)何谓"全球意识"?我们不要对全球意识期望过高,全球意识不是要高度同质化,也不是期望建立世界统一政府。全球意识只能是基于人类的共同状况而产生的"重叠共识",这种共识往往是为了拯救人类和协调全人类

[①] 俞正梁:《发展中国家在主权问题上的当代选择——中国对外战略问题思考之一》,载《复旦学报》,1998年第1期。

行为的一种最低限度的共同的价值、标准和态度。即由不同文明地区和不同宗教信仰的人们所共享的"最低的最大化"(其为罗尔斯的称谓)的普世伦理,民族国家作为交往主体所必须遵循的基本共识或底线伦理。"全球意识不仅不会使各个国家的利益的多样性和文化的差异性消失,相反,还要建立在利益的多样性和文化的差异这一基础之上,它提供的不是抽象的规范,也不是整齐划一的道德规范,而是对世界各国各民族文化精髓共通性的挖掘和提升。"[1]尽管笔者不赞同以世界公民资格和世界政府这类理念来重塑全球,但赞同以放眼全球的大视野,以世界来审视国家,尊重全球共同利益和国际制度框架,并对实现国家利益难易程度进行排序,便于人们看得更高远,有助于化解狭隘的、局部的利益冲突,寻求互谅共生的合作与共赢,这样反而更有助于维护本国的国家利益。

(四)国家自主与全球意识的辩证统一关系。不同民族国家在国家利益上的差别规定决定了它们之间存在着各种冲突和一致、竞争和合作的关系,脱离民族国家利益之上的全球意识要么是空洞的意识说教,要么是为了掩护霸权行径而寻找的美丽谎言。尽管伴随全球化进程的加快,不同民族国家之间的共识在不断增强,需要共同面对和处理的全球事务也在不断增多,但保留民族国家的民族意识和情感、维护国家主权和国家利益为根本出发点,这一直以来是处理国家间关系的基本原则,也可预测在将来依然在国际关系中居于首位需要考虑的问题。也即是说,全球意识的增强,并不意味着各民族国家之间的文化和利益等差异的消失,而完全可能是一种差异与共识并存的现象伴随人类社会的始终。尽管在全球化时代,为了加深人们之间的交往和扩大共同认同基础,我们有必要强调全球意识,但全球意识必须以民族国家利益的丰富性、文化的多元性和价值的多样性为基础,把全球意识与国家自主辩证统一起来。那种期望在消灭国家主体意义上去建构一种全球同质意义上的全球意识是极其危险的,也是各民族国家所不能容忍的。我们强调全球意识在当今的重要意义,但不赞同无限放大全球意识的人为建构,更不期望沦落为以某种具体的国家意识来取代或杜撰的全球意识,全球意识更应该是各

---

[1] 陈建东:《全球伦理与国际新秩序的建立》,载《国际关系学院学报》,2000年第3期。

民族国家在平等协商和竞争合作地解决共同面临的国际事务的进程中演进出来的自由意志，是基于民族国家差异性基础上产生的一种共识价值，而不是按照设定的全球意识来配置不同民族国家的国家利益。

尽管全球问题凸显了全球共同利益，催生了全球意识，国家利益和国家主权受到一定程度的挑战，但是国家利益远未过时，民族国家依然是国际关系中最重要的行为主体和基本的政治单元。"为有效地维护国家的根本利益，民族国家必须树立新的国家利益观，以顺应全球化的大趋势：一是坚持全球利益关照下的国家利益，即在保证国家的生存和主权独立的基础上，以不损害全球共同利益为根本前提，在尊重他国合理利益的同时，最大限度地追求和实现本国的国家利益；二是注重并把握好国家利益的层次性和动态性，适时调整国家利益的层次关系，从而科学合理地确定各项利益的优先顺序，最终为外交战略和外交政策的制定提供客观的依据；三是在确定了国家利益的优先顺序基础上，在国际制度的框架中实现国家利益。"① 即国家利益的维护是根本不动摇的，但在尊重全球共同利益和在国际制度框架下，对实现国家利益难易程度进行排序，这样，才能更好地维护和实现国家利益。换句话说，要摆脱国际政治现实主义以针锋相对的态度去追求国家利益，从"我之所得必然为你之所失"的零和博弈中走出来，改变为"我要过好也尽可能让你也过好"这种双赢的态度，学会在妥协协商和参与合作的动态国际秩序中，去增强维护国家利益的主动性，也争取以最小的代价换取最大的收益，改善其不利的国际地位，赢得竞争的比较优势，在争取和维护本国家利益的基础上，也促进和完善国际政治经济秩序向更加公正、合理的方向发展。

三、大国的忧思与构建

（一）何为大国？何谓大国的崛起？

（1）大国不是自己强加的，而是别国赋予的。"大国不是实力强制的结果，而是别国内心认可的结果。缺乏内心认可，哪怕是一个国家一时成为别国全心模仿的范例，也会因为模仿国内心的拒斥使这些国家逃脱开去，并且

---

① 蔡拓、唐静：《全球化时代国家利益的维护和定位》，载《南开学报》，2001年第5期。

对霸主国家自身的命运产生严重的负面影响——苏联与所谓铁幕国家的命运很好地证明了这一点。苏联自身的轰然坍塌与东欧卫星国家的树倒猢狲散，典型地说明大国不是靠单纯强制就可以实现其国家成就。"① 因此，选择武力征服还是道义吸纳，直接关系到国家的命运是逞一时之勇还是赢得长久的和平秩序这一至关重要的问题。大国由于在国际社会中占据的地位、扮演的角色和占有的资源，理所当然应该承担起更多的责任。要真正使大国地位持久，并能够得到别国的尊重和认同，大国的责任必须勇于担当起来。诸如中国如何促进欠发达国家改变落后的面貌而承担起帮扶的义务，如何在地区性乃在更大范围内承担起安全防御的职责，促进世界的和平稳定，如何让整个地球更加宜居、更加公平、更加充满关爱，等等。只有首先在认识观念上转变过来，并积极把观念转化为切实的行动，坚持不懈推广和提升自己的示范效应，这样的大国才真正成其为大国。即负责任大国的新认同意味着中国一方面愈加期望自己被视为国际制度的积极而负责任的参与者，另一方面也接受哪怕并不合理的国际秩序，国家行为越来越受到国际制度的调节，这种参与中改进的积极态度非常有助于中国在与国际制度的互动过程中建构起一个负责任、建设性、可预期的国际形象，积极提供全球性和地区性公共物品。即把中国定位在一个区域性的亚洲大国，而非全球国际秩序的挑战者，始终坚持和平共处五项原则并向世界推广，并以此规约自己的行为，向世界宣称和平崛起，从而也赢得国际社会其他国家的认同。

（2）学会规范自身而不是压制别人的国家更有可能成为人们信服和赋予的大国。大国不是无限放大自己的野心，而是要学会规范自己的国家行为，也只有国家权力是有限的，国家才能长久维持一种自主的状态。帝国心态要不得，因为野心过大总会有朝一日由于管辖不过来而从帝国体系内部分崩离析。小国心态也要不得，因为总是保守狭隘的国家利益和非理智的民族情绪而必然使自己被拒之于国际体系之外。古人一直存在对于王道和霸道的争论，王道与霸道之间也一直存在轮回更替。霸道是不能持久的，但国家又很容易

---

① 高全喜、任剑涛等：《国家决断：中国崛起进程中的战略抉择》，中国友谊出版社2010年版，第180—181页。

走上霸道的不归路。王道才是正道，但王道需要非常高的道义基础作为支撑。往往在建国之初，统治者还能较好地规范自身的行为，把国家引向王道，也获得民众较为普遍的支持。但随着统治集团的巩固，再加上国家权力行使过程中有很强的趋恶倾向性，就容易利用执掌的国家权力来压制别人，走向霸道。在国家统治的后期，霸道的压制一旦使民众忍无可忍，必然激起民众的殊死搏斗。因此，自启蒙运动以来的近代国家一上来就基于如何规范和约束国家权力的行使，而开启了宪政国家的道路。

（3）国家硬实力固然重要，但更为根本的是国家软实力给世界文明带来何种政治影响力。如"在世界近代史建树颇多的国家——荷兰，它创建了国家主权体系原则，开创了较为多元的国际体系，它的创新还带动了三个自由，即社会自由、公海自由和欧洲自由，这些创新使荷兰从刚刚脱离西班牙的小国一跃成为'海上马车夫'。随后的英国也是依靠几大历史性的创新而成为19世纪的霸主：第一是政教分离、宗教宽容；第二是现代国家财政制度，主要是光荣革命以后形成的制度；第三是另外两项世界历史的大创新：工业革命、自由贸易体制取代殖民体系，所以英国很快振兴，并登上了更加显赫的世界大国地位"[①]。这些国家从国土面积上都可以说是小国，为何人们从心理上认同其为大国，就在于其载入史册的世界影响力，即对世界的文明输出和制度创新能力。换句话说，需要澄清人们的认识误区：无论国家领土面积大小，都能成就大国梦想，而那些想靠穷兵黩武的军事侵略和强权政治来谋求大国霸权地位、成为国际社会有影响力大国的想法是站不住脚的，"国际社会公认的大国，不是某个国家支配了大多数国家的结论性说法，而是因为大多数国家认为这个国家凸显了自己国家的强盛之道，因此心悦诚服地认同这个国家的发展模式的结果。"[②]这也说明，一方面，民族国家自身应培养其自我反思平衡的能力，这要求具有很强的道义支撑来规约自身，这需要经常做自我博弈和内心独白的训练来强化这方面的能力；另一方面，也需要通过主体间性

---

① 高全喜、任剑涛等：《国家决断：中国崛起进程中的战略抉择》，中国友谊出版社2010年版，第87页。

② 高全喜、任剑涛等：《国家决断：中国崛起进程中的战略抉择》，中国友谊出版社2010年版，第180—181页。

来互为建构，因为主权是现代民族国家对其疆界的相互界定中产生和确立下来的，"这种'自反性地监测'是通过'边境'概念而实现的：不仅民族国家的主权是通过其他国家对其边境的认可来获得承认的，而且建立在基础上的国际关系是一种自反性的秩序，边境内外权力关系的变化仍然在这种现代性的自反性之内。"[①] 无论从主体性的自我反思和内心独白看，还是从主体间性的相互牵制相互承认来看，基于道义的国际正义对于走出国际社会的"安全困境"具有根本性作用。这就要求摆正好自己的心态，不做第一个背叛者，也不奉行强权政治和霸权逻辑，坚守和平和道义，广交朋友，少树敌。学会规范自身而不是压制别人的国家更有可能成为人们信服和赋予的大国。这就要求民族国家坚持内修，超越狭隘民族主义的情绪化表达。民族主义是一把双刃剑，积极的民族主义有助于形成国族共识、塑造国家品格、凝聚和提升国家治理能力，而狭隘的民族主义又容易导致激情盖过理智，敌对导致对外关系恶化、对内民族分裂加剧。学会运用外交辞令和成熟新闻发言人制度，以更加理智和全面的权衡来处理国家间关系，也是一个国家走向成熟和文明的表征。因此，大国之所以成为大国，不能仅仅追求表面的繁荣和自负的强盛，更不能凭靠高压强制、野蛮掠夺等外在力量迫使其他国家臣服，而最主要的还是靠内修基本功，提供确保国家良性运作的制度基础、形成民族的内聚力。即通过塑造文化自信、制度自信，从而实现国家发展道路的自信，这样才能积累起人们对国家忠诚的强大心理认同的基础，这样的国家才真正称得上为大国。如果期望依靠强权来推行其霸权，那样的大国哪怕也可能维持短暂的强盛，风光无限，但也往往是海市蜃楼，昙花一现。霸权兴衰的历史周期率也屡次给人类敲响警钟。

（二）中国如何打造成为一个真正的大国？

（1）澄清几种要不得的国家意识。其一，民族悲情主义。近代中国面对西方的工业文明开始每况愈下，从天朝帝国到民族国家的转变，意味着从被万国朝拜的地位一下子沦落为万国之中的一员，而且处于落后挨打地位的一

[①] 王奇才：《法治与全球治理——一种关于全球治理规范性模式的思考》，法律出版社 2012 年版，第 172 页。

员，很多人都受不了这种角色的转换。要么悲天悯人，哀声叹气，对中国传统文化不自信，认为我们的文化处处不如人，把传统文化批得体无完肤、一无是处，甚至要完全否弃它；要么是崇洋媚外、仰人鼻息，主张全盘西化、完全照搬，亦步亦趋，而结果只能是跟在别人屁股后面，难以摆脱依附的命运。其二，民族霸权主义。随着中国近几十年的建设成就，对于国外的"中国威胁论"言论敢于说不，固然可喜可贺。但"如果一个大国不能自我约束，充满狂傲，觉得以前你打我，你欺负我，现在终于轮到我报仇了，也轮到我去抗击别人了。这种思维会给这个世界带来新的灾难。历史上不乏这样的先例，被人欺侮了，然后发愤图强，反过来欺侮别人。英国殖民给全球带来了灾难，德国给欧洲带来了灾难，日本给亚洲带来了灾难，美帝国也同样如此。如果中国强大了，没有一个约束，以其人之道还治其人之身，将让许多人受到伤害。然而，这样的大国是我们最后一个要求吗？"[①] 这就是人们常言的大国崛起的悲剧。我们痛恨和反对霸权，但一旦自己实力强大起来之后，又必然走向霸权和强权政治的道路，这是很多民族国家发展的宿命。"人类今天面临的基本任务就是需要去促进关于我们相互依存的一种全球性的伦理上的自我意识，以及去缓和妨碍这种共识达成的强硬态度。"[②] 因此，中国的国家构建就既要摆脱过于民族悲情主义情结，也要摆脱西方民族国家过于物质化的趋势，避免因无限膨胀的欲望而走向国家霸权之路，每个国家都追求本国利益最大化就必然加剧国家间的安全困境，这两种国家意识都是要不得的。

（2）"和而不同"的中华文明提供的"天下体系"有助于走出全球民族国家间的安全困境，我们也期待和平的天下观。我们固然要增强自己的硬实力，在经济、科技、军事等方面跻身于世界强国之林，同时，更要立足于本国特有的东西，重新挖掘中华文明的精神意蕴，高度重视我国软实力建设，也只有对我们本民族文化充满自信，才能培养自己的文化的主体性，从而提升自己的文明在世界的话语权。和平的天下观既是两次毁灭性世界大战给我们的

---

① 高全喜、任剑涛等：《国家决断：中国崛起进程中的战略抉择》，中国友谊出版社 2010 年版，第 48 页。

② [美] 保罗·科尔兹编：《21 世纪的人道主义》，肖峰等译，东方出版社 1998 年版，第 408 页。

重要启示，也是人们尝到和平的国际秩序给人们带来安宁和繁荣的经验总结。欧洲自古有"世界主义"的传统，也许是饱受战争洗礼而更珍视和平和合作的价值。中国在西周时期就有"周召共和"、"天下共治"的天下观，即"天下是天下人的天下"、"天下为天下人所共享"，可谓政治早熟，这对于治理当下的民族国家之间的利益纷争也具有很好的借鉴意义。最近习近平主席也阐释了一种安全观，即一个综合的、共同的、合作的、可持续发展的安全观，试图通过合作来解决一切复杂的国际问题。用整体主义的和平天下观来反观国家利益，有助于国家走出狭隘民族主义。尤其在一个地球村联系更加紧密，管理更加扁平化的时代，人们积极尝试在全球利益引领下的人类更大共同体建构的可能性，或者更准确说是在全球利益框架下审视本国利益以化解国际冲突，通过全球意识来寻求合作与共赢。我们最近30多年在国家硬实力方面的建设取得举世瞩目的成就，尽管在国家软实力方面的建设仍然比较薄弱，但我们没有理由对中华文明丧失自信，中华文明之所以能绵延5000多年，并在未来依然显示其巨大的魅力，就在于其文明的基调是和而不同、共存共荣、共同发展。相对于西方民族国家以及此基础上的国际法对主权和疆界的依赖，如何走出米尔斯海默所说的"大国政治的悲剧"，"和而不同"的中华文明所蕴含的政治智慧提供了走出现实主义"丛林法则"的政治途径。正如汪晖指出："'大一统'和礼仪中国的观念却反对严分内外和夷夏之防、反对族群隔离和我族中心意识。这是一种文化多元、无分内外的'天下'的想象和规划：以礼仪关系（或称文化）作为多元性的政治共同体的基础，以不同族群和地区之间的边疆区域（而非边界）作为联系的纽带。"① 作为礼仪之邦的中国的"天下观"对于弥补由民族国家引发的国际冲突来说无疑提供了一种思想智慧。汪晖还强调："中国现代民族主义从一开始就带有清晰的国际性的面向。当大众的和革命的民族主义取代王朝制帝国的民族主义而成为主流之际，正在转型的帝国传统与一种世界主义的（康有为、梁启超）和国际主义（孙文、

---

① 汪晖：《现代中国思想的兴起》（第二部 帝国与国家），生活·读书·新知三联书店2008年版，第735页。

毛泽东）取向的结合，构成了近代中国民族建设最为重要的特征。"① 甘阳也在其重要著作《天下体系》一书中，重点阐释了中华文明的"天下是天下人的天下"、"天下为天下人所共享"这一"天下观"，也认为这种"天下观"才真正有助于建立起包容、平等和共存的新的国际秩序，走出国际旧秩序的安全困境。

---

① 汪晖：《现代中国思想的兴起》（第二部 帝国与国家），生活・读书・新知三联书店2008年版，第735页。

结语：强化中国国家自主性实现有效的国家治理

综观全文，把研究的对象锁定在中国从传统向现代转型的一百多年的历史大跨度下，以国家自主性理论来检视中国的国家建设。探究了何谓国家自主性，国家自主性在一个超大国家的社会转型中到底起到哪些作用，何种国家自主性能够有效地促进国家的现代转型，并能保持国家的持久稳定繁荣。

一、对于超大国家的社会转型国家自主性扮演的作用

（一）作为伦理共同体而存在的国家提供国家行动的合法性依据。对于作为超大国家的中国社会转型而言，"国家退却"是难以想象的，当然，我们是把国家理解为实体化的国家机器，还是赋予国家绝对的伦理实体，也直接关系到国家作用的发挥。对国家理解的这两个层面透视出国家内在的张力，但我们不能以实体化国家取代和淹没了作为伦理共同体而存在的国家。洛克给出了国家理性以限制性的规定，并以立法权制约行政权来设计制度安排，而在黑格尔那里"将国家作为绝对的伦理实体对待，使国家具有了控制性的力量，国家自身成为理性的象征，并提供给市民社会以德性规范和引导力量"[1]。笔者认为，我们应该先赋予国家作为自主的伦理实体而存在，再考虑对其行为进行限制比较可行。因为人总是渴望过一种道德的生活，政教分离，"上帝死了"之后，人们精神家园总得找一个可靠的寄托，公共利益化身的国家最具崇高性。国家自主性就是国家可以依据"公共利益"垄断暴力性国家机器，以确保具有强有力国家行动的能力。国家自主性来源于国家的至上性、自足

---

[1] 任剑涛：《国家理性：国家禀赋的，或是社会限定的？》，见许章润主编：《国家理性》，法律出版社2010年版，第50页。

性和国家权威神圣不可侵犯性,也通过国族共识来凝聚不同族群,为全体国民提供对国家认同的心理基础,国家是一种精神象征,国家代表一种公共组织,国家也代表一套制度装置。也正是因为具有超越于个人和某一阶级的脱俗性,公共性和人民性是国家的本质属性,这是国家行动的依据和合法性基础。

(二)国家自主性作为"自变量"参与转型社会治理,提升国家治理的能力。超大国家的社会转型必然伴生复杂的社会问题,而又有谁能代表公共利益实施"整体性治理"呢?统一的基础性制度安排、统一的税制和统一的法律体系的确立又有谁能够供给呢?"改革开放成果共享机制"和"公共服务均等化"等权威性的分配又由谁来实施呢?……这些关系根本性和全局性的问题都需求国家作为"自变量"参与到政策议程的制定中来,也只有国家这一最具权威的组织能够担当此重任。当然,国家自主性不仅受制于独立目标的提出,还直接地与实现目标的能力有关。"国家自主性是指国家独立于社会自我决策的程度,国家能力是指国家通过社会执行其政策的能力。前者是在政策制定层面讨论国家有多大独立于社会的自由度,后者是在政策执行层面讨论国家通过社会达到其目的的能力"[1]。支撑国家行动能力的要素很多,从外部自主性来看,就是要确保主权完整,国家尊严神圣不容侵犯,这是国家存在的前提,从内部自主性来看,构建精干又忠诚的官僚组织机构和对财政资源的吸纳和支配能力,都构成提升国家能力、有效实现国家自主性目标的坚实基础。斯考克波将国家定义为"以行政权威为首的并由该行政权威在某种程度上妥善协调的一套行政、治安和军事组织。任何国家都是首先和主要从社会索取资源,利用这些资源来创立和维持的强制组织和行政组织"[2]。这样,国家的强制力本身就意味着国家独立于社会的可能性,强制力是国家自主性的基础前提,强制力使国家在任何地方都至少是潜在地独立于社会阶级的直接控制,尽管这种自主性程度因具体情况而千差万别。同时,我们也要看到另一事实,即国家也可能被利益集团所绑架和支配,国家越是强大,越是偏

---

[1] 曹海军:《国家能力建设的理论内涵与制度变迁》,载《中共福建省委党校学报》,2007年第4期。

[2] [美]斯考克波:《国家与社会革命》,台北:桂冠图书股份有限公司2003年版,第33页。

离国家的公共性，代表的恰恰是利益集团的利益，从而导致表面上国家能力的强大而是以牺牲国家合法性为代价的。对于这种国家能力的提升是值得我们警醒的。

（三）发挥国家自主性的国家，治理绩效越加彰显，并实现从量变到质变的华丽转身，彰显公平正义。超大国家的社会转型找到了制度化治理的依托之后，也越来越显示其治国的能力和治理的绩效。这也就是说国家不是仅保持经济高速增长和物质财富增进这一单一目标，国家更为根本的目的是实现对国家的有效治理。尽管经济发展的目标可能会与对社会的综合治理的目标相一致，但也不能以唯物质主义的狭隘遮蔽国家所代表的公共利益和长远利益。公共利益是国家自主性的试金石，国家治理的绩效是国家自主性发挥好坏的客观标准。诸如我国随着分税制改革逐见成效，国家财富积累越来越强大，已有能力通过财政杠杆来宏观调控中央与地方的收支分配，减少东西部差距；也有能力积极推进社会保障制度的改革和完善，逐步实现由"选择性普惠社保"向全民覆盖的社会保障的转变，使社会的弱势群体也能够有尊严地活着，以确保"公共服务均等化"和"改革开放成果为全体人民所共享"。国家也积极推进社会文明建设，鼓励和推动社会管理体制创新，帮助老百姓实现从"单位人"向"社区人"的转变，以基层社区建设为依托，重塑具有多样性和充满活力的基层社会。如果国家自主性偏离公共利益，国家治理失败就会激起人民的反抗、引发国家统治的危机。转型社会积累的社会弊病如果等到社会自我来消解又将何等漫长，而且与转型社会相伴生的贫富差距倘若越来越结构固化之后，利益集团将使减少这种差距的改革越来越艰难，也只有国家愿意和必须出于公共利益的目的，发挥国家自主性对利益集团实行"分而治之"，才能更好地有助于打破贫富差距的结构化分化趋势。也有专家学者认为，改革开放前期，"经济建设是最大的政治"，时代发展到当今，应该转到"以社会建设为中心的最大政治"阶段，"把蛋糕分均"的改革要比"把蛋糕做大"的改革更艰难，但是这种基于心理的深度政治认同也要比基于利益交换的浅层政治认同更可靠、更持久。也有人指出公共服务均等化是现代国家的使命和政治合法性的新指向。

（四）不断提升国家自主性的认识和判断水平，在变动的世界把握前行的方向。在借鉴别国发展模式的过程中，保持和完善本国建设的自主性。国家发展道路模式对于任何一个国家的发展模式而言都没有终结，尽管对国家类型有不少学者已经进行模式化总结，诸如卡赞斯坦根据国家和社会各自的集中程度对国家类型进行划分如下：

国家和社会各自的集中程度 [1]

		国家集中化程度	
		高	低
社会集中化程度	高	日本	联邦德国、意大利
	低	法国、英国	美国

还有杨光斌教授按照法治（或共和）、民主与经济的基本标准，论证过可以把早发达国家的政治发展次序分为三种"理想类型"，即"美英模式"、"法国模式"和"德日模式"。他具体从比较政治学的视角对几个非常典型的国家发展模型总结为："英国和美国沿着共和—经济发展—民主政治的秩序，法国则是民主—动荡—法治的秩序，德国和日本则是人格化权威结构—经济发展—国家失败—宪政民主的秩序" [2]。但是一方面由于各国先天资源禀赋的差异性，而使国家发展道路不具有模仿性，充其量只能是部分经验的借鉴而不能全盘照搬。另一方面，实际上即使是上述的所谓国家类型或国家模式比较成型的国家也都是相对的，也需要根据情势变更来调整国家战略。因此，在发挥国家自主性的过程中，国家也可能出现认识偏差，可能也会使国家的发展战略出现失误，这并不可怕。对于中国而言，尽管"国家引导的经济增长模式"带来中国经济持续三十多年的高速增长，但是对于这种模式的总结并没有达成共识，而且中国的未来走向何方也充满了不确定性，但有一点可以肯定的是：如何有效地把市场经济和社会自治吸纳到国家自主性发展的轨道上来，是确保国家稳步前行的关键。

因此，任何一个国家的发展模式都是自主性很强的差异政治，而且谁也

---

[1] Peter Katzenstein, ed. *Between Power and Plenty: Foreign Economic Policies of Advanced Industrial States*, p. 324.

[2] 杨光斌：《早发达国家的政治发展次序问题》，载《学海》，2010年第2期。

没有能力确保国家发展朝着既定的目标前行，这也是政治发展具有很大的不确定性所决定的，差异政治和不确定性政治是人类不得不面临的政治难题，我们没办法简单照搬其他国家的发展模式，而且本国的发展模式也需因时调适、反思平衡。正是在这一层面上，有思想家认为"政治的本质是选择"①。然而，选择的智慧也激励着人们勇往直前地探索何种政治生活是值得向往的生活。只要国家自主性能够不断运用反思平衡能力，国家取得非常高效的治理还是可期待的。尽管"公意"是难以言说的，但因为是客观存在的，遵循"公意"指导的国家自主性行为如果能够及时调整偏差、增强认识和判断能力，不断理解和趋向"公意"的行为尽管艰辛，但也是具有可行性的。这种信念的力量非常巨大，胜不骄、败不馁，只有遵循这种国家自主性观念，"国家引导的政治发展"才能更好地显示其巨大魅力。

二、何种国家自主性能够保持国家的持久繁荣？

无论是社会危机驱动型国家治理模式，还是国家为了追求一种良善的政治生活而选择的整体性治理活动，国家都在其中发挥极其重要的自主性作用，值得深入研究的问题就是国家选择何种自主性以便能够达到对社会有效治理的目的，从而保持国家的持久繁荣。笔者从"构建性自主"、"嵌入性自主"、"反思性自主"和"无为性自主"四个维度论证了国家自主性的四个层次。

（一）构建性自主：国族政治共识和政党制度化转型具有很强的构建性。从中国迈向现代国家伊始，就面临着如何从传统基于血缘身份和地域种族具有鲜明私人性的家国政治走向基于公民资格和政治共同体的鲜明公共性的国家政治这一根本问题。被现代民族国家冲击得体无完肤的旧中国如何重建国内政治秩序和从被奴役被殖民的地位中独立出来，先知先觉的梁启超最早提出了中华民族的概念，被建国之父的孙中山继承和发扬，在世界民族国家作为基本政治单元的世界政治格局中，中国完成民族国家的构建是第一要务，

---

① [美]里普森：《政治学的重大问题：政治学导论》，刘晓等译，华夏出版社2001年版，第18页。

也即以主权观念和疆域意识来强化对国家的认同，只有国家具有强大的吸纳和动员能力才能具备强有力的国家能力，才能在世界民族国家之林中具有竞争力。这就要求从共同的生活经历、历史记忆、文化传统、价值资源和时代精神中挖掘新的元素构建和凝聚作为国族概念的中华民族，以此把一盘散沙的国民凝聚动员起来，从而转化成强有力的国家能力。尽管一些学者批判以国族来构建政治民族就是搞政治同质化，我们不赞同这种认识。因为尽管作为"国族"的民族概念是通过想象力构建出来的，但也不是凭空构建的，而恰恰是基于对族群主体的尊重，尊重多样性为前提的一体化，在族群交往与碰撞的过程中形成相互之间的认同，以及对超越各自族群之上的政治共同体的认同。也只有基于达成的"重叠共识"进行的"国族"构建才具有心理和文化认同根基。无论是对于像中国这样几千年没有间断的文明国度，还是对于像美国那样只有两百多年历史的移民国家，都面临国族不断重构的问题。当然，"对于今天的中国而言，现代国家建构的任务远远没有完成，国家认同的问题还遭遇到内部政治统一的难题、外部恶性竞争的困扰。同时，中华民族从文化民族转变成政治民族的任务也还没有完成。"[1]这也说明国族构建是一个长期的历史过程。需要加强对中华民族认同的制度化构建，上升到法理型制度权威的高度上来，确保构建出来的国族具有稳健的法律主体资格。即具有整合族群认同差异、号召凝聚国家意识和代表国家在国际社会中赢得安全与发展的法人资格，从而避免民族主义被煽动和被利用的危险，使民族主义的情绪在理智的制度化框架下得以规训和引导，以便更好地服务于民族国家的历史使命。

不仅在战乱时期需要国家构建一个强大的政治共同体来凝聚人心和动员社会来实现国家的统一，而且在和平建设时期，掌握政权的执政党如何回应由于社会变迁带来的危机和冲突，实现政党的制度化转型，以国家意志来型塑政党意志，政党自我调适，以现代化政党的观念自我革新和构建，把政党的治国理政行为纳入现代宪政框架中来，构成现代国家建设的主旋律。对于国家基础性制度和结构需要国家自上而下的政治屋顶的构建，主导性政治力

---

[1] 张军：《全球化视域下的国家认同及其建构》，载《青海社会科学》，2012年第2期。

量（政党）的观念创新和制度变迁也直接影响到国家建设的序列，也体现在作为主导性政党自身的内在自主构建，探寻现代政党的执政逻辑与现代国家演进一般性规律的内在关联性。政党必须与时俱进，永葆学习和革新，以现代国家的逻辑来指导政党的执政活动，通过现代国家来重塑政党制度，从而来规范政党的活动。这也与亨廷顿警觉性的经验总结不谋而合：一是现代国家需要政党的主导，政党的主导又要求实现政党的自身制度化，以便通过制度化来领导现代国家的建设；二是政党制度仅仅是构成现代国家制度的重要组成部分，从属于国家制度，而不是政党制度替代国家制度，主要是通过政党领导来对现代国家进行选择和制度建构；三是后发展中国家应该从现代国家制度建设的角度出发首先去完成现代政党制度的建设。当然，对于建构性自主我们也要澄清几个误区：一是对于代表公共利益的主导性政治力量自主构建的不信任；二是把自主看成是绝对的自主而不是相对的；三是对于自主性构建期望一劳永逸地实现，容不得现代国家进程中的波折。

（二）反思性自主：动态性均衡机制展示国家理性的魅力。因为国家能力的有限性与国家权威的无限性之间不能同步，国家权力行使的向恶性和其所代表国家利益的向善性之间的张力也撕裂着国家。也即是说，我们一方面强调国家作为一个自组织系统拥有自己的目标和利益，另一方面，我们也要谨防国家这个自组织系统被某种社会力量所控制而偏离公共利益的目标，进而丧失公共性，这就是常说的"国家被俘获了"，而使国家遭到非议、甚至要求"国家退却"和"反抗国家"。这也是为什么近代启蒙运动以来，人们开始重点反思如何监督和规范国家的原因所在。在西方公民不服从的传统源远流长，在我国人民民主的道路选择也构成国家建设的主旋律。在新中国即将成立之际，民主党派的黄炎培与毛泽东的一次意味深长的谈话深刻地表达出共产党人推进现代国家走向长治久安的执政基础：正是依靠民主的选择走出"其兴也勃焉，其亡也忽焉"的王朝更替周期律，建设人民民主的共和国。人民民主汇集起来的民意也有助于国家的自我反思，防止思想褊狭，行为过激，及时调整国家的不当行为，使国家更好地沿袭着公共利益化身的方向前行。蒂利也正是从国家行为和公民需求的一致程度来测量和评价民主，具体说就是："判断国家行为和公民所表达的要求的一致，必然包含四个进一步的判断：公民表达的要求得到满足的范围有多广？不同的公民群体感受到的其要求转化为国家行为是否平等？那些要求表达本身在什么程度上受到国家的政治保护？这个转化过程在多大程度上有双方（公民与国家）的参与？"① 可以看出蒂利实际上认为，不管民主最终以什么样的形式呈现出来，但最值得关注的是公民的民主需求与国家的民主回应之间是否具有内在的一致性。

再从国家经济管理活动本身而言，国家只有学会分权，让各种权力主体适得其所，政治权力紧缩、经济权力调整和社会权力回归，才能更好地维护和体现国家利益。事实上，中国一方面是行政权力高度集中的国家，行政权和人事权高度集中于中央，另一方面又是比较注重分权的国家，即使在计划经济时代，只要经济形势允许，就激励推动地方分权的改革。改革开放以来，我国逐渐摸索出在经济分权基础上的宏观调控的制度化建设道路。诸如采用分权化和更彻底的绩效考核，以及运用市场购买公共服务的方式来有效监督国家权力的行使，这些有益的尝试很好地补充了国家治理的不足，也充分调动了社会和市场主体的积极性。从国家自主性的程度看：当国家自主性不足时，国家就处于被利用、被奴役的地位，无法发挥作为公共利益"仲裁者"、"协调者"的作用；当国家自主性无限膨胀时，国家主动勾结，成为勾结型或掠夺型国家，这种"国家权力对于公众的偏离必然影响到其公共政策的制定，不受限制的官僚机构只对自己负责，可以任意推行一种自我扩张的政策"②。"如果国家自主性强大到足以对市场进行任意干预，强大到对社会生活进行全面管制的程度，经济、社会发展的活力就可能被完全窒息，政治体系的发展也将走上专制的轨道，形成国家完全吞噬社会的局面"③。无论是后发展中国家还是发达国家，国家的权力都不是在缩小，集权程度和扩权范围都在变大，国家自主性不论你是否承认，它都是客观存在的基本事实。如何在国家被强化的趋势下行使国家自主性呢？我们监测国家自主性很大程度上落实到对执掌国家权力的政府组织和公职人员的监督上。这些都要求把官僚队伍的行为和国家行为纳入受法治约束的渠道中来，而这还仅仅是外在约束机制，但也

---

① 查尔斯·蒂利：《民主》，魏洪钟译，上海世纪出版集团 2009 年版，第 12 页。
② 孙立平：《向市场经济过渡过程中的国家自主性问题》，载《战略与管理》，1996 年第 4 期。
③ 何显明：《市场化进程中的地方政府行为逻辑》，人民出版社 2008 年版，第 81 页。

不得不面临一个制度设计的困境问题：谁来监督监督者。有学者一直批评中国没有像西方那样的宪法法院来行使违宪审查权，但难以回避的问题是：即使有了宪法法院，还是存在谁来监督宪法法院法官的权力这一问题。也可以反问是否有了宪法法院，国家的行为就能受到很好的监督呢？其实不然。事实上根本性的内在约束机制在于国家自主性反思平衡机制的确立，因为堡垒的坍塌往往更多源于内部的瓦解。很多思想家对于现代性张扬的"主体性危机"的批判是很深刻的，"对现代社会生活的反思存在于这样的事实之中，即社会实践总是不断地受到关于这些事件本身的新认识的检验和改造，从而在结构上不断改变着自己的特征……现代性的特征并不是为新事物而接受新事物，而是对整个自反性的认定，这当然也包括对自反性自身的反思。"① 因此，无论是主动接受人民民主的政治参与对国家权力运行的监督，还是对国家经济建设积累弊端的反思，只有把国家的行为纳入制度化规约的过程中来，把人民监督、经济分权和国家自我规约结合起来，才能不仅不会削弱国家自主性，反而会增强国家自主性能力。

（三）嵌入性自主：国家利用国内社会和国际社会来提升应对危机的能力。无论是新马克思主义者论证的"国家的相对自主性"，还是"回归国家学派"关于"潜在的国家自主性"，都没有把国家自主性推向绝对，事实上，自主性国家的建设是一个变量而不是一个常量，也会随着外在条件的变化而增强或减弱。嵌入性自主首先由伊文斯（Peter Evans）在1995年提出，这对于我们解决好国家与社会、国家与全球化之间的关系很有解释力。善于引导和利用社会权力的国家权力既能够大大降低统治的成本，也能够很好地增强国家统治的合法性基础。诸如托克维尔强调法律制度的社会治理功能，但更强调社情民意的社会整合功能②。人们普遍达成一个共识：探寻一种新型的现代国家与社会关系，特别需要培育一个成熟的公民社会。公民社会的培育在很

---

① [英]安东尼·吉登斯：《现代性的后果》，田禾译，黄平校，译林出版社2003年版，第34页。

② 托克维尔认为有助于美国维护民主制度的原因有三：自然环境、法制和民情。"按贡献对它们分级。依我看，自然环境不如法制，而法制又不如民情"，引自[法]托克维尔：《论美国的民主》（上卷），董果良译，商务印书馆1997年版，第358页。

大程度上取决于国家的重视和放权程度，国家越是对社会自主性充满信任，为社会自主留足自治的空间，社会自我管理的能力也就越能够得到开发和锻炼，把国家有效地嵌入到社会之中。国家自主性既能更好地实现国家治理的功效，也有助于一个与国家互促互进的社会成长，这也是解决到底是"以社会为中心"还是"以国家为中心"两种分析路径的关键。经历公民权利启蒙运动的西方近代兴起的国家，一般来说奉行"夜警国家"和"小政府大社会"模式，社会获得相当大的自主性，社会自治也得到较多的锻炼机会，公民社会比较发达。而中国迈入现代国家的进程比较晚，在高度计划经济时代奉行政府全能主义，国家通过政权下渗的方式，纵深贯穿到最基层社会，民间社会受到挤压而萎缩，公民意识和公民权利也非常需要再启蒙，在放权松绑的改革开放之后，民间社会才开始得到比较好的发展时机。尤其进入21世纪以来，国家建设更多通过社会建设的方式来实现，社会建设和管理体制创新成为国家职能调整的重要方向，通过对社会弊病的救治，把巨型国家的转型危机纳入体制渠道中进行消解。只有使社会强大起来，藏富于民，把国家融入社会中去，而不是外化于社会的强制性力量，这样国家自主性才能更加具有合法性基础，也符合从管制型国家向公共服务型国家转变的需要。"国家对时代变迁中不断出现的利益诉求的应对水平，其取决于国家的开放性和公民社会的发育程度。"[①]这就要求不仅要把国内社会资源充分调动起来，而且要探究如何积极利用国际社会大环境来增强国家的可行性能力。

后发展中国家一方面需要国家自主性完成国家权威的积累和国家能力的建设，但国家自主性又不能仅仅外化表现为凌驾于社会之上的强制力量，警惕走向专制权力的危险；另一方面也不能孤立于世界来谋求自我发展，绝对封闭的国家自主性只能会伤害到国家自身。诸如建国后相当长的时期，我国的外交政策一直受意识形态的指导，奉行自力更生，作为挑战者的身份来看待国家社会，深挖洞，广积粮，时刻准备打第三次世界大战，闭关自守导致的结果是越来越被国际社会所抛弃，错过世界经济发展的最佳黄金期。因此，无论是国家对社会的治理与建设，还是国家融入外界的全球化进程，只有嵌

---

① 王学辉等：《群发性事件防范机制研究》，科学出版社2010年版，第57页。

入社会和融入全球，才能更好地取得治理的绩效。尤其自改革开放以来，随着中国融入国际社会越来越广延深入，改变了过去游离于国际社会的局外人形象，从局外旁观、消极参与转向以利益相关人的身份积极融入国际社会中去，不再过于强化意识形态的革命话语和民族情绪来意气用事，不再宣称另起炉灶，避免被发达国家视为国际社会的反对者。在摸爬滚打和"韬光养晦"的经验教训中逐渐学会利用既有的国际制度维护和拓展国家战略利益，以更加理性而审慎的态度，以积极的建设者和改造者身份，全面融入国际社会、与世界和平共处，以期望共同创造一种新的世界格局。更多的人越来越认识到：中国越是能够与国际体系更好地融合，也就越能享受到这种全球市场化、国际化所带来的收益，反过来，也有助于增强改革现存国际体系不合理的能力。即不再宣称打破旧的国际政治经济秩序，而是使国际政治经济秩序朝着更加公正合理的方向转变，这意味着现有国际格局存在的必要性，只有在参与的过程中，保持有理、有节、有据的斗争，从而在融入的过程中促进国际政治经济秩序的完善。

（四）无为性自主：结构性无知和理性不及对国家自主提出更高的要求。强调国家自主性能力并不是把国家理性推向狂妄，对国家理性所不及和结构性无知的领域保持无为而治，一种敬畏与谨慎的心态有助于防范国家权力恶性扩张。有人可能会认为"无为而治"与"自主"是冲突的，笔者所指的"无为性自主"是建立在国家是一个具有高度大智慧和很强自我反思能力的主体上，也可以说无为性自主构成国家自主的最高智慧，贯穿于国家所有的行为之中。国家自主性只有依赖于对现代国家运行规律的把握才能发挥积极功效，而我们又难以完全清晰把握国家运行规律，人们的有限理性能力决定了保留对国家未知领域的无为而治可能恰恰是最有效的方式。因为自从有了国家以来，人们都在试图认识和掌握国家，但国家神秘的面纱仍然难以解开，对国家认识的提升也还有待我们认识水准的进一步提升。对于自主构建的主体既有超越各种狭隘利益纷争的可能性，又由于理性不及和结构性无知而使自主性构建充满调试性。国家积极干预经济和社会生活其实是次优选择，因为倘若是一个不能代表公共利益而又盲目乱用自主性的国家干预，往往会摔跟头甚至导致国家发展倒退，因此，"无为而治"才是最高境界，"无为而达到无不为"。这可以从思想家的充分论证中找到原因：

其一，国家权力本身难以克服的"内在的悖论"。马克思和恩格斯在这方面的总结最为经典：即国家权力本身的公共性和权力行使私有化所形成的"国家二重性"。诸如马克思指出："由于公共利益和私人利益之间的矛盾性，公共利益才得以以国家的姿态而采取一种与实际利益相脱离的形式"①。恩格斯也指出："社会为维护共同的利益，最初通过简单的分工建立一些特殊的机关。但是，随着时间的推移，这些机关——为首的是国家政权——为了维护自己的特殊利益，从社会的公仆变成了社会的主人。这样的例子不但在世袭君主国内可以看到，而且在民主共和国国内也同样可以看到"②。也即是说，国家是公共利益的化身，具有至上性和不可分割性，但国家又是由人和机构来行使的，人的复杂性和机构的惰性带来难以克服的困境。

其二，从组织和集体行动的视角，国家集权的结果导致难堪重负而衰败。奥尔森总结的集体行动的逻辑，指明潜在的边界模糊的超大集体由于激励乏力而走向瓦解的原因（搭便车现象和监督缺失）。新制度经济学家代表人诺斯从制度变迁的角度提出著名的"国家经济增长的悖论"："国家的存在是经济增长的关键，然而国家又是人为经济衰退的根源"③，即制度导致"成也萧何败亦萧何"的困境。还有很多的著名学者从组织变迁和交易成本等视角论证了为什么整个国家的经济活动不能放置在一个大的正式组织之中的原因。因为随着国家管理对象的组织规模扩张，组织的科层管理引发难以克服的组织困境："第一，有限理性常常导致组织目标、组织设计和激励机制等制度安排上的问题。第二，组织中的委托——替代关系，一方面，造就下级官员的代理人角色，权、责、利分离，难以从长计议；另一方面，不对称信息导致拥有信息方（通常是下级政府）有着更大的'谈判'优势，致使其在实际运行过程中具有相对独立性。第三，组织基础上的稳定利益集团导致科层制链条

---

① 《马克思恩格斯选集》第1卷，人民出版社1995年版，第38页。
② 《马克思恩格斯选集》第3卷，人民出版社1995年版，第12页。
③ [美]道格拉斯·C.诺斯：《经济史中的结构和变迁》，陈郁等译，上海三联书店、上海人民出版社1994年版，第20页。

间的信息传递不畅、甚至失灵"①。这些问题普遍存在于所有的科层制组织中，也因为其巨大规模、复杂结构、垄断地位和制衡机制的缺失而放大和加剧了组织的困境。

其三，福利国家的困境：国家的良善治理愿望可能因为客观情势而难以兑现。诸如后马克思主义的代表人物哈贝马斯总结的"发展与民主的悖论"，他指出民族国家对全球化的依赖而导致合法性危机以及丧失民主的基础。也即是说，全球化或区域一体化所引发的发展与民主原本想促进社会福利，然而，发展与民主释放的无限的空间使福利国家难堪重负，面对劳动、资本和产品的快速流动所带来的社会变化，必然冲击民族国家这一封闭共同体的疆域范围。如果要涵盖所有进入这一政治共同体的人们的福利诉求，由于福利国家所能支配的分配资源是有限的，这就必然会削减原来民族国家内的合法公民的福利，招致民众的反抗和抵制，严重时甚至丧失民主的政治统治基础，有悖民主的价值，这也会引发原居公民与新入移民之间的尖锐冲突，这就是全球化时代福利国家的悖论。简单说来，就是全球化所带来的发展与民主需要打破民族国家界限，但是福利和民主的满足又是以民族国家为界分的，这样就必然产生冲突。奥菲也提出著名的"奥菲悖论"："尽管资本主义不能与福利国家共存，然而资本主义又不能没有福利国家"②。

这些思想家从不同的角度都回应了一个共同的问题：国家不干预不行，但又对国家干预充满警觉和告诫。回到对我们国家建设的考察发现：作为"划桨者"的国家经常越位，管了很多管不了也管不好的事情；作为"掌舵者"的国家又由于理性能力不足、信息和知识有限等原因，经常"缺位"，难以担当起"掌舵"的主导性作用；国家应该更多从营造外部环境、提供便民服务和注重服务质量等方面来重新审视和定位自身职能，对于市场要更多从过去的直接监管功能转向以适应和服务市场为目标。国家授权的政府不仅要以改造社会的施动者和社会蓝图的规划者等积极有为的面目出现，而且也要承认自己有很多能力不及的方面，多从解决社会积累的弊病出发，把一些问题解决好。

---

① 周雪光：《权威体制与有效治理：当代中国国家治理的制度逻辑》，载《开放时代》，2011年第10期。

② [德] 克劳斯·奥菲：《福利国家的矛盾》，吉林人民出版社2006年版，第7页。

参考文献

一、马列文献以及党的文献

1.《马克思恩格斯选集》第1卷，人民出版社1995年版。
2.《马克思恩格斯选集》第3卷，人民出版社1995年版。
3.《马克思恩格斯选集》第4卷，人民出版社1995年版。
4.《孙中山选集》，广东人民出版社1996年版。
5.《孙中山全集》第三卷，中华书局1984年版。
6.《毛泽东选集》第一卷，人民出版社1991年版。
7.《毛泽东选集》第二卷，人民出版社1991年版。
8.《毛泽东选集》第三卷，人民出版社1991年版。
9.《邓小平文选》第一卷，人民出版社1989年版。
10.《邓小平文选》第二卷，人民出版社1994年版。
11.《邓小平文选》第三卷，人民出版社1993年版。
12.《江泽民文选》第三卷，人民出版社2006年版。
13.《中国共产党第八次全国代表大会文献》，人民出版社1957年版。
14.《中华民国史档案资料汇编》（第二辑），江苏人民出版社1981年版。
15.《中华苏维埃共和国法律文件选编》，江西人民出版社1984年版。
16.《中共中央文件选集》（第1册），中共中央党校出版社1989年版。
17.中央统战部编：《民族问题文献汇编》，中共中央党校出版社1991年版。
18.《十二大以来重要文献选编》（上），人民出版社1986年版。
19.《十三大以来重要文献选编》（上），人民出版社1993年版。

20.《十四大以来重要文献选编》（上），人民出版社 1996 年版。

21.《十五大以来重要文献选编》（上），人民出版社 2000 年版。

22.《十六大以来重要文献选编》（上），中央文献出版社 2005 年版。

23.《十七大以来重要文献选编》（上），中央文献出版社 2009 年版。

24.《十七大以来重要文献选编》（中），中央文献出版社 2011 年版。

25. 黄一兵等编著：《大决策——中国共产党历次全国代表大会探踪》，人民出版社 2012 年版。

二、国外著作类

1. [英]拉尔夫·密利本德：《马克思主义与政治学》，黄子都译，商务印书馆 1984 年版。

2. [英]哈耶克：《自由秩序原理》（上），邓正来译，上海三联书店 1997 年版。

3. [英]安东尼·吉登斯：《现代性与自我认同》，赵旭东、方文译，上海三联书店 1998 年版。

4. [英]戴维·米勒、韦农·波格丹诺主编：《布莱克维尔政治学百科全书》，邓正来等译，中国政法大学出版社 2002 年版。

5. [英]戴维·赫尔德：《民主与全球秩序：从现代国家到世界主义治理》，胡伟等译，上海世纪出版集团 2003 年版。

6. [英]安东尼·吉登斯：《现代性的后果》，田禾译，黄平校，译林出版社 2003 年版。

7. [英]迈克尔·奥克肖特：《政治中的理性主义》，张汝伦译，上海译文出版社 2003 年版。

8. [英]巴里·布赞等著：《世界历史中的国际体系——国际关系研究的再构建》，刘德斌主译，高等教育出版社 2004 年版。

9. [英]安东尼·史密斯：《民族主义——理论、意识形态、历史》，叶江译，上海人民出版社 2006 年版。

10. [英]斯蒂夫·芬顿：《族性》，劳焕强等译，中央民族大学出版社 2009 年版。

11．［美］米尔顿·弗里德曼：《资本主义与自由》，张瑞玉译，商务印书馆1986年版。

12．［美］吉尔伯特·罗兹曼：《中国的现代化》，南京：江苏人民出版社1988年版。

13．［美］布坎南：《自由市场与国家——80年代的政治经济学》，平新乔等译，生活·读书·新知三联书店1989年版。

14．［美］塞缪尔·P.亨廷顿：《变化社会中的政治秩序》，王冠华等译，生活·读书·新知三联书店1989年版。

15．［美］保罗·肯尼迪：《大国的兴衰》，蒋葆英等译，中国经济出版社1989年版。

16．［美］诺奇克：《乌政府、国家与乌托邦》，何怀宏等译，中国社会科学出版社1991年版。

17．［美］艾森斯塔德：《帝国的政治体系》，阎步克译，贵州人民出版社1992年版。

18．［美］R.康奎斯特：《最后的帝国——民族问题与苏联的前途》，刘靖北、刘振前等译，华东师范大学出版社1993年版。

19．［美］道格拉斯·C.诺斯：《经济史中的结构和变迁》，陈郁等译，上海三联书店、上海人民出版社1994年版。

20．［美］汉斯·摩根索：《国际纵横策论——争强权、求和平》，卢明华等译，上海译文出版社1995年版。

21．［美］贾恩弗朗科·波齐：《近代国家的发展——社会学导论》，沈汉译，商务印书馆1997年版。

22．［美］斯蒂格利茨：《政府为什么干预经济——政府在市场经济中的角色》，郑秉文译，中国物资出版社1998年版。

23．［美］塞缪尔·亨廷顿：《文明的冲突与世界秩序的重建》，周琪等译，新华出版社1998年版。

24．［美］亨廷顿：《第三波——20世纪后期民主化浪潮》，上海三联书店1998年版。

25．［美］熊彼特：《资本主义、社会主义与民主》，商务印书馆1999

年版。

26. [美]亚历山大·温特:《国际政治的社会理论》,秦亚青译,上海世纪出版集团2000年版。

27. [美]戴维·赫尔德:《全球大变革:全球化时代的政治、经济与文化》,杨雪冬等译,社会科学文献出版社2000年版。

28. [美]莱斯利·里普森:《政治学的重大问题》,刘晓等译,华夏出版社2001年版。

29. [美]罗伯特·D.帕特南:《使民主运转起来》,赖海榕译,江西人民出版社2001年版。

30. [美]B.盖伊·彼得斯:《政府未来的治理模式》,吴爱明、夏宏图译,中国人民大学出版社2001年版。

31. [美]小罗伯特·B.埃克伦德、罗伯特·F.赫伯特:《经济理论和方法史》,杨玉生等译,中国人民大学出版社2001年版。

32. [美]斯考克波:《国家与社会革命》,台北桂冠图书股份有限公司2003年版。

33. [美]达尔:《多头政体——参与和反对》,商务印书馆2003年版。

34. [美]杜赞奇:《文化、权力与国家——1900—1942年的华北农村》,王福明译,江苏人民出版社2003年版。

35. [美]约瑟夫·E.斯蒂格利茨:《全球化及其不满者》,李杨等译,机械工业出版社2004年版。

36. [美]吉尔伯特·罗兹曼主编:《中国的现代化》,江苏人民出版社2005年版。

37. [美]萨托利:《政党与政党体制》,王明进译,商务印书馆2006年版。

38. [美]波齐:《国家:本质、发展与前景》,陈尧译,上海世纪出版集团2007年版。

39. [美]弗朗西斯·福山:《国家构建——21世纪的国家治理与世界秩序》,中国社会科学出版社2007年版。

40. [美]詹姆斯·R.汤森、布兰特利·沃马克:《中国政治》,顾速、董方译，江苏人民出版社 2007 年版。

41. [美] 西达·思考切波：《国家与社会革命》，何俊志、王学东译，上海人民出版社 2007 年版。

42. [美] 埃文斯、鲁施迈耶、斯考克波编著：《找回国家》，方力维等译，生活·读书·新知三联书店 2009 年版。

43. [美] 查尔斯·蒂利：《民主》，魏洪钟译，上海世纪出版集团 2009 年版。

44. [德] 黑格尔：《法哲学原理》，范扬、张企泰译，商务印书馆 1961 年版。

45. [德] 哈贝马斯：《交往行动理论》，洪佩郁等译，重庆出版社 1994 年版。

46. [德] 马克斯·韦伯：《经济与社会》（下卷），林荣远译，商务印书馆 1997 年版。

47. [德] 哈贝马斯：《合法性危机》，刘北成、曹卫东译，上海人民出版社 2000 年版。

48. [德] 乌·贝克等：《全球化与政治》，王学东、柴方国等译，中央编译出版社 2000 年版。

49. [德] T.H.埃里克森：《族群性与民族主义》，王亚文译，敦煌文艺出版社 2002 年版。

50. [德] 尤尔根·哈贝马斯：《包容他者》，曹卫东译，上海人民出版社 2002 年版。

51. [德] 哈贝马斯：《在事实与规范之间》，童世骏译，生活·读书·新知三联书店 2003 年版。

52. [法] 托克维尔：《论美国的民主》（上卷），董果良译，商务印书馆 1997 年版。

53. [加拿大] 威尔·金里卡：《少数的权利：民族主义、多元文化主义和公民》，邓红风译，上海世界出版集团 2005 年版。

54. [意] 加埃塔诺·莫斯卡：《政治科学要义》，任军峰、宋国友等译，上海人民出版社 2005 年版。

55. [希腊] 普朗查斯：《政治权力与社会阶级》，叶林等译，中国社会科学出版社 1982 年版。

三、外文文献

1. David Easton, *A Systems Analysis of Political Life*. New York: John Wiley & Sons. Inc. 1967.

2. Gabriel Abraham Almond, G. Bingham Powell, *Comparative Politics: System, Process, and Policy*. Boston: Little, Brown. 1978.

3. Q. Skinner, *the Foundations of Modern Political Thought*, Cambridge: Cambridge University Press. 1978.

4. Max Weber, *Economy and Society: an Outline of Interpretive Sociology*, Berkeley: University of California Press. 1978.

5. Theda Skocpol, *States and Social Revolutions: A Comparative Analysis of France, Russia, and China*. Cambridge University Press.1979.

6. Michael Mann, *States, War, and Capitalism*. Oxford: Blackwell.1988.

7. John Keane, *Democracy and Civil Society*, London, New York: Verso.1988.

8. Linda Weiss, ed., *States in the Global Economy: Bringing Domestic Institutions Back in*, Cambridge: Cambridge University Press. 2003.

9. Gianfranco Poggi, *The State: Its Nature, Development and Prospects*. Cambridge: Polity Press.1990.

10. Anderson, Benedict, *Imagined Communities: Reflections on the Origins and Spread of Nationalism*, London: Verso. 1991.

11. Larry Diamond, Juan Linz and Seymour Martin Lipset, ed. *Politics in Developing Countries*, Boulder: Lynne Rienner Publisher. Inc.1995.

12. Susan Strange, *the Retreat of the State: the Diffusion of Power in the Word Economy*, Cambridge University Press.1996.

13. Christopher W. Mortis, *An Essay on the Modern State*, Cambrige: Cambrige University Press.1998.

14. Wiarda, Howard J., eds. *New Directions in Comparative Politics*. Westview Press. 2002.

四、国内著作类

1. 陈明明主编：《共和国制度成长的政治基础》，上海人民出版社 2009 年版。

2. 陈毅：《博弈规则与合作秩序：理解集体行动中合作的难题》，上海人民出版社 2010 年版。

3. 冯建勇：《辛亥革命与近代中国边疆政治变迁研究》，黑龙江教育出版社 2011 年版。

4. 甘阳：《文明 国家 大学》，上海三联书店 2011 年版。

5. 关凯：《族群政治》，中央民族大学出版社 2007 年版。

6. 高全喜、任剑涛等：《国家决断：中国崛起进程中的战略抉择》，中国友谊出版社 2010 年版。

7. 何显明：《市场化进程中的地方政府行为逻辑》，人民出版社 2008 年版。

8. 胡伟：《现代化的模式选择：中国道路与经验》，上海人民出版社 2008 年版。

9. 胡键：《角色·责任·成长路径：中国 21 世纪的基础性战略问题》，上海人民出版社 2010 年版。

10. 胡联合、胡鞍钢、廖立勇：《为什么要保卫人民国家》，中国长安出版社 2012 年版。

11. 黄铸：《构建中国民族理论的叙述话语体系》，华文出版社 2008 年版。

12. 景跃进等主编：《理解中国政治：关键词的方法》，中国社会科学版社 2012 年版。

13. 江宜桦：《自由主义、民族主义与国家认同》，台北扬智文化事业股份有限公司 1998 年版。

14. 贾英健：《全球化背景下的民族国家研究》，中国社会科学出版 2005 年版。

15. 季卫东：《宪政新论》（政治与法律思想论丛），北京大学出版社 2005

年版。

16. 梁治平：《国家、市场、社会：当代中国的法律与发展》，中国政法大学出版社 2006 年版。

17. 刘军宁等编：《市场逻辑与国家观念》，上海三联书店 1995 年版。

18. 刘建军：《单位中国——社会调控体系中的个人、组织与国家》，天津人民出版社 2000 年版。

19. 刘克崮、贾康主编：《中国财税改革三十年亲历与回顾》，经济科学出版社 2008 年版。

20. 李宏图：《西欧近代民族主义思潮研究——从启蒙运动到拿破仑时代》，上海社会科学出版社 1997 年版。

21. 林尚立：《当代中国政治形态研究》，天津人民出版社 2000 年版。

22. 林尚立：《中国共产党与国家建设》，天津人民出版社 2009 年版。

23. 罗卫东、姚中秋主编：《中国转型的理论分析：奥地利学派的视角》，浙江大学出版社 2009 年版。

24. 门洪华：《修远集：门洪华调研录》，社会科学文献出版社 2013 年版。

25. 穆立立：《欧洲民族概论》，中国社会科学出版社 1998 年版。

26. 马戎：《民族社会学：社会学的族群关系研究》，北京大学出版社 2004 年版。

27. 浦兴祖主编：《中华人民共和国政治制度》，上海人民出版社 2005 年版。

28. 潘维主编：《中国模式：解读人民共和国的 60 年》，中央编译出版社 2009 年版。

29. 潘维、玛雅主编：《人民共和国六十年与中国模式》，生活·读书·新知三联书店 2010 年版。

30. 漆思：《中国共识：中华复兴的和谐发展道路》，中国社会科学出版社 2008 年版。

31. 任剑涛：《社会的兴起：社会管理创新的核心问题》，新华出版社 2013 年版。

32. 史正富主编：《30 年与 60 年：中国经济改革与发展》，上海格致出版社、上海人民出版社 2009 年版。

33. 孙立平：《转型与断裂——改革以来中国社会结构的变迁》，清华大学出版社 2004 年版。

34. 唐皇凤：《社会转型与组织化调控：中国社会治安综合治理组织网络研究》，武汉大学出版社 2008 年版。

35. 唐晋主编：《大国模式》，华文出版社 2009 年版。

36. 王先明：《近代乡绅》，天津人民出版社 1997 年版。

37. 王沪宁主编：《政治的逻辑》，上海人民出版社 2004 年版。

38. 王长江：《政党现代化论》，江苏人民出版社 2004 年版。

39. 王绍光：《安邦之道：国家转型的目标与途径》，上海三联书店 2007 年版。

40. 王邦佐等：《执政党与社会整合：中国共产党与新中国社会整合实例分析》，上海人民出版社 2007 年版。

41. 王奇才：《法治与全球治理——一种关于全球治理规范性模式的思考》，法律出版社 2012 年版。

42. 王文奇编著：《革故鼎新：中华人民共和国的两个三十年》，世界知识出版社 2012 年版。

43. 汪晖：《现代中国思想的兴起》（第二部），生活·读书·新知三联书店 2008 年版。

44. 许纪霖、陈达凯：《中国现代化史》（第 1 卷），上海三联书店 1997 年版。

45. 许章润主编：《国家理性》，法律出版社 2010 年版。

46. 徐世澄：《拉丁美洲政治》，中国社会科学出版社 2006 年版。

47. 徐湘林等主编：《全国首届政治学博士后论坛文集：转型时期的政治建设与政府治理》，社会科学文献出版社 2011 年版。

48. 俞可平：《全球化与国家主权》，社会科学文献出版社 2004 年版。

49. 郁建兴：《马克思国家理论与现时代》，东方出版中心 2007 年版。

50. 于建嵘：《底层立场》，上海三联书店 2010 年版。

51. 于建嵘：《抗争性政治：中国政治社会学基本问题》，人民出版社 2010

年版。

52. 于建嵘：《岳村政治：转型期中国乡村政治结构的变迁》，湖南文艺出版社 2013 年版。

53. 杨雪冬：《风险社会与秩序重建》，社会科学文献出版社 2006 年版。

54. 杨光斌、寇健文主编：《中国政治变革中的观念与利益》，中国人民大学出版社 2011 年版。

55. 杨光斌：《中国政治发展的战略选择》，中国人民大学出版社 2011 年版。

56. 严庆：《冲突与整合：民族政治关系模式研究》，社会科学文献出版社 2011 年版。

57. 姚中秋：《中国变革之道：当代中国的治理秩序及其变革方略》，法律出版社 2011 年版。

58. 周黎安：《转型中的地方政府：官员激励与治理》，上海格致出版社、上海人民出版社 2008 年版。

59. 周晓虹：《传统与变迁》，上海三联书店 1998 年版。

60. 周传斌：《概念与范式：中国民族理论》，民族出版社 2008 年版。

61. 赵可金：《全球公民社会与民族国家》，上海三联书店 2008 年版。

62. 赵旭东：《权力与公正——乡土社会的纠纷解决与权威多元》，天津古籍出版社 2003 年版。

63. 邹谠：《中国革命再阐释》，（香港）牛津大学出版社 2002 年版。

64. 张康之：《论伦理精神》，江苏人民出版社 2012 年版。

65. 张静：《基层政权：乡村制度诸问题》，上海人民出版社 2006 年版。

五、期刊杂志类

1. 陈建东：《全球伦理与国际新秩序的建立》，载《国际关系学院学报》，2000 年第 3 期。

2. 陈建樾：《多民族国家和谐社会的构建与民族问题的解决——评民族问题的"去政治化"与"文化化"》，载《世界民族》，2005 年第 5 期。

3. 蔡拓、唐静：《全球化时代国家利益的维护和定位》，载《南开学报》，

2001 年第 5 期。

4. 曹海军：《后发展视阈下的社会管理——抗争政治与国家构建的视角》，载《中共天津市委党校学报》，2012 年第 4 期。

5. 曹海军：《国家能力建设的理论内涵与制度变迁》，载《中共福建省委党校学报》，2007 年第 4 期。

6. 戴辉礼：《现代国家构建与民主化中的欧洲经验及其启示》，载《国际关系学院学报》，2010 年第 1 期。

7. 高力克：《梁启超的公民民族主义及其困境》，载《政治思想史》，2011 年第 3 期。

8. 黄兴涛：《现代中华民族观念形成的历史考察——兼论辛亥革命与中华民族认同关系》，载《浙江社会科学》，2002 年第 1 期。

9. 胡美、刘鸿武：《意识形态先行还是民生改善优先？——冷战后西方"民主援非"与中国"民生援非"政策之比较》，载《世界经济与政治》，2009 年第 10 期。

10. 康晓光、韩恒：《分类控制：当前中国大陆国家与社会关系研究》，载《社会学研究》，2005 年第 6 期。

11. 梁志平：《市场·国家·公共领域》，载《读书》，1996 年第 5 期。

12. 刘杰：《经济全球化与国家主权：同质性与异质性分析》，载《太平洋学报》，2000 年第 4 期。

13. 刘春荣：《全球金融危机与国家自主性》，载《社会》，2009 年第 1 期。

14. 李喜所：《中国现代民族观念初步确立的历史考察——以梁启超为中心的文本梳理》，载《学术月刊》，2006 年第 2 期。

15. 李强：《从现代国家构建的视角看行政管理体制改革》，载《中共中央党校学报》，2008 年第 3 期。

16. 林尚立：《国家建设：中国共产党的探索与实践》，载《毛泽东邓小平理论研究》，2008 年第 1 期。

17. 林尚立：《建构民主的政治逻辑——从马克思的民主理论出发》，载《学术界》，2011 年第 5 期。

18. 林尚立：《人民、政党与国家：人民民主发展的政治学分析》，载《复旦学报（社会科学版）》，2011年第5期。

19. 林尚立：《领导与执政：党、国家与社会关系转型的政治学分析》，载《毛泽东邓小平理论研究》，2001年第6期。

20. 林尚立：《社会主义与国家建设——基于中国的立场和实践》，载《社会科学战线》，2009年第6期。

21. 吕薇洲：《发达资本主义国家的模式：共同特征、主要区别与矛盾对立》，载《当代世界与社会主义》，2005年第4期。

22. 吕有云：《从道家"无为而治"理念看当前我国政府职能的转变》，载《法制与经济》，2006年第4期。

23. 马戎：《中国社会的另一类"二元结构"》，载《北京大学学报（哲学社会科学版）》，2010年第5期。

24. 马戎：《理解民族关系的新思路——少数族群问题的"去政治化"》，载《北京大学学报（哲学社会科学版）》，2004年第6期。

25. 渠敬东、周飞舟、应星：《从总体支配到技术治理——基于中国30年改革经验的社会学分析》，载《中国社会科学》，2009年第6期。

26. 孙健社、王炎：《对国家主权与经济全球化之间矛盾关系的思考》，载《内蒙古师范大学学报》，2003年第2期。

27. 王希恩：《论"民族建设"》，载《中国社会科学院研究生院学报》，2004年第3期。

28. 王逸舟：《国家利益在思考》，载《中国社会科学》，2002年第2期。

29. 王续添：《地方主义、联邦主义与新国家构建中的制度选择——考察1910年代中国政治的一个视角》，载《教学与研究》，2007年第4期。

30. 王希恩：《也谈在我国民族问题上的"反思"和"实事求是"——与马戎教授的几点商榷》，载《西南民族大学学报》，2009年第1期。

31. 王正绪：《国家建设、现代政府和民主之路：六十年来中国的政治发展》，宋波译，载《克思主义与现实》，2010年第1期。

32. 徐勇：《现代国家建构中的非均衡性和自主性分析》，载《华中师范大学学报（人文社会科学版）》，2003年第5期。

33. 徐勇：《政权下乡：现代国家对乡土社会的整合》，载《贵州社会科学》，2007年第11期。

34. 徐勇：《"行政下乡"：动员、任务与命令——现代国家向乡土社会渗透的行政机制》，载《华中师范大学学报（人文社会科学版）》，2007年第5期。

35. 徐勇：《"政党下乡"：现代国家对乡土的整合》，载《学术月刊》，2007年8月。

36. 徐勇：《"政策下乡"及对乡土社会的政策整合》，载《当代世界与社会主义》，2008年第1期。

37. 徐勇：《"法律下乡"：乡土社会的双重法律制度整合》，载《东南学术》，2008年第3期。

38. 徐勇：《"服务下乡"：国家对乡村社会的服务性渗透——兼论乡镇体制改革的走向》，载《东南学术》，2009年第1期。

39. 徐湘林：《转型危机与国家治理：中国的经验》，载《经济社会体制比较》，2010年第5期。

40. 颜文京：《调整国家与社会关系的第三种模式——试论组合主义》，载《政治学研究》，1999年第2期。

41. 杨雪冬：《国家自主与中国发展道路》，载《社会科学》，2006年第3期。

42. 杨光斌：《中国经济转型时期的中央—地方关系新论：理论、现实与政策》，载《学海》，2007年第1期。

43. 杨光斌、郑伟铭：《国家形态与国家治理——苏联—俄罗斯转型经验研究》，载《中国社会科学》，2007年第4期。

44. 杨光斌：《早发达国家的政治发展次序问题》，载《学海》，2010年第2期。

45. 杨光斌、郑伟铭、刘倩：《现代国家成长中的国家形态问题》，载《天津社会科学》，2009年第4期。

46. 姚洋：《中性政府与中国的经济奇迹》，载《二十一世纪》，2008年6月号，总第107期。

47. 郁建兴、何子英：《后社会主义国家转型的结构性危机与国家建构》，载《求是学刊》，2008年第3期。

48. 俞正梁：《发展中国家在主权问题上的当代选择——中国对外战略问题思考之一》，载《复旦学报》，1998年第1期。

49. 应奇、佘天泽：《从民族认同到公民身份：现代民族国家的社会整合与多元稳定》，载《江苏行政学院学报》，2012年第2期。

50. 赵穗生：《中国模式探索：能否取代西方的现代化模式》，载《绿叶》，2009年第3期。

51. 扎洛：《清末民族国家建设与张荫棠西藏新政》，载《民族研究》，2011年第3期。

52. 朱立群、聂文娟：《社会结构的实践演变模式——理解中国与国际体系互动的一种思路》，载《世界经济与政治》，2012年第1期。

53. 张永：《从"十八星旗"到"五色旗"——辛亥革命时期从汉族国家到五族共和国家的建国模式转变》，载《北京大学学报》，2002年第2期。

54. 张军：《全球化视域下的国家认同及其建构》，载《青海社会科学》，2012年第2期。

55. 张小劲、于晓虹：《中国基层治理创新：宏观框架的考察与比较》，载《江苏行政学院学报》，2012年第5期。

56. 周光辉：《论宪政的基本精神及其思想蕴涵》，载《社会科学战线》，1994年第6期。

57. 周光辉、彭斌：《理解公民——关于和谐社会成员身份的思考》，载《马克思主义与现实》，2006年第6期。

58. 周光辉、彭斌：《理解代表——关于代表的正当性与代表方式合理性的分析》，载《吉林大学社会科学学报》，2004年第6期。

59. 周光辉、彭斌：《认真对待共和国——关于和谐社会的政治基础的思考》，载《吉林大学社会科学学报》，2005年第4期。

60. 周光辉、殷冬水：《政府：一个公正社会不可或缺的角色——关于政府再分配职能正当性的思考》，载《吉林大学社会科学学报》，2006年第4期。

61. 周竞红：《从汉族主义到中华民族主义——清末民初国民党及其前身组织的边疆民族观转型》，载《民族研究》，2006年第4期。

62. 周雪光：《权威体制与有效治理：当代中国国家治理的制度逻辑》，载《开放时代》，2011年第10期。

63. 周平：《对民族国家的再认识》，载《政治学研究》，2009年第4期。

感谢获得2011年国家社科基金一般项目《现代国家构建过程中的国家自主性研究——以中国的现代国家建设为例》（11BZZ044）的资助，感谢获得上海市公共管理一流学科建设项目的资助，感谢获得上海市公共管理高原学科建设项目的资助，感谢华东政法大学政治学与公共管理学院的科研资助。

图书在版编目(CIP)数据

现代国家构建过程中的国家自主性研究——以中国的现代国家建设为例 /
陈毅著．—北京：中央编译出版社，2016.6
ISBN 978-7-5117-3025-1

Ⅰ.①现… Ⅱ.①陈… Ⅲ.①国家理论-研究 Ⅳ.①D03

中国版本图书馆 CIP 数据核字 (2016) 第 121554 号

现代国家构建过程中的国家自主性研究——以中国的现代国家建设为例

出 版 人：	葛海彦
责任编辑：	盛菊艳
责任印制：	尹 珺
出版发行：	中央编译出版社
地　　址：	北京西城区车公庄大街乙5号鸿儒大厦B座 (100044)
电　　话：	(010) 52612345（总编室）　　(010) 52612335（编辑室）
	(010) 52612316（发行部）　　(010) 52612315（网络销售）
	(010) 52612346（馆配部）　　(010) 55626985（读者服务部）
传　　真：	(010) 66515838
经　　销：	全国新华书店
印　　刷：	北京紫瑞利印刷有限公司
开　　本：	787毫米×1092毫米 1/16
字　　数：	370千字
印　　张：	23.5
版　　次：	2016年6月第1版第1次印刷
定　　价：	75.00元
网　　址：	www.cctphome.com　　邮　　箱：cctp@cctphome.com
新浪微博：	@中央编译社　　微　　信：中央编译出版社 (ID: cctphome)
淘宝店铺：	中央编译出版社直销店 (http://shop108367160.taobao.com) (010)52612349

本社常年法律顾问：北京嘉润律师事务所律师　李敬伟　问小牛
凡有印装质量问题，本社负责调换，电话：010-55626985